JN087618

進化政治学と平和

科学と理性に基づいた
繁栄

伊藤隆太

芙蓉書房出版

まえがき

　『進化政治学と国際政治理論』において、筆者は科学哲学の科学的実在論（scientific realism）に基づき、戦争が人間の心に由来することを、戦争に至る因果経路をモデル化することで示した。二冊目の『進化政治学と戦争』において、筆者は科学的実在論の視点から、戦争が人間本性（human nature）に由来するという進化政治学（evolutionary political science）の主張を科学的に基礎づけ、それらを体系化して、進化的リアリズム（戦争適応仮説）という新たなリアリスト理論を提示した。

　それでは、人間本性の悲惨さが普遍的で、それが戦争の究極的な原因なのであれば、人類史は暴力にまみれた悲惨なものになってしまうのだろうか。幸運なことに——平和を志向する者にとっては——、答えは否である。

　未開の原住民が平和的だというジャック・ルソー（Jean-Jacques Rousseau）の「高貴な野蛮人（noble savage）」説を信奉する一部の人文系の学者や、目につく悲観的なニュースを選好しがちなマスメディアに反して、歴史の長期的趨勢は、多様な次元で暴力——戦争、殺人、ジェノサイド、内戦、テロリズム等——が衰退するものになっている。こうした平和的進展は定量的データにより強く裏付けられており、啓蒙主義思想が示唆するように、我々の道徳は歴史上一貫して向上する方向に進んでいる。たとえば、我々はもはや動物虐待、奴隷制あるいは魔女狩りを肯定することはなくなったし、ナショナリズムの衝突に起因する大国間戦争は滅多に起こり得なくなった。こうした国内外の平和的変化は、中央集権政府が成立して国内のアナーキーが克服されたり、啓蒙により自由主義的理念を内面化したりすることで可能になってきた。

　上記の平和的進展は、進化政治学的視点抜きにして理解できず、それゆえ人間本性を捨象した既存の社会科学理論——標準社会科学モデル（standard social science model）——では、実在論的な意味で十分な科学的根拠が備わった形で説明できないものである。こうした研究上の空白を埋めるべく、本書ではコンシリエンス（consilience）——自然科学と社会

科学の統合——の視点に立ち、進化政治学に基づいた新たなリベラリズム、すなわち進化的リベラリズムを提示する。

進化政治学と平和 ❦ 目次

序　章
進化政治学に基づいたリベラリズム

第1節　リベラリズムの危機
——ピンカー除名騒動を事例として

　理性と啓蒙は困難な時代を迎えている。理性ではなく感情やイデオロギーにより、既存の世界を糾弾する情緒的な政治的左派・右派の台頭を受けて——科学的創造論、同時多発テロ陰謀論、Ｑアノン、ワクチン陰謀論、ラディカル・フェミニズム、ポストモダニズム、宗教的原理主義など——、現代世界は深刻なトライバルな分断に陥っている*1。このことを鋭く指摘した世界的に圧倒的な影響力を誇る、ハーバード大学の進化心理学者スティーブン・ピンカー（Steven Arthur Pinker）自身が受けた除名運動は、こうした現代におけるリベラリズムの危機を如実に示唆している。

　2020年7月初頭、アメリカ言語学会（LSA : Linguistic Society of America）に所属する会員たちから、同学会に所属するピンカーを、学会の「アカデミック・フェロー」および「メディア・エキスパート」の立場から除名することを請願する公開書簡が発表された*2。この書簡には、博士課程の学生や助教授・教授をはじめとした約600名以上の会員たちの署名がついている。

　公開書簡は LSA が2020年6月に「人種的な正義」に関する声明を発表したことを受けたものであり、そこには、ピンカーのこれまでの振る舞いは LSA の声明と矛盾するものである、ピンカーが LSA のフェローの地位にふさわしくない、といったことが記されている。同書簡によれば、ピンカーは差別の問題をずっと軽視しており、彼の態度には人種差別や性差別の暴力に苦しむ人々が挙げてきた声をかき消すようなパターンがあるという。端的にいえば、ピンカーが人種差別やジェンダーの問題を矮小化し

て、差別に反対する運動の効果を減ずるような議論を続けてきたということが、同書簡では論じられているのである。

　公開書簡は発表された直後から話題になり、ピンカーのツイッターのアカウント上では、ピンカーが自らを支持するツイート一つ一つをとりあげて、公開書簡の不当性を訴える姿がみられた。このキャンセル・カルチャー（cancel culture）騒動に、一つの終止符を打ったのが、アメリカの月刊誌ハーパーズ・マガジン（Harper's Magazine）に発表された「公正と公開討議についての書簡（a letter on justice and open debate）」であった*3。同書簡は、厳密には LSA の公開書簡へ直接的にこたえるために出されたものではないが、言論の自由や開かれた討論、異なる意見に対する寛容の価値を強調するといった内容のため、LSA の公開書簡への事実上の反論とみなされている。

　「公正と公開討議についての書簡」にはアカデミアの内外から100名以上の人が署名をしている。その中には言語学者のノーム・チョムスキー（Avram Noam Chomsky）、政治学者のフランシス・フクヤマ（Francis Yoshihiro Fukuyama）等、多数の学者・知識人が含まれており、こうしたメンバーの存在は同書簡のインパクトを大きくしている。注目すべきはチョムスキーのような強力な政治的左派ですら、ピンカーが差別的だという公開書簡の見解に強く反論を唱えたことであり、そのことは翻って、LSA の書簡が歪んだイデオロギーや感情に駆りたてられたものであることを示唆している。

　ところで、実は LSA の公開書簡で具体的に指摘されている論点の多くは、ピンカーの研究の中身ではない。換言すれば、LSA 署名者らは、合理的楽観主義や暴力衰退説といったピンカーが支持する学説を詳細に検討して、ピンカーに異を唱えたわけではないのである。むしろ、彼らが問題にしたのは、ピンカーがツイッターにあげてきた警官による黒人射殺にかかる一連のツイートである。それには直近のもののみならず、数年前のそれも入っている。ところが、LSA 署名者にとって問題だったのは、いずれのツイートにも、ピンカーが人種差別の問題を矮小化していることを示すエビデンスがないことであった。

　LSA 書簡があげているツイートの多くは、アメリカの警官による黒人の射殺問題、広義には、アメリカの警察制度に関するものであり、そこか

らは、BLM 運動の活動家たちが主張するような、米国社会には体系的・
制度的なレイシズムが内在しており、警官による黒人射殺もその一例であ
るという見解に、ピンカーが反対の見解をとっているということしか読み
とれない。具体的にピンカーが支持している見解とは、「問題の原因はア
メリカの警官が他国の警官と比較して、銃を発砲する機会が多すぎるとい
う点にある」、それゆえ、「黒人が白人より多く射殺されているのは、単に
黒人の方が白人よりも警察に通報される機会が多いため、警察が犯罪現場
で白人より黒人に遭遇する可能性が高いからである」、といったものであ
る。

　さて、上記から何がみえてくるだろうか。それは、ここにおいて、ピン
カーは単に BLM 活動家とは当該問題の原因について異なる見解を支持し
ているだけだということである。すなわち、これは純粋に道具的・実証的
な問題であり、LSA の署名者とピンカーのいずれが妥当な見解を支持し
ているのかという問いについては、本来、科学的推論に基づいて理性的に
議論するなかで一定の結論を見いだせるはずなのである。ところが、これ
に対して、LSA 書簡は、「ピンカーが差別の矮小化している」と一方的に
非難し、社会的立場の抹消を企図したわけである。それではなぜ、LSA
の署名者はこうしたラディカルな攻撃的な行動にうってでたのだろうか。

　考えられるシナリオは以下のものであろう。それは、警官問題にかかる
ピンカーの発言を嫌った公開書簡の執筆者たちは、ピンカーのツイートか
ら差別を矮小化しているような事実を見つけられなかったので――ただそ
の主張は気に食わなかったが――、理性的な議論では勝ち目がないと考え、
除名という権力行使で対応しようとしたというものである。実際、ピンカ
ーの著作を読めば一目瞭然だが、彼は人種差別や人権侵害に対して、一貫
した反対の態度をとっている。そして、こうしたこれまでの態度が示唆す
るように、今回の件についても、ピンカーはデータに基づき事実を述べて
いるだけであり、単に BLM 活動家や LSA の署名者らと人種差別問題の
原因について異なる見解を持っているだけなのである。

　もし LSA 署名者らが、ピンカーとは違うデータを持っていて、理論か
らの演繹やデータからの帰納といった科学的な推論を通じて、体系的なレ
イシズムが警官による黒人殺害の主な原因だということを示しえたなら、
ピンカーと理性的な議論をする余地があったかもしれない。しかし、それ

ができなかったため、LSA 署名者らは感情的な署名運動に走ったのであろう。これらを踏まえると、LSA 署名者側は、「自分たちと異なる見解を支持することは、差別の問題を矮小化することである」という、倒錯したロジックで非難を行ったのだと言わざるを得ないのである。

　そして上記のピンカー除名騒動は氷山の一角となる事例に過ぎず、現代のリベラリズムはいくつかの点で大きな岐路に立たされている。その一つは上記のピンカーが受けたキャンセル・カルチャーである＊4。これは、個人や組織、思想などのある一側面や一要素だけを取りあげ問題視し、その存在すべてを否定するかのように非難をして、場合によっては社会的立場の抹消まで企図することを指す＊5。キャンセル・カルチャーは、科学の発展や言論の自由といったリベラリズムの根幹にかかわる問題を脅かしている。

　自分の見解を主張するときに、相手の口を封じるというのは、見解の妥当性いかんにかかわらず、非自由主義的な発想である。リベラリズムといっても様々なバリエーションがあるが、このことはおそらくいずれの立場に立ってもいえることであろう＊6。特定の個人を攻撃する名誉棄損のようなケースでなく、社会政治現象についての任意の見解を表明する際、ある見解は表明してよく、別の見解はしてはいけないと例外を設けることは、哲学者カール・シュミット（Carl Schmitt）がいうようなある種の例外状況を想定するということに他ならないが＊7、このことがこれまで多くの全体主義体制を招来してきたことは、過去の歴史が明らかにするところである。

　とりわけ危害原理や消極的自由を基調とする古典的リベラリズムの立場からすれば、崇高な理想を実現するためならば、その手段の暴力性が無制限に許されるという態度を擁護することは難しい。トロント大学教授で哲学者のジョセフ・ヒース（Joseph Heath）が的確に指摘するように、キャンセル・カルチャーを行うウォーク（woke）——社会問題に対して目覚めた（wake）人々——はリベラリズムの仮面を被った、不寛容で権威主義的な政治と結びついた反自由主義者なのである＊8。

　実際、自らの身に将来起きる危険をあたかも予兆していたかのように、ピンカー自身すでにこうした点を懸念して、共産主義、ロマン主義、ポストモダニズムといったイデオロギーの陥穽を指摘してきた＊9。ピンカー

だけではない。たとえば、ピンカーの弟子でイエール大学の心理学者ポール・ブルーム（Paul Bloom）も、共感がバイアスのかかった社会的行動を生みだすと警鐘を鳴らしている＊10。自然科学者のみならず、最近では村上春樹、カズオ・イシグロ（Sir Kazuo Ishiguro）といった既に一定の権威を備えたリベラルな知識人が、こうした状況を危惧して、古典的リベラリズムの立場から、LSA 書簡にみられるような、ある種の過激な左派イデオロギーの台頭に警告を促しているのは、こうした所以であろう＊11。

第2節　処方箋としての啓蒙主義
——プラトンの「洞窟の比喩」を手がかりとして

　ところで、ピンカー、ブルームらが問題視している反啓蒙主義的な感情的・イデオロギー的運動については、古代ギリシャにおいて既にプラトンが警鐘を鳴らしていた。それがかの有名な「洞窟の比喩」である。「洞窟の比喩」は、プラトンの真髄や魅力をもっともよく表している比喩である＊12。代表作「国家論」であらわされたこの比喩で、プラトンは、人間がどのようなプロセスで善の輝きに目覚め、そして、本当の幸福に到達するのかを、非常にシンプルかつ明瞭に描きだした。以下の図のように、地下にある洞窟の中に、囚人が住んでいる。

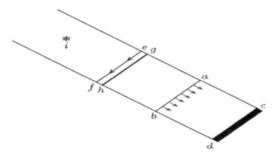

　彼らは子供の時から手足も首も縛りつけられているため、ずっと目の前にある壁(cd)だけを見て生活している(ab)。また、彼らの後上方はるかのところに、火がともっているが(i)、囚人たちは背後を向くことができないので、見ることができない。そして、囚人と火の間の通路(ef)には、低い衝立(gh)が置かれている。その上から操り人形を出して見せると、

ちょうど火に照らされた操り人形の影や、そこを通り過ぎる物などが、囚人の見ている壁(cd)に投影される。このすぎゆく影のみをずっと見ながら生活しているうちに、囚人は、影こそが真実であると認めるようになる。そうすると、その影の動きを鋭く観察し、次の動きを推測するようなことをやりはじめ、それを誰よりも上手くできた囚人には名誉や賞賛が与えられるようになる。

　しかし、ある時、囚人のひとりが縄をほどかれ、背後にある火の光を仰ぎ見るように強制されます。これまで影ばかり見ていたその囚人は、光に目がくらんでよく見えないばかりか、苦痛を覚える。そのために、やはり向きかえり、自分にとってよく見えやすい影をまた見ようとする。そこで、ある誰かがその囚人を無理やり洞窟の急な荒い道を引っ張って行って、火のさらに向こうにある出口、太陽のある世界に連れていく。すると、当然ながら囚人はまぶしさのあまり、最初のうちは何も見ることができなくなる。そこで、囚人はまずは水面にうつる太陽の光を見て、次に夜の星を見るというように、自分の目を明るさに慣れさせていき、最終的には、太陽そのものを見ることに成功する。すると、囚人は、その太陽の光を知ってから、今まで自らが見ていたものがただの影であったことや、またその地下の影ですらも、太陽がなんらかの仕方で原因となって発生していたことを悟る。囚人はこの体験を非常に幸福に思うと同時に、洞窟にいる他の囚人たちに憐れみの情がわいてくる。

　その囚人は、自分の体験を伝えるべく、また洞窟に戻り、自らの体験を伝えようと試みる。しかし、光に目が慣れてしまったために、今度は影をうまくみることができないという事態が発生する（時間が経って目が慣れさえすれば、影すらもよりよくとらえることができますが）。そのため、他の囚人は、「あいつは、上で光を見たせいで、すっかり目をだめにしてしまったに違いない」とその囚人を笑いものにする。さらに、囚人たちは、もし仮に自分達を無理やり上に連れて行こうとする者がいるならば、殺してでも阻止しようとするようになる。光を見た囚人にしてみれば、そのような洞窟にいるくらいなら、太陽のもとで光を受けながら生活したほうがよほど幸せにみえる。しかし、それでも彼は、洞窟に入り、また彼らと同じような影を見る生活を送りながら、それらの囚人を真実の幸福に導くために行動しなければならない。以上がプラトンの「洞窟の比喩」の概要である。

　それではこの「洞窟の比喩」は何を意味しているのだろうか。それは上記のピンカー除名騒動でピンカーを対して除名を求めるオープンレターを出したり、ワクチン陰謀論にはまったりしてしまう、啓蒙の光に異を唱える大衆は、この洞窟にいる囚人のようなものだということである。プラトン哲学の中心は「イデア論」であり、プラトンは生涯イデア論を発展させた。イデアとは、「かたち」「形相」ともいわれ、人が知覚する事象は単なる仮の姿であり、真実の世界は非物質のイデアの世界である。つまり、人間が感覚で捉える世界は常に変化し続けるが、精神が捉える普遍的な世界は、変化しない永遠の真理であるということである。

　そして、イデアの世界には序列があり、低次のものからより純粋な抽象的イデアへと上昇するといい、その頂点を「善のイデア」とした。そのことでプラトンは精神を理性的なものへ上昇させなければならないと啓蒙したのである。科学と理性の力によって真理に接近するという啓蒙主義の発想の萌芽的なものを、「プラトンの洞窟の比喩」に見てとれる。

　それではこのプラトンのメッセージを現代社会に投影すると、いかなることがいえるのだろうか。第一に上述したように、人間はデフォルト状態では、洞窟の中にいる囚人のようなものだということである。啓蒙を受けていない人間は、いわば洞窟の囚人のように無知な状態に置かれているということである＊13。

　進化政治学的にいえば、たしかに、人間は社会政治生活における多種多様な領域に対応した、領域固有（domain specific）の心理メカニズムを備えて生まれてくる＊14。こうした意味では我々はある種の生得的な知識を備えた形で誕生するといって良いのだが、問題なのは、それらは必ずしも現代世界のコンテクストで包括適応度に資するものとは限らないということである。これは、約200万年前から1万年前までの進化的適応環境（environment of evolutionary adaptedness）＊15——人間の心の仕組みが形成されて、生物学的な進化が起きた期間であり場所の理念型であり、狩猟採集時代を指す——と現代世界では大きく外的環境が変化したため、進化的適応環境において包括適応度を極大化する上で有益な心理メカニズムが、現代世界との間で進化的ミスマッチ（evolutionary mismatch）＊16を起こしている可能性があるからである。

　したがって、第五章で説明するように（欺瞞の反啓蒙仮説）、我々は自然

淘汰による進化によって獲得された心理メカニズムについて学習しなけれ
ば、進化的ミスマッチに由来する様々な陥穽にはまることになる。こうし
た意味において、現代のコンシリエンス的研究において啓蒙の中核となる
テーマは不可避に進化の論理となる。すなわち、進化の過程で備わった、
多様な非科学的な信念体系に騙されてしまうような脳内システムを学ぶこ
とが、ピンカー、リドレーといった科学者が唱える啓蒙主義における中核
的なテーマとなるのである。

　第二は、洞窟の中の囚人が壁に投影されている様々な影を真実だと思い
こんでしまうように、社会において大衆は科学的根拠を欠いた様々な言説
——宗教、陰謀論、オカルトなど——が真理を含んでいると思いこんでし
まうことである。第三に、洞窟の中の囚人に影を見させるように、背後で
さまざまな操作をしている誰かがいるように、現実社会にも大衆を様々な
プロパガンダ——宗教的言説、陰謀論、オカルトなど——で操作しようと
するポピュリスティックな指導者がいる。

　第四に、それでも社会のなかには学問をすることで科学的・哲学的な真
理を知り、社会を啓蒙しようとするものが現れる。いわゆる知識人がそれ
に値しよう。第五に、ところが科学的に正しい真理を大衆に伝えようとし
ても、洞窟のなかの囚人がそうであったように、大衆は自分たちが慣れ親
しんでいない、感情的に合わない議論には耳を傾けようとはしない。たと
えば、トランプ陰謀論を信じるものは、いくらトランプ大統領（Donald
Trump）がアメリカ大統領選で負けたと言っても、実はまだ負けていない
のではないかと信じて疑わないというわけである。

　つまるところ、プラトンの洞窟の比喩における囚人や、ピンカーの除名
を求めるオープンレターは、リベラリズムをへだてる「分断」——「理
性」対「感情」、「リベラル啓蒙主義」対「ラディカルレフト」、「合理的楽
観主義」対「衰退主義」——の表れの一つに過ぎない。こうした分断につ
いては、ピンカーが前者で、LSA が後者の立場に当たる。ピンカーの専
門は進化心理学、言語学、認知科学、昨今は思想や政治学とまさに分野横
断的なものである。彼は多くの影響力のある一般書を出版してきており、
とりわけ、進化心理学を社会に啓蒙したパイオニアとして知られている。
ピンカーに対して多くの有力な学者や著名人が支持を表明したことが示唆
しているように、彼の議論は近年コンシリエンス（consilience）——社会

科学と自然科学の統合——＊17を重視する進化学者が提示している学説の一つのバージョンに過ぎない＊18。したがって、LSA が批判しようとしたピンカーの議論は彼一人のものではなく、LSA 署名運動は潜在的に多くの研究者にむけて出される可能性のあるものなのである。

第3節　コンシリエンスとリベラル啓蒙主義
——進化的リベラリズムに向けて

　そしてここで重要なことは、上記のピンカー、ブルームをはじめとする研究者が提起するコンシリエンス的な学説は——暴力衰退説、リベラル啓蒙主義、合理的楽観主義、その他——、進化学をベースとした啓蒙主義者がリベラルな立場にコミットする時に表明する一つの普遍的な知的体系を表しているということである＊19。本書では、これらを進化政治学的視点から、進化的リベラリズムという理念型として帰納的に体系化し、「イデオロギーや感情でなく、データや理論に基づいた科学的推論により、個人の幸福と社会の繁栄を考える思想」と暫定的に定義する。

　むろん、この定義自体が科学的な仮説であり、より良い定義があれば、修正や改善される必要があろう。自然主義に立てば、こうした人文学的な発想自体、帰納や演繹といった科学的な方法で構築される必要があり、それは理論とデータに照らしあわせて問題があれば、より良いものに置きかえられるべきである＊20。ミーム学（memetics）の視点にたてば、学術領域における真理から外れた情報は最終的に淘汰されるのだから、個々の研究者の意識的に何をするのかとはかかわらず、「盲目の淘汰（blind selection）」の所産として、漸進的により良い仮説に到達するかもしれない＊21。あるいは科学哲学の科学的実在論（scientific　realism）によれば、学説は世界の近似的真理に漸進的に接近していくものなのだから、試行錯誤を繰り返して、次第により真理に近い仮説に近づいていくだろう＊22。

　本書が、コンシリエンスに基づいたリベラリズムを進化的リベラリズムと呼ぶ理由は、以下の二点にある。第一に、一部の物理現象を除くほとんどの自然的・社会的現象の根幹には、自然淘汰による進化の論理がある。すなわち、進化論はあらゆる学問を進化論的視点から統合するメタ理論になりうる。第二は第一と関連するが、後述するように、ピンカーのみなら

ず、理性に基づいた科学的なリベラル啓蒙主義を表明する科学者は、程度の差はあれ多くの場合、進化論をベースにした議論をしている。このことは単なる偶然の一致ではなく、上述した、啓蒙主義と進化論のロジックが含む論理的必然である。

　進化的リベラリズムは、人間本性に非合理的な人間本性が備わっていることを認識しているがゆえに、理性によりそれをコントロールすることの重要性を唱える。しばしば進化論は動物的な人間本性を擁護する野蛮な学問だと批判されるが、こうした批判は進化論に立つ啓蒙主義的な議論を矮小化するものである。本書が進化的リベラリズムという、進化政治学に基づいたリベラリズムを示す中で強調したいのは、まさにこの点であり、進化論に立つ啓蒙主義者は、人間本性の欠陥を認識しているため、むしろそれを理性でコントロールすることの重要性を主張する。そして、こうした功利主義的かつ冷徹な理性擁護論は、進化学における新たな研究潮流の一つなのである。

　逆にいえば、理性の重要性を真に理解するためには、人間本性にかかる様々な問題を認識する必要がある。ところが、これまでの啓蒙主義思想は、啓蒙の対象となりうる人間本性の欠陥それ自体を実在論的な意味での科学的根拠が備わった形で、十分に説明できていなかった。これに対して、本書で後述するように、進化政治学は啓蒙の対象となりうる人間本性の欠陥とは、進化的ミスマッチや悪性ミームにかかるものであることを示唆している。

　たしかに当初、進化心理学や行動経済学は理性の限界を指摘するため、様々な非合理的な本性を明らかにしてきた[23]。ところが、暴力衰退（decline of violence）説や合理的楽観主義（rational optimism）を皮切りに、進化学者はこうした非合理的な人間本性の存在にもかかわらず、なぜ人間が協調や平和を達成できるのか、といったリベラリズムにかかる研究テーマにも取り組むようになってきた[24]。端的にいえば、進化学者のリサーチクエスションには次第に、「なぜ人間は非合理的な行動をするのか」や「なぜ戦争が起こるのか」に、「なぜ非合理的な本性を持つ人間が合理的な行動もとれるのか」や「なぜ平和が生まれるのか」が加わってきたのである。

　たとえば、脳科学者で道徳哲学者のジョシュア・グリーン（Joshua

Greene）は著書『モラル・トライブズ——共存の道徳哲学へ』のなかで、理性と本能の問題を、二重過程理論（dual process theory）として体系化している＊25。グリーンによれば、人間の脳には自動モード（情動的な直感）と手動モード（理性的・冷徹なシステム思考）があり、彼はこの二重の思考様式を二重過程理論（dual process theory）と呼んだ。自動モードは進化の所産で、我々が意識して作用させるものではない。たとえば、近親相姦への嫌悪や蛇に遭遇したときの恐怖心など、進化の過程で我々は様々な認知的・道徳的な心のしくみを備えてきた。

　他方、人間を他の動物とへだてる重要な能力に理性がある。これはグリーンが述べる、我々が熟慮で駆動させる、いわば「手動」のシステムである。コンビニに行って、食欲にまかせてフライドポテトやカップラーメンを買ったら、それは自動モードの産物である可能性が高い。なぜなら、進化過程で人間は恒常的な飢餓状態にあったので、可能な時に可能なだけカロリーをとるのが合理的だったからである。こうした進化的ミスマッチにより肥満を誘発するような心理メカニズムを人間は備えている。他方、コンビニに行きカロリー表をみて、「本当はフライドポテトを食べたいけど、健康を考えて野菜サラダを買った」のならば、それは手動モードの産物である可能性が高い。こうした形で、我々は理性の力で本能を抑制する力も備えている。

　同じことをノーベル経済学賞受賞者の心理学者ダニエル・カーネマン（Daniel Kahneman）はシステム１（進化的な本能・情動）、システム２（熟慮的な理性）と呼び＊26、進化論をベースとした道徳心理学者であり社会心理学者のジョナサン・ハイト（Jonathan Haidt）は、「象（進化的な本能・情動）と乗り手（熟慮的な理性）」のメタファーで論じている＊27。あるいはピンカーは、『人間の本性を考える』では、既存の社会科学が社会科学モデルの誤謬に陥っていると批判した上で、人間本性の悲惨さを体系的に説明しているが、その後の『暴力の人類史』、『21世紀の啓蒙』、『合理性（rationality）』では、こうした人間本性の欠陥がいかにして、理性によりコントロールされてきたのかを論証している＊28。『暴力の人類史』で提起したピンカーの議論を、マイケル・シャーマーは「道徳の孤（moral arc）」説として発展させ、宗教やイデオロギーではなく、科学と理性が人類の繁栄の条件であると強く主張している＊29。

こうしたコンシリエンスに立つ啓蒙主義的議論を帰納的に体系化したのが、進化的リベラリズムである。進化的リベラリズムは人間本性の制約によって社会変革に一定の限界があることを認めつつ、啓蒙の力で人々が宗教やイデオロギーの呪縛から解放される必要があると考える。これは上述したプラトンの「洞窟の比喩」を借りれば、科学という真理の光をみた者が、外界を知らない無知な大衆に、啓蒙の光を照射することを意味する＊30。むろん、プラトンに対してそうであったように、こうした啓蒙主義のメッセージはしばしばエリート主義とも批判される。トランプのもとで流行した反知性主義などは、そうした批判の一例であろう。しかし、こうした啓蒙主義への反発の存在にもかかわらず、進化の論理を知ることは、我々人間の人生の意味を知るうえで、決定的に重要な役割を果たす。

　なぜなら、人間の多くの意思や動機は無意識の産物であり、その無意識は進化の所産だからである。そしてこのことは、冒頭で示したピンカー除名騒動の発端となった黒人殺害問題、自爆テロ、戦争、性差、暴力、殺人といった刺激的なイシューを議論する際に前提となる基本的な態度であり、いずれの問題を考える際にも、感情でなく理性に基づいた議論が不可欠となる。

　このとき、進化政治学は、人間にとって可能な啓蒙の射程や限界を理解することに寄与する。第七章で進化啓蒙仮説として提示するように、現実的に人間にとり受容可能な啓蒙は、進化的ミスマッチや悪性ミームによる適応度低下を克服可能にする、人間の包括適応度に資するものである。そしてこれらは思想的にいえば、イギリスの思想家アイザイア・バーリン（Isaiah Berlin）のいうところの消極的自由（negative freedom）に沿ったものに近い＊31。

　こうした理由から——進化学者によってこれより多くを論じるものもいるものの——、理念型としての進化的リベラリズムは古典的リベラリズムと親和的である＊32。古典的リベラリズムは時代の制約で、なぜ個人の消極的自由を擁護するという態度が人間とって受け入れやすいのか、について進化論的な説明を取りこめていなかったが、そのギャップを埋めようとするのが、進化論をベースとしたリベラリズムの進化的リベラリズムであるともいえよう。

　本書の主な目的は、こうした形で様々な波及効果・インプリケーション

をもつ、この進化的リベラリズムを進化政治学の視点から帰納的に体系化して、それに新たな知見を付け加えることにある。その新奇な知見とは、具体的には、進化的自然状態モデル（第3章）、欺瞞の反啓蒙仮説（第5章）、道徳の存在論テーゼ（第6章）、啓蒙の反実在論仮説（第6章）、進化啓蒙仮説（第7章）、人間行動モデル（第7章）である。

第4節　本書の構成と流れ

本書の構成や流れは以下の通りである。第1章では、進化政治学という学問を理論的・方法論的に考察する。進化政治学の一般的な原則を説明した上で、それが主な分析単位とする種に典型的・普遍的な心理学的適応（心理メカニズム）を再考する。さらに、進化政治学が政治学にもたらす方法論的なパラダイムシフトを説明し、その政治学への貢献を、国際関係論分野の進化政治学的研究を検討する中で例示する。

第2章では、進化学において標準社会科学モデル（standard social science model）と呼ばれるものはいかなるものなのか、なぜそれが人文社会科学で受けいれられてきたのか、そしていかなる点において同モデルが誤っているのかを科学的・思想的に分析する。その上で、現代進化学の進展に鑑みると、人間本性については数ある近代社会契約説のうち、ホッブズの人間本性論が相対的に先見性のあるものであったことを示す。

第3章では、進化政治学の進化適応環境概念に基づき、政治学の自然状態論を実在論的意味での科学的根拠が備わった形で再構築すべく、新たな自然状態論——進化的自然状態モデル——を構築する。ここで提示した自然状態は政治的リアリズムのアナーキー観を表象するプロトタイプであり、リアリスト・リサーチプログラムの中核となる前提（hard core）を記述したものでもある。次章でリベラリズムが分析対象とする、現在人類が享受している平和と繁栄に至るまでのデフォルトの原初的な状態、すなわちリアリスト的な自然状態を表象したものが、進化的自然状態モデルである。

第4章では、進化論を軸としてコンシリエンス的研究をしている啓蒙主義者らの議論を、古典的リベラリズムを踏まえた形で帰納的に統合・体系化し、①暴力衰退説、②リベラル啓蒙主義、③合理的楽観主義という三つの構成要素から成る、進化的リベラリズムという新たなリベラリズムの試

論として提示する。進化的リベラリズムは、前章で提示したリアリズムが措定する悲惨な自然状態——進化的自然状態モデル——から、リベラリズムが描きだす平和と繁栄がいかにして生起するのか、を実在論的な意味での科学的根拠が備わった形で説明することを目指したものである。

第5章では、進化的リベラリズムに対する批判を究極要因（ultimate cause）——なぜ当該メカニズムが備わっているのか——の視点から説明する、欺瞞の反啓蒙仮説を提示する。なお、同仮説はなぜ進化的リベラリズムに対する批判が生まれてしまうのか、という問いに答えることを目指したものであり、進化的リベラリズムの妥当性について論じたものではない。ここでは、人間にはデフォルトの状態では様々な欺瞞に陥ってしまうバイアスが備わっており、それがゆえに、啓蒙が必要であることをある種の反実仮想の形で示される。

第6章では、道徳的命題は存在論の次元で議論することで自然主義的誤謬（naturalistic fallacy）を回避できることを示す、新たな方法論的テーゼ——道徳の存在論テーゼ——を提示する。さらに同テーゼに基づいて、システム1の道徳的感情は自然淘汰により包括適応度極大化のために備わったものに過ぎず、これをもって道徳実在論を擁護することは難しいので、システム2の理性により外在的な道徳律を設定して、システム1の人間本性の欠陥をコントロールすることが、進化政治学から見たとき啓蒙の本質にあるとする、啓蒙の反実在論仮説を構築する。

第7章では進化的リベラリズムが措定する啓蒙の射程を明らかにする。啓蒙の反実在論仮説によれば、啓蒙の一般的原理はシステム2によりシステム1をコントロールすることとなるが、啓蒙はいかなる領域や範囲において可能なのだろうか、というより応用的な問いに答えるのが、本章で提示する進化啓蒙仮説である。進化啓蒙仮説によれば、人間本性の進化的ミスマッチを起こしている部分や、人間の適応度を下げる悪性ミームは啓蒙の対象になりうるが、人間本性の適応上の利点を軽視した啓蒙は失敗する可能性が低い。最後に、進化的リベラリズムの因果モデルを人間行動・心理の視点から示すべく、啓蒙の反実在論仮説と進化啓蒙仮説を進化行動モデルに追加して、啓蒙的要因の因果的役割に自覚的な形で人間行動・心理の階層を説明する、人間行動モデルという新たなモデルを構築する。

註

＊1　こうした問題意識についてはたとえば、Michael Shermer, *The Moral Arc: How Science Makes Us Better People* (New York: St. Martin's Griffin, 2016); Michael Shermer, *Giving the Devil his Due: Reflections of a Scientific Humanist* (Cambridge: Cambridge University Press, 2020); Steven Pinker, *Rationality: What It Is, Why It Seems Scarce, Why It Matters* (London: Allen Lane, 2021)；スティーブン・ピンカー『21世紀の啓蒙——理性、科学、ヒューマニズム』全二巻（草思社、2019年）；ジョセフ・ヒース（栗原百代訳）『啓蒙思想2.0—政治・経済・生活を正気に戻すために』（NTT出版、2014年）。

＊2　https://docs.google.com/document/d/17ZqWl5grm_F5Kn_0OarY9Q2jlOnk200PvhM5e3isPvY/preview?pru=AAABc0ugms8*_1VPq2TCPXlcaha9KVY3_Q

＊3　https://harpers.org/a-letter-on-justice-and-open-debate/

＊4　キャンセル・カルチャーやポリティカル・コレクトネスに関しては、Greg Lukianoff and Jonathan Haidt, *The Coddling of the American Mind: How Good Intentions and Bad Ideas Are Setting Up a Generation for Failure* (London: Penguin Press, 2018); Pippa Norris, "Closed Minds? Is a 'Cancel Culture' Stifling Academic Freedom and Intellectual Debate in Political Science?" *HKS Working Paper* (August 3, 2020), no. RWP20-025; Gwen Bouvier, "Racist call-outs and cancel culture on Twitter: The limitations of the platform's ability to define issues of social justice," *Discourse, Context & Media*, Vol. 38 (December 2020), p. 100431; Meredith D. Clark, "DRAG THEM: A brief etymology of so-called 'cancel culture'," *Communication and the Public*, Vol. 5, No. 3-4 (2020), pp. 88-92; Joseph Heath, "Woke tactics are as important as woke beliefs: Woke language hides illiberal tactics in liberal aims," *The Line* (Jun 23, 2021). Available at https://theline.substack.com/p/joseph-heath-woke-tactics-are-as を参照。

＊5　キャンセル・カルチャーの問題の一つは、仮にある種の社会問題について、活動家と異なる仮説を支持することが、差別の矮小化につながるとみなされてしまうと、科学的・経験的に妥当な見解であっても、活動家の選好する仮説と衝突するものは棄却される、さらにもっと悪い場合、そうした科学的・論理的に妥当だが感情的に合わない意見を示す者は社会的に抹消されることになりかねない、という点にある。

＊6　Heath, "Woke tactics are as important as woke beliefs."

＊7　カール・シュミット（田中浩・原田武雄訳）『政治神学』（未來社、1971年）。

＊8　ヒースによれば、キャンセル・カルチャーを行う主体が備える「反自由主義的リベラリズム（illiberal liberalism）」は根本的レベルでは反自由主義的な一連の政治的要求を行うが、表面上は伝統的リベラルの政治的言説の構造に沿うように表現をまとう戦略をとるという。Heath, "Woke tactics are as important as woke beliefs."

＊9　スティーブン・ピンカー（幾島幸子・塩原通緒訳）『暴力の人類史』下巻（青

土社、2015年）329～352頁；スティーブン・ピンカー（山下篤子訳）『人間の本性を考える——心は「空」白の石版」か』下巻（NHK 出版、2004年）18章。

＊10 ポール・ブルーム（高橋洋訳）『反共感論——社会はいかに判断を誤るか』（白揚社、2018年）。

＊11 https://courrier.jp/news/archives/231953/?fbclid=IwAR0_FxtUaSk6f70EJm
7gnAlWIgGzUsZMM7iv52QLDe3Y8W1V_JKNLDLxMaA; https://toyokeizai.
net/articles/-/414929

＊12 プラトン（藤沢令夫訳）『国家』下（岩波文庫、1979年）第7巻。

＊13 むろん、このことは人間の心には生まれた時点で何も書き込まれていないというブランク・スレート（blank slate）説の見方とは別である。ブランク・スレート説の概要と問題点については、本書第2章を参照されたい。

＊14 Leda Cosmides and John Tooby, "Origins of Domain Specificity: The Evolution of Functional Organization," in Lawrence A. Hirshfeld and Susan A. Gelman, eds., *Mapping the Mind: Domain Specificity in Cognition and Culture* (New York: Cambridge University Press, 1994), pp. 85-116; Tooby and Cosmides, "The Theoretical Foundation of Evolutionary Psychology," p. 16.

＊15 Robert Foley, "The Adaptive Legacy of Human Evolution: A Search for the Environment of Evolutionary Adaptedness," *Evolutionary Anthropology: Issues, News, and Reviews*, Vol. 4, No. 6 (1995), pp. 194-203; John Tooby and Leda Cosmides, "The Psychological Foundations of Culture," in Jerome H. Barkow, Leda Cosmides, and John Tooby, eds., *The Adapted Mind: Evolutionary Psychology and the Generation of Culture* (New York: Oxford University Press, 1992), pp. 19-136.

＊16 Norman P. Li1, Mark Van Vugt, Stephen M. Colarelli, "The Evolutionary Mismatch Hypothesis: Implications for Psychological Science," *Current Directions in Psychological Science*, Vol. 27, No. 1, pp. 38-44; Elisabeth Lloyd, David Sloan Wilson, and Elliott Sober. "Evolutionary mismatch and what to do about it: A basic tutorial," *Evolutionary Applications* (2011), pp. 2-4.

＊17 コンシリエンスという用語は、世界的に有名な進化生物学者エドワード・ウィルソン（Edward Osborne Wilson）が広めたものである。エドワード・O・ウィルソン（山下篤子訳）『知の挑戦——科学的知性と文化的知性の統合』（角川書店、2002年）。

＊18 ここで進化学という言葉を使うとき、進化論——自然淘汰理論と性淘汰理論に由来する諸進化論的知見——を基盤にして社会自然現象を分析する学問全般のことを指しており、それには進化政治学、進化生物学、進化心理学等が含まれる。

＊19 ピンカー『暴力の人類史』；ピンカー『21世紀の啓蒙』；Pinker, *Rationality*；マッド・リドレー（大田直子・鍛原多惠子・柴田裕之訳）『繁栄——明日を切り

拓くための人類10万年史』（早川書房、2013年）；Gad　Saad, *The Parasitic Mind: How Infectious Ideas Are Killing Common Sense* (Washington, D.C.: Regnery Publishing, 2021); Shermer, *The Moral Arc;* Shermer, *Giving the Devil his Due; Sam Harris, The Moral Landscape: How Science Can Determine Human Values* (New York: Simon and Schuster, 2011); ハンス・ロスリング／オーラ・ロスリング／アンナ・ロスリング・ロンランド（上杉周作・関美和訳）『FACTFULNESS（ファクトフルネス）——10の思い込みを乗り越え、データを基に世界を正しく見る習慣』（日経BP、2019年）；ジョシュア・グリーン（竹田円訳）『モラル・トライブズ——共存の道徳哲学へ』（全2巻）（岩波書店、2015年）；ブルーム『反共感論』；ヒース『啓蒙思想2.0』。

＊20　方法論的自然主義とは、自然科学と社会科学を連続的に捉えて、形而上学的・超自然的なもの（理想・規範・超越者）に訴えず、自然的なもの（物質・感覚・衝動など）に基づいて、世界の真理に接近することを目指す立場のことを指す。この立場によれば、自然科学的方法論を社会科学に積極的に応用することが推奨される。方法論的自然主義については、戸田山和久「哲学的自然主義の可能性」『思想』948巻4号、63～92頁；戸田山和久『科学的実在論を擁護する』（名古屋大学出版会、2015年）61、86、314頁を参照。

＊21　リチャード・ドーキンス（日高敏隆・岸由二・羽田節子・垂水雄二訳）『利己的な遺伝子』増補新装版（紀伊国屋書店、2006年）特に11章；スーザン・ブラックモア（垂水雄二訳）『ミーム・マシーンとしての私』全2巻（草思社2000年）；ロバート・アンジェ/ダニエル・デネット（佐倉統・巖谷薫・鈴木崇史・坪井りん訳）『ダーウィン文化論—科学としてのミーム』（産業図書、2004年）；ダニエル・C・デネット（山口泰司）『解明される意識』（青土社、1997年）。

＊22　Stathis Psillos, *Scientific Realism: How Science Tracks Truth* (London: *Routledge, 1999); Anjan Chakravartty, A Metaphysics for Scientific Realism: Knowing the Unobservable* (Cambridge: Cambridge University Press, 2007); Philip Kitcher, *The Advancement of Science: Science without Legend, Objectivity without Illusions* (New York: Oxford University Press, 1993);戸田山『科学的実在論を擁護する』。

＊23　たとえば、以下の翻訳本には、こうした進化系の学問が明らかにする「非合理的現象」を売りにして意図的にキャッチーなタイトルがつけられている。ダン・アリエリー（熊谷淳子訳）『予想どおりに不合理——行動経済学が明かす「あなたがそれを選ぶわけ」』（早川書房、2013年）；ダグラス・ケンリック（山形浩生・森本正史訳）『野蛮な進化心理学——殺人とセックスが解き明かす人間行動の謎』（白揚社、2014年）。

＊24　ピンカー『暴力の人類史』；ピンカー『21世紀の啓蒙』；Pinker, *Rationality*；リドレー『繁栄』；Shermer, *The Moral Arc;* Shermer, *Giving the Devil his Due*；ロスリング/ ロスリング/ロスリング・ロンランド『FACTFULNESS(ファクトフルネス)』；グリーン『モラル・トライブズ』。

＊25　グリーン『モラル・トライブズ』。

＊26 ダニエル・カーネマン（村井章子）『ファスト＆スロー──あなたの意思はどのように決まるか？』全2巻（早川書房、2014年）。

＊27 ジョナサン・ハイト（高橋洋訳）『社会はなぜ左と右にわかれるのか──対立を超える道徳心理学』（紀伊國屋書店、2014年）；ジョナサン・ハイト『しあわせ仮説──古代の知恵と現代科学の知恵』（新曜社、2011年）。

＊28 ピンカー『人間の本性を考える』；ピンカー『暴力の人類史』；ピンカー『21世紀の啓蒙』；Pinker, *Rationality*.

＊29 Shermer, *The Moral Arc*.

＊30 プラトン（藤沢令夫訳）『国家（下）』改訂版（岩波書店、1979年）94～111頁。

＊31 アイザィア・バーリン（小川晃一・小池銈・福田歓一・生松敬三）『自由論』新装版（みすず書房、2018年）。

＊32 J. S. ミル（関口正司訳）『自由論』（岩波書店、2020年）。

第1章

ॐ

進化政治学を再考する

はじめに

　進化政治学とはいかなる学問なのだろうか。それには一体どのような原則があり、合理的選択理論やネオリアリズムといった既存の社会科学理論とは何が違うのだろうか。こうした問いに答えるべく、本章では進化政治学の理論的・方法論的前提を再考する。

　第1節では進化政治学の適応主義的原則を説明する。第2節では、進化政治学が分析単位として焦点を当てる心理メカニズムを再考する。第3節では、進化政治学が政治学（国際関係論を含む）にもたらすパラダイムシフトを3つの理念型——生態学的合理性テーゼ、実在論的基礎付けテーゼ、究極要因テーゼ——に大別して説明する。第4節では進化政治学が政治学にもたらす貢献を、国際関係分野における進化政治学的研究を検討する中で例示する。

第1節　進化政治学とは何か

（1）進化政治学の一般的法則

　進化政治学とは究極的にはアリストテレスを起源としつつも、チャールズ・ダーウィン（Charles Robert Darwin）の『種の起源』においてその理論的基盤が明らかにされた学問である＊1。進化政治学は現代においてはネオダーウィニズムといった形で先駆的に数多くの仮説を提出してきた進化生物学、進化的に安定的な戦略（Evolutionary Stable Strategy）を生みだしたジョン・メイナード＝スミス（John Maynard Smith）に牽引された進化ゲーム理論、あるいは、1980年代からジョン・トゥービー（John Tooby）やレダ・コスミデス（Leda Cosmides）、デイヴィッド・バス（David M.

Buss）らをパイオニアとする進化心理学といった進化系の学問分野を迂回して発展してきた*2。進化政治学者は政治学が扱う命題——戦争と平和、政治的意思決定、民主主義など——に進化論的発想を適用して、現代の政治現象の起源——なぜ当該事象が生まれるのかという究極要因（ultimate cause）からの説明——を探りつつ仮説を構築する。

　進化政治学には以下の三つの前提がある。第一に、人間の遺伝子は突然変異を通じた進化の所産であり、こうした遺伝子が政策決定者の意思決定に影響を与えている。第二に、生存と繁殖が人間の究極的目的であり、これらの目的にかかわる問題を解決するために自然淘汰（natural selection）と性淘汰（sexual　selection）を通じて脳が進化した。第三に、現代の人間の遺伝子は最後の氷河期を経験した遺伝子から事実上変わらないため、今日の政治現象は狩猟採集時代の行動様式から説明される必要がある*3。

　マイケル・バン・ピーターセン（Michael Bang Petersen）、アンソニー・ロペス（Anthony C. Lopez）、ローズ・マクデーモット（Rose McDermott）といった有力な政治学者が体系的に論じているように、進化政治学を理解する際、その理論的基盤の一つが進化心理学にあることを忘れてはならないだろう*4。進化心理学は「人間の本性について私たちが知っていることを世界の仕組みについての知識と結びつけ、できるだけ多くの事実をできるだけ少ない前提で説明する」ものであり、「すでに実験室やフィールドでよく立証されている社会心理学の大きな部分が」、進化心理学における「血縁淘汰や、親の投資や、互恵的利他行動や、心の計算理論についての少ない前提から引き出せることが示されている」*5。

　進化心理学は「脳は情報を処理する機械として捉え得る」という立場に立ち、「『脳はどのようなプログラムを実行しているのか？』という問いの解明を目指す」*6。進化心理学のパイオニア、トゥービー、コスミデス、マイケル・プライス（Michael E. Price）によれば、「進化心理学は認知科学（cognitive science）と進化的機能主義（evolutionary functionalism）という二つのプロジェクトを単一の統合されたリサーチプログラムにまとめあげる*7」ものである。すなわち進化心理学にて人間の心は、進化過程に形成された多様なプログラムから構成されるコンピューターのアナロジーで捉えられるのである*8。

　進化心理学者ロバート・クルツバン（Robert Kurzban）が「もっとも詳

細かつすぐれた本」と評している*9、『心の仕組み（How the Mind Works）』
において、進化心理学の泰斗スティーブン・ピンカー（Steven Arthur
Pinker）は以下のように人間の心を説明している。

　心とは複数の演算器官からなる系であり、この系は、われわれの祖先
が狩猟採集生活のなかで直面したさまざまな問題、とくに、物、動物、
植物、他の人間を理解し、優位に立つために要求されたはずの課題を解
決するなかで、自然淘汰によって設計されてきた。この要約はいくつか
の主張に小分けすることができる。心は脳の産物である——具体的にい
うと、脳は情報を処理する。思考は演算行為の一種である。心は複数の
モジュールから、言い替えれば、複数の心的器官から構成されている。
各モジュールは特定の目的をもって設計されており、それぞれのモジュ
ールは、外界との相互作用のある特定分野を専門に受けもっている。モ
ジュールの基本論理は遺伝子プログラムによって特定されている。モジ
ュールの働きは、狩猟採集生活を営んでいたわれわれの祖先がさまざま
な問題を解決するなかで、自然淘汰によって形づくられた。われわれの
祖先の遺伝子にとって最大の課題は、次世代まで生き残る遺伝子コピー
の数を最大化することであり、祖先が日々直面するさまざまな問題は、
最大の課題を解決するために必要な下位課題だった*10。

　心がいかにして進化過程で形成されてきたのかという問いに答える上で、
上記のピンカーの記述以上に優れたものを見いだすことは難しいだろう。
そして、こうした進化論的な心の説明を最初に提起したのはダーウィンで
あり*11、生物のもつ機能の複雑性を説明できる理論は、ダーウィンの提
起した自然淘汰理論と性淘汰理論しかないと考えられている*12。すなわ
ち、その進化の論理とは、生物には個体差があって（変異）、その個体差
は親から子に伝わり（遺伝）、生物は、生存可能な数よりも多くの子供を
産むため、個体間で生存と繁殖をめぐる競争が生じ、その結果として、生
存と繁殖の能力にすぐれた個体の子孫が集団の間で広まる（適応）という
ものである*13。
　遺伝のメカニズムが解明された現代では、自然淘汰の基本的な単位はし
ばしば、ダーウィンが考えた個体から遺伝子にあると考えられるようにな

ったが、こうした見方は進化生物学者リチャード・ドーキンス（Richard Dawkins）が世界的ベストセラー『利己的な遺伝子（The Selfish Gene）』で体系的に論じたものである*14。もともとこのことはウィリアム・ハミルトン（W. D. Hamilton）が血縁淘汰理論（kin selection theory）を提示するなかで論じていたものだが*15、それを「遺伝子の目の視点（gene's eye view）」からとらえ直して、社会に啓蒙したのがドーキンスというわけである。つまるところ、クルツバンが的確に論じているように、「生物が現在のような形態になったのは進化のプロセスを通じてであり、それによって遺伝子が作り出され、遺伝子は自己複製を繰り返しながら、他の遺伝子を犠牲にしつつ存続しようとする」のである*16。

こうした基本的な進化学の原則を踏まえて、本書では進化政治学を、「進化論的発想を政治学に応用する試み」と定義する。すなわち、それは進化心理学をはじめとする自然淘汰理論・性淘汰理論に由来する多様な進化論的知見——進化生物学、社会生物学、進化ゲーム理論も含む——を政治学に応用した学問である*17。

それでは進化政治学の基盤にある進化学とは、いかなる学問なのだろうか*18。方法論的問題に自覚的な形で進化政治学を国際政治研究へ応用するためには、進化学の全体像や問題点を明らかにすることが必要であろう。そこで以下では、自然淘汰や適応主義といった進化学の基本原則を説明していく。

（2）自然淘汰による進化

しばしば進化理論に対しては、自然淘汰の単位——遺伝子、個体、集団、文化など——がアドホックであるという批判が浴びせられるが*19、こうした問題のことを淘汰レベルの問題（level of selection problem）という。進化政治学者ドミニク・ジョンソン（D. D. P. Johnson）は、進化政治学を国際政治学に応用する際の障害の一つとして、この淘汰レベルの問題を挙げている*20。こうした批判に対して、進化学者は以下の視点から答えを与えられる。

第一は、マルチレベル淘汰論（multi-level selection）である*21。これは文字通り自然淘汰が遺伝子、個体、集団、文化等の複合的な単位でなされるという発想である。たとえば、マルチレベル淘汰論の代表的論者デイヴ

ィッド・スローン・ウィルソン（David Sloan Wilson）とエドワード・ウィルソン（Edward O. Wilson）は、包括適応度理論（inclusive fitness theory）とマルチレベル淘汰理論（multi-level selection theory）は数理的に等価だが、マルチレベル淘汰理論を用いた方が様々な問題について分析する際に理解が容易だという主張をしている*22。

　第二は、便宜的に個体を自然淘汰の単位とするという見方である*23。これは、より多くの子供を残す個体の子孫が増えていく過程として、進化が考えられるものであり、科学者の実践に着目して淘汰レベルの問題に賢く対処するものといえる。

　第三は、標準的な進化心理学と同じように、遺伝子を主な自然淘汰の単位と考えて、それ以外の淘汰レベルを補完的なものとみなす立場である。これはドーキンス的な「遺伝子の目の視点」に立つ「利己的遺伝子」論である*24。なお、この見方によれば、集団淘汰的な現象は、記述的には、「遺伝子が集団をヴィークルとして用いる」というロジックから理解できて、数理的には包括適応度理論とマルチレベル淘汰の数理的等価性によって説明できよう。

（3）進化学の方法論

　それでは進化政治学のベースにある、進化学の諸理論はいかになる方法論で構築されているのだろうか。その具体的なプロセスは仮説の構築と検証である。第一に仮説構築に際しては、適応課題（adaptive problem）の推測がなされる*25。適応課題とは、進化的適応環境（environment of evolutionary adaptedness）*26で先祖が生存と繁殖を成功させるために、克服する必要があった多様な課題——裏切り者を検知する、配偶者を選択する、同盟関係を検知する*27など——を指す*28。こうした種々の適応課題を推測する際、既存の進化心理学的知見に加えて、進化ゲーム理論、考古学、文化人類学といった進化論とレレヴァンスのある諸領域の知見が総動員される*29。

　それではこうした進化心理学の研究手法は、一般的な心理学のそれと何が異なるのだろうか。結論から言えば、進化心理学では通常の心理学実験で仮説を経験的に検証するだけでなく、検証された仮説と進化的適応環境における行動形態との整合性が検証される必要がある。前者が既存の心理

学の掲げる how の命題——どのようにして任意の心理学的要因が作用しているのか、という至近要因（proximate cause）——に答えるものだとすれば、後者はそれに加えて進化心理学が心理学に導入した why の命題——なぜ任意の心理学的要因が備わっているのか、という究極要因——に答えるものである。至近要因と究極要因の区別は、ノーベル医学生理学賞受賞者ニコ・ティンバーゲン（Niko Tinbergen）が生みだした。至近要因は、「その行動が引き起こされている直接の要因は何か」を問うものである。他方、究極要因は「その行動は何の機能があるから進化したのか」を問うものである。心理学実験で明らかにされた個別的観察事実が至近要因だとすれば、それを進化論的視点から統合するのが究極要因である*30。

裏切り者検知の心理メカニズム（cheater detection mechanism）を考えてみよう*31。前述したように、裏切り者検知メカニズムはウェイソンの四枚カード問題を通じて経験的に検証される（通常の心理学実験）。しかし進化学者は当該メカニズムが経験的に検証されるだけでは満足しない。なぜなら、これだけでは人間になぜその心理メカニズムが備わっているのかを説明できないからである。そこで進化学者は適応課題を推測して、そこから任意の心理メカニズムが演繹的に導きだされるかを考察する。こうした形で進化心理学では、心理メカニズムと進化的適応環境における行動パターンとの整合性が検証されるのである。

裏切り者検知メカニズムは、進化ゲーム理論や互恵的利他主義（reciprocal altruism）の基盤となる、繰り返しのある囚人のジレンマ（repeated prisoners's dilemma）から導きだされる*32。同ジレンマでは、しっぺ返し（tit for tat）が進化的に安定的な戦略（evolutionary stable strategy）である*33。そこでトゥービーとコスミデスは、進化的適応環境ではいかなる条件が進化的に安定的な戦略を生んでいたのかという問いを立て、その答えとして、裏切り者——利益だけ享受してコストを支払わないフリーライダー——が検知されねばならないという条件を見いだす*34。つまるところ、「信頼的かつ体系的に裏切り者を検知する能力が、繰り返しのある囚人のジレンマにおける協調が進化的に安定的な戦略であるための必要条件」なのである*35。

第二に、こうして立てられた仮説は、一般的な心理学的・認知科学的実験で検証される*36。ここからの手続きは通常の心理学実験と基本的に同

じである。先ほどは裏切り者検知メカニズムを検証するための実験として
ウェイソンの四枚カード問題を挙げたが、ここでは進化心理学のパイオニ
アの一人デイヴィッド・バス（David Buss）による、配偶者選好（mate
preference）についての古典的研究を例に挙げよう＊37。

　バスは配偶者選好を調べるに際して被験者を集めてアンケートをとり、
世界における37の文化圏——アジア、アフリカ、北米、南米、中東、ヨー
ロッパ、オセアニアなど——で男女が配偶者を選ぶ際の基準を調べた＊38。
実験ではこれらの文化圏の男女に「良識があり信頼できる」「知的であ
る」など18の特徴を示して、それらが配偶者を選ぶ際どの程度重要かを0
点から3点の4段階で評価させた＊39。その結果、文化とかかわりなく男女
共に、互いに惹かれ合っていることを最も重視していることが明らかとな
った＊40。

　ところで、こうして我々の心には、裏切り者検知メカニズムから配偶者
選好メカニズムにいたるまで、様々な仕組みが備わっているわけだが、ど
うして、これらの様々なタイプの理論を全て同じ進化学の学説ということ
ができるのだろうか。換言すれば、進化学の中には裏切り者検知理論、配
偶者選好理論といった異なる理論があるが、なぜこうした異なる理論を同
じ進化学の理論とみなせるのだろうか。これら個々の進化学の理論には何
か共通した論理があるのか。こうした問いは進化学が一貫性を欠いている
という批判にもつながる＊41。

　しかし進化学への批判者は、以下の重要な点を見逃している。それは進
化学が演繹的なピラミッド状の階層構造からなる学問であるという点であ
る。第一に、進化学という学問の構造をピラミッドに見たてれば、その頂
点に位置するのは自然淘汰理論である。自然淘汰理論からは、血縁淘汰理
論（kin selection theory）＊42、性淘汰理論（sexual selection theory）＊43、互
恵的利他主義（reciprocal altruism）＊44といった中間レベルの進化理論が導
きだされる＊45。たとえば利他行動について、血縁淘汰理論が血縁度に着
目した説明を提示する一方、互恵的利他主義はしっぺ返しに着目した説明
を提示するが、このことは進化政治学がアドホックな学問であるというこ
とを意味するわけではない。なぜなら血縁淘汰理論と互恵的利他主義は共
に、自然淘汰理論という単一の理論から演繹的に導きだされるからである。
　第二に、中間レベルの進化理論から進化的仮説が導きだされる。たとえ

ば、親の投資理論（parental invest theory）と性淘汰理論からは、①有性生殖をする種では子育てにより多く投資する性の配偶者への選択性が強くなる、②オスが餌やりに参加する種では、メスはオスの給餌能力・意思を配偶者選択の基準とする、③有性生殖をする種では相対的に、子育てに投資をしない方の性において、配偶相手をめぐる競争が激しくなる、という三つの仮説が導きだされる*46。

　そして最後にピラミッドの最下層では、上記の進化的仮説に由来する進化的予測が導きだされる。たとえば上述した仮説②からは、①女性は地位の高い男性を好む、②女性は自らと自らの子供に投資する意志を示唆する男性を好む、③女性は経済的資源を提供できない男性と離婚する傾向にある、という三つの予測が導きだされる*47。

第2節　心理メカニズム

（1）生得的な心理学的適応

　人間の脳の機能的構造は、我々の祖先の社会的・生態学的環境における適応課題に、確実かつ効果的に対処するように、自然淘汰によって設計されている*48。適応課題とは進化的適応環境において、我々の祖先がくりかえし直面してきた繁殖成功の影響を及ぼす、さまざまな領域にわたる脅威・機会・課題を意味する。ここで重要なのは、それらが一回性の課題や、新奇な課題ではないということである。たとえば、紛争や戦争は、進化の過程を通じて人間が直面する永続的な適応課題であったので、人間には、集団間闘争という適応課題に対処するために、さまざまな心理メカニズムが備わっている*49。部族主義（tribalism）*50、怒りのメカニズム（anger mechanism）*51、自己欺瞞（self deception）*52、裏切り者検知メカニズム*53、同盟検知メカニズム（alliance detection system）*54、配偶者選選好メカニズム*55など、人間は、社会政治生活における多様なコンテクストに応じた心のしくみを備えているのである。

　理論的にいえば、心理メカニズムは、自然淘汰により設計された心理学的適応を指し、それは外的環境から一連のインプットを受容し、そのインプットをアウトプットに転換する脳内システムである。こうした意味において、情報の輸送・転換プロセスをつかさどる心理メカニズムは本質的に

情報処理メカニズムである。心理メカニズムは、究極要因の観点では行動・動機の原因となり、至近要因の観点ではホルモンレベルや神経伝達物質の変化をおこす。

　たとえば、人間には利害紛争において、攻撃の仕方を調整するように設計された心理メカニズムが備わっている。すなわち攻撃システム（aggression system）である*56。社会政治生活における個体間闘争において、進化的適応環境において、人間の力を決定するのに役立つ重要なキュー（cue）は純粋な物理的な強靱さであった。それゆえ、力の自己評価は、利害紛争を解決するに際して、暴力を行使するか否か、あるいは暴力を行使するにせよ、いずれの仕方でそれを行うのかを調整する重要なキューであった。個人の肉体的な強靱さは、個体間闘争のみならず、集団間闘争（戦争、民族紛争、その他）においても、集団内部の構成員が暴力を支持するか否かの重要な要因となる*57。つまるところ、肉体的な強靱さや地位の高さといった要因は、集団が他の集団を打ち負かす上で重要なキューであったため、我々は戦時においては特に男性的なリーダーを支持するのである*58。

　第二次世界大戦におけるアドルフ・ヒトラー（Adolf Hitler）を考えてみよう。1935年の時点でアメリカ、ソ連、ドイツというランドール・シュウェラー（Randall L. Schweller）がいうところの三極構造（tripolarity）のもと、ヒトラーは欧州を一気に席捲して、残るはイギリスとソ連という状況まで1941年に至るまで拡張主義的政策を成功させていた*59。いうまでもなく、こうしたヒトラーの現状打破的政策は、当時の国際システムにおける相対的パワー分布を一定程度踏まえたものであり——ヒトラーがどこまで自覚的だったのかは差し置いて——、こうした「可能なときに相対的パワーを極大化する」という攻撃的リアリスト的な行動は、ジョンソンとセイヤーが主張しているように、狩猟採集時代において備わった人間本性に沿ったものである*60。

　ところが、もちろんこうした攻撃システムが行き過ぎると、敵の士気といった無形の要因を見逃してしまったり、自らのパワーの自惚れる過信に帰結してしまったりして、しばしば非合理的な結果を生みだす*61。ヒトラーが下した独ソ戦の決定がまさにその典型例であり、ヒトラーの成功は一定程度、人間本性の産物だが——このことをジョンソンは適応上の利点

（adaptive advantage）と呼んでいる*62——、彼の失敗もその陥穽に由来するといえるのである*63。

　社会構築主義的アプローチ（ポストモダニズム、フェミニズム等）は、人間行動を単に家父長制的なイデオロギーやジェンダー・バイアスに由来する社会的構築物だとみなす点で、しばしば誤っている。ある種の文化や社会的通念が進化するのは、そうした観念的な要因の存在がしばしば人間にとって適応的だからである。進化心理学の擡頭初期にブランクスレート説を信奉する社会学者たちからの、性差や配偶者選好あるいは身内びいきなどについて激しい批判があった。進化学者スティーヴ・スチュワート=ウィリアムズ（Steve Stewart-Williams）によれば、こうした批判は的を射たものではなく、以下の三つの理由から、人間本性は存在しているという*64。すなわち、第一に、人間本性はそれを矯正しようとする社会的な努力によってもほとんど変更されない。第二に、人間本性は個別の文化を越えて普遍的に見られる。第三に、類似的な傾向が（同様な淘汰圧を受けたであろう）他の動物にも見られる。

　むろん、ここではあらゆる文化的産物が適応の産物だという「汎適応主義（pan adaptationism）」を唱えるつもりはない*65。ある種の文化的形質は適応の副産物かもしれないし、あるいは単に進化的ミスマッチ（evolutionary mismatch）*66の産物かもしれない。つまり、しばしば、適応的でない形質が社会において残存して拡大していくケースもあるだろうし、そのようにみなせる場合も往々にしてあるということである。

　この最も分かりやすい例は宗教であろう。宗教はマルチレベル淘汰論や文化進化論によれば、適応主義的に解釈することもできるが*67、淘汰レベルの主な単位を遺伝子に置く論者、とりわけ新無神論者（new atheist）にとってそれはミーム（meme）と解釈される*68。9.11同時多発テロ事件を受けて、さまなければリベラルな科学者がイスラム教をテロの元凶として糾弾しはじめた。これが新無神論の誕生であった。それらには、イギリスの進化生物学者ドーキンス、アメリカの脳科学者で哲学者のサム・ハリス（Sam Harris）、哲学者ダニエル・デネット（Daniel Dennett）が含まれている*69。ドーキンスやデネットによれば、宗教は有害なウィルスのようなものであり、それ自体が自己のコピーを極大化するために、自律的に増殖を繰り返しているという。こうした見方をミーム論といい、これはま

さに適応的でない形質が社会に拡散していくことの典型的な論理といえよう＊70。

（2）条件的な情報処理メカニズム

　進化的適応環境において、我々の祖先が生存や繁殖の成功を実現するうえで直面した挑戦・機会・脅威のことを適応課題（adaptive problem）というが、この課題がさまざまな領域に分かれていることは指摘に値する。このことを領域固有性（domain specificity）という＊71。我々の心理メカニズムは様々な生理学的・行動的・認知的・感情的なプロセスを通じて、こうした領域固有かつ多種多様な適応課題に対処するようにできているのである。

　このとき、今直面している適応課題がいかなるものなのかを識別できないと、我々は生存と繁殖を成功させる上で合理的な行動をとることができない。そこで人間に備わった心理メカニズムは、さまざまな適応課題を、ある種の情報のキュー構造（利害紛争、社会契約、配偶者選択、その他、各々コンテクストを表象する情報の一式）という形で認識し、それらキュー構造を外的環境からのトリガーとして、任意の生理学的・行動的・認知的・感情的プロセスを駆動させるようにできている。

　そこで重要なことは、先述したように、心理メカニズムは本質的に情報処理メカニズムだということである。すなわち、それにはインプットとアウトプットが存在するのである。この情報処理メカニズムという観点からすると、上記の外的環境からのトリガーとなる情報のキュー構造がインプットであり、それによって駆動される任意の生理学的・行動的・認知的・感情的プロセスがアウトプットである。テストステロン、オキシトシン、内集団・外集団の認識、自らと敵の肉体的強靱さの評価、怒り、恐怖、過信といったものが、こうしたアウトプットの例に当たろう。

　たとえば、先述したように、利害紛争という適応課題においては、攻撃システムという心理メカニズム（肉体的強靱さに応じて攻撃を調整するもの）が重要になる＊72。それでは、この攻撃システムを駆動させるためには、どのような外的環境からのトリガーとなる情報のキュー構造が必要なのだろうか。それには理念型であるが、二つの段階が想定されよう。

　第一の段階としては、そもそも直面している状況が利害紛争だというこ

とを示唆する情報のキュー構造が必要である。これには、敵からの攻撃の兆候や、対人交渉というコンテクスト、実際の戦闘状況といった、利害紛争という領域に固有の類の情報が含まれる。これらのキュー構造は、配偶者選択、裏切り者検知、同盟検知といったコンテクストに由来するものとは、異なるものであるはずである。しかし、単に直面している状況が利害紛争のコンテクストだと認識するだけでは、我々は包括適応度を極大化する上で合理的な行動をとれるとは限らない。その好例は、日本がアメリカに真珠湾奇襲を仕掛けたように、自らよりもはるかに強靭な個人や集団に攻撃を加えることであろう。

　そこで、適応的な行動をとる上では、第二段階として、外的環境からのトリガーとなる、より特定化された具体的な情報のキュー構造が認識される必要がある。その時のキューとなる情報が、この利害紛争という適応課題やコンテクストにおいては、自らあるいは内集団と敵あるいは敵集団についてのパワーの評価となる。このことを裏付けるように、人間は実際、体格、顔の特徴、声などのキューに基づいて、男性の戦闘能力を評価することに長けている＊73。

　さらに、こうした一連の攻撃行動に関する個人レベルの仮説は、連合レベルのそれに拡張することができて、以下のような集団間攻撃を調整するように設計された心理学的適応が導きだされる。すなわち、集団間闘争に勝利するために設計された心理メカニズムは、相対的な数や物理的な規模といった内生的キューと、地理的な位置や集団間近接性といった外生的なキューの双方に依存している＊74。たとえば、チンパンジーであれば、3対1以上の比率でない限り、敵集団に攻撃をすることはしない＊75。つまり、高い確率で成功すると予測されない限り、チンパンジーは集団間闘争を自分から始めることはしないのである。

　同じことは、個人間闘争についてもいえる。怒りの修正理論（recalibrational theory of anger）が示唆するように、個人間の戦いにおいても、相手の肉体的強靭さが自らのそれよりも劣ると考えられるときに、戦闘に従事して、そうでないときは戦闘を回避するのが適応である＊76。その際、情報のインプットは自分と敵についての相対的パワーの評価、アウトプットは生理学的・認知的・感情的要因（テストステロン、オキシトシン、怒り、恐怖、過信）となる＊77。たとえば、ヘビー級のボクサーに肉体

的に優れていない素人が挑むことは無謀だが、こうした愚行を行わない心理学的適応を、人間は備えているというわけである。

　それでは、こうしたインプット、アウトプットからなる情報処理メカニズムという形態をとる人間の心理メカニズムには、いかなるアルゴリズムがあるのだろうか。もちろん、あらゆる行動・心は、包括適応度極大化に資するという意味で適応的な形で形成される必要があるので、包括適応度極大化が究極的なアルゴリズムといえるが＊78、仮に人間行動・心理を掘り下げて理解したいのならば、より詳細なアルゴリズムを知りたいところだろう。

　そこで想起すべきは、あらゆる心理メカニズムは、「もしこうならば、こうである（if then 構文）」という条件的なアルゴリズムから成っているということである。攻撃システムであれば、進化ゲーム理論的な状況を想定したコンピューター・シュミレーションにおいて、「どのような場合でも攻撃せよ」というアルゴリズムで行動する個体は、「もし相手よりも大きければ、攻撃せよ。もし相手よりも小さければ、服従せよ」というアルゴリズムで行動する個体に、最終的に駆逐される＊79。なぜなら、不利な状況下でも攻撃をしかけてしまう個体は、勝てるときにだけ選択的に攻撃をしかける個体よりも、無駄に命を落とす確率が高いからである。つまるところ、人間の心理メカニズムには、if then 構文の条件性、インプットとアウトプットの情報処理メカニズム、そして以下で説明する領域固有性（domain specifity）といった有意な特徴があるのである。

（3）領域固有性

　これまで進化的適応環境とは何かを明らかにしてきたが、人間の心をさらに理解する上で踏まえるべきなのは、進化的適応環境で形成された心理メカニズム――人間の心は多様な心理メカニズムから構成されている――は領域固有的（domain specific）だということである＊80。トゥービーとコスミデスによれば、このことはスイス・アーミーナイフのアナロジーで理解できるという＊81。スイス・アーミーナイフはドライバー、ナイフ等の特定の機能を備えた異なる要素からなり、それらは異なる課題に対処するよう設計されている。これと同じことが人間の心にも当てはまる。たとえば、心には社会契約に対応した裏切り者検知（cheater detection）の心理メ

カニズム＊82と、社会的順位階層（dominance hierarchy）に対応した義務的推論（deontic reasoning）の心理メカニズム＊83が併存している。

　この領域固有性という考え方は、心を領域普遍的（domain general）――あらゆる問題に同じ思考様式で対応する――にみなす主流派の社会科学理論――ネオリアリズム、合理的選択理論、行動主義理論、構造主義理論など――の実在論的な意味での科学的な誤謬を示唆するものである。実際、次章において掘り下げて考察するように、進化学者はこうした誤謬を抱える従来の社会科学理論を標準社会科学モデル（Standard Social Science Model）と呼んで批判してきた＊84。

　たとえば、政治学者のウィリアム・ロング（William J. Long）とピーター・ブルケ（Peter Brecke）は、領域普遍性を前提とした合理的選択理論を批判して、それに対するオルタナティブとして、領域固有性を前提とした感情（emotion）に基づく、和解（reconciliation）をめぐる進化論的知見に基づいた国際政治理論を構築している＊85。つまるところ、社会科学における従来の方法論的前提に反して、人間の脳が領域固有的であることを明らかにしたことは、進化学の社会科学への重要な貢献の一つなのである。

　それでは、なぜ我々は人間の脳が領域固有的であると推論できるのだろうか。換言すれば、いかにして領域固有性という考え方は経験的に裏付けられるのだろうか＊86。こうした点を明らかにした記念碑的な学説が、トゥービーとコスミデスの社会契約仮説（social contract hypothesis）である＊87。社会契約仮説は、ウェイソンの4枚カード問題（Wason's four-card selection task）＊88を事例として、社会契約の領域に固有の裏切り者検知メカニズムを明らかにしたものである。

　ウェイソンの4枚カード問題の概要は、以下の通りである。4枚のカードには片面にアルファベット、反対の面に数字が記されている。今、テーブルの上にそれら4枚のカードが置かれており、表にはE、K、7、4と記されている。このとき「カードの片面に母音（A、I、U、E、O）が書かれていれば、反対側には奇数が書かれている」という規則が守られているかを調べるために、裏返すカードを選びなさいという論理課題――以下、これを抽象型課題と記す――が与えられる。こうした抽象型課題に対して、多くの被験者はEと7を裏返すことを選択する。しかし、これはウェイソンの4枚カード問題における典型的な誤答である。実際には正解はEと4で

ある。

　なぜこうした誤答が生まれるのだろうか。まず規則は「母音ならば奇数」であるため、母音であるEの裏に奇数があるかどうかを調べる必要がある。それゆえ、Eを裏返している点で被験者は正解している。しかし、7を裏返すのは誤りである。なぜなら、この規則は奇数の裏が母音とは言っていないため、7を裏返しても規則が守られているか否かを確かめられないからである。つまり、この抽象型課題の盲点は、「母音の裏は奇数」という規則が必ずしも「奇数の裏が母音」であることを意味しない、という点にあったのである。ではなぜ4が正解なのだろうか。それは偶数の裏に母音があると、母音なら奇数であるという規則が守られなくなるため、4の裏は確かめる必要があるからである。以上が抽象型課題の解説となる。

　しかし、この抽象型課題は裏切り者（cheater）——社会契約のルールを違反した者——を探すというシナリオ——すなわち社会契約課題[*89]——が加えられると正答率が上昇する[*90]。たとえば四人の子供がいて、「食べた」「食べない」「お手伝いをした」「お手伝いをしていない」ということがわかっていれば、多くの人は自然とルール違反を発見するために悪いことをした子供——この場合「食べた」子供と「お手伝いをしていない子供」——を調べる。こうした直感に沿った解答が社会契約課題の正解である。

　社会契約課題は規則が「PならばQ」で、正解はPとnot-Qという、抽象型課題と同じ論理構造をしている。しかし論理構造が同じにもかかわらず、それがどのように認識されるのか——抽象型課題か社会契約型課題か——に応じて正答率は変化する。こうした実験結果から、人間には社会契約の領域に固有の裏切り者検知メカニズムが備わっている、という結論が導きだされるのである。

　領域固有性は、心理学的適応の一つである感情についてもいえる。我々は一言に感情と述べるが、そのなかには怒り、恐怖、悲しみ、喜び、嫉妬、罪悪感、羞恥心、驚き、畏怖など、様々なものがある。これらの中でも怒り、恐れ、楽しみ、悲しみ、嫌悪は基本感情（basic emotion）と呼ばれる、特に重要な感情である。これら全ての感情に共通する適応的な機能は、人間に任意の行動を促すシグナルとして働くことである。すなわち感情とは、個体の適応度を高めるように作用する心理メカニズムなのである[*91]。

　領域固有性を考える上で、この各々の感情が備える適応的機能は、その

重要な例になる。たとえば、怒りは利害紛争において、怒っている個体に有利な形で紛争を解決するように設計された感情である*92。すなわち、敵が自らに不当な扱いをしていると認識すると、個体の脳では怒りという感情が生まれて、それは当該アクターに、敵に対する攻撃——復讐、抑止、その他——をとるように仕向けさせるというわけである。

進化学が明らかにしたところは、怒りという現代ではしばしば非合理的とみなされる感情も、実は進化的適応環境には個人や集団が紛争で勝利して、包括適応度を極大化するうえで有益な装置だったということである*93。その他多くの感情と同じように、怒りは人間が意図的に引きおこすようなものではなく、領域固有のコンテクスト（敵が自らを搾取しようとしている、それにより、自らの生存と繁殖が脅威にさらされる）において、無意識・自動的に引き起こされるものである。

それでは、進化学が人間行動・心理について、様々な領域固有の心理メカニズムに着目して、多種多様な理論的説明をもたらすことは、ファイアーベント的な「何でもあり（anything goes）」の方法論的アナーキズムや*94、ラカトシュの退行的なリサーチプログラム（degenerative research program）に陥るということを意味するのだろうか*95。答えは否である。

感情にかぎらず、様々な心理メカニズム——裏切り者検知メカニズム、同盟検知メカニズム、配偶者選好メカニズム、攻撃システム、その他——は、人間の脳に領域固有な形で併存している。それらはしばしば相互に関連しつつも、狩猟採集時代における異なる適応課題に対処するために形成された異なる心理学的適応である。それゆえ、人間本性が天使か悪魔か、といった単純化された問いが誤っており、我々は複雑な心理メカニズムを一つ一つ解明していく必要がある。つまるところ、進化学はアドホックに後知恵的に学説を提唱しているわけではなく、適応課題の推測や経験的実験といった手続きを踏んで、実在論的な意味での科学的根拠が備わった形で、こうした多種多様な心理メカニズムを明らかにしているのである。

第3節　進化政治学がもたらす政治学のパラダイムシフト

（1）生態学的合理性テーゼ
政治学ではしばしば、利他行動や自己破壊的な暴力（引き合わない戦争

・自爆テロ等）など、合理的アプローチ（政治学の標準的なアプローチ）で説明困難な非合理的行動がしばしば研究対象とされる。進化政治学が政治学にもたらすパラダイムシフトの一つは、こうした合理的パラダイムからの逸脱事象を、実在論的な意味で科学的根拠が備わった形で説明することにある。

すなわち進化政治学は、既存の社会科学理論（ネオリアリズム、ネオリベラリズム、ゲーム理論、合理的選択理論、ミクロ経済学理論等）がしばしば依拠する合理性仮定、すなわちミクロ経済学的合理性へのオルタナティブとなる、生態学的合理性（ecological rationality）——現代における人間の心の仕組みが形成された時代・場所、すなわち狩猟採集時代における合理性——という、人間本性に基づいた合理性仮定を提示する*96。

たとえば、なぜ人々は排外的ナショナリズムに熱狂し、費用便益の観点からは理解できない引き合わない戦争を支持するのだろうか。こうした問いに対して、進化政治学は生態学的合理性の視点から、以下のような実在論的な意味での科学的根拠を備えた答えを与えられる。

内集団（in-group）に対する利他主義と外集団（out-group）に対する敵意は、グローバリゼーションやリベラル啓蒙主義が流布した現代世界ではしばしば非合理的だが、それらは集団間紛争が絶えなかった狩猟採集時代には、先祖の包括適応度の極大化（孫の数はフィールドワークではしばしばその近似として扱われる）に資するものであった。狩猟採集時代から現代にかけて環境は大きく変わったので、本来であれば、我々の心の仕組みも変化して然るべきである。ところが、心理メカニズムの進化は環境の変化に大きく遅れてなされるので、現代人は今でも狩猟採集時代の心の仕組みに従って行動してしまう*97。それゆえ、依然として我々はしばしば排外的ナショナリズムに熱狂して、非合理的な戦争・紛争を支持してしまうのである。

あるいは、なぜ人間は自己の命を犠牲にしてまで、愚かな自爆テロを試みるのだろうか。進化政治学はこうした合理的アプローチでは説明できない逸脱事象の原因をめぐり、既存の安全保障研究で見逃されていた興味深い知見を提供してくれる。セイヤーとヴァレリー・ハドソン（Valerie M. Hudson）は、繁殖資源の希少性という生態学的環境と、人間に備わっている包括適応度（inclusive fitness）極大化という生物学的動機が、自爆テ

ロの主な原因だと主張している。

　人間に限らず生物全般にいえるが、一夫多妻制は繁殖資源の希少性を生みだし男性の暴力を増長する。こうした社会的状況のもと、自爆テロはそれを行った親族の地位を上げて彼らの繁殖可能性を増大させるため、理論生物学者ウィリアム・ハミルトン（W. D. Hamilton）の血縁淘汰理論（kin selection theory）がいうところの包括適応度——血縁者の生存・繁殖可能性——を上昇させる上では合理性となる*98。こうした進化論的論理を踏まえて、セイヤーとハドソンは定量的データの裏付けを備えた形で、宗教的理由から一夫多妻制が普及しているイスラム世界で自爆テロが頻発する論理を説明している*99。

（2）実在論的基礎づけテーゼ

　進化政治学が政治学にもたらす二つ目のパラダイムシフトは、既存の研究に進化論的視点から実在論的な意味での科学的根拠を与えることである。ここでいう「実在論的な意味での」という言葉は、科学哲学の科学的実在論（scientific realism）が主張するように、科学や理論の目的は「近似的真理（approximate truth）への漸進的な接近である」ということを前提にしたものである*100。換言すれば、進化政治学は先行する政治学的学説を実在論的な意味で科学的に妥当なものとそうでないものに識別するのである。

　国際システムのアナーキーを例として考えてみよう。第3章で進化的自然状態モデルを提示する中で掘り下げて説明するが、リアリストは国際システムがホッブズ的な悲惨な自然状態——司法・警察が機能する余地のない無慈悲な自助の体系——と主張する*101。これに対して、第4章で進化的リベラリズムの試論を提示する中で説明するように、リベラリストは民主主義やグローバリゼーションの拡大でアナーキーの下でも平和は実現できると論じる*102。あるいは、コンストラクティヴィストはリアリズムの悲惨なアナーキー観が「自己充足の予言（self-fulfilling prophecy）」——人には自分の未来に対する思い込み（予言）があり、それに沿った行動をとる傾向があり、結果的に、自分の予言した通りの現実が実現すること——だと主張する*103。

　ところが、こうした政治学における既存のパラダイム論争は多くの場合、実在論的な意味での科学的根拠を十分に備えていなかった。このような政

治学の研究上の限界に対して、進化政治学はリアリズムのアナーキー観が、実在論的な意味では科学的に妥当であるという答えを示唆している。進化政治学によれば、リアリズムが依拠する悲惨なアナーキー観は、部族主義の心理メカニズム——血縁淘汰、内集団ひいき、集団淘汰等——や、進化的適応環境における戦争の熾烈さを示すデータ、戦争適応（adaptation for warfare）等により、実在論的な意味での科学的根拠を備えた形で基礎づけられる*104。

　人間はアナーキーな狩猟採集時代に小規模集団を形成し、敵集団との恒常的な紛争状態の中で過ごしてきた*105。そこでは、上手く団結して協力体制を作った集団は、それに失敗した集団に打ち勝ってきた*106。こうした状況が、集団内協調と集団間競争を同時に志向する心の仕組みを生みだした。つまるところ、自然状態の理解について現代の自然科学の進展は、実在論的にいえば、ロックでもルソーでもなく、ホッブズが相対的に妥当であったことを明らかにしている*107。そしてその政治学へのインプリケーションは、リベラリズムやコンストラクティヴィズムでなく、リアリズムのアナーキー観が実在論的な意味では真理に近かったということである。

　しばしば社会科学のパラダイム論争では、リアリズムにもリベラリズムにも各々良さがあるといったように、アリストテレス的な中庸が良しとされる。しかし、信頼に値する科学的証拠を前にしたとき、仮に実在論的な視点に立つならば、我々は時として任意のパラダイムの優位性を強く主張したり、脈々と引き継がれてきた思想の伝統が科学的に誤っていたと認めたりすることが必要であろう。

（3）究極要因テーゼ——進化論的視点による政治心理学的知見の統合

　これまで政治心理学はしばしばミクロな心理学的変数（感情、ニューロン、損失回避の傾向など）に着目して、政治学が扱う諸命題（政治的意思決定、民主主義、紛争など）を解明できるという前提に立ってきた。だが、こうしてミクロな心の仕組みにマクロな社会政治現象の原因を帰することは、一体どこまで妥当な推論といえるのだろうか*108。たとえば、なぜテストステロンの増大が開戦決定を促すといえたり*109、脳画像の観察を通じて政治現象を説明できるといえたりするのだろうか。

　こうした疑問は政治心理学者にしばしば浴びせられる、政治心理学者は

ミクロなイシューの議論に終始しがちである、政治心理学は還元主義に陥っているといった批判につながる*110。本書は進化政治学という政治心理学的知見を扱う点で、基本的に政治心理学という学問それ自体を支持する立場にあるが、こうした批判は的を射たものであると考えており、その背景にある問題意識を共有している。しかし同時に本書は、単に既存の政治心理学の問題を批判するだけでなく、その原因を究明して解決策を提示する必要があるとも考えている。

　それでは、なぜ政治心理学はこうした問題を抱えているのだろうか。それは既存の政治心理学が究極要因——なぜ当該行動が行われるのか——を軽視して、至近要因——その行動が引き起こされている直接の要因やメカニズムは何か——を過度に重視しがちだからである*111。至近要因からの説明——たとえば、いかにして任意のホルモン、感情が作用するのか——は一貫性を欠く個別的なメカニズムであるため、それらを体系化して統合する役割を果たす究極要因からの説明——たとえば、なぜ任意のホルモン、感情が生まれるのか、それらには何の機能があるのか——がなければ、政治心理学はジョン・ミアシャイマー（John J. Mearsheimer）とスティーブン・ウォルト（Stephen M. Walt）が述べるところの「単純な仮説検証（simplistic hypothesis testing）」*112、北村秀哉と大坪庸介が指摘する「一貫性のない観察結果*113」、あるいは、デネットが「貪欲な還元主義（greedy reductionism）」*114と呼ぶものなどに陥ってしまう。こうした究極要因を軽視する一方で至近要因を過度に重視しがちな態度のことを、至近要因のバイアスと呼ぶことにする*115。

　ミアシャイマーとウォルトは、学術的な意義が乏しい粗末な仮説——すなわち彼らが「単純な仮説」と呼ぶもの——を検証してどれだけ多くの研究成果を生みだしても、知識を体系的に積み上げることはできず、こうした単純な仮説を検証している研究者はデータが含むところを十分に理解せずに、ジャーゴンを振りかざしているに過ぎないと糾弾しているが*116、ここで彼らが批判する「単純な仮説検証」は至近要因のバイアスとも言い換えられる。

　たとえば、どれだけ怒りと攻撃性の関係を定量的に分析しても、怒りがそもそも何の役割を果たしているのか、という究極要因からの説明が示されない限り、なぜ怒りが攻撃を引きおこすのかという問いに答えられない。

あるいは、研究者が攻撃性の原因をテストステロンというミクロな要因のみに帰そうとするならば、そこにはデネットのいう「貪欲な還元主義」に陥る危険もある。実験・統計学的に有意であることと政治学として重要であることは別問題である。ミアシャイマーとウォルトが鋭く批判しているように、ミクロな現象を分析して、単純な仮説をどれだけ難解な専門用語で修辞しても、政治学として粗末な研究であることには変わりないのである＊117。

　それでは研究者はいかにして至近要因のバイアスを克服できるのか。すなわち、我々はミアシャイマーとウォルトが述べるところの単純な仮説検証を、政治心理学の分野でいかにして克服できるのか＊118。そこで筆者はマクデーモットとピーターセンらの議論に立脚して、究極要因を扱う進化政治学をもとに、至近要因を過度に重視しがちな政治心理学的知見——たとえば、プロスペクト理論（prospect theory）を基盤にした政治学理論＊119、誤認識（misperception）＊120、ニューロポリティクス（neuropolitics）＊121——を統合することを提案する＊122。ここではこうした方法論のことを、究極要因テーゼと定義する。

　究極要因テーゼは、有力な科学哲学者フィリップ・キッチャー（Philip Kitcher）の統合化モデル（unification model）により哲学的に基礎づけられるものである＊123。理論評価基準には統合力、数学的なエレガントさ、簡潔性、当てはまる範囲の広さ、新奇な予言の生産力、実り豊かさ（richness）などがあるが、統合化モデルが言及するのは統合力という基準である。この基準が含むところは、既存の理論をより簡潔な理論的枠組みで捉えなおし、より少数の要素から個々の理論を演繹的に導きだせるようになれば、それは理論における重要な進歩であるということである。キッチャーはこのことを以下のように的確に説明している。

　　現象を理解するというのは、単に根源的な不可解性（fundamental incomprehensibility）を低減させるだけでなく、一見異なるように見えることの間に、関連性や共通のパターンを見いだしていくことである……．　科学はいかに同じ導出パターンを繰り返し用いて、多くの現象に関する記述を導くことができるかを示すことにより、自然に対する我々の理解を進展させる。そしてそれを通して、我々が受けいれるしかない

究極の〔あるいは生の (brute)〕事実の数をいかにして減らしていけるかを教えてくれる *124。

ニュートン力学を例として考えてみよう。1687年にニュートンの万有引力の法則が登場して、物理学におけるニュートン的統合 (Newtonian synthesis) がなされた後、ケプラーの法則とガリレオの落体法則はいずれも、万有引力の法則の単一の枠組みから演繹的に導きだされることになった。ここから分かることは、ニュートン力学の意義は単に新奇な理論を提示したということにあるのでなく、既存の諸理論を単一の理論的枠組みに統合したということにある、ということである。

「統合化モデル」とレレヴァンスのある方法論的見解は、これまで国際政治学者の間でも提起されてきた。たとえばミアシャイマーとウォルトは、「仮説」という一貫性を欠く知識は、「理論」という体系化された知識と結びつかなければ意味をなさないので、「理論」により「仮説」を統合する必要があると主張している *125。知識の体系性という視点から、究極要因を「理論」、至近要因を「仮説」とみなせば——完全に一致するわけではないが——、本書が提示する「究極要因テーゼ」は、こうしたミアシャイマーとウォルトの主張を政治心理学の分野で実現するものといえよう *126。

進化学は「人間の本性について私たちが知っていることを世界の仕組みについての知識と結びつけ、できるだけ多くの事実をできるだけ少ない前提で説明する *127」ものであり、「すでに実験室やフィールドでよく立証されている社会心理学の大きな部分が」、進化学の「血縁淘汰や、親の投資や、互恵的利他行動や、心の計算理論についての少ない前提から引き出せることが示されている *128」。究極要因テーゼが含むところは、社会心理学が進化心理学を基盤に据えることで得られる意義と同様のものが、政治心理学が進化政治学——進化心理学を政治学に応用した学問——を基盤に据えることで得られるということにある *129。

たとえば政治学者にとっては悩ましいことだが、どれだけ多くの経験的データ（歴史的資料、統計的データなど）を集めて怒りと暴力の関係を定性的・定量的に分析しても、これら二変数の間に相関関係をこえた因果関係があるとは主張できない。なぜなら、怒りは紛争状況にある人間が陥っている単なる一つの生理学的状態に過ぎないかもしれず、仮にそうであれば、

怒りと暴力の間に因果関係は見いだせないからである。それでは研究者は
いかにして、怒りと暴力の間における因果性を示せるのだろうか。

　そのために、研究者は怒りが進化的適応環境において、我々の祖先が包
括適応度を極大化する上で、なぜ重要だったのか——何の役割・機能を果
たしていたのか——を明らかにする必要がある＊130。この why の問いに
答えるのが、進化政治学が提供してくれる究極要因からの説明——この際、
怒りには人間を攻撃行動に駆り立てる役割がある——である。つまり、究
極要因からの説明を踏まえることで、怒りと暴力の間に一定の因果性を見
出すことができるようになるのである。

　たとえば、ヴェルサイユ条約への怒りが生んだアドルフ・ヒトラー
（Adolf Hitler）の権力奪取と第二次世界大戦、真珠湾奇襲を受けて実現し
たフランクリン・D・ローズヴェルト（Franklin Delano Roosevelt）の第二
次世界大戦参戦、9.11同時多発テロを受けて形成されたアメリカの先制攻
撃ドクトリンとアフガン・イラク戦争、こうした事例は人種・文化・歴史
・地域にかかわらず、怒りが暴力を生みだすという進化政治学的知見を支
持している＊131。

　つまるところ、至近要因からの帰納的説明は how の問いに答えるもの
であり、why の問いに答えるのは究極要因からの演繹的説明である。ど
れだけ経験的データを集めて帰納的推論を駆使しても（至近要因からの説
明）、演繹的な進化論的説明がなければ（究極要因からの説明）、政治行動に
おける心理学的側面を因果性に自覚的な形で理解することは難しい。こう
した政治心理学の限界を克服可能にするのが、進化政治学なのである。

第4節　国際関係分野における進化政治学的研究を例として

　前節では進化政治学が政治学にもたらすパラダイムシフトとして、生態
学的合理性テーゼ、実在論的基礎付けテーゼ、究極要因テーゼの三つを説
明した。ところで、こうした重要性をもつ進化政治学は、これまで社会科
学におけるさまざまな問題——紛争、協調、民主主義、政治制度、政治行
動など——を説明するために応用されてきた。そこで以下では、国際関係
分野の進化政治学的研究を例として、進化政治学が政治学にもたらすパラ
ダイムシフトが、具体的にいかなる形でなされてきたのかを例示したい。

第一に、進化政治学は合理的パラダイムや社会構築的アプローチといっ
た標準社会科学モデルとは異なる観点から、国際政治のマクロな動態を説
明する新たな理論的視座を提供できる。ドミニク・ジョンソン（D. D. P.
Johnson）は進化政治学に対する批判を体系的に再考した上で、いわゆる
「生物学の時代（age of biology）」＊132――生命や進化をめぐる科学が高度
に発展した時代――に国際政治学が学問として生き残っていくためには、
進化論的・生物学的知見を積極的に活用していく必要があると主張してい
る。ジョンソンは生物学を国際政治学に導入することへの批判を再考した
上で、異分野間のコミュニケーションには困難がつきまとうものの、国際
政治学と自然科学を統合することには、その困難を上回る重要な意義があ
ると論じている＊133。またジョンソンは、『戦略的本能（strategic instincts）』
のなかで、進化論的なバイアスが持つ適応上のアドバンテージを記述的な
豊かさを備えた形で多角的に論じている＊134。
　マクデーモット、ロペス、ピーターセンは進化政治学に対する批判を再
考した上で、進化政治学を進化心理学の視点から再構成して、進化政治学
に基づいた新奇な国際政治学的仮説を構築している＊135。具体的には、①
人間には集団を不安定で将来の影（shadow of future）が短い単一アクター
として表象する心理メカニズムが備わっている、②指導者は敵への憤り
（outrage）を利用して自らへの政治的支持を調達しようとする、③国家は
敵国との間では相対的利得（relative gain）を重視するが、同盟国との間
では絶対的利得（absolute gain）を重視する、④連合（coalition）の規模、
男性という性差、体力（physical strength）は個人の好戦的な外交政策へ
の支持と比例する、⑤子供を持つ人間（特に女性）はそれを持たない人間
より好戦的な外交政策を忌避する、という創造的な仮説を提示している＊136。
　アンソニー・ロペス（A. C. Lopez）は進化政治学に依拠した戦争研究の
論理を包括的に再考した上で、国際政治学に進化論を応用することに想定
される批判を克服しようと試みている＊137。またロペスは別の研究で、進
化心理学の実験研究に基づき、人間には任意の集団の構成員として敵集団
と戦う心理メカニズムが備わっていることを明らかにしている＊138。
　スティーブン・ピーター・ローゼン（Stephen Peter Rosen）は、進化政
治学の意義を体系的に示した上で、進化論的・脳科学的要因――タイムホ
ライズン（time horizon）、ストレス、感情（emotion）等――に着目して新

奇な国際政治学的仮説を構築し、それらを、歴史的事例を検討する中で例示している＊139。ローゼンはたとえば、独裁者にはタイムホライズンが短い（リスクをいとわず短期的利得を追求する）という心理学的特性が備わっているという新奇な仮説を立て、それをヒトラー、ヨシフ・スターリン（Joseph Stalin）、毛沢東といった典型的な独裁者を分析する中で例示している＊140。

　第二に、進化政治学は国際関係論のリアリズムを、実在論的な意味での科学的根拠が備わった形で再構築できる。リアリズムが想定している悲観的な人間の本性は、学習や教育によって容易には修正できない、進化的適応環境において自然淘汰によって選択された心理メカニズムに由来するものなのであろうか。こうした問題意識から、セイヤーはこれまで科学的基盤が乏しいと批判されてきたリアリズムを、進化論の科学的知見で基礎づけることを試みている。セイヤーによれば、進化論を科学的基盤に据えることで、リアリズムは古典的リアリズム（classical realism）の思想的・神学的根拠やネオリアリズムのアナーキーのロジックに訴えることなく、第一イメージ（個人レベル要因）の人間本性の視点から、なぜ指導者が利己的・支配的に行動するのかを説明できるようになる＊141。

　同様の問題意識から、セイヤーとジョンソンは進化政治学に基づき、攻撃的リアリズム（offensive realism）を科学的に強化することを試みている。彼らによれば、攻撃的リアリズムの諸前提——①自助（self-help）、②相対的パワー極大化（relative power maximization）、③外集団（out-group）への恐怖——は進化過程で形成された心理メカニズムに由来するものなので、同理論の基盤は、これまで主流であった第三イメージ（国際システムの構造的要因）のアナーキーから、第一イメージの人間本性に移される必要がある＊142。

　アザー・ガット（Azar Gat）は狩猟採集時代における暴力の論理を体系的に説明する中で、なぜ人間は戦うのかという根源的な問いに、進化論的視点から統一的な答えを与えることを試みている＊143。ガットによれば、国際政治学のリアリズムが前提とする希少資源をめぐる競争や安全保障のジレンマは、自然淘汰により備わった人間本性の視点から科学的根拠を備えた形で説明できるという＊144。

　クリス・ブラウン（Chris Brown）は、肯定的幻想（positive illusion）を

はじめとする近年の脳科学的・進化心理学的知見が、ネオリアリズムをはじめとする国際政治理論研究にもたらすインプリケーションを考察している＊145。シッピング・タン（Shipping Tang）は社会進化論（social evolution）に基づいて、国際システムの性質が攻撃的リアリズムの悲惨なものから、防御的リアリズム（defensive realism）の楽観的なものに変化してきたと主張している＊146。

　第三に、進化政治学は狩猟採集時代から現代戦に至るまでの連続性を実在論的な意味での科学的根拠が備わった形で解明できる。ケネス・ペイン（Kenneth Payne）は、人間本性と暴力をめぐる進化論的知見を再考して、現代の西洋自由民主主義国の戦争と狩猟採集時代のそれとの関係を分析している。ペインによれば、両者の間には個人が集団のために奉仕することを名誉（honor）とみなし、この名誉のために戦争が行われる点に重要な共通点があるという＊147。また別の研究でペインは、進化心理学的・脳科学的知見に基づき、ヴェトナム戦争を事例として、戦略形成における感情の役割を考察している＊148。さらに近年、ペインは狩猟採集時代に備わった戦争を志向する心理メカニズムが、AI（artificial intelligence：人工知能）時代の現代戦にもたらすインプリケーションを体系的に考察している＊149。

　第四に、進化政治学は政治学における過信（overconfidence）というパズルに対して、実在論的な意味での科学的根拠を備えた理論的説明を提供できる。なぜ指導者はしばしば過信に陥り、非合理的な戦争を始めるのだろうか。ジョンソンは、過信という進化過程で備わった心理メカニズムを国際政治研究に導入して、肯定的幻想理論（positive illusion theory）を構築し、それを第一次世界大戦、ヴェトナム戦争、イラク戦争（2003年）等の歴史的・現代的事例を検討する中で検証している＊150。ジョンソンとドミニク・ティアニー（Dominic Tierney）は、実験心理学のマインド・セット理論（mindset theory）に基づき過信のメカニズムを理論化して、ルビコン理論（rubicon theory）という戦争原因理論を構築している。ジョンソンとティアニーは同理論を、第一次世界大戦を個別事例として検討する中で検証している＊151。

　その他複数の研究において、ジョンソンらは国際紛争をテーマとしてウォーゲーム（wargame）やエージェントベースモデル（Agent-based model) に基づき、過信の心理メカニズムが国際政治にもたらすインプリケーションを検討している＊152。さらにその後、ジョンソンは過信が広義にはネガティヴィティ・バイアス（negativity bias）の構成要素の一つであると仮説だてて、当該仮説を第一次世界大戦を事例にして例示している＊153。

　第四に、進化政治学はなぜ国際政治における領土をめぐる紛争の根本的な原因を、実在論的な意味での科学的根拠が備わった形で説明できる。ジョンソンとモニカ・トフト（Monica Duffy Toft）は進化論的知見に基づいて、領土をめぐる争いが国際紛争の動因であると論じている＊154。具体的にはジョンソンとトフトは進化ゲーム理論（evolutionary game theory）に依拠して、領土の保有者はタカ派の戦略をとるという、簡潔かつ新奇な国際政治学的予測を提示している＊155。

　第五に、進化政治学は政治学におけるリーダーシップという往年のテーマについて、実在論的な意味での科学的根拠が備わった形で、新たな理論的枠組みを提供できる。たとえば、マクデーモット、ロペス、ピーター・ハテミ（Peter K. Hatemi）は、政治的リーダーシップ（political leadership）の進化論的機能（集合行為問題、指導者と被支配者の間の関係）を再考した上で、進化論的・脳科学的知見に基づいて、政治的リーダーシップの新たなモデルを構築している＊156。

　第六に、進化政治学は自爆テロの原因について、生物学的な意味で妥当な理論的説明を提供できる。なぜ人間は自己の命を犠牲にして、自爆テロを試みるのだろうか。進化政治学はこうした合理的アプローチでは説明できない逸脱事象の原因をめぐり、既存の安全保障研究で見逃されていた興味深い知見を提供してくれる。セイヤーとハドソンは、繁殖資源が希少であるという生態学的環境と、人間に備わっている生物学的動因（この際、自己の遺伝子コピーの極大化）が、自爆テロの主な原因であると主張している。人間に限らず生物全般にいえることだが、一夫多妻制は繁殖資源の希少性を生みだし男性の暴力を増長する。

　こうした社会的状況のもとで、自爆テロはそれを行った親族の地位を上げて彼らの生存・繁殖可能性を増大させるため、包括適応度を上昇させる上では合理性があるのである。そしてこのような進化論的論理を踏まえて、セイヤーとハドソンはデータと共に、宗教的理由から一夫多妻制が普及しているイスラム世界で自爆テロが頻発する理由を説明している＊157。同様

に、スコット・アトラン（Scott Atran）は、進化論的発想に基づき、自爆テロは所属集団が消滅する危機におかれている構成員がとりうる合理的行動であると主張している＊158。

　第七に、進化政治学はなぜ第三世界の独裁者が瀬戸際外交の一環として、リスクを負ってでも核武装を目指すのかについて、その科学的な説明を提供してくれる。セイヤーは核抑止論について、進化心理学の視点から合理主義モデルの問題点を指摘して、それに対するオルタナティブを提示している。セイヤーによれば、現実に存在している北朝鮮やイランの独裁者は、トマス・シェリング（Thomas Crombie Schelling）の合理的抑止論が想定するような理性的アクターではないため、こうした独裁者の意思決定を分析するためには、標準社会科学モデルの合理的モデルが想定するように、人間の心をブラックボックスと仮定するのでなく、脳に組みこまれた心理メカニズム（損失回避、感情等）を理解する必要があるという＊159。

　第八に、進化政治学は国際政治における和解の論理について、実在論的な意味での科学的根拠が備わった説明を提供できる。国際紛争において諸国間の和解はいかにして達成されるのだろうか。こうした問いに答えるべく、ウィリアム・ロング（William J. Long）とピーター・ブルケ（Peter Brecke）は、合理主義理論へのオルタナティブとして、和解をめぐる進化論的モデルを構築して、二十世紀に解決が試みられた国際紛争について、その成功をいかなる変数が予測するかを検討した。その結果、彼らの進化政治学モデルが予測する通り、国際紛争では和解に向けたシグナルが紛争解決に有意に寄与することが明らかになった＊160。

　第九に、進化政治学は国際政治における感情の役割を、実在論的な意味での科学的根拠が備わった形で理論的に説明できる。ジョナサン・メーサー（Jonathan Mercer）は進化政治学的・脳科学的知見に基づき、感情という人間本性の一構成要素を考察している。メーサーは国際政治学の分析概念としての感情を四つのカテゴリー———①付帯現象的（epiphenomenal）なもの、②非合理性の原因、③機転の利く（savvy）戦略的アクターのためのツール、④合理性の構成要素———に分けて、感情の国際政治学へのインプリケーションを、三つの分析レベル（個人レベル、国内レベル、国際システムレベル）各々について考察している＊161。

おわりに

　本章では進化政治学の一般的な原則を説明した後、進化政治学が分析上焦点を当てる心理メカニズムを理論的に再考した。その上で、進化政治学が政治学にもたらすパラダイムシフトを考察し、国際関係論分野を例として、その先行研究を検討した。次章では、より広義の視点から、なぜ進化論が人文社会科学にとって不可欠なのかを、科学的・思想的に再考する。

註
＊1　Charles Darwin, *The Origin of the Species and the Descent of Man* (New York: The Modern Library, 1871/1977).
＊2　森川友義「進化政治学とは何か」『年報政治学』第59号第2巻（2008年）218頁。
＊3　同上、219頁。
＊4　Anthony C. Lopez and Rose McDermott, "Adaptation, Heritability, and the Emergence of Evolutionary Political Science," *Political Psychology*, Vol. 33, No. 3 (June 2012), pp. 343-362; Anthony C. Lopez, Rose McDermott, and Michael Bang Petersen, "States in Mind: Evolution, Coalitional Psychology, and International Politics," *International Security*, Vol. 36, No. 2 (Fall 2011), pp. 48-83; M. B. Petersen, "Evolutionary Political Psychology," in David Buss, ed., *The Handbook of Evolutionary Psychology, Volume 2: Integrations* (Hoboken, N.J.: John Wiley and Sons, 2015), chap 47.
＊5　スティーブン・ピンカー（椋田直子訳）『心の仕組み（下）』（筑摩書房、2013年）406〜407頁。日本では北村秀哉と大坪庸介が、社会心理学を進化心理学の観点から統合することを試みている。北村秀哉・大坪庸介『進化と感情から解き明かす社会心理学』（有斐閣、2012年）。
＊6　ロバート・クルツバン（高橋洋訳）『だれもが偽善者になる本当の理由』（柏書房、2014年）45〜46頁。なお進化心理学は「脳について語るが」、「精神活動は脳そのものではなく、脳がおこなうことであり、しかも、脂肪の代謝をしたり、熱を発散したりといった脳のおこなうさまざまな機能のうちの一つでしかないから」、進化心理学の議論の中には「ニューロンやホルモンや神経伝達物質はあまり登場しない」。ピンカー『心の仕組み（上）』64頁。
＊7　John Tooby, Leda Cosmides, and Michael E. Price, "Cognitive Adaptations for n-Person Exchange: The Evolutionary Roots of Organizational Behavior," *Managerial and Decision Economics*, Vol. 27, No. 2-3 (March-May 2006), p. 2.
＊8　ピンカー『心の仕組み（上）』第1章。
＊9　クルツバン『だれもが偽善者になる本当の理由』44頁。国際政治学者のセイヤーも、心についてのピンカーの見方を支持している。Bradley A. Thayer,

Darwin and International Relations: On the Evolutionary Origins of War and Ethnic Conflict (Lexington: University Press of Kentucky, 2004), p. 4.

＊10 ピンカー『心の仕組み（上）』58〜59頁。

＊11 Darwin, *The Origin of the Species and the Descent of Man. natural selection* は自然選択とも訳されることがあるが、北村秀哉・大坪庸介の議論に従い本稿はそれを自然淘汰と訳すこととする。北村秀哉・大坪庸介『進化と感情から解き明かす社会心理学』有斐閣、2012年、8〜9頁。

＊12 クルツバン『だれもが偽善者になる本当の理由』46頁。

＊13 平石界「進化心理学——理論と実証研究の紹介」『認知科学』第7号第4巻、2000年12月、342頁。

＊14 リチャード・ドーキンス（日高敏隆・岸由二・羽田節子・垂水雄二訳）『利己的な遺伝子』増補新装版（紀伊國屋書店、2006年）。

＊15 W. D. Hamilton, "The Genetical Evolution of Social Behavior. I," and W. D. Hamilton, "The Genetical Evolution of Social Behavior. II," both in *Journal of Theoretical Biology*, Vol. 7, No. 1 (July 1964), pp. 1-16 and 17-52, respectively.

＊16 クルツバン『だれもが偽善者になる本当の理由』46頁。

＊17 マクデーモットらは進化政治学を「政治現象の理解に向けた、進化心理学的な原則の適用」と狭義に定義している。Lopez and McDermott, "Adaptation, Heritability, and the Emergence of Evolutionary Political Science," p. 345. これに対して、筆者は進化心理学以外の進化論的知見も、進化心理学ほどではないにせよ、進化政治学にインプリケーションがあると考えているため、マクデーモットらの定義を拡大したそれを採用している。たとえば長谷川らは進化生物学を基盤にして進化政治学を論じている。長谷川寿一・長谷川眞理子「政治の進化生物学的基礎——進化政治学の可能性」『リヴァイアサン』第44号（2009年4月）71〜91頁。セイヤーは社会生物学（進化心理学の前身とされる学問）を基盤にして進化政治学を論じている。Bradley A. Thayer, "Bringing in Darwin: Evolutionary Theory, Realism, and International Politics," *International Security*, Vol. 25, No. 2 (Fall 2000), pp. 124-151.

＊18 進化心理学を体系的に再考した重要な論文集は、Jerome H. Barkow, Leda Cosmides, and John Tooby, eds., *The Adapted Mind: Evolutionary Psychology and the Generation of Culture* (New York: Oxford University Press, 1992); David Buss, ed., *The Handbook of Evolutionary Psychology, Volume 1: Foundation* (Hoboken, N.J.: John Wiley and Sonds, 2015); David M. Buss, *Evolutionary Psychology: The New Science of the Mind*, Fifth edition (Boston: Pearson, 2015); 王暁田・蘇彦蘇捷（平石界・長谷川寿一・的場知之監訳）『進化心理学を学びたいあなたへ——パイオニアからのメッセージ』（東京大学出版会、2018年）を参照。進化心理学は現在、心理学におけるパラダイムシフト（科学革命）を起こしている。進化心理学のパイオニアの一人バスは、「優れた研究が心理学の（社会、人格、臨床、発達などの）各分野で蓄

積されていくにつれて、進化心理学は最も有用で強力なメタ理論となることを、心理学界は最終的に理解することになるでしょう。そして、すべての心理学者が進化心理学者となる日が訪れ、『非・進化心理学』などというものはなくなっていくでしょう」と論じている。デイヴィッド・バス「進化心理学という科学革命に参加して」王・蘇『進化心理学を学びたいあなたへ』14頁。序章で進化政治学で紹介したように、現在こうした進化論的なパラダイムシフトが政治学でも起こっている。本書はそうした試みの一つである。

＊19 政治学者からのこうした批判については、Duncan S. A. Bell, Paul K. MacDonald, and Bradley A. Thayer, "Start the Evolution without Us," *International Security*, Vol. 26, No. 1（Summer 2001）, p. 190 を参照。

＊20 D. D. P. Johnson, "Survival of the Disciplines: Is International Relations Fit for the New Millennium?" *Millennium*, Vol. 43, No. 2（January 2015）, pp. 760-761.

＊21 Steven C. Hertler, Aurelio José Figueredo, and Mateo Peñaherrera-Aguirre, Multilevel Selection: Theoretical Foundations, Historical Examples, and Empirical Evidence（Basingstoke: Palgrave Macmillan, 2020）; David Sloan Wilson, Edward O. Wilson, "Rethinking the Theoretical Foundation of Sociobiology," The Quarterly Review of Biology, Vol. 82, No. 4（December 2007）, pp. 327-348; E. Sober and D. S. Wilson. Unto Others, The Evolution and Psychology of Unselfish Behavior（Cambridge, Mass.: Harvard University Press, 1998）; J. A. Fletcher and M. Zwick, "Strong altruism can evolve in randomly formed groups," Journal of Theoretical Biology, Vo. 228, No. 3（2004）, pp. 303-313; デイヴィッド・スローン・ウィルソン（中尾ゆかり訳）『みんなの進化論』（日本放送出版協会、2009年）; ジョナサン・ハイト（高橋洋訳）『社会はなぜ左と右にわかれるのか』（紀伊國屋書店、2014年）。

＊22 Wilson and Wilson, "Rethinking the Theoretical Foundation of Sociobiology."

＊23 平石「進化心理学」342頁。

＊24 ドーキンス『利己的な遺伝子』。

＊25 Leda Cosmides and John Tooby, "From Evolution to Behavior: Evolutionary Psychology as the Missing Link," in John Dupre, ed., *The Latest on the Best: Essays on Evolution and Optimality*（Cambridge, Mass.: MIT Press, 1987）, pp. 276-306; John Tooby and Leda Cosmides, "The Theoretical Foundation of Evolutionary Psychology," in David Buss, ed., *The Handbook of Evolutionary Psychology, Foundation*: Vol. 1（Hoboken, N.J.: John Wiley and Sons, 2015）, pp. 24-25; David M. Buss, *Evolutionary Psychology: The New Science of the Mind*, Fifth edition.（Boston: Pearson, 2015）, pp. 66-68.

＊26 Robert Foley, "The Adaptive Legacy of Human Evolution: A Search for the Environment of Evolutionary Adaptedness," *Evolutionary Anthropology:*

Issues, News, and Reviews, Vol. 4, No. 6 (1995), pp. 194-203; John Tooby and Leda Cosmides, "The Psychological Foundations of Culture," in Jerome H. Barkow, Leda Cosmides, and John Tooby, eds., *The Adapted Mind: Evolutionary Psychology and the Generation of Culture* (New York: Oxford University Press, 1992), pp. 19-136.

*27 D. Pietraszewski, L. Cosmides, and J. Tooby, "The Content of Our Cooperation, Not the Color of Our Skin: An Alliance Detection System Regulates Categorization by Coalition and Race, but Not Sex," *Plos One*, Vol. 9, No. 2 (February 2014), e88534.

*28 Tooby and Cosmides, "The Theoretical Foundation of Evolutionary Psychology," pp. 24-25.

*29 Buss, *Evolutionary Psychology*, pp. 66-68.

*30 Niko Tinbergen, "On Aims and Methods of Ethology," *Animal Biology*, Vol. 55, No. 4 (December 2005), pp. 297-321.

*31 John Tooby and Leda Cosmides, "Adaptation for Reasoning About Social Exchange," in Buss, ed., *The Handbook of Evolutionary Psychology, Volume 1,* chap. 25; L. Cosmides, H. C. Barrett, and J. Tooby, "Adaptive Specializations, Social Exchange, and the Evolution of Human Intelligence," *Proceedings of the National Academy of Sciences of the United States of America*, Vol. 107, Supplement 2 (May 2010), pp. 9007-9014; L. Cosmides, "The Logic of Social-Exchange: Has Natural-Selection Shaped How Humans Reason? Studies with the Wason Selection Task," *Cognition*, Vol. 31, No. 3 (May 1989), pp. 187-276.

*32 Robert Axelrod and William Donald Hamilton, "The Evolution of Cooperation," Science, Vol. 211, No. 4489 (March 1981), pp. 1390-1396; R. Boyd, "Is the Repeated Prisoners-Dilemma a Good Model of Reciprocal Altruism," Ethology and Sociobiology, Vol. 9, No. 2-4 (July 1988), pp. 211-222; Robert L. Trivers, "The Evolution of Reciprocal Altruism," *The Quarterly Review of Biology*, Vol. 46, No. 1 (March 1971), pp. 35-57.

*33 しっぺ返し (tit for tat) とは、相手に協力してもらったお返しに自分も協力する、裏切られた相手に対しては裏切りでこたえる、といった戦略のことを指す。進化的に安定的な戦略は、「代替的な戦略より多大あるいは同等の適応上の帰結を生みだすため、人々の間で生じて存続する戦略」と定義される。これは実質的には、繰り返しゲームをするとき、アクターにとって不利な戦略が淘汰されていった結果、最終的に残った最適な戦略のことを指す。John Maynard Smith, *Evolution and the Theory of Games* (New York: Cambridge University Press, 1982).

*34 Tooby and Cosmides, "Adaptation for Reasoning About Social Exchange," p. 632.

*35 Ibid.

＊36　Buss, *Evolutionary Psychology*, pp. 54-59.

＊37　David Buss et al., "International Preferences in Selecting Mates: a Study of 37 Cultures," *Journal of cross-cultural psychology*, Vol. 21, No. 1 (March 1990), pp. 5-47; David Buss, "Sex differences in human mate preferences: Evolutionary hypotheses tested in 37 cultures," *Behavioral and Brain Sciences*, Vol. 12, No. 1 (March 1989), pp. 1-49.

＊38　Buss et al., "International Preferences in Selecting Mates," pp. 7-10.

＊39　Ibid., pp. 10-12.

＊40　Ibid., pp. 18, 19.

＊41　こうした批判については、Bell, MacDonald, and Thayer, "Start the Evolution without Us," pp. 190, 192: Lopez, McDermott, and Petersen, "States in Mind," pp. 56-58 を参照。

＊42　Hamilton, "The Genetical Evolution of Social Behavior. I"; Hamilton, "The Genetical Evolution of Social Behavior. II."

＊43　Martin Daly and Margo Wilson, *Sex, Evolution, and Behavior*, 2d ed. (Boston: Willard Grant, 1983); Amotz Zahavi, "Mate Selection —— Selection for a Handicap," Journal of Theoretical Biology, Vol. 53, No. 1 (September 1975), pp. 205-214; and Robert Trivers, "Parental Investment and Sexual Selection," in Bernard Campbell, ed., *Sexual Selection and the Descent of Man, 1871-1971* (Chicago: Aldine de Gruyter, 1972), pp. 136-207.

＊44　Robert Axelrod and William Donald Hamilton, "The Evolution of Cooperation," *Science*, Vol. 211, No. 4489 (March 1981), pp. 1390-1396; R. Boyd, "Is the Repeated Prisoners-Dilemma a Good Model of Reciprocal Altruism," *Ethology and Sociobiology*, Vol. 9, No. 2-4 (July 1988), pp. 211-222; Robert L. Trivers, "The Evolution of Reciprocal Altruism," *The Quarterly Review of Biology*, Vol. 46, No. 1 (March 1971), pp. 35-57.

＊45　Buss, *Evolutionary Psychology*, pp. 38-40.

＊46　Ibid., p. 39.

＊47　Ibid., pp. 39-41.

＊48　Cosmides and Tooby, "From Evolution to Behavior"; Barkow, Cosmides, and Tooby, eds., *The Adapted Mind*; Buss, ed., *The Handbook of Evolutionary Psychology*. See George C. Williams, *Adaptation and Natural Selection: A Critique of Some Current Evolutionary Thought* (Princeton, N. J.: Princeton University Press, 1966); Ernst Mayr, "How to Carry Out the Adaptationist Program?" *American Naturalist*, Vol. 121, No. 3 (March 1983), pp. 324-334.

＊49　Lawrence H. Keeley, *War before Civilization: The Myth of the Peaceful Savage* (New York: Oxford University Press, 1996); Keith F. Otterbein, "The Origins of War," *Critical Review*, Vol. 11, No. 2 (Spring 1997), pp. 251-277; Azar Gat, "The Human Motivational Complex: Evolutionary Theory and the

Causes of Hunter-Gatherer Fighting, Pt. 1: Primary Somatic and Reproductive Causes," *Anthropological Quarterly*, Vol. 73, No. 1 (January 2000), pp. 20?34; Steven A. LeBlanc and Katherine E. Register, *Constant Battles: The Myth of the Peaceful, Noble Savage* (New York: St. Martin's, 2003); John Tooby and Leda Cosmides, "The Evolution of War and Its Cognitive Foundations," *Technical Report*, No. 88-1 (Santa Barbara: Institute for Evolutionary Studies, University of California, Santa Barbara, 1988); Richard W. Wrangham, "Is Military Incompetence Adaptive?" *Evolution and Human Behavior*, Vol. 20, No. 1 (January 1999), pp. 3-17; John D. Wagner, Mark V. Flinn, and Barry G. England, "Hormonal Response to Competition among Male Coalitions," *Evolution and Human Behavior*, Vol. 23, No. 6 (November 2002), pp. 437-442; Dominic D.P. Johnson, Rose McDermott, Emily S. Barrett, Jonathan Cowden, Richard W. Wrangham, Matthew H. McIntyre, and Stephen Peter Rosen, "Overconadence in Wargames: Experimental Evidence on Expectations, Aggression, Gender, and Testosterone," *Proceedings of the Royal Society B*, June 20, 2006, pp. 2513-2520.

＊50 Wilson and Wilson, "Rethinking the Theoretical Foundation of Sociobiology"; Sober and Wilson, *Unto Others, The Evolution and Psychology of Unselfish Behavior*; Fletcher and Zwick, "Strong Altruism Can Evolve in Randomly Formed Groups"; Samuel Bowles, "Warriors, Levelers, and the Role of Conflict in Human Social Evolution," *Science*, Vol. 336, No. 6083 (May 2012), pp. 876-879; Samuel Bowles "Being Human: Conflict: Altruism's Midwife," *Nature*, Vol. 456, No. 7220 (November 2008), pp. 326-327 ; ウィルソン『みんなの進化論』; ハイト『社会はなぜ左と右にわかれるのか』; ジョシュア・グリーン『モラル・トライブズ──共存の道徳哲学へ』（岩波書店、2015年）。

＊51 A. Sell et al., "The Grammar of Anger: Mapping the Computational Architecture of a Recalibrational Emotion," *Cognition*, Vol. 168 (November 2017), pp. 110-128; A. Sell, J. Tooby, and L. Cosmides, "Formidability and the Logic of Human Anger," *Proceedings of the National Academy of Sciences of the United States of America*, Vol. 106, No. 35 (September 2009), pp. 15073-15078; A. Sell, Liana S. E. Hone, and Nicholas Pound, "The Importance of Physical Strength to Human Males," *Human Nature*, Vol. 23, No. 1 (March 2012), pp. 30-44; M. B. Petersen et al., "The Ancestral Logic of Politics: Upper-Body Strength Regulates Men's Assertion of Self-Interest over Economic Redistribution," *Psychological Science*, Vol. 24, No. 7 (May 2013), pp. 1098-1103; M. B. Petersen, A. Sell, J. Tooby, and L. Cosmides, "Evolutionary Psychology and Criminal Justice: A Recalibrational Theory of Punishment and Reconciliation," in Henrik Hogh-Olesen, ed., *Human Morality and sociality: Evolutionary and comparative perspectives*

(Basingstoke: Palgrave Macmillan, 2010), chap. 5; J. Tooby and L. Cosmides, "Groups in Mind: The Coalitional Roots of War and Morality," in Hogh-Olesen, ed., *Human Morality and sociality*, chap. 8.

＊52 Robert Trivers, *Deceit and Self-Deception: Fooling Yourself the Better to Fool Others* (London: Allen Lane, 2011) ; Robert Trivers, "The Elements of a Scientific Theory of Self-Deception," *Annals of the New York Academy of Sciences*, Vol. 907, No. 1 (April 2000), pp. 114-131; William von Hippel and Robert Trivers, "The evolution and psychology of self-deception," *Behavioral and Brain Sciences*, Vol. 34, No. 1 (February 2011), pp. 1-16; クルツバン『だれもが偽善者になる本当の理由』。

＊53 Tooby and Cosmides, "Adaptation for Reasoning About Social Exchange," chap. 25; Cosmides, Barrett, and Tooby, "Adaptive Specializations, Social Exchange, and the Evolution of Human Intelligence"; Cosmides, "The Logic of Social-Exchange."

＊54 D. Pietraszewski, L. Cosmides, and J. Tooby, "The Content of Our Cooperation, Not the Color of Our Skin: An Alliance Detection System Regulates Categorization by Coalition and Race, but Not Sex," *Plos One*, Vol. 9, No. 2 (February 2014), e88534.

＊55 Buss et al., "International Preferences in Selecting Mates"; Buss, "Sex differences in human mate preferences."

＊56 Geoff A. Parker, "Assessment Strategy and Evolution of Fighting Behavior," *Journal of Theoretical Biology*, Vol. 47, No. 1 (September 1974), a. 223-243; John Archer, *The Behavioural Biology of Aggression* (New York: Cambridge University Press, 1988); Irenäus Eibl-Eibesfeldt, *The Biology of Peace and War: Men, Animals, and Aggression* (New York, NY: Viking Press, 1979); James Silverberg and J. Patrick Gray, *Aggression and Peacefulness in Humans and Other Primates* (New York, NY: Oxford University Press, 1992); Aaron Sell, Leda Cosmides, John Tooby, Daniel Sznycer, Christopher von Rueden, and Michael Gurven, "Human Adaptations for the Visual Assessment of Strength and Fighting Ability from the Body and Face," *Proceedings of the Royal Society of London Series B-Biological Sciences*, Vol. 276, No. 1656 (2009), pp. 575-584; Sell, Tooby, and Cosmides, "Formidability and the Logic of Human Anger."

＊57 Sell, Tooby, and Cosmides, "Formidability and the Logic of Human Anger."

＊58 David A. Puts, Coren L. Apicella and Rodrigo A. Cárdenas, "Masculine Voices Signal Men's Threat Potential in Forager and Industrial Societies," *Proceedings of the Royal Society B: Biological Sciences*, Vol. 279, No. 1728 (2012), pp. 601-609; Brian R. Spisak, "The General Age of Leadership: Older-Looking Presidential Candidates Win Elections during War," *PLoS ONE*, Vol. 7, No. 5 (2012), e36945.

＊59 Randall L. Schweller, "Tripolarity and the Second World War,"
International Studies Quarterly, Vol. 37, No. 1 (March 1993), p. 73-103;
Randall L. Schweller, *Deadly Imbalances: Tripolarity and Hitler's Strategy of World Conquest* (New York: Columbia University Press, 1998).

＊60 Thayer, "Bringing in Darwin"; Thayer, *Darwin and International Relations*; D. D. P. Johnson and Bradley A. Thayer, "Crucible of Anarchy: Human Nature and the Origins of Offensive Realism," paper presented at the 2013 annual convention of the International Studies Association, San Francisco, CA; D. D. P. Johnson and Bradley A. Thayer, "The Evolution of Offensive Realism," *Politics and the life sciences*, Vol. 35, No. 1 (Spring 2016), pp. 1-26.

＊61 D. D. P. Johnson, *Overconfidence and War: The Havoc and Glory of Positive Illusions* (Cambridge, Mass.: Harvard University Press, 2004).

＊62 Dominic D. P. Johnson, *Strategic Instincts: The Adaptive Advantages of Cognitive Biases in International Politics* (Princeton, NJ: Princeton University Press, 2020).

＊63 同じことは松岡洋右の四国協商構想から日ソ中立条約締結にいたるレアルポリティークの問題にも当てはまる。当初は松岡の自信に裏付けられた、三極構造を反映した合理的政策であった四国協商構想は、独ソ戦の蓋然性増大につれて非合理的なものに変化していった。行き過ぎた自信、すなわち過信は政策の失敗を招くというわけである。伊藤隆太「過信のリアリズム試論――日ソ中立条約を事例として」『国際安全保障』第44巻第4号（2017年3月）58～73頁。

＊64 Steve Stewart-Williams, *The Ape that Understood the Universe: How the Mind and Culture Evolve* (New York: Cambridge University Press, 2019), pp. 42-43.

＊65 Stephen J. Gould, and Richard C. Lewontin, "The Spandrels of San Marco and the Panglossian Paradigm: A Critique of the Adaptationist Programme," *Proceedings of the Royal Society of London Series B-Biological Sciences*, Vol. 205, No. 1161 (1979), pp. 581?98; See also, P. Godfrey-Smith and Wilkins, J. F. Wilkins "Adaptationism," in S. Sarkar & A. Plutynski, eds., *A Companion to the Philosophy of Biology* (Oxford: Blackwell, 2008), pp. 186-202.

＊66 Norman P. Li1, Mark Van Vugt, Stephen M. Colarelli, "The Evolutionary Mismatch Hypothesis: Implications for Psychological Science," *Current Directions in Psychological Science*, Vol. 27, No. 1, pp. 38-44; Elisabeth Lloyd, David Sloan Wilson, and Elliott Sober. "Evolutionary mismatch and what to do about it: A basic tutorial," *Evolutionary Applications* (2011), pp. 2-4.

＊67 James R. Liddle and Todd K. Shackelford, eds., *The Oxford Handbook of Evolutionary Psychology and Religion* (New York: Oxford University Press,

2021). See also, ジョセフ・ヘンリック（今西康子訳）『文化がヒトを進化させた――人類の繁栄と〈文化・遺伝子革命〉』（白揚社、2019年）。

＊68　ドーキンス『利己的な遺伝子』；リチャード・ドーキンス（垂水雄二訳）『神は妄想である――宗教との決別』（早川書房、2007年）；リチャード・ドーキンス（大田直子訳）『さらば、神よ――科学こそが道を作る』（早川書房、2020年）；リチャード・ドーキンス（大田直子訳）『魂に息づく科学――ドーキンスの反ポピュリズム宣言』（早川書房、2018年）；スーザン・ブラックモア（垂水雄二訳）『ミーム・マシーンとしての私』全2巻（草思社、2000年）；ロバート・アンジェ/ダニエル・デネット（佐倉統・巌谷薫・鈴木崇史・坪井りん訳）『ダーウィン文化論――科学としてのミーム』（産業図書、2004年）；ダニエル・C・デネット（山口泰司）『解明される意識』（青土社、1997年）；Sam Harris, *The Moral Landscape: How Science Can Determine Human Values* (New York: Simon and Schuster, 2011); Michael Shermer, *The Moral Arc: How Science Makes Us Better People* (New York: St. Martin's Griffin, 2016); Michael Shermer, *Giving the Devil his Due: Reflections of a Scientific Humanist* (Cambridge: Cambridge University Press, 2020).

＊69　ドーキンス『神は妄想である』；ドーキンス『さらば、神よ』；デネット『解明される宗教』；Harris, *The Moral Landscape*.

＊70　ただし、進化学者スティーヴ・スチュワート・ウィリアムズが論じているように、ミームはウィルスというよりも、バクテリアのアナロジーの方がより適切である可能性もある。すなわち、バクテリアがそうであるように、それは人というホストにとって有害なものもあれば、有益なものもあるのである。つまるところ、ミーム論は形而上学ではなく実証科学なのである。Stewart-Williams, *The Ape that Understood the Universe*, p. 302.

＊71　Leda Cosmides and John Tooby, "Origins of Domain Specificity: The Evolution of Functional Organization," in Lawrence A. Hirshfeld and Susan A. Gelman, eds., *Mapping the Mind: Domain Specificity in Cognition and Culture* (New York: Cambridge University Press, 1994), pp. 85?116; Tooby and Cosmides, "The Theoretical Foundation of Evolutionary Psychology," p. 16.

＊72　Parker, "Assessment Strategy and Evolution of Fighting Behavior"; Archer, *The Behavioural Biology of Aggression*; Eibl-Eibesfeldt, *The Biology of Peace and War*; Silverberg and Gray, *Aggression and Peacefulness in Humans and Other Primates*; Sell, Cosmides, Tooby, Sznycer, Rueden, and Gurven, "Human Adaptations for the Visual Assessment of Strength and Fighting Ability from the Body and Face"; Sell, Tooby, and Cosmides, "Formidability and the Logic of Human Anger."

＊73　Sell, Cosmides, Tooby, Sznycer, Rueden, and Gurven, "Human Adaptations for the Visual Assessment of Strength and Fighting Ability from the Body and Face"; Aaron Sell, Gregory A. Bryant, Leda Cosmides, John Tooby,

Daniel Sznycer, Christopher von Reuden, Andre Krauss, and Michael Gurven, "Adaptations in Humans for Assessing Physical Strength from the Voice," *Proceedings of the Royal Society B*, June 2010, pp. 3509-3518.

*74 Richard Wrangham and Dale Peterson, *Demonic Males: Apes and the Origins of Human Violence* (Boston: Houghton Mifoin, 1996); Richard W. Wrangham, "Evolution of Coalitionary Killing," *Yearbook of Physical Anthropology*, Vol. 42 (1999), pp. 1?30.

*75 Wrangham, "Evolution of Coalitionary Killing."

*76 Sell et al., "The Grammar of Anger"; Sell, Tooby, and Cosmides, "Formidability and the Logic of Human Anger"; Sell, Hone, and Pound, "The Importance of Physical Strength to Human Males"; Petersen et al., "The Ancestral Logic of Politics"; Petersen, Sell, Tooby, and Cosmides, "Evolutionary Psychology and Criminal Justice"; Tooby and Cosmides, "Groups in Mind."

*77 なお、このときのインプットには、当該心理メカニズムあるいは他の心理メカニズムのアウトプット（怒り、テストステロン、その他）といった個体内部の情報も含まれている。こうした意味において、これらインプットとアウトプットの間には時にはある種のフィードバック構造が成立していると想定されよう。

*78 ドーキンス『利己的な遺伝子』。

*79 Richard Dawkins, "Good Strategy or Evolutionarily Stable Strategy?" in George W. Barlow and James Silverberg, eds., *Sociobiology: Beyond Nature/ Nurture?* (Boulder, CO: Westview Press, 1980), pp. 331-367.

*80 Leda Cosmides and John Tooby, "Origins of Domain Specificity: The Evolution of Functional Organization," in Lawrence A. Hirshfeld and Susan A. Gelman, eds., *Mapping the Mind: Domain Specificity in Cognition and Culture* (New York: Cambridge University Press, 1994), pp. 85-116; Tooby and Cosmides, "The Theoretical Foundation of Evolutionary Psychology," p. 16.

*81 L. Cosmides and J. Tooby, "Beyond Intuition and Instinct Blindness: toward an Evolutionarily Rigorous Cognitive Science," *Cognition*, Vol. 50, No. 1-3 (April-June 1994), p. 60.

*82 Tooby and Cosmides, "Adaptation for Reasoning About Social Exchange," chap. 25; Cosmides, Barrett, and Tooby, "Adaptive Specializations, Social Exchange, and the Evolution of Human Intelligence"; and Cosmides, "The Logic of Social-Exchange."

*83 D. D. Cummins, "Evidence of Deontic Reasoning in 3- and 4-Year-Old Children," *Memory & Cognition*, Vol. 24, No. 6 (December 1996), pp. 823-829.

*84 Tooby and Cosmides, "The Theoretical Foundation of Evolutionary Psychology," pp. 4-5, 7, 8, 9, 13, 15; and David M. Buss, *Evolutionary*

Psychology: The New Science of the Mind, Fifth edition. (Boston: Pearson, 2015), pp. 50-51. 人間があらゆる状況のもと自己利益を極大化すると仮定する合理的選択理論、国家が相対的パワーを極大化すると仮定する攻撃的リアリズム（ネオリアリズムの一つ）、社会的相互作用を通じてアクターが規範を学習すると仮定するコンストラクティヴィズムなどは、標準社会科学モデルの典型例である。進化心理学者はこうした主流派社会科学理論が、人間の心を空白の石版（blank slate）［「タブラ・ラサ（tabula rasa）説」］——固有の構造をもたない白紙状態で、社会やその人自身が自由に書き込めるという発想——とみなしていることを批判している。スティーブン・ピンカー（山下篤子訳）『人間の本性を考える——心は「空」白の石版」か』全3冊（NHK出版、2004年）。

＊85 William J. Long and Peter Brecke, *War and Reconciliation: Reason and Emotion in Conflict Resolution* (Cambridge, Mass.: The MIT Press, 2003), especially pp. 24-27.

＊86 領域固有性を裏付ける際にはしばしば、脳損傷患者を健常者と比較するという手法もとられる。中尾央「進化心理学の擁護——批判の論駁を通じて」『科学哲学』第46号1巻（2013年）5頁。

＊87 Tooby and Cosmides, "Adaptation for Reasoning About Social Exchange"; Cosmides, Barrett, and Tooby, "Adaptive Specializations, Social Exchange, and the Evolution of Human Intelligence"; Cosmides, "The Logic of Social-Exchange."

＊88 Peter C. Wason, "Reasoning About a Rule," *The Quarterly journal of experimental psychology*, Vol. 20, No. 3 (September 1968), pp. 273-281. ウェイソンの4枚カード問題は、心理学実験でしばしば用いられる有力な論理課題である。同課題に依拠した有力な研究は、他にはたとえばデニス・デラローザ・カミンズ（Denise Dellarosa Cummins）の順位仮説（dominance hypothesis）がある。Cummins, "Evidence of Deontic Reasoning in 3- and 4-Year-Old Children," p. 636. ウェイソンの4枚カード問題それ自体については、Tooby and Cosmides, "Adaptation for Reasoning About Social Exchange," p. 636.

＊89 社会契約のルールとは、利益を得るならばコストを支払わなければならない——たとえば、おやつを食べるなら、お手伝いをしなければならない——というものである。

＊90 Tooby and Leda Cosmides, "Adaptation for Reasoning About Social Exchange," p. 638.

＊91 Randolph M. Nesse, "Evolutionary Explanations of Emotions," *Human Nature*, Vol. 1, No. 3 (1990), pp. 261-289; Leda Cosmides and John Tooby, "Evolutionary Psychology and the Emotions," in Michael Lewis and Jeanette M. Haviland-Jones, eds., *Handbook of the Emotions*, 2d ed. (New York: Guilford, 2000), pp. 91-115.

＊92 Sell et al., "The Grammar of Anger"; Sell, Tooby, and Cosmides, "Formidability and the Logic of Human Anger"; Sell, Hone, and Pound, "The

Importance of Physical Strength to Human Males"; Petersen et al., "The Ancestral Logic of Politics"; Petersen, Sell, Tooby, and Cosmides, "Evolutionary Psychology and Criminal Justice"; Tooby and Cosmides, "Groups in Mind."

＊93 Tooby and Cosmides, "The Psychological Foundations of Culture."

＊94 P・K・ファイヤアーベント（村上陽一郎・村上公子訳）『自由人のための知──科学論の解体へ』（新曜社、1982年）。

＊95 I・ラカトシュ（中山伸樹訳）「反証と科学的研究プログラムの方法論」I・ラカトシュ／A・マスグレーヴ編（森博監訳）『批判と知識の成長』（木鐸社、1985年）189〜197頁。

＊96 J. Tooby and L. Cosmides, "Evolutionary Psychology, Ecological Rationality, and the Unification of the Behavioral Sciences," *Behavioral and Brain Sciences*, Vol. 30, No. 1 (February 2007), pp. 42-43; J. Tooby and L. Cosmides, "Better Than Rational: Evolutionary Psychology and the Invisible Hand," *American Economic Review*, Vol. 84, No. 2 (May 1994), pp. 327-332.

＊97 これを進化的ミスマッチと呼ぶ。Li1, Van Vugt, Colarelli, "The Evolutionary Mismatch Hypothesis"; Lloyd, Wilson, and Sober. "Evolutionary mismatch and what to do about it."

＊98 Hamilton, "The Genetical Evolution of Social Behavior. I"；Hamilton, The Genetical Evolution of Social Behavior. II." respectively. See also, リチャード・ドーキンス（日高敏隆・岸由二・羽田節子・垂水雄二訳）『利己的な遺伝子』増補新装版（紀伊國屋書店、2006年）。

＊99 Bradley A. Thayer and Valerie M. Hudson, "Sex and the Shaheed: Insights from the Life Sciences on Islamic Suicide Terrorism," *International Security*, Vol. 34, No. 4 (March 2010), pp. 37-62. 同論文に対する批判とそれに対するセイヤーらからの応答は、Mia Bloom, Bradley A. Thayer, Valerie M. Hudson, "Life Sciences and Islamic Suicide Terrorism," *International Security*, Vol. 35, No. 3 (December 2010), pp. 185-192 を参照。

＊100 Stathis Psillos, *Scientific Realism: How Science Tracks Truth* (London: Routlcdge, 1999); Anjan Chakravartty, A Metaphysics for Scientific Realism: Knowing the Unobservable (Cambridge: Cambridge University Press, 2007); Philip Kitcher, *The Advancement of Science: Science without Legend, Objectivity without Illusions* (New York: Oxford University Press, 1993); 戸田山和久『科学的実在論を擁護する』（名古屋大学出版会、2015年）。科学的実在論を社会科学に応用するための方法論モデル──多元的実在論──については、伊藤隆太『進化政治学と国際政治理論──人間の心と戦争をめぐる新たな分析アプローチ』（芙蓉書房出版、2020年）；伊藤隆太「国際関係理論と事例研究──新たな方法論的枠組みの構築に向けて」『法学研究』第92巻1号（2019年1月）379〜404頁を参照。

＊101 ジョン・J・ミアシャイマー（奥山真司訳）『大国政治の悲劇──米中は必

ず衝突する』（五月書房、2007年）；ケネス・ウォルツ（河野勝・岡垣知子訳）
『国際政治の理論』（勁草書房、2010年）；Charles L. Glaser, *Rational Theory of International Politics: The Logic of Competition and Cooperation* (Princeton: Princeton University Press, 2010).

＊102　Andrew Moravcsik, "Liberal International Relations Theory: A Scientific Assessment," in Colin Elman, Miriam Fendius Elman, eds., *Progress in International Relations Theory: Appraising the Field* (Cambridge, Mass.: The MIT press, 2003), chap. Chap. 5.

＊103　Alexander Wendt, "Anarchy Is What States Make of It: The Social Construction of Power Politics." *International Organization*, Vol. 46, No. 2 (Spring 1992), pp. 391-425; Alexander Wendt, "Constructing International Politics." *International Security*, Vol. 20, No. 1 (Summer 1995), pp. 71-81; Alexander Wendt, *Social Theory of International Politics* (Cambridge: Cambridge University Press, 1999). 「自己充足の予言」という概念は、有力な社会学者のロバート・マートンが提案したものである。Robert King Merton, *Social Theory and Social Structure: Toward the Codification of Theory and Research* (New York: Free Press, 1949).

＊104　スティーブン・ピンカー（幾島幸子・塩原通緒訳）『暴力の人類史』全2巻（青土社、2015年）；スティーブン・ピンカー（橘明美・坂田雪子訳）『21世紀の啓蒙――理性、科学、ヒューマニズム、進歩』全2巻（草思社、2019年）；C. R. Ember, "Myths About Hunter-Gatherers," Ethnology, Vol. 17, No. 4 (1978), pp. 439-448; Keeley, *War Before Civilization*; LeBlanc, and Register, Constant Battles; Azar Gat, *War in Human Civlization* (Oxford: Oxford University Press, 2006); Jonathan Mercer, "Anarchy and Identity," *International Organization*, Vol. 49, No. 2 (March 1995), pp. 229-252; A. C. Lopez, "The Evolution of War: Theory and Controversy," *International Theory*, Vol. 8, No. 1 (October 2016), pp. 97-139.

＊105　Lopez, McDermott, and Petersen, "States in Mind."

＊106　ハイト『社会はなぜ左と右にわかれるのか』; Wilson and Wilson, "Rethinking the theoretical foundation of sociobiology"; Wilson and Wilson, "Evolution 'for the Good of the Group'."

＊107　ピンカー『暴力の人類史』; Keeley, *War Before Civilization*; LeBlanc, and Register, Constant Battles; Gat, *War in Human Civlization*.

＊108　これはミアシャイマーとウォルトが指摘する、政治心理学が抱えている問題である。John J. Mearsheimer and Stephen M. Walt, "Leaving Theory Behind: Why Simplistic Hypothesis Testing Is Bad for International Relations," *European Journal of International Relations*, Vol. 19, No. 3 (September 2013), especially pp. 448-449.

＊109　R. McDermott et al., "Testosterone and Aggression in a Simulated Crisis Game," *Annals of the American Academy of Political and Social*

Science, Vol. 614, No. 1 (November 2007), pp. 15-33.

＊110 Mearsheimer and Walt, "Leaving Theory Behind," pp. 448-449.

＊111 至近要因はその行動が引き起こされている直接の要因は何かを問い、究極要因はその行動は何の機能があるから進化したのかを問う。Niko Tinbergen, "On Aims and Methods of Ethology," *Animal Biology*, Vol. 55, No. 4 (December 2005), pp. 297-321.

＊112 Mearsheimer and Walt, "Leaving Theory Behind," pp. 448-449.

＊113 北村と大坪は、政治心理学と同様の問題がみられる社会心理学に対し、進化心理学をそのメタ理論的基盤とすることを提案して、実際に社会心理学を進化心理学的視点から統合することを試みている。彼らによれば、「進化論的視点を社会心理学に取り入れることは、多くの観察事実とそれらを記述する諸理論を適応的機能という観点から一貫性をもってまとめること」を可能にするのである。北村秀哉・大坪庸介『進化と感情から解き明かす社会心理学』（有斐閣、2012年）17頁。同様の見解は、清成透子「コラム5 マイクロ・マクロ社会心理学から適応論的アプローチへ」王暁田・蘇彦蘇捷編（平石界・長谷川寿一・的場知之監訳）『進化心理学を学びたいあなたへ——パイオニアからのメッセージ』（東京大学出版会、2018年）296～297頁。

＊114 ピンカー『人間の本性を考える』上巻、142頁。

＊115 森川は、究極要因を軽視し至近要因の議論に終始する態度——筆者が至近要因のバイアスと呼ぶもの——が既存の政治学全般にみられると論じている。森川「進化政治学とは何か」220～221頁。こうした意味で、至近要因のバイアスは政治学全般にかかわる根本的な問題といえるが、政治学の全領域をカバーすることは紙幅の都合上不可能なので、本書では政治心理学という政治学における一つのサブフィールドを例として、至近要因のバイアスを考察することにする。

＊116 Mearsheimer and Walt, "Leaving Theory Behind," p. 448.

＊117 たとえば天気と投票行動の関係を統計的手法で分析して、雨の日に投票率が下がるという相関関係が発見されたとしても、こうした政治学的知見に重要な意義を見出すことは難しいであろう。こうした点を踏まえて、本書では新たな理論を例示するに際して、本質的に重要な事例（第一次世界大戦、太平洋戦争、ロシアによるクリミア併合など）を研究することにしている。

＊118 Mearsheimer and Walt, "Leaving Theory Behind," especially pp. 448-449.

＊119 Jeffrey W. Taliaferro, *Balancing Risks: Great Power Intervention in the Periphery* (Ithaca, N.Y.: Cornell University Press, 2004); Rose McDermott, "Prospect Theory in Political Science: Gains and Losses from the First Decade," *Political Psychology*, Vol. 25, No. 2 (April 2004), pp. 289-312; Kai He and Huiyun Feng, *Prospect Theory and Foreign Policy Analysis in the Asia Pacific: Rational Leaders and Risky Behavior* (New York: Routledge, 2013); 伊藤隆太「国際政治研究におけるプロスペクト理論——方法論的問題と

理論的含意──」『法学政治学論究』第98号（2013年秋季号）103〜132頁；久保田徳仁「プロスペクト理論の国際政治分析への適用──理論および方法論の観点からみた現状と課題」『防衛大学校紀要』社会科学分冊、第92号（2006年3月）1〜24頁。

＊120 Robert Jervis, *Perception and Misperception in International Politics* (Princeton, N.J.: Princeton University Press, 1976).

＊121 井出弘子『ニューロポリティクス─脳神経科学の方法を用いた政治行動研究』（木鐸社、2012年）。

＊122 Lopez, McDermott, and Petersen, "States in Mind"; Lopez and McDermott, "Adaptation, Heritability, and the Emergence of Evolutionary Political Science"; Petersen, "Evolutionary Political Psychology." こうした主張の妥当性については、北村・大坪『進化と感情から解き明かす社会心理学』17頁も参照。

＊123 Philip Kitcher, "Unification as a Regulative Ideal," *Perspectives on Science*, Vol. 7, No. 3 (Fall 1999), pp. 337-348; Philip Kitcher, "Explanation, Conjunction, and Unification," *The Journal of Philosophy*, Vol. 73, No. 8 (April 1976), pp. 207-212; and Philip Kitcher, "Explanatory Unification and the Causal Structure of the World," in Philip Kitcher and Wesley Salmon eds., *Scientific Explanation, in Minnesota Studies in the Philosophy of Science*, Vol. Xlll (Minneapolis: University of Minnesota Press, 1989), pp. 410-505. なおキッチャーの統合化モデルは、その言葉から想像されるような、万物を統一理論で説明しようとするようなものではない。

＊124 Kitcher, "Explanatory Unification and the Causal Structure of the World," p. 432.

＊125 Mearsheimer and Walt, "Leaving Theory Behind."

＊126 究極要因が至近要因を統合する上位の知的体系であること、究極要因から至近要因が演繹的に導きだされることを鑑みれば、究極要因を「理論」、至近要因を「仮説」と仮定することには分析上の妥当性があると考えられる。

＊127 ピンカー『心の仕組み（下）』406頁。

＊128 同上、406〜407頁。

＊129 北村・大坪『進化と感情から解き明かす社会心理学』。

＊130 こうした分析のことを、進化心理学では逆行分析（reverse engineering）という。スティーブン・ピンカー『心の仕組み（上）』58〜102頁。

＊131 Lopez, McDermott, and Petersen, "States in Mind," p. 74.

＊132 J. Stavridis, "The Dawning of the Age of Biology," *Financial Times*, 19, January 2014.

＊133 D. D. P. Johnson, "Survival of the Disciplines: Is International Relations Fit for the New Millennium?" *Millennium*, Vol. 43, No. 2 (January 2015), pp. 749-763.

＊134 Johnson, *Strategic Instincts*.

＊135 Ibid.

＊136 Ibid., pp. 61-82.

＊137 A. C. Lopez, "The Evolution of War: Theory and Controversy," *International Theory*, Vol. 8, No. 1 (October 2016), pp. 97-139.

＊138 A. C. Lopez, "The Evolutionary Psychology of War: Offense and Defense in the Adapted Mind," *Evolutionary Psychology*, Vol. 15, No. 4 (December 2017), pp. 1-23.

＊139 Stephen Peter Rosen, *War and Human Nature* (Princeton: Princeton University Press, 2007).

＊140 Ibid., chap. 5.

＊141 Thayer, "Bringing in Darwin." 同論文に対する批判とそれに対するセイヤーからの応答は、Bell, MacDonald, and Thayer, "Start the Evolution without Us" を参照。セイヤーによる同様の議論は、Thayer, *Darwin and International Relation* を参照。

＊142 Johnson, and Thayer, "The Evolution of Offensive Realism"; Johnson and Thayer, "Crucible of Anarchy."

＊143 アザー・ガット（石津朋之・永末聡・山本文史監訳）『文明と戦争』全2巻（中央公論新社、2012年）; Azar Gat, "So Why Do People Fight? Evolutionary Theory and the Causes of War," *European Journal of International Relations*, Vol.15, No. 4 (November 2009), pp. 571-599; Azar Gat, *The Causes of War and the Spread of Peace: But Will War Rebound?* (New York: Oxford University Press, 2017).

＊144 Gat, "So Why Do People Fight? "

＊145 C. Brown, "Structural Realism, Classical Realism and Human Nature," *International Relations*, Vol. 23, No. 2 (June 2009), pp. 257-270.

＊146 Shiping Tang, *The Social Evolution of International Politics* (New York: Oxford University Press, 2013); Shipping Tang, "Social Evolution of International Politics: From Mearsheimer to Jervis," *European Journal of International Relations*, Vol. 16, No. 1 (February 2010), pp. 31-55.

＊147 K. Payne, *The Psychology of Modern Conflict: Evolutionary Theory, Human Nature and a Liberal Approach to War* (Basingstoke: Palgrave Macmillan, 2015).

＊148 K. Payne, *The Psychology of Strategy: Exploring Rationality in the Vietnam War* (New York: Oxford University Press, 2015).

＊149 K. Payne, *Strategy, Evolution, and War: From Apes to Artificial Intelligence* (Washington, DC: Georgetown University Press, 2018).

＊150 Johnson, *Overconfidence and War.*

＊151 D. D. P. Johnson and D. Tierney, "The Rubicon Theory of War: How the Path to Conflict Reaches the Point of No Return," *International Security*, Vol. 36, No. 1 (Summer 2011), pp. 7-40.

＊152 Johnson et al., "Overconfidence in Wargames; D. D. P. Johnson, Nils B. Weidmann, Lars-Erik Cederman, "Fortune Favours the Bold: An Agent-Based Model Reveals Adaptive Advantages of Overconfidence in War," *Plos One*, Vol. 6, No. 6 (June 2011), p. e20851; and D. D. P. Johnson et al., "Dead Certain: Confidence and Conservatism Predict Aggression in Simulated International Crisis Decision-Making," Human Nature, Vol. 23, No. 1 (March 2012), pp. 98-126.

＊153 Dominic D. P. Johnson and Dominic Tierney, "Bad World: The Negativity Bias in International Politics," *International Security*, Vol. 43, No. 3 (Winter 2018/19), pp. 96-140. ネガティヴィティ・バイアスの権威的な研究は、Paul Rozin and Edward B. Royzman, "Negativity Bias, Negativity Dominance, and Contagion," *Personality and Social Psychology Review*, Vol. 5, No. 4 (November 2001), pp. 296-320; Roy F. Baumeister et al., "Bad Is Stronger Than Good," *Review of General Psychology*, Vol. 5, No. 4 (December 2001), pp. 323-370 を参照。

＊154 D. D. P. Johnson and Monica Duffy Toft, "Grounds for War: The Evolution of Territorial Conflict," *International Security*, Vol. 38, No. 3 (Winter 2013/2014), pp. 7-38. 同論文に対する批判とそれに対するジョンソンとトフトからの応答は、Raymond Kuo, D. D. P. Johnson and Monica Duffy Toft. "Correspondence: Evolution and Territorial Conflict," *International Security*, Vol. 39, No. 3 (Winter 2014/2015), pp. 190-201 を参照。

＊155 Johnson and Toft, "Grounds for War," pp. 31-33.

＊156 Rose McDermott, Anthony C. Lopez and Peter K. Hatemi, "An Evolutionary Approach to Political Leadership," *Security Studies*, Vol. 25, No. 4 (September 2016), pp. 677-698.

＊157 Thayer and Hudson, "Sex and the Shaheed." 同論文に対する批判とそれに対するセイヤーらからの応答は、Bloom, Thayer, Hudson, "Life Sciences and Islamic Suicide Terrorism."

＊158 Scott Atran, "Genesis of Suicide Terrorism," *Science*, Vol. 299, No. 5612 (March 2003), pp. 1534-1539.

＊159 Bradley A. Thayer, "Thinking About Nuclear Deterrence Theory: Why Evolutionary Psychology Undermines Its Rational Actor Assumptions," *Comparative Strategy*, Vol. 26, No. 4 (October 2007), pp. 311-323.

＊160 William J. Long, Peter Brecke, *War and Reconciliation: Reason and Emotion in Conflict Resolution* (Cambridge, Mass.: The MIT Press, 2002).

＊161 Jonathan Mercer, "Human Nature and the First Image: Emotion in International Politics," *Journal of International Relations and Development*, Vol. 9, No. 3 (September 2006), pp. 288-303. 感情と国際政治をめぐるメーサーの一連の研究は、Jonathan Mercer, "Rationality and Psychology in International Politics," *International Organization*, Vol. 59, No. 1 (January

2005), pp. 77-106; Jonathan Mercer "Emotional Beliefs," *International Organization*, Vol. 64, No. 1 (January 2010), pp. 1-31; Jonathan Mercer, "Emotion and Strategy in the Korean War," *International Organization*, Vol. 67, No. 2 (April 2013), pp. 221-252 を参照。

第2章

❦

政治学と人間本性
——標準社会科学モデルと政治思想——

はじめに

　前章では進化政治学という学問を理論的・方法論的に再考してきた。進化政治学の原則を説明した上で、進化政治学が分析上焦点を当てる心理メカニズムを再考した。さらに、進化政治学が政治学にもたらすパラダイムシフトを三つの理念型——生態学的合理性テーゼ、科学的基礎付けテーゼ、究極要因テーゼ——に分けて説明し、進化政治学の政治学への貢献を、国際関係論分野の進化政治学的研究を検討する中で例示した。

　このようにして、これまで進化政治学が政治学にもたらす意義を再考してきたのだが、それではそもそも既存の人文・社会科学にはいかなる問題があったのだろうか。進化政治学はそのいかなる点を克服しようとするものなのだろうか。このことを標準社会科学モデル（standard social science model）に焦点を当てつつ、コンシリエンス的視点に基づき、社会契約思想から現代進化論までを架橋する形で再考するのが、本章の主なテーマである。

　第1節では、進化学者が既存の人文・社会科学モデル批判する際に言及する標準社会科学モデルは一体いかなるもので、それにはどのような問題点があるのかを進化論的・生物学的視点から考察する。第2節では、標準社会科学モデルの思想的起源を明らかにすべく、ジョン・ロック（John Locke）のブランク・スレート（blank slate）説、ルネ・デカルト（René Descartes）の「機械の中の幽霊（the Ghost in the Machine）」説、ジャン＝ジャック・ルソー（Jean-Jacques Rousseau）の「高貴な野蛮人（noble savage）」説を再考する。この中で社会科学研究がしばしば陥ってきた誤った人間本性論の原型を明らかにする。第3節では、思想家トマス・ホッ

ブズ（Thomas Hobbes）の人間本性論の先見性とその限界を進化論的視点から再考する。

第1節　標準社会科学モデルの陥穽

（1）標準社会科学モデルとは何か

　既存の人文社会科学では、人間本性は存在しないという、進化心理学者らが批判するところの標準社会科学モデルが広く受けいれられてきた。この見方によれば、我々には暴力や差別な本性は備わっておらず、人間本性はそもそも存在しないか——それゆえ環境要因だけ分析すればよい——、あるいは、存在するとしても平和的な本性だけが備わっているとされる。

　逆にいえば、社会に存在するさまざまな不都合なイシュー——人種、性差、IQ など——は悪しき社会構築物に過ぎず、ポリティカル・コレクトネスに熱心になれば、解決できるということになる。こうした標準社会科学モデルの道徳観は、ユートピア的な理想主義者や人間本性を否定するラディカルな左派にとって魅力的である。あるいはラディカルな政治的右派にとっても、標準社会科学モデルは重要になる。なぜなら、神が創造した人間は皆平等であり、人間はチンパンジーのいとこなどではありえないという見方は、ラディカルな宗教的右派の思想と親和的だからである。

　それでは、こうした社会政治的背景を備えた標準社会科学モデルとは、理論的にいえば、いかなるモデルを指すのだろうか。進化心理学のパイオニア、ジョン・トゥービー（John Tooby）とレダ・コスミデス（Leda Cosmides）によれば、1920年代以降、人文社会科学全般に根底には以下の原理からなる一連の誤った経験主義的・相対主義的な発想があったという*1。

　第一に、赤ん坊はどこで生まれても同じであり、均質な発達可能性を備えている。第二に、どこの成人であっても、その行動・心理機構の個人差は非常に大きい。第三に、複雑に組織化された成人の行動や心理は赤ん坊には認められない。第四に、赤ん坊の斉一性の源泉は生得性に、成人の複雑な多様性の源泉は環境的要因（社会・文化・習得的要因）にある。第五に、個性を形成する社会・文化的要因は個人の外部にある。第六に、人間生活の複雑性や豊かさを形成するのは文化である。第七に、そうした文化を創

り出すのは社会であり個人ではない。第八に、社会はそれ自体が自律的であり、社会・文化現象は他の社会・文化現象によって生みだされる。第九に、人間本性は、社会化によって満たされることを待つ空の器にすぎない。第十に、社会学の役割は社会化プロセスの研究にあり、心理学の中心的概念は学習にある。すなわち、いかなる種類の文化的メッセージや環境的インプットも、領域普遍的に吸収されるものでなければならない。

　上記のトゥービーとコスミデスの議論を再考すると、標準社会科学モデルの前提は以下のように整理できよう。第一は、ブランク・スレート説である。ブランク・スレート説とは端的にいって、人間の本性は何も書かれていない空白の石板だという考え方である。標準社会科学モデルによれば、人間の脳は自然淘汰の影響を受けないのであるから、人間は心に何も書き込まれていないまっさらな状態で生まれてくるというのが論理的に正しい。

　このとき重要なのは、標準社会科学モデルを支持する人文社会科学者は、この点においても人間を他の動物と区別して神聖視するということである。たしかに、標準社会科学モデルの信奉者は、人間以外の他の生物はすべて生得的な本性を備えていることを認めている。たとえば、彼らは、猫は生まれつき猫らしい本性を備えており、生後の環境や経験とかかわりなく、多かれ少なかれ同じような行動をすると認めている。

　しかし、標準社会科学モデルの信奉者は、猫をはじめとする動物が生得的な本性を備えていることは受けいれるにもかかわらず、なぜか人間にはこうした生まれ持った本能が存在しないと主張するのである。そして興味深いことに、このことは異なる理由からではあるが、ラディカルな政治的右派・左派の双方が一致する点となる。すなわち、前者は動物的本能の存在がユートピア的理想を社会工学的に実現する上での生得的ハードルとなると懸念し、後者は宗教的モチベーションから人間と動物を区別したいと考えるが故に本能を否定するのである*2。

　標準社会科学モデルの第二の前提は、上記と関連するが、人間は生物学的研究の対象にはならないということである。標準社会科学モデルを支持する人文社会科学研究者も、人間以外の生物の行動を分析する上で、生物学（これには、霊長類学、動物学、鳥類学、昆虫学、生態学等が含まれる）が有効であると認めている。ところが彼らは、人間の行動だけはなぜか例外的に生物学の原理や法則では説明不可能だと主張する。

換言すれば、人間行動だけを他の生物の行動とは異なる枠組みで扱おうとするのが、標準社会科学モデルの一つの重要な特徴なのである。実際、多くの人文社会科学者はしばしば、人間の行動や心理を生物学的観点から説明する研究に嫌悪感を示し、人間だけは自然界における例外だと考えている。こうした点を社会学者のリー・エリス（Lee Ellis）は生物学嫌い（biophobia）と呼んでいる*3。

　第三は、人間の行動は環境的要因によって決定されるということである。標準社会科学モデルによれば、人間は生まれ持った本性を備えていないのだから、まっさらな紙に文字が書かれていくように、人間の性質は生まれた後に環境・社会といった後天的要因の影響のもとで形成されることになる。標準社会科学モデルは人間の心的形質の進化が、誕生後、生涯にわたる社会化のプロセスであると考える。この際の社会化とは、家族や友人、教師、メディア、教育、文化、その他、後天的な社会的要因によって、人間らしさが生まれるという見方である。この見方によれば、男らしさや女らしさ、あるいは暴力や戦争といったものも、すべて社会化の影響、つまり社会構築物に過ぎないと考えられる*4。

　しかし、進化学者スティーヴ・スチュワート=ウィリアムズ（Steve Stewart-Williams）が的確に指摘しているように、こうした社会構築的主張は、①人間本性はそれを矯正しようとする社会的な努力によってもほとんど変更されない、②人間本性は個別の文化を越えて普遍的に見られる、③類似的な傾向が（同様な淘汰圧を受けたであろう）他の動物にも見られる、という経験的事実が裏付けるように、必ずしも妥当ではない*5。

　第四の原則は、デカルトの「機械の幽霊」説である。詳細は後述するが、ここでの重要な点は、進化の影響は脳には及ばないということである。標準社会科学モデルを信奉する人文社会科学者はしばしば、人間の行動・心理・認知は生物学では説明困難であると論じつつも、人間の解剖学的な特徴（指、足など）が、人間の進化史を通じて自然淘汰や性淘汰によって形成されたことだけは受けいれている。ところが、彼らは人間の脳、そしてその現象としての心や精神は進化や生物学に影響されえないと主張する。すなわち、彼らは、心は身体とは異なり、我々が自らのあらゆる行動を自由意思によって理性的に決定できると考えるのである*6。

　以上、標準社会科学モデルを再考してきた。つまるところ、多くの進化

学的研究が明らかにしてきたように、標準社会科学モデルの考え方は実在論的な意味においては根本的に科学的に誤っている。前章で説明したように、人間という種は他の動物と同じく、包括適応度の極大化を究極的な動因とする生き物であり、進化的適応環境における適応課題に直面する中で、突然変異によって偶然うまくいった適応的な形質を遺伝的に受け継いだ祖先の末裔である。こうした進化学の見方は、チャールズ・ダーウィン（Charles Robert Darwin）によって創始された自然淘汰理論によって究極的には基礎づけられるものである＊7。

第2節　標準社会科学モデルと近代社会契約説

（1）社会契約説と人間本性

　ところで、こうした形で、20世紀までの社会科学は標準社会科学モデルに由来する誤った科学的仮説に基づいて構築されてきたのだが、その誤りは思想史的に見ると、以下の三人の思想家に由来するといえよう。すなわち、イギリスの思想家ロック、フランスの思想家ルソー、同じくフランス生まれの思想家デカルトである。ルソーとロックはホッブズとともに近代の社会契約説の生みの親であり、デカルトは近代社会科学および心身二元論の提唱者として有名である。デカルトとホッブズは同時代に生きた哲学者であり、彼らは文字通り、直接的なやり取りをしながら、各々の思想を生みだしていった。つまるところ、ルソー、デカルト、ロックは哲学のみならず現実の社会に至るまで、実に多くの影響を与えてきた思想家である。

　周知の事実であるが、17世紀から18世紀にかけての欧州の哲学界において最も大きな争点となったのは、そもそも人類の社会はどのようにして生まれたか、という問題であった。フランスなどの絶対王権国家では王権神授説が主流を占めていた。国王の権利は神より与えられたもので、国王の地位に疑いを持ってはいけないとされていたし、また王は神からいわば任命された以上、いかなるルールを決めてもいいし、どのような政治を行なってもいいとされていた。

　だが、社会の変化はそうした王権神授説を無条件に信じるほどナイーブではなくなっていた。新興のブルジョワジーは、戦争を行なう国王の権力に不満を持つようになっていき、それと並行する形で勃興しつつあった啓

蒙思想は王権神授説を根拠のないものと退けるようになった。こうした中で、地上の国家が神意によって作られたとしたのではないとしたら、いかなるプロセスを経て、社会や国家が成立したのかという論点——すなわち社会契約説——に思想家たちの興味が集まったのは論理的必然であった。

　むろん、国家はさておき、人間社会の始まりなどというものは記録に残っていないので、すべては時の思想家たちが肘掛け椅子に座りながら、思索にふけるなかで考えられた空想の産物である。しかし、幸運なことに、今ではこうした思想的なアイディアそれ自体を実在論的な意味で科学的に検証できるようになった。そして、結論からいえば、いくつかの限界があるものの、ホッブズの社会契約説と人間本性観が相対的には、実在論的な意味では科学的妥当性を備えたものであることが分かってきた。

　ところが、こうした事実が明らかにされるまで一般的であったのは、ロック、ルソー、あるいはデカルトの人間本性論であり、これら三者の思想が標準社会科学モデルの思想的な起源となってきた。したがって、ここでは結論に急ぐ前に、まずは以下において、ホッブズへのアンチテーゼとして登場してきた、標準社会科学モデルの思想的な起源である彼らの考え方を再考し、それらの問題を確認していきたい。これにより、結果として先見的であったホッブズの社会契約説の意義を、より相対的な見地から理解できるようになろう。

　ホッブズの思想は後に再考するため、ここでは導入のみにしたいが、ロック、ルソー、デカルトが乗り越えるべきアンチテーゼとして想定していたのは、16世紀末にイギリスに生まれたホッブズの社会契約説であった。ホッブズは『リヴァイアサン』の中で、現実主義的な観点から社会契約説を提示した。ホッブズによると、文明社会ができるまでの人間は、法や掟に縛られない自然状態の中に暮らしており、そこでは実力こそがものを言い、つねに人間同士で闘争が行なわれていた。すなわち、「万人の万人に対する闘争」である。

　では、このような弱肉強食の世界で、どのようにして現在のような秩序のある世界が生まれたのだろうか。そこでホッブズが唱えたのは著書のタイトルともなっているリヴァイアサンである。リヴァイアサンとは旧約聖書の中に出てくる怪物のことであるが、ここでは圧倒的な力を持つ権力機構を指している。すなわちホッブズは「万人の万人に対して闘争」である

という無秩序な自然状態に登場した卓越した権力を持つ存在が、人々を服従させ、それぞれが権力者（リヴァイアサン）との垂直的契約を遵守することで、社会状態が創出されると考えた。これが、ホッブズの措定する自然状態から社会状態への移行に関するロジックである。なぜこうした垂直的契約の形態をとるのかというと、個人間では囚人のジレンマ（「ホッブズの罠」も同義）の存在により、不信感が強力であり、水平的契約が困難だからである*8。

（2）ロックのブランク・スレート説

　これに対して、ホッブズと同時代の英国の思想家ロックはその神学的モチベーションもあいまって、世俗の次元における科学的な理論構築を目指したホッブズとは、異なる社会契約説を提唱した。ロックはリベラリズムの生みの親の一人で、政治思想の世界において圧倒的な影響力を持った思想家であるが、彼の人間本性論はリアリストのホッブズとは異なるものであった。すなわち、ブランク・スレート説である。ブランク・スレートとは当時、黒板やノートの代わりに使われた石板のことである。ロックは彼の代表作『人間悟性論』で以下のように説いている。

　　それでは、心はいわば文字をまったく欠いた白紙で、どんな観念ももたないとしよう。すると心はどのようにして観念を整備されるのだろうか？いそがしくとどまるところのない心象が無限に近い多種多様さで描いてきたあの膨大なたくわえを、心はいったいどこから得るのだろうか？私は一語で、経験からと答える。この経験に私たちのいっさいの知識は根底をもち、この経験からいっさいの知識は究極的に由来する*9。

　ロックは、人間は本来、白紙状態で生まれてくると論じた。たとえば、当時のコンテクストでいえば、国王も教皇もブルジョア商人も農民もみな、生まれた時点では平等であったということである。スタート地点はみんな同じ、人間の能力としても平等なのに、なぜ階級があり、一部に特権を持つ人たちがいるのだろうか。ロックはこうしたロジックで奴隷の存在をも否定し、近代の民主主義の先駆けとなった。換言すれば、人間は誰からの支配を受けない、本来は自由な存在であるというわけで、そこから抵抗権

思想が生まれてくる。

　つまり、ロックにとっては社会や国家は人間のためにあるものであり、人民が政治のあり方に不満を持つのであれば、抵抗権を行使して、その政体を倒す権利を持っているとするものである。この意味において、ロックにとっては革命も人民の正当な権利とされる。このロックのブランク・スレート説が、現実世界における民主主義という政体のみならず、アカデミアにおける人文社会科学のメタ理論的な基盤——すなわち標準社会科学モデル——となってきたのである。

　これまで論じてきたように、ブランク・スレート説とは、人間はみな白紙の状態で生まれてくるとする思想であるので、その政策的含意は、教育により人間・社会はいかようにも変えられるというものになる。しかし、前章で進化政治学の原理を説明する中で示唆したように、この思想が実在論的な意味で科学的に誤っていることは明確である。進化論における適応主義の観点によれば、人間には普遍的に心理メカニズムが備わっており、それらは後天的に獲得される形質ではなく、生まれた時点で既に脳に備わっているものである。

　行動遺伝学の観点からいっても、人間の心理メカニズムや心的形質の作用の仕方には、個人間における遺伝的差異がある。たとえば、あらゆる人間には攻撃システム（aggression system）*10が普遍的に備わっているが、その作用の仕方には個人間の遺伝的差異がある*11。あるいは、あらゆる人間には普遍的に思考する力が備わっているが、ニュートンやアインシュタインのように特別にIQが高い人がいれば、そうでない人もいる。

　人間はみな平等であるという思想は、フランス革命を初めとする世界中の民主主義革命に大きな影響を与え、古典的リベラリズムの視点から考えて、ポジティブな社会政治的帰結ももたらした。しかし、それが同じ古典的リベラリズムの視点から考えたとき、ネガティブな波及効果も持ったものであったことは指摘に値しよう。すなわち、子供は平等な可能性を持っているというスローガンから画一的な教育が行なわれたし、その人の心の性質や傾向までもがすべて、ロックの考えたような経験の産物であるとされ、環境や教育を工夫して変えていけば、社会にとって望ましい人間を社会工学的に設計することができるという考え方を生みだすにいたった。

　こうした悲劇を、政治学者のジェームズ・スコット（James C. Scott）

は権威主義的ハイモダニズム（authoritarian high-modernism）と呼んでいる*12。権威主義的ハイモダニズムとは、社会をプランナーとテクノクラートの都合の良いように再構築しようとする20世紀の社会政治運動であり、人間本性を否定し、美、社会的親密さを無制限に求めようとするものである。

　たとえば、都市開発計画において、土地を建築家ル・コルビュジュ（Le Corbusier）が述べるところの「汚れのないテーブルクロス」にして、既存の住民に配慮する必要がないまっさらな土地を生みだす。あるいは、何もかもゼロからデザインして都市開発計画を推進し、活気のあった人々の生活空間を、超高層ビル、高速道路、ブルータリズム建築*13の空間に変える。権威主義的ハイモダニストは、人類が生まれ変わるはずであるという理論に基づいて、誰もが全体との秩序ある関係のなかで生きるはずだと主張する。歴史上、こうした誤った社会政治思想は、中国の文化大革命、ソヴィエト共産主義といった悲惨な政治的スキーマの根拠とされた。

　つまるところ、ロックは、本来、人間は何も書かれていない石板のような純粋無垢なものとしてこの世に生まれてきた存在であって、空白の石板に文字を書いていくように、社会や人間（具体的には親や教師）が文明を教えこむことによって人になっていくという、今では科学的に耐えうるものではない誤ったモデルを提示し、それは間接的に、行動主義、社会構築主義、共産主義といった学派に派生していき、人文社会科学に負の遺産を多く残したのである。

　啓蒙主義については第6章と第7章で掘り下げて考察するが、ブランク・スレート説と啓蒙主義運動の違いは──ロックが表面的には啓蒙主義の先駆者と言われるにもかかわらず──、前者とは異なり、後者は人間本性の存在を所与として、人間が作りだした諸制度を修正・改善することを進歩の方途とする点にある。つまり、啓蒙主義が理性に基づいて社会を進歩させようとするとき、人間本性の不完全性を前提とした上で、人間が構築した政府、教育制度、法律といった環境的・後天的要因により、そうした生得的な欠陥の克服を試みるのである。

（3）ルソーの「高貴な野蛮人」説

　こうしたロックの思想は長い期間、ヨーロッパの社会思想に影響を与え

たが、彼の考えをある意味でさらに一歩進めたと言えるのがフランスの哲学者ルソーである。

　くり返しになるが、ホッブズにおいて自然状態は「万人の万人に対する闘争」であったのに対して、ロックは人間がそのような動物的本能を持たない白紙状態としてスタートしたと考えた。ロックの考える、自然状態における原初的な人間というのはいわば OS しか入っていないパソコンのようなものである。すなわち、文化、教育といった環境的要因次第によって、それは多様な能力を発揮するが、スタートにおいてはコンテンツが何も備わっていないものである。こうして点をより明確な形で述べ、さらにはそこに、西欧文明批判というニュアンスを付与したのがルソーの「高貴な野蛮人」説である。この「高貴な野蛮人」という言葉それ自体は、17世紀のイギリス文人ジョン・ドライデン（John Dryden）の書いた悲劇『グラナダ征服』における以下の一節に由来している。

　　私は、自然が初めて人間を作ったときと同じように自由なのです。いやしい隷属の法ができる前、森のなかで高貴な野蛮人が勝手気ままにしていたころのように＊14。

　『グラナダ征服』とは8世紀以来、イスラム教徒の土地となっていたイベリア半島が15世紀末にようやくキリスト教徒たちが取り返すという、レコンキスタの物語がテーマになった悲劇である。日本ではドライデンの名前を知る人はほとんどいないが、17世紀のイギリスで最も成功した詩人、劇作家であり、後に王室から桂冠詩人の栄誉も与えられている。今でもイギリスではよく読まれている大作家である。

　このドライデンの芝居の一節にある「高貴な野蛮人」という表現が、大航海時代でキリスト教徒たちがアメリカやアフリカ、あるいはアジアで非キリスト教徒の現地人を見たときの印象に基づいているのは言うまでもない。キリスト教徒たちは、こうした非キリスト教徒たちを、文明もなく道徳もない人々だと勝手に思いこんでいたわけだが、実際に出会ってみると、彼らは彼らなりの独自の倫理や道徳を持っていることを知った。そうした文脈の中から「高貴な野蛮人」という表現をドライデンは想起したというわけである。こうした点について、ルソーは1755年に以下のように記して

いる。

　　あまりに多くの著述家が（筆者注：ホッブズなど）が、人間は生まれつ
　き残酷なのだから、それを矯正するために取りしまりの制度が必要だと
　いう結論を早急にだしてしまった。ところが人間は、原始的な状態にあ
　るとき、すなわち自然によって、野獣の愚かさからも文明人の有害な分
　別からも等しく離れたところに置かれているときは、このうえなく穏や
　かなのである…多くの段階を踏んできた進歩は、あたかも個々人の完成
　に向かってきたように見えるが、実は人類という種の老衰に向かってき
　たのだということを確証しているように思える*15。

　ルソーは今日でも根強いポストモダニズム的な反文明論の創始者の一人
であり、西洋文明の発展こそが人類の退廃の原因であると主張した論者で
ある。ルソーが考えるところによれば、自然状態において、人間には憐れ
みの情（憐憫）が備わっている。そしてこれが各人の利己的な感情を抑制
するので、人々は相互に配慮して暮らしており、文明化以前の自然状態は
ホッブズの言うような「万人の万人に対する闘争」にはなりえない。この
ルソーの自然状態論は、ロックのブランク・スレート説とも比較的類似し
ているが、異なる点は、①ロックの場合は、原始状態の人間はブランク・
スレートなので、憐憫の情すらないこと、②ロックと異なりルソーは西洋
文明批判を追加したこと、にあろう。
　こうした意味において、ルソーの議論はロックのそれを一歩進めたもの
という見方も可能である。このルソーの「高貴な野蛮人」は強力な影響を
後世に与えた。たとえば、有名な人類学者アシュリー・モンタギュー
（Montague Francis Ashley-Montagu）は、「人間が人間であるのは、本能
を持たないからであり、彼のありかたや、そうなった状態のすべてを文化
や環境の人工的な部分や、他の人間から学び、獲得したからである」と論
じているが、これによれば、人間は余計な知恵を得たからこそ堕落したの
であり、だからこそ未開社会を研究するのは「純粋なる人間」を知ること
につながるのだということになる*16。
　あるいは、文化人類学者クロフォード・ギアツ（Clifford Geertz）は、
「人間は、行動の指令を遺伝子以外の外界の制御機構、すなわち文化的プ

ログラムにもっとも重度に依存する動物である」と述べている＊17。ギアツによれば、人間は自然淘汰による進化というくびきから自由な存在、特別な存在であるということになるが、こうした見方は思想的にはルソーにその淵源を求めることができ、キリスト教における「尊厳を有した人間」という見方とも親和的である。

　さらに問題なことに、これまで人文科学者は「高貴な野蛮人」を神聖化することにも力をいれてきた。その有名な例は、文化人類学者マーガレット・ミード（Margaret Mead）の一連の「創作」であろう。ミードは文化相対主義の創始者のルース・ベネディクト（Ruth Benedict）やフランツ・ボアズ（Franz Boas）の弟子であり、ニューギニアやサモアなど南太平洋の人間社会を研究したことで有名である。ミードは文化人類学の古典とされる著書『サモアの思春期』の中で、サモアの人々の生活について、彼らには結婚という概念もないし、親子間の葛藤もない。人々は共同体の中で平和に暮らしており、闘争ということもないと報告して、性に関する考え方は、習慣や文化によっていくらでも変えることができるという見方を提示した＊18。

　さらにミードはこの考え方を押しすすめて、著書『三つの未開社会における性と気質（*Sex and Temperament: In Three Primitive Societies*）』の中で、相互に100マイルと離れていないニューギニアの三つの部族における男女について以下のような話をしている＊19。ミードによれば、アラペシュと呼ばれる人々は男女ともに穏健で、ムンドゥグモルと呼ばれる人々は男女ともに非常に攻撃的、そしてチャンブリと呼ばれる人々においては男性が西欧社会で一般的に女性的と考えられている性質を表し、女性が西欧社会で一般的に男性的と思われている性質を表すという。ここにおいてミードは、男性らしさや女性らしさといったものが、一般的通念から完全に逆転している社会があると論じたのである。

　こうしたミードの一連の著作は、20世紀におけるポストモダニズムや文化相対主義の代表的なものとして広く読まれて、文化人類学のみならず人文社会科学全般に大きな影響を及ぼした。ところが、問題なことに、その後の科学的な検討の結果、ミードの一連の研究は深刻な研究不正であったことが明らかにされた。たとえば、サモアの青春についてミードに情報を提供したサモアの少女たちは、自由で抑圧的な性について、ミードに作り

話をしたことを後に証言したし、アラペシュ、ムンドゥグモル、チャンブリといった部族については学術的な検証にたえうるデータなど存在しえないことが明らかにされた。ミードの主張はこれまで、文化が変われば人間の生き方が変わるという文化相対主義やポストモダニズム、より広義には、標準社会科学モデルをサポートするものとして長らく引用されてきたのだが、実はこうした彼女の南太平洋研究は科学的に信頼性を欠く、単なる捏造であったことが明らかにされたのである*20。

　我々はしばしば、テレビやインターネットで、狩猟採集時代やそれと同じ水準で生活する現代狩猟採集民の生活をみて、共同体的な温かさやノスタルジーを感じて、高度に文明化した都市で生きている自分たちが、何か大切なものを失ってしまったかのように感じてしまう。カール・マルクス（Karl Marx）がこのことを疎外（estrangement）と呼んだことは有名である*21。

　しかし、データを通してみたとき明らかなのは、これらは全てではないにせよ多くの場合、自然主義的誤謬（自然のものは良いという誤謬、あるいは、is を ought に投影する誤謬）の産物であり、それが故に妥当性を欠くと言わざるを得ない。第4章で暴力衰退説として示すように、人類史を暴力についてのデータで見直してみると、結局のところ、西欧型の自由民主主義と文明化が進むことで、人間が暴力を衰退させ、モラルを向上させてきたことが分かってきた。

　こうした暴力衰退説をめぐる一連の研究に鑑みると、西洋の自由民主主義や科学が万能だとはいわないが、少なくてもそれが我々の幸福と繁栄にとって、最も重要なベースになっていることは疑いのない事実であろう。繰り返しになるが、狩猟採集時代における人間は現代の道徳水準から考えるとはるかに暴力的であり、我々はこうした暴力を西欧由来の科学や人権概念によって克服してきたのである*22。このことは、イデオロギー的理由から、しばしば「西欧の克服」をうたうポストモダニズムが一定の幅を利かせている人文科学にとり、重要な点である。

　福沢諭吉は「脱亜入欧」を唱えたが、このことは依然として、生命・自由・財産といった自然権が確立しない、権威主義的な政治的イデオロギーがはびこるアジア諸国にとって、現代においても示唆的でありつづける。実際、ヴェトナム、中国、ミャンマー、その他、多くのアジア諸国では依

然として、成熟した自由民主主義が根付いていない。つまるところ、我々は、いかにして、現代社会が抱える課題——気候変動、貧困、その他——が克服できるのかを、西欧文明が生みだした最大の功績である科学により、理性的に考えていく必要があるのである。

（4）デカルトの「機械のなかの幽霊」説

　ところで、近代の人文社会科学を誤らせたドグマとして、もう一つ、言及しなければならない学説がある。それが、フランスの哲学者デカルト（1596〜1650年）の「機械のなかの幽霊」説である。デカルトは哲学者でもあると同時に数学者、科学者でもあり、近代合理主義のパイオニアとも言われている。デカルトの機械論的世界観は、物理学をはじめとする自然科学にとり決定的な重要性をもち、デカルト無くして近代科学は成立しなかったといっても過言ではない。

　思考する主体としての自己（精神）とその存在を定式化した、「我思う、ゆえに我あり」は哲学史上で最も有名な命題の一つであるが、これは、当時の保守的思想であったスコラ哲学の教えであるところの「信仰」による真理の獲得ではなく、人間の持つ「自然の光（理性）」を用いて真理を探求していこうとする近代哲学の出発点を表象している。これが、デカルトが「近代哲学の父」と呼ばれる所以なのだが、実はデカルト自身も信仰も根ざして考えており、著書『方法序説』においても神の存在証明を哲学的にしようと試みてさえいる*23。

　西洋の近代文明の成立にとって、こうした圧倒的な意義をもつデカルトであるが、残念ながら、キリスト教への信仰的なモチベーションもあいまって、彼は一つ決定的な学術的誤謬を冒しつづけた。それが心身二元論である。脳科学者アントニオ・ダマシオ（Antonio Damasio）がこのことを「デカルトの誤り（Descartes' error）」と呼び、脳科学的・進化論的視点からその問題性を科学的に喝破したことは有名である*24。

　「我思う故に我あり」という言葉はデカルトを紹介する際、必ずといって良いほど取り上げられるフレーズであるが、そのデカルトの思想の根幹にあるのは、人間という存在を「心」と「肉体」に分けて考えるという心身二元論である。心身二元論がなぜ「機械の中の幽霊」説と呼ばれるようになったのは後述するとして、以下では少し長くなるが、まずはデカルト

の文章を引いてみよう。

　　身体が本来的に可分であるのに対し、精神はまったく不可分であると
　いうかぎりにおいて、精神と身体には大きなちがいがある。……私が精
　神を、すなわち考える存在でしかない私自身を考えるとき、私は私自身
　のなかにどんな部分も区別することはできず、私自身はあきらかに一つ
　であり全体であるとわかる。精神全体は身体全体と結びついているよう
　だが、仮に足一本、腕一本、あるいはほかの部分が身体から切り離され
　たとしても、私は精神から何かが取り除かれたとは感じない。意思をも
　つ能力や、感じる能力、理解する能力なども精神の一部分とは言えない。
　意思をもち、感じ、理解するときに、それにたずさわる精神は同じ一つ
　の精神だからだ。しかし物体的なもの、すなわち延長のあるものについ
　てはちがう。私の精神がそれを容易に分割できないと想像することので
　きるものは一つもないからである。…….これだけでも、人間の精神あ
　るいは魂が身体とはまったくちがうことを私に教えるには十分である＊25。

　デカルトは人の本質は意識の主体、心にあるとした。そして、心や心が
からむ科学的に扱えない問題を科学の対象から切り離し、人間の精神を除
く全ての現象を科学の対象とした。これに対して、デカルトから約3世紀
後、イギリスの哲学者のギルバード・ライル（Gilbert　Ryle）（1900〜1967
年）は、デカルトの主張を「機械のなかの幽霊」と呼び、痛烈に批判した。

　　精神の本性とその位置づけについて、理論家のみならず一般人にさえ
　広く浸透している、公式理論と呼ぶのにふさわしい教義がある。……こ
　の公式教義はおもにデカルトに由来するもので、おおむね次のような内
　容である。白痴や幼い子どもは疑わしい例外であるが、人間はみな身体
　と精神をもっている。人間はみな身体でもあり精神でもあるという言い
　かたを好む人もいるだろう。身体と精神は、ふつうは一緒につながって
　いるが、身体が死滅したあとも、精神は存続して機能しつづけるのかも
　しれない。人間の身体は空間を占め、空間に存在する他の物体を支配す
　る機械的な法則にしたがっている。……しかし精神は空間を占めず、そ
　の働きも機械的な法則にしたがわない。……これが公式理論の概略であ

る。私はこれからしばしば、それをわざとけなして、「機械のなかの幽
霊のドグマ」と言うことになろう*26。

　ここにおいて、標準社会科学モデルの問題性を思想史的に再考する際に
重要な、「機械のなかの幽霊」説という言葉が登場する。このデカルトの
心身二元論（「機械のなかの幽霊」説）は、ホッブズ的人間観へのアンチテ
ーゼとしての意味を持っていた。ホッブズによれば、感覚とは外物から送
られる運動によって感官の受け取る像が生理的に脳に伝えられるにすぎず、
これが保存されて記憶となり知識の基礎になる。デカルトはこうしたホッ
ブズ的な心に関する機械論的見解を拒絶した。
　すなわち、デカルトによれば、人間の心は特別な存在であり、それは外
界からの影響を受けないということになる。かの有名な「我思う故に我あ
り」というフレーズも、「我思う」という心の働きは外界からの観察では
証明できず、「私が考える」という自由意思による行為でしか心の存在は
証明できないというわけである。こうしたデカルトの「機械の中の幽霊」
説が科学的検証に耐えうるものでないことは今では常識であり、心は脳の
産物に過ぎないというのは、人間を対象にした科学的研究の大前提である。
つまるところ、心は脳の産物にすぎず、脳は自然淘汰による進化の所産な
のである。
　ここで論理的に考えて、一つの疑問が浮上する。それは、なぜデカルト
という圧倒的知性の持ち主ですら、心の問題になると、科学的な議論がで
きなくなるのか、というものである。こうした点について、ライルはデカ
ルトが抱えていたジレンマを的確に描写している。

　　ガリレオが、空間を占めるあらゆるものにあてはまる機械論を彼の科
　学的発見の方法で提示できることを示した際、デカルトは自身のうちに
　二つの対立する動機があることに気が付いた。科学の天分をもつ人間と
　しては機械論の主張を是認せざるをえなかったが、その一方で宗教的、
　道徳的人間としては、それらの主張に付随する、意気阻喪するような追
　加事項を、なかでもとりわけ人間の本質と時計の違いは複雑さの程度だ
　けだという事項を、ホッブズが受けいれたようには受けいれられなかっ
　たのである*27。

このことについて、スティーブン・ピンカー（Steven Arthur Pinker）の弟子で、今はイエール大学で心理学者をしているポール・ブルーム（Paul Bloom）の以下の見解は示唆的である＊28。ブルームによれば、人間は原初的な状態ではこの二元論的な見方をとるような生得的なバイアスがかかっており、このバイアスは赤ん坊を対象として発達心理学的な実験によって繰り返し検証されている。なぜ赤ん坊が研究対象として有益なのかというと、赤ん坊は後天的な環境的影響を相対的に受けておらず——二元論の問題に限ることではないが——、それが故に、彼らが示す反応は相対的にいって、生得的な要因を反映していると推論できるからである。そしてブルームの主張における最も重要な部分は、この生得的な二元論観の存在が故に、人間はしばしば非理性的な観念体系——宗教、イデオロギー、オカルト等——を信奉してしまうという点にある。このことをデカルトに当てはめると以下のことがいえよう。すなわち、デカルトという近代哲学の圧倒的な知性においてですら、自然淘汰による進化という、人間本性の生得的バイアスから逃れることはできなかったということである。

　以上、これまでホッブズの人間観を簡単に紹介した後、ルソーの「高貴な野蛮人」説、ロックの「ブランク・スレート」説、デカルトの「機械のなかの幽霊」説を紹介して、各々が実在論的な意味では科学的に妥当性を欠くということを明らかにしてきた。繰り返しになるが、これら三つのテーゼが今日でも基礎となって、標準社会科学モデルと呼ばれる、人文社会科学の誤った考え方が作られてきたのである。

第3節　ホッブズの自然状態論を再考する
——進化政治学的視点から

（1）リヴァイアサン
　これに対して、最新の自然科学的知見は、人間の本性を捨象した議論が、実在論的な意味では科学的に誤っていたことを明らかにしている。進化学者で言語学者でもあるピンカーが的確に指摘しているように、現代の進化論的・脳科学的知見は、自然状態論、すなわち人間本性の見方について、ロック、ルソー、デカルトではなくて、ホッブズが正しかったことを明ら

かにしている＊29。

　ホッブズは、清教徒革命（イングランド内戦）から王政復古期にかけてのイングランドの思想家である。ホッブズの思想はロック、ルソーに先立ち、デカルトとは同時代のもので、前述したように、三者は思想的にはみなホッブズが構築した現実主義的な政治思想へのアンチテーゼという意味合いを持っていた。ところが、それらは重大な誤りをかかえており、結局、全てではないにしても、ホッブズの人間観が多くの部分で実在論的な意味では科学的に妥当であった。それでは、その先見性のあったホッブズ的な人間本性とはいかなるものなのだろうか。思想家が論じてきた人間本性とは、なにも拘束がない状態、すなわち自然状態において人間がどのように振る舞うのかを論じたものである。これについて、ホッブズは『リヴァイアサン』の中で、以下のような悲惨な人間本性を描写している。

　　これによって明らかなように、人間は、全ての人を畏怖させる共通権力をもたずに生きるときには、戦争と呼ばれる状態にあり、そうした戦争は万人が万人と敵対する戦いである…そして何より悪いことに、絶えず恐怖と暴力による死の危険がある。そして、人間の一生は、孤独で貧しく、きたならしく、野蛮で、短い＊30。

　ホッブズは、人間がこうした悲惨な自然状態を逃れるためには、自主性を統治者か議会にゆだねるほかないと考え、それをリヴァイアサンと呼んだ。国内政治が国際政治と違って「万人の万人に対する闘争」にならないのは、中央集権政府があるため、悲惨な自然状態を回避できるからである。ホッブズは人間が暴力をふるう原因について、鋭い指摘をしている。

　　それであるからわれわれは、人間の本性のなかに、三つの主要な争いの原因を見出す。第一は競争、第二は不信、第三は誇りである。第一は、人々に利得を求めて侵入を行わせ、第二は安全を求めて、第三は評判を求めてそうさせる。第一は自分たちを他の人びとの人格、妻子、家畜の支配者とするために暴力を使用し、第二は自分たちを防衛するために、第三は言葉や笑い、違った意見など、自分たちを過小評価していることを示す些細なことのために、それらが直接に彼らの人格にむけられたか、

間接に彼らの親戚、友人、国民、職業、名称に向けられたかを問わず、暴力を使用するのだ*31。

（2）競争と性淘汰

　ホッブズによれば、自然状態における個人間の競争は、自己利益を追求するアクターにとって不可避の問題である。このことが人間本性に組みこまれたものであることは、進化論の前提を考えれば一目瞭然である。すなわち、社会において競争相手を押しのけて食料や縄張りなどを獲得できるアクターは、その競争相手よりもより多く繁殖することができるし、そうしたアクターが自然淘汰により選ばれるならば、世界は競争に勝ち残るうえで適した個体であふれるはずである。このとき、重要なのは競争の問題は性差の問題と不可分であるということである。もちろん、女性にとっても男性は繁殖資源なのだが、配偶者選択という領域において、競争という要素は男性間と比べると相対的に重要性を失う。なぜなのだろうか。

　こうした問いに対して、性淘汰理論（sexual selection theory）と親の投資理論（parental investment theory）は、実在論的な意味で科学的根拠を備えた答えを与えてくれる*32。いずれの動物種においても、雌は雄よりも子孫に対してより多くの投資を行う。特に哺乳類では、母親は自らのお腹のなかで胎児を育てて、生まれた後にも自らの子供に母乳を与える。雄は複数の雌と交尾をして自らの子孫の数を増やすことが可能だが、その逆は生物学的にいって不可能である。この単純な進化論的な事実から、雌の生殖能力は人間を含む多くの動物にとって、雄が競争して獲得を試みる貴重な繁殖資源となる。

　性淘汰理論と親の投資理論の相互作用により、攻撃や暴力は女性よりも男性にとって繁殖上有意義な戦略となる。また、男性間における利害紛争は、進化的適応環境（environment of evolutionary adaptedness）*33における有意な適応課題だったので、自然淘汰は男性間闘争において、攻撃行動を適応的に調整するための力（自らと敵）の評価についての心理学的適応に有利に働いた*34。実際、男性の（女性でなく）身体・顔・声におけるキューは確実に攻撃性と相関し、人間はこれらのキューをもとに、男性の強靭さを推測するのに、著しく長けていることが分かっている*35。

　以下の研究は、配偶者選択という領域において、男性に競争に関する適

応が備わっていることを示唆している。第一に、男性は利害紛争において暴力行使の成功可能性を過大評価する*36。第二に、男性は女性メンバーの魅力的な写真を事前にみせると、より戦争を支持するようになる*37。第三に、男性は女性よりも暴力的なシチュエーションに遭遇する確率が高い。すなわち、男性は女性よりも、暴力を行使する主体になったり、逆に暴力の被害者になったりしやすい*38。第四に、男性は女性よりも外集団という脅威に対して、よりよそ者嫌いの反応を強くみせる*39。第五に、男性は目立つ自己犠牲を通して自己顕示をしようとする*40。

（3）不信と安全保障のジレンマ

　ホッブズが挙げる二つ目の要因となる不信は、ゲーム理論でいうところの「囚人のジレンマ（prisoners' dilemma）」、国際政治学でいうところの「安全保障のジレンマ（security dilemma）」と同じである*41。もし目の前の相手が自分を殺すことによって競争で勝ち抜こうとしていると疑うに足る理由があれば、誰でも自分自身を守るという防衛的動機から相手に先制攻撃を加えようとするだろう。当然のことながら、相手も同じことを考えるに違いない。さらには、こちらが元来相手を攻撃する意図を有していないことを相手が事前に知っていたとしても、相手はこちらが相手の方が先に攻撃しているのではないかという恐れから、自分を攻撃しようとするのではないかと恐れるに値する理由を持っており、翻ってそのことは、こちらにとってやられる前に相手を攻撃するインセンティブになる。そしてこの猜疑心のループは無限に繰り返される。

　こうした人間間紛争における負のスパイラルを経済学者であり政治学者のトーマス・シェリング（Thomas Crombie Schelling）は、銃を持った強盗と銃を持った住人とのたとえ話を挙げて、両者が相互に自分が撃たれる前に相手を撃とうとすることを論じている。

　夜中に音がしたので、銃を握りしめ階段を下に降りていくと、銃をもった強盗と鉢合わせになってしまった。このとき、相互に臨まない結果がおきてしまうかもしれない。たとえば、何事もなくその場を去りたいと強盗が望み、また私もそうなることを願っていたとしよう。それでも強盗は、私が銃を撃つ、しかも先に撃つと考えるかもしれない。または、

私が撃ちたいと彼が考えるだろうと私が考えると彼は考えてしまうかもしれない。そして……（以下続く）*42。

　上記でシェリングが指摘している先制攻撃のインセンティブとそれにかかるジレンマのことを、「シェリングのジレンマ（Schelling's dilemma）」、あるいは「ホッブズの罠（Hobbesian trap）」という。ただし、一見すると救いようもないほど悲惨なホッブズ的な人間観は、それでもまだ相対的に穏健なものである。なぜなら、リアリストのランドール・シュウェラー（Randall L. Schweller）が鋭く論じているように、もし片方が真正な現状打破アクター（相手を心から攻撃したいと思うアクター）であれば、そこに安全保障のジレンマも「ホッブズの罠」も存在しないからである*43。このとき存在するのは、単に相手や相手国を征服したいという、純粋な憎しみや攻撃心である。

　こうしたシュウェラーの現状維持バイアス（status quo bias）論によれば、ホッブズ的な悲惨な自然状態論というのは、自己保存を至上命題とする防御的な動機に駆られたものといえる。攻撃的リアリズムの世界において、アクターの動機が現状打破となるのは、攻撃的リアリストは「ホッブズの罠」の熾烈さを高く見積もるため、協調が利用可能なオプションでなくなるからである*44。

　それでは仮にアクターの動機が自己保存というミニマムなもので、それに由来する個人間の不信感によって暴力が生起するならば、いかにして安全保障のジレンマから抜けだせるのだろうか。その解決法には防御的リアリストであれば、軍備縮小等の「コストのかかるシグナリン（costly signaling）」を挙げる*45。他方、攻撃的リアリズムであれば、安全保障のジレンマの熾烈さが故に、敵国に自国の善意をシグナルすることには本質的な限界があると考えるため、コストのかかるシグナリングより、抑止の方がより現実的なオプションと考える*46。

（4）誇りと「決意のための評判」

　その際、抑止戦略はこちらの脆弱性を相手に一切疑わせず、あらゆる攻撃に報復して、やられた分はすべて報復するという「決意の評判（reputation for resolve）」が敵に明確に伝わった場合において有効になる*47。ここに

おいて、ホッブズが挙げる第三の要因である誇り（glory）が重要になる。相手を過小評価するような嘲笑や意見の相違といった些細な問題が攻撃のインセンティブとなるのは、それらを受けいれることは自らの脆弱性をシグナルすることになり、それは翻って、相手からの攻撃や搾取を誘発するからである。こうした理由から、ホッブズがいう誇りは意味を持つことになり、それは抑止の信頼性の議論につながる。このことは、個人を単位とする国内政治でも、集団を単位とする国際政治でも同じである。

　自らの地位や利益の軽視といった不当な扱いは、敵が自分を搾取する意思を有していることの証左となる。したがって自然淘汰は人間に、敵から不当な扱いを受けると憤りを覚えて、敵に報復・抑止をしなければならないという強力な動機を駆りたてるような、心理メカニズムに有利に働いた。つまるところ、搾取に対抗しないことは現状容認のシグナルとなり、さらなる搾取を誘発する危険があるため、人間は悪しき敵国を罰すべきであるという選好に収斂するのである。こうした点についてのホッブズの洞察は、怒りの修正理論（recalibrational theory of anger）という進化論的知見によって、現代では裏付けられるものである＊48。

　すなわち、怒りの修正理論をめぐる一連の知見が明らかにしているように、人間は無意識に、狩猟採集時代において潜在的な脅威や敵の強靭さと相関したと考えられる顔や声における手がかりを検知する。具体的には、強い男性ほど、①怒りの傾向、②攻撃の経験、③個人的・政治的攻撃の支持、④好待遇獲得の期待、⑤紛争での成功経験を備えている＊49。強い兵士ほど、①良い結果を得て然るべきと感じ、②怒りの生起と攻撃実施における閾値が低く、③自己に都合の良い政治的態度をとり、④戦争の効用を信じる傾向にある＊50。

　それではどうすれば、我々は「ホッブズの罠」から抜け出すことができるのだろうか。そこでホッブズはリヴァイアサンというアイディアを考えだした。リヴァイアサンとは人民の意思を体現して、物理的暴力の行使権を独占する政府体制のことを指す。リヴァイアサンは、ルールを違反した攻撃者を処罰することで、攻撃のインセンティブを削ぎ、それによって先制攻撃の不安を緩和して、「決意の評判」を得るために反撃する態勢を整えておくことを不要にする。つまるところ、国内政治上では暴力の発生が相対的にコントロール可能で安心して暮らせるのは、アナーキーがリヴァ

イアサンにより克服されているからであり、このことは翻って、アナーキ
ーな国際政治において、常に国家は他国に対する猜疑心のなかで暮らして
いるということを意味する＊51。リアリストが国内類推（domestic analogy）
──国内政治のアナロジーや擬人法を用いて、国際政治を理解しようとす
ること──を拒絶する所以である＊52。

（5）人間本性の悲惨さ

　それではリヴァイアサンがなくなったら、本当に人々はホッブズが考え
るように獰猛にふるまうのだろうか。こうした点について、ピンカーはカ
ナダでの自らの実体験を鮮烈に記している。

　　1969年10月17日午前8時、モントリオール警察がストライキに入った
　ときだった。午前11時20分に最初の銀行強盗が置き、正午には略奪のた
　めにダウンタウンの商店が閉まった。それから2、3時間のうちに、タ
　クシー運転手たちが、空港関係者たちをとりあう競争相手のリムジンサ
　ービスの車庫を焼き払い、州警察の警官が屋上から狙撃され、数軒のホ
　テルやレストランが暴徒に襲われ、医師が郊外の自宅で強盗を殺害した。
　その日、結局、銀行強盗が六件、商店の略奪が100件、放火が12件あり
　…市当局は軍隊と騎馬警察隊の出動を要請して秩序を回復しなくてはな
　らなかった＊53。

　ピンカーが直面したのは、リヴァイアサンが消滅し、警察機構が機能不
全に陥るや否や、ストライキからあっという間に社会が無法地帯になった
という事実であった。すなわち、自然状態において人間は、ホッブズが主
張するように、しばしば本性的に暴力的であり、このことは国内において
も警察権力が消滅することで容易に再現されるのである。前述したように、
国際政治はそもそもアナーキー、すなわちリヴァイアサンが不在な状況が
常であるので、ホッブズ的な悲惨な自然状態が恒常的である。国連のよう
な超国家組織がリヴァイアサンの代わりになるのではと期待するものもい
るかもしれないが、残念ながら、国連は国家主権を制限できる権力機構で
はないので──たとえば、常任理事国には拒否権がある──、国内におけ
る中央集権政府のような役割は果たせない。

それでは、リヴァイアサンが不在になったときに、人間の心を動かすのは何だろうか。それが、進化政治学が明らかにする、我々が進化のなかで身につけてきた人間本性であり、ノーベル経済学賞受賞者の心理学者ダニエル・カーネマン（Daniel Kahneman）の言葉を借りれば、素早い直感系の思考であるシステム1（system 1）である＊54。システム1の本能には自己奉仕バイアス、部族主義、楽観性バイアスといったものがあり、これらが人類史における様々な暴力を引きおこしてきた。逆にいえば、これら本性の正体を自覚することが戦争原因を理解することにもつながり、平和と繁栄を実現するてがかりになるのである。

おわりに

　本章では、これまで標準社会科学モデルがなぜ人文社会科学で受けいれられてきたのか、そして同モデルがなぜ誤っているのかを科学的・哲学的に再考してきた。標準社会科学モデルの起源として、デカルトの「機械の中の幽霊」説、ロックのブランク・スレート説、ルソーの「高貴な野蛮人」説を再考し、実在論的な視点から、各々の科学的な誤謬を指摘してきた。

　その上で、現代の進化論的知見に照らしあわせると、ホッブズの人間本性論が相対的に先見的であったことを示した。次章ではこの議論を発展させて、科学哲学の科学的実在論に基づき、進化政治学の視点から、ホッブズの議論を拡張した新たな自然状態論——進化的自然状態モデル——を提示する。

註
＊1 John Tooby and Leda Cosmides, "The Psychological Foundations of Culture," in Jerome H. Barkow, Leda Cosmides, and John Tooby, eds., *The Adapted Mind: Evolutionary Psychology and the Generation of Culture* (New York: Oxford University Press, 1992), esp. 25-31.
＊2 スティーブン・ピンカー（山下篤子訳）『人間の本性を考える——心は「空白の石版」か』全3巻（NHK出版、2004年）。
＊3 Lee Ellis, "A Discipline in Peril: Sociology's Future Hinges on Curing its Biophobia," *The American Sociologist*, Vol. 27, No. 2 (Summer 1996), pp. 21-41

＊4 Tooby and Cosmides, "The Psychological Foundations of Culture."

＊5 Steve Stewart-Williams, *The Ape that Understood the Universe: How the Mind and Culture Evolve* (New York: Cambridge University Press, 2019), pp. 42-43.

＊6 Anne Campbell, "Staying Alive: Evolution, Culture, and Women's Intrasexual Aggression," *Behavioral and Brain Sciences*, Vol. 22, No. 2 (April 1999), pp. 203-214, esp. 243.

＊7 Charles Darwin, *The Origin of the Species and the Descent of Man* (New York: The Modern Library, 1871/1977).

＊8 Thomas Hobbes, *Leviathan* (New York: Oxford University Press, 1651/1957).

＊9 ジョン・ロック（大槻春彦訳）『人間知性論1』（岩波書店、1972年）134頁。

＊10 Geoff A. Parker, "Assessment Strategy and Evolution of Fighting Behavior," *Journal of Theoretical Biology*, Vol. 47, No. 1 (September 1974), pp. 223-243; John Archer, The Behavioural Biology of Aggression (New York: Cambridge University Press, 1988); Irenäus Eibl-Eibesfeldt, *The Biology of Peace and War: Men, Animals, and Aggression* (New York, NY: Viking Press, 1979); James Silverberg and J. Patrick Gray, *Aggression and Peacefulness in Humans and Other Primates* (New York, NY: Oxford University Press, 1992); Aaron Sell, Leda Cosmides, John Tooby, Daniel Sznycer, Christopher von Rueden, and Michael Gurven, "Human Adaptations for the Visual Assessment of Strength and Fighting Ability from the Body and Face," *Proceedings of the Royal Society of London Series B-Biological Sciences*, Vol. 276, No. 1656 (2009), pp. 575-584; A. Sell, J. Tooby, and L. Cosmides, "Formidability and the Logic of Human Anger," *Proceedings of the National Academy of Sciences of the United States of America*, Vol. 106, No. 35 (September 2009), pp. 15073-15078.

＊11 Rose McDermott, Dustin Tingley, Jonathan Cowden, Giovanni Frazetto, and Dominic D. P. Johnson, "Monoamine Oxidase A Gene (MAOA) Predicts Behavioral Aggression Following Provocation," *Proceedings of the National Academy of Sciences*, Vol. 106, No. 7 (2009), pp. 2118-2123; J. Tiihonen, M.-R. Rautiainen, H. M. Ollila, E. Repo-Tiihonen, M. Virkkunen, A. Palotie, O. Pietiläinen, et al. "Genetic Background of Extreme Violent Behavior," *Molecular Psychiatry*, Vol. 20 (October 2014) pp. 786-792.

＊12 James C. Scott, *Seeing Like a State: How Certain Schemes to Improve the Human Condition Have Failed* (New Heaven: Yale University Press, 1998).

＊13 コンクリート打ちっぱなしやブロックにみられる四角い形状を特徴とする機能主義的な建築様式のことを指す。Scott, *Seeing Like a State*, pp. 114-115.

＊14 Earl Miner "The Wild Man Through the Looking Glass," in Edward

Dudley and Maximillian E. Novak eds., *The Wild Man Within: An Image in Western Thought from the Renaissance to Romanticism* (Pittsburgh: University of Pittsburgh Press, 1972), p. 106.

*15 Jean-Jacques Rousseau, *Discourse upon the Origin and Foundation of Inequality among Mankind* (New York: Oxford University Press, 1755/1994), pp. 61-62.

*16 Ashley Montagu, *Man and Aggression*, 2nd ed. (New York: Oxford University Press, 1973), p. 9.

*17 Clifford Geertz, *The Interpretation of Cultures: Selected Essays* (New York: Basic Books, 1973), p. 44.

*18 マーガレット・ミード（畑中幸子・山本真鳥訳）『サモアの思春期』（蒼樹書房、1976年）。

*19 Margaret Mead, *Sex and Temperament: In Three Primitive Societies* (New York: William Morrow, 1935/1963).

*20 テレク・フリーマン（木村洋二訳）『マーガレット・ミードとサモア』（みすず書房、1995年）。

*21 Karl Marx, "Comment on James Mill," *Economic and Philosophical Manuscripts of 1844* (Moscow: Progress Publishers, 1959).

*22 Steven A. LeBlanc, and Katherine E. Register, *Constant Battles: The Myth of the Peaceful, Noble Savage* (New York, NY: St. Martin's, 2003); Lawrence H. Keeley, *War Before Civilization: The Myth of the Peaceful Savage* (New York, NY: Oxford University Press, 1996); C. R. Ember, "Myths About Hunter-Gatherers," *Ethnology*, Vol. 17, No. 4 (1978), pp. 439-448; Azar Gat, *War in Human Civilization* (Oxford: Oxford University Press, 2006).

*23 ルネ・デカルト（山田弘明訳）『方法序説』（ちくま学芸文庫、2010年）。

*24 アントニオ・R・ダマシオ（田中三彦訳）『デカルトの誤り——情動、理性、人間の脳』（筑摩書房、2010年）。

*25 ルネ・デカルト（山田弘明訳）『省察』（ちくま学芸文庫、2006年）128頁。

*26 Gilbert Ryle, *The Concept of Mind* (London: Penguin, 1949), pp. 13-17.

*27 Ibid., p. 20.

*28 Paul Bloom, "Religion is natural," *Developmental Science*, Vol. 10, No. 1 (January 2007), pp. 147-151; Maciej Chudek, Rita McNamara, Susan Birch, Paul Bloom, Joseph Henrich, "Developmental and cross-cultural evidence for intuitive dualism," *Psychological Science*, Vol. 20 (2013), pp. 1-19; ポール・ブルーム（春日井晶子訳）『赤ちゃんはどこまで人間なのか——心の理解の起源』（ランダムハウス講談社、2006年）。

*29 ピンカー『人間の本性を考える』。

*30 Hobbes, *Leviathan*, pp. 185-186.

*31 Ibid., p. 185.

*32 Martin Daly and Margo Wilson, Sex, *Evolution, and Behavior*, 2d ed. (Boston: Willard Grant, 1983); Amotz Zahavi, "Mate Selection —— Selection for a Handicap," *Journal of Theoretical Biology*, Vol. 53, No. 1 (September 1975), pp. 205-214; Robert Trivers, "Parental Investment and Sexual Selection," in Bernard Campbell, ed., *Sexual Selection and the Descent of Man, 1871-1971* (Chicago: Aldine de Gruyter, 1972), pp. 136-207.

*33 Robert Foley, "The Adaptive Legacy of Human Evolution: A Search for the Environment of Evolutionary Adaptedness," *Evolutionary Anthropology: Issues, News, and Reviews*, Vol. 4, No. 6 (1995), pp. 194-203; Tooby and Cosmides, "The Psychological Foundations of Culture."

*34 Parker, "Assessment Strategy and Evolution of Fighting Behavior"; Archer, *The Behavioural Biology of Aggression*; Eibl-Eibesfeldt, *The Biology of Peace and War*; Silverberg and Gray, *Aggression and Peacefulness in Humans and Other Primates*; Sell, Cosmides, Tooby, Sznycer, Rueden, and Gurven, "Human Adaptations for the Visual Assessment of Strength and Fighting Ability from the Body and Face"; Sell, Tooby, and Cosmides, "Formidability and the Logic of Human Anger."

*35 Sell, Cosmides, Tooby, Sznycer, Rueden, and Gurven, "Human Adaptations for the Visual Assessment of Strength and Fighting Ability from the Body and Face"; Michael P. Haselhuhn and Elaine M. Wong, "Bad to the Bone: Facial Structure Predicts Unethical Behaviour," *Proceedings of the Royal Society B: Biological Sciences*, Vol. 282, No. 1817 (2011), pp. 571-576; David A. Puts, Coren L. Apicella, and Rodrigo A. Cárdenas, "Masculine Voices Signal Men's Threat Potential in Forager and Industrial Societies," *Proceedings of the Royal Society B: Biological Sciences*, Vol. 279, No. 1728 (2012), pp. 601-609; Lindsey A. Short, Catherine J. Mondloch, Cheryl M. McCormick, Justin M. Carré, Ruqian Ma, Genyue Fu, and Kang Lee, "Detection of Propensity for Aggression Based on Facial Structure Irrespective of Face Race," *Evolution and Human Behavior*, Vol. 33, No. 2 (2012), pp. 121-129.

*36 Dominic D. P. Johnson, Richard W. Wrangham, and Steven P. Rosen, "Is Military Incompetence Adaptive? An Empirical Test with Risk-Taking Behaviour in Modem Warfare," *Evolution and Human Behavior*, Vol. 23, No. 4 (2002), pp. 245-264; D. D. P. Johnson et al., "Overconfidence in Wargames: Experimental Evidence on Expectations, Aggression, Gender and Testosterone," *Proceedings of the Royal Society of London B: Biological Sciences*, Vol. 273, No. 1600 (October 2006), pp. 2513-2520.

*37 Lei Chang, Hui Jing Lu, Hongli Li, and Tong Li, "The Face That Launched a Thousand Ships: The Mating-Warring Association in Men," *Personality and Social Psychology Bulletin*, Vol. 37, No. 7 (2011), pp. 976-

984.

＊38 マーティン・デイリー/マーゴ・ウィルソン（長谷川眞理子・長谷川寿一訳）
『人が人を殺すとき――進化でその謎をとく』（新思索社、1999年）; Mark
Van Vugt, "Sex Differences in Intergroup Competition, Aggression, and
Warfare: The Male Warrior Hypothesis," *Annals of the New York Academy
of Sciences*, Vol. 1167, No. 1 (2009), pp. 124-134.

＊39 Mark Schaller, Justin H. Park, and Annette Mueller, "Fear of the Dark:
Interactive Effects of Beliefs About Danger and Ambient Darkness on
Ethnic Stereotypes," *Personality & Social Psychology Bulletin*, Vol. 29, No.5
(2003), pp. 637-649.

＊40 Francis T. McAndrew, and Carin Perilloux, "Is Self-Sacrificial
Competitive Altruism Primarily a Male Activity?" *Evolutionary Psychology*,
Vol. 10, No. 1 (2012), pp. 50-65.

＊41 Robert Jervis, "Cooperation under the Security Dilemma," *World Politics*,
Vol. 30, No. 2 （January 1978）, pp. 167-214; Shipping Tang "The Security
Dilemma: A Conceptual Analysis," *Security Studies*, Vol. 18, No. 3 (October
2009), pp. 587-623.

＊42 トーマス・シェリング（河野勝・真淵勝監訳）『紛争の戦略――ゲーム理論
のエッセンス』（勁草書房、2008年）215頁。

＊43 Randall L. Schweller, "Neorealism's status‐quo bias: What security
dilemma?" *Security Studies*, Vol. 5, No. 3(1996), pp. 90-121

＊44 Shiping Tang, "Fear in International Politics: Two Positions,"
International Studies Review, Vol. 10, No. 3 (September 2008), pp. 451-471
；ジョン・J・ミアシャイマー（奥山真司訳）『大国政治の悲劇――米中は必ず
衝突する』（五月書房、2007年）。

＊45 Shiping Tang, *A Theory of Security Strategies for Our Time: Defensive
Realism* (Basingstoke: Palgrave Macmillan, 2010); Charles L. Glaser,
*Rational Theory of International Politics: The Logic of Competition and
Cooperation* (Princeton, NJ: Princeton University Press, 2010); Stephen Van
Evera, *Causes of War: Power and the Roots of Conflict* (Ithaca, N.Y.: Cornell
University Press, 1999); Jeffrey W. Taliaferro, *Balancing Risks: Great Power
Intervention in the Periphery* (Ithaca, N.Y.: Cornell University Press, 2004);
Jack Snyder, *Myths of Empire: Domestic Politics and International
Ambition* (Ithaca, N.Y.: Cornell University Press, 1991).

＊46 ミアシャイマー『大国政治の悲劇』; Eric J. Labs, "Beyond Victory:
Offensive Realism and the Expansion of War Aims," *Security Studies*, Vol. 6,
No. 4 (Summer 1997), pp. 1-49; Colin Elman, "Extending Offensive Realism:
The Louisiana Purchase and America's Rise to Regional Hegemony,"
American Political Science Review, Vol. 98, No. 4 (November 2004), pp. 563-
576.

＊47 Danielle L. Lupton, *Reputation for Resolve: How Leaders Signal Determination in International Politics* (Ithaca, N.Y.: Cornell University Press, 2020); Jonathan Mercer, *Reputation and International Politics* (Ithaca, N.Y.: Cornell University Press, 2020).

＊48 A. Sell et al., "The Grammar of Anger: Mapping the Computational Architecture of a Recalibrational Emotion," *Cognition*, Vol. 168 (November 2017), pp. 110-128; Sell, Tooby, and Cosmides, "Formidability and the Logic of Human Anger"; A. Sell, Liana S. E. Hone, and Nicholas Pound, "The Importance of Physical Strength to Human Males," *Human Nature*, Vol. 23, No. 1 (March 2012), pp. 30-44; M. B. Petersen et al., "The Ancestral Logic of Politics: Upper-Body Strength Regulates Men's Assertion of Self-Interest over Economic Redistribution," *Psychological Science*, Vol. 24, No. 7 (May 2013), pp. 1098-1103; M. B. Petersen, A. Sell, J. Tooby, and L. Cosmides, "Evolutionary Psychology and Criminal Justice: A Recalibrational Theory of Punishment and Reconciliation," in Henrik Hogh-Olesen, ed., *Human Morality and Sociality: Evolutionary and Comparative Perspectives* (Basingstoke: Palgrave Macmillan, 2010), chap. 5; and J. Tooby and L. Cosmides, "Groups in Mind: The Coalitional Roots of War and Morality," in Hogh-Olesen, ed., *Human Morality and sociality*, chap. 8.

＊49 Sell, Tooby, and Cosmides, "Formidability and the Logic of Human Anger."

＊50 Ibid., p. 30.

＊51 Michael C. Williams, "Hobbes and International Relations: A Reconsideration," *International Organization*, Vol. 50, No. 2 (Spring 1996), pp. 213-236.

＊52 たとえば、英国学派の泰斗ヘドレー・ブル（Hedley Bull）は、国内類推の陥穽を鋭く指摘する論客の一人である。Hedley Bull, *The Anarchical Society: A Study of World Order* (London: Macmillan, 1977).

＊53 ピンカー『人間の本性を考える（下）』98頁。

＊54 ダニエル・カーネマン『ファスト＆スロー——あなたの意思はどのように決まるか？』全2巻（早川書房、2014年）。

第3章

修正ホッブズ仮説
——進化的自然状態モデル——

はじめに

　前章では、これまで標準社会科学モデル（standard social science model）*1
がなぜ人文社会科学で受けいれられてきたのか、そして同モデルがなぜ誤
っているのかを自然科学の知見を踏まえつつ、思想史的に再考してきた。
すなわち、標準社会科学モデルの起源として、ルネ・デカルト（René
Descartes）の「機械の中の幽霊（the Ghost in the Machine）」説*2、ジョ
ン・ロック（John Locke）のブランク・スレート（blank slate）説*3、ジ
ャン・ジャック・ルソー（Jean-Jacques Rousseau）の「高貴な野蛮人
（noble savage）」説*4を再考し、実在論的な視点から、各々の科学的な誤
りを指摘してきた。その上で、現代進化学の進展に鑑みると、トマス・ホ
ッブズ（Thomas Hobbes）*5の人間本性論が相対的に先見的であったこと
を明らかにした。

　ところで、これら社会契約説は政治学における一つの重要なテーマと接
合されるものである。それは自然状態論である。政府がない自由な原始的
状態において、人間がどのようにふるまうのかは、ロック、ルソー、ホッ
ブズという三人の近代社会契約思想家が、肘掛け椅子の上から思索にふけ
ったテーマの中核にある問題である。前章ではロック、ルソーの問題点を
指摘し、ホッブズが人間本性や自然状態論について先見の明があったと説
明した。

　本章ではこの議論を発展させて、科学哲学の科学的実在論（scientific
realism）*6に基づき、進化政治学の視点から、ホッブズの議論を拡張した
新たな自然状態論——進化的自然状態モデル——を提示する。進化的自然
状態モデルは、古典的リアリズム（政治的リアリズム）を実在論的な意味

での科学的根拠が備わった形で再構築するものであり＊7、リベラリズム
が啓蒙主義的視点から克服を試みる人間本性の原型である。

　既存の政治学では、こうした自然状態のあり方について、肘掛け椅子か
ら思想的な思索を続けるしかなかった。これに対して、進化政治学は、ロ
ック、ルソー、ホッブズらがくり広げてきた人間本性をめぐる論争につい
て、実在論的な意味での科学的根拠が備わった形で、一定の答えを与えら
れることを示唆している。

第1節　進化的適応環境と自然状態論

　進化政治学によれば、人間本性は、農耕以前の狩猟採集時代に長い間続
いていた生活様式や環境に適応したものである。こうした人間の心理学的
適応が形成された時・環境を進化的適応環境（environment of evolutionary
adaptedness）と呼び、それは特定の適応的な心理メカニズムが進化した
環境において、人間が直面した環境における規則性の統計的合成物
（statistical composite）を指す＊8。

　記述的にいえば、進化的適応環境は具体的なある場所、ある時代という
より、人間の進化史において重要な解くべき課題であり続けた条件の集合
のようなものを指す＊9。進化の速度は環境の変化に比べて非常に遅く、
「最後の氷河期（進化的適応環境：筆者注）が終わった約1万年前の遺伝子
と現在の遺伝子とはほぼ同じである」ため、進化的適応環境における人間
のあり方を理解することは、現代政治を理解する上で不可欠である＊10。

　進化的適応環境において我々の祖先は狩猟採集生活を営んでいた。その
具体的な時期は、約200万年前から1万年前であり、その多くは地質学的
な区分でいえば、更新世にあたる。すなわち、ヒト属の約200万年の進化
の99パーセント以上の間、我々の祖先は狩猟採集生活という、現代世界と
は大きく異なる生活様式を営んできたのであり、1万年前になりようやく
人類は農業と牧畜に移行していった。進化論的視点からいえば、この後者
の変化は束の間の出来事である。それゆえ、進化的適応環境における集団
生活が、ホモ・サピエンス（Homo sapiens）という種の進化史の中で、そ
の根源的特徴をなしてきた。それでは、進化的適応環境における生活様式
や生態学的環境はいかなるものだったのであろうか。

　たしかに、現代の研究者は過去に直接アクセスできないので、狩猟採集時代の様子を完全に正しく推定することはできない。しかし、このことは進化学についてのみいえることではなく、歴史学、地質学、考古学、文化人類学といった、過去の時代を扱う学問全般に当てはまることであり、これら各々の分野は独自の方法論でこの問題を克服している。これらと同じことが進化学にも当たる。

　すなわち、進化学者は、古生物学、考古学、地質学といった、我々の祖先が生活を営んでいた生態学的環境に関する蓄積的知識に加えて、現代の狩猟採集社会でのフィールドワークや霊長類学における他の霊長類との比較などを通じて、進化的適応環境という更新世のサバンナにおける先祖の集団生活の特徴を推定してきた*11。したがって、一定の方法論的制約があるにせよ、進化政治学に基づいた新たな自然状態論モデルを模索する上で、進化的適応環境を再考することには、一定の重要な意義がある。こうした理由から、進化的適応環境における諸特徴が、実在論的な意味での科学的根拠を備えた形で自然状態論を構築するとき、基盤となるべき不可欠なものとなる。

　そこで本章では、6つの構成要素からなる新たな自然状態論——進化的自然状態論——を提示する。それらの要素とは、①攻撃適応（adaptation for aggression）、②協調適応、③部族主義（tribalism）、④リバース・ドミナンス（reverse dominance）、⑤自己欺瞞（self deception）、⑥戦争適応、である。以下、各々を順に考察していく。

第2節　攻撃適応

　前章で説明したが、ホッブズが「万人の万人に対する闘争」として描いたように、人間には個人間攻撃の適応が備わっている。このことを本書では攻撃適応と呼ぶ。ホッブズの自然状態論との関係では、攻撃適応がその根幹にある人間本性の暴力性を基礎づけるものになる。

　進化学者はこれまで人間およびその他霊長類に関して、個人レベルの攻撃についての膨大な研究を蓄積してきた。このことは攻撃システム（aggression system）、性淘汰理論（sexual selection theory）・親の投資理論（parental investment theory）、怒りの修正理論（recalibrational theory of anger）という3つの進化学的知見により、実在論的な意味で科学的根拠を備えた形で基礎づけられる。以下、これらを順に説明していこう。

（1）攻撃システム

第一は攻撃システムである*12。攻撃システムは、人間には他者の強靭さを評価して、それに応じて条件的に攻撃を加える心理メカニズムを指す。仮に攻撃システムという心理メカニズムが自然淘汰により有利にされたならば、人間は関連する情報となるキュー（cue）に基づき、自己と他者の戦闘能力を相対的に正確かつ適応的に有益な形で評価できたに違いない。リバース・エンジニアリング（reverse engineering）によれば、仮にそうなのであれば、論理的に考えて、人間はいかなる心理メカニズムを保有しなければならないのだろうか*13。

人間が仮に攻撃システムを有しているならば、我々は当該アクターが自己と他者（あるいは自集団と他集団）の物理的パワーを推定して、それに基づき、勝利が見込まれるときに攻撃を開始するような心理メカニズムを持っていると考えられる*14。なぜなら、負け戦は自らの生存・繁殖可能性を失わせて包括適応度を下げるので、自然淘汰が、戦前に自己と相手のパワー差を把握することを可能にするような心理学的適応に有利に働いたと考えることは、論理的に妥当だからである。

こうした問題意識から進化学者は研究を出発させて、人々が肉体のサイズ、顔面の特徴、声といったキューをもとに、男の戦闘能力を評価するのにきわめて長けていることを示し、攻撃システムにかかる諸仮説を検証している。ジョン・アーチャー（John Archer）、ジェフリー・パーカー（Geoff A. Parker）、アーロン・セル（Aaron Sell）、ジョン・トゥービー（John Tooby）らは、人間が肉体的な強靭さをキューとして、他者へ攻撃を行うことを明らかにしている*15。リチャード・ランガム（Richard Wrangham）、デール・ピーターソン（Dale Peterson）らは、個人レベルの攻撃行動にかかる諸仮説を集団レベルに拡張して、内生的なキュー（相対数、物理的規模など）と外生的なキュー（地理学的な配置と他の連合との近接性など）に基づいた、集団間攻撃のための心理メカニズムの存在を明らかにしている*16。

この際、重要なことは攻撃システムに限らず、あらゆる心理メカニズム

は条件的だということである。攻撃システムについていえば、進化ゲーム理論的状況において、「つねに攻撃する」という定言的なアルゴリズムを備えた個体は、「もし自分が相手より大きければ攻撃せよ、そうでなければ撤退せよ」といった条件的なアルゴリズムを備えた個体に最終的に駆逐される＊17。なぜなら、相手よりも自分が弱いときに闘争状況になれば敗北するため、勝てるときにだけ戦闘を選択するのが合理的だからである。あるいは、くりかえしのある囚人のジレンマ状況における最適解がしっぺ返し（tit for tat）という、「相手が協力したら協力する、相手が裏切ったらこちらも裏切る」という、相手の行動に応じた条件的なものであるも、心理メカニズムの条件性の一例である＊18。

　つまるところ、我々の心理メカニズムは、「もしAならば、Bをせよ」というIf then構文のアルゴリズムからなっている。すなわち、戦闘であれ協調であれ、状況に応じた最適な行動をとることが、適応的だということである。仮に人間の心理メカニズムがif then構文のアルゴリズムからなるのであれば、外的環境における情報のキュー構造は、必然的に、それによってトリガーされる心理メカニズムへの外的インプットとなる。

（2）性淘汰と親の投資理論

　第二は、性淘汰理論と親の投資理論である＊19。これらの理論によれば、攻撃は利害紛争を交渉するために設計された適応的なアウトプット（敵と自身の力の検知、怒りのメカニズム、暴力の適応的な使用）であり＊20、その発生には実質的な性差がある＊21。性淘汰理論と親の投資理論は、進化学において、人間をふくむ動物の攻撃行動を説明する上で不可欠な理論である。

　性淘汰は、配偶者をめぐる競争に直接資するような適応が自然淘汰により選択されるときに起こり、子孫への親の投資のパターンが、その競争の性質と熾烈さを決定する。多くの霊長類や哺乳類全般と同様に、人間においても、子孫への女性側の親の投資は、男性の親の投資より膨大である。一方の性による親の投資が大きければ大きいほど、他方の性はより多くを子孫に投資する側の性に対するアクセスをめぐって、より熾烈に競争することになる＊22。

　この非対称性の存在が故に、男性と女性は各々異なる適応課題に直面することになる。すなわち、高い投資者の側（女性）は、配偶者選好におい

て選り好みをする（choosy）必要——地位や経済力がその基準となる——
がある＊23。なぜなら、ひとたび投資を行い、それが間違っていることが
判明したときのコストは多大だからである。仮に低い地位や経済力の男性
を選んでしまうと、女性はその後の養育活動において多くのデメリットを
被ってしまうというわけである＊24。

　他方で、少ない投資者の側（男性）にとっての適応課題は、可能な限り
多くの投資機会を得るべく、可能な限り繁殖可能性の高い配偶者——若さ
や美しさがその基準となる——を選ぶことになる＊25。なぜなら、仮に必
要な投資量が少ないならば、可能な限り多くの投資をすることが適応的だ
からである。実際、歴史上の多くの指導者はしばしば適応的な繁殖戦略を
成功させてきた。たとえば、英レイセスター大学の遺伝学者マーク・ジョ
ブリング（Mark Jobling）らの遺伝学研究チームは、アジア人男性のDNA
を分析して先祖の起源をさかのぼって分析する研究を行ったところ、現在
のアジア人男性の約4割が、チンギス・ハン（Činggis Qan）を含む「偉大
な父」と呼ばれる11人のいずれかの血脈を受け継いでいることが判明して
いる＊26。

　低い投資者は高い投資者へのアクセスをめぐって競争し、高い投資者と
低い投資者の間の投資における非対称性が大きければ大きいほど、男性間
競争はより熾烈になる。このとき、自然淘汰は女性（高い投資者）へのア
クセスをめぐる男性（低い投資者）の間の競争における暴力の行使に有利
に働く。男女間における初期の投資上の非対称性は、進化のプロセスにお
けるあらゆる局面——たとえば、精子と卵子の製造コスト、妊娠という女
性に固有の生理学的現象など——で起きており、いずれの文化・地域・歴
史を対象にした研究においても一貫して、女性よりも男性の方が圧倒的に
暴力的なことが分かっている＊27。

　すなわち、第一に、男性は利害紛争において暴力行使の成功可能性を過
大評価する＊28。第二に、男性は女性メンバーの魅力的な写真を事前にみ
せると、より戦争を支持するようになる＊29。第三に、男性は女性よりも
暴力的な状況に出会う確率が高い。男性は女性よりも、暴力を行使する主
体になったり、逆に暴力の被害者になったりしやすい＊30。第四に、男性
は女性よりも外集団という脅威に対して、よそ者嫌いの反応をより強くみ
せる＊31。第五に、男性は目立つ自己犠牲を通して自己顕示をしようとす

る*32。第六に、社会における男女比が男性優位になればなるほど、当該社会は暴力的になる*33。

　性淘汰理論と親の投資理論の相互作用により、攻撃や暴力は女性よりも男性にとって繁殖上有意な戦略となる。男性間における利害紛争は、進化的適応環境における有意な適応課題だったので、自然淘汰は男性間闘争において、攻撃行動を適応的に調整するための力（自らと敵）の評価についての心理学的適応に有利に働いた*34。実際、男性の（女性でなく）身体・顔・声におけるキューは確実に攻撃性と相関し、我々はこれらのキューをもとに、男性の強靭さを推測するのに、著しく長けていることが分かっている*35。つまるところ、こうした暴力や戦争といったイシューは多くの場合、男性の領域の問題なのである。

（3）怒りの修正理論

　第三は、怒りの修正理論である*36。怒りの修正理論によれば、人間は無意識に、狩猟採集時代において潜在的な脅威や敵の強靭さと相関したと考えられる顔や声におけるキューを検知する。強い男性ほど、①怒りの傾向、②攻撃の経験、③個人的・政治的攻撃の支持、④好待遇獲得の期待、⑤紛争での成功経験を備えている*37。強い兵士ほど、①良い結果を得て然るべきと感じ、②怒りの生起と攻撃実施における閾値が低く、③自己に都合の良い政治的態度をとり、④戦争の効用を信じる傾向にある*38。たとえば、ハリウッド俳優を被験者として、肉体的強靭性（戦闘能力）と戦争の効用への信念の関係を調べると、同理論に由来する諸仮説を裏付けるように、アーノルド・シュワルツェネッガー（Arnold Schwarzenegger）やシルベスター・スタローン（Sylvester Stallone）といった強靭な肉体を持つアクション俳優は、肉体的に弱い俳優より、紛争解決に際して戦争を有用な戦術と信じる傾向にあることが明らかになっている*39。

　男性の上半身の強さと戦争に対する態度の関係は相関し、上半身の強い男性ほど武力行使に積極的となり、肉体的に強靭な人間や強国ほど武力行使を選好する*40。男性の上半身の強さと再配分に対する態度は相関し、①強い労働者階級の男性は弱い労働者階級の男性よりも所得の再分配に賛成する、②強い上層階級の男性は弱い上層階級の男性よりも所得再分配に反対する*41。つまるところ、強い人間ほど自らの望む政策を他者に強要

しようとし、戦争や暴力を好み、タカ派の拡張主義的政策を選好するのである。

　このとき重要な留保は、攻撃適応の論理は、古典的リアリストが神学的・思想的アプローチに基づいて論じてきたように、「人間本性が邪悪だから人間が無条件に暴力を望む」、という論理とは異なるということである*42。あるいは、攻撃適応は、「人間には無条件な攻撃の本能が備わっている」という、ローレンツ（Konrad Lorenz）的な殺人ザル（killer ape）仮説とも異なる*43。なぜなら、先ほど心理メカニズムの条件性について、if then構文として説明したように、攻撃適応は条件的なアルゴリズムで作用するようにできているからである。

第3節　協調適応

　人間のような社会的な種が直面する一つの有意な適応課題に、いつ誰といかにして協調するのかというテーマがある。それでは、人間は狩猟採集時代にいかなる形で協調してきたのだろうか。人間の心理メカニズムは約200万年前から一万年前の狩猟採集時代（すなわち進化的適応環境）に形成されたので、この時代における協調の論理を知ることで、自然状態における人間の協調行動のロジックを理解することができよう。

　こうした命題について、進化学者はこれまで以下のように主張してきた。人間には、攻撃適応のみならず、協調に向けた心理メカニズムも備わっている*44。協調と社会的交換を調整する適応*45、他者に対する利他主義*46、個人および集団レベルにおける信頼*47、などがその例に当たる。たとえば、マイケル・マッカロー（Michael E. McCullough）、ロバート・クルズバン（Robert Kurzban）、ベンジャミン・タバック（Benjamin A. Tabak）らは、人間が復讐を求めるだけでなく、関係を再構築して許しを求めるような心理メカニズムを備えていることを明らかにしている*48。

　仮に互恵性や社会的交換が、協調というコンテクストにおける行動を調整するように設計された適応の産物なのであれば、これらの適応は進化的適応環境において、確実に相互作用が繰り返される可能性と、他者の欺瞞や裏切りに関するキューに注意を払うべきである*49。なぜなら、進化学者トゥービーとレダ・コスミデス（Leda Cosmides）が論じているように、

他者の裏切りに気が付かず協調をしてしまうと一方的に搾取されてしまい、そうした非適応的な状況が恒常的に存在するのであれば、協調は進化しえないからである＊50。

　それゆえ、政治学者のロバート・アクセルロッド（Robert M. Axelrod）が「くりかえしのある囚人のジレンマ」ゲームで示したように、進化ゲーム理論的な状況において、無条件に協調を志向するアクターは、選択的に協調をする（一回目は協調をして、その後は前回相手がとった行動をとる）アクターによって最終的に駆逐される。そこで、逆説的ではあるが、社会的交換や個人間協調という適応課題に対処するために、人間には裏切り者検知（cheater detection）の心理メカニズムが備わるに至った＊51。すなわち、人間は裏切り者——現実の裏切り者、あるいは潜在的な裏切り者——の検知や識別に長けており、その際、しばしば無意識に相手の顔面特徴にみられる物理的なキューを頼りにするのである＊52。

　それでは、人間に協調適応が備わっているのであれば、自然状態はいつでも平和的なものになるのだろうか。この問いに答えるとき、自然状態における個人間協調が究極的には、カント的な義務論ではなく、ホッブズ的な利得計算によるものであることは指摘に値しよう。すなわち、その答えはニュアンスに富んだものになるのである。その理由は以下の通りである。

　ギブ・アンド・テイクの互恵的利他主義の背後に経済学的な利益極大化の動機があることは自明の理だが、このことは、いわゆる利他行動——任意の個体がコストを負ってまで、他の個体に利益を提供する行動——についても当てはまる。ホッブズの先見性は、一見すると利他的にみえる協調行動の背後には常に利己性が潜んでいることを指摘したことであるが、このことについて進化学は、包括適応度といった個体の利己性のみならず、遺伝子の利己性までも射程に含めることができる。後者はドーキンス的な「遺伝子の目の視点（gene's-eye view）」に立ったシナリオである。互恵的利他主義によれば、ギブ・アンド・テイクの状況下において協調は進化しうるし、間接互恵性であれば、「情けは人のためならず」の論理で評判が上がる局面で協調はなされうる。性淘汰理論によれば、配偶者に対する徳のシグナリング（virtue signaling）として利他行動が進化しうる。

　すなわち、進化論の枠組みにおいて利他行動とは、あくまで個体の直近の経済学的利益に資さないというだけであり、包括適応度やドーキンス的

な「遺伝子の目の視点*53」の観点からいえば、個体や遺伝子に何らかの
メリットがなければ、当該行動は進化しえないのである。このことから、
表面的には個体間の利他行動が行われているように思われても、協調適応
の根底にあるロジックは実はホッブアンであるともいえよう。

　もっとも、純粋な合理的パラダイム——ネオリアリズム、合理的選択理
論、ゲーム理論等——より多くの利他行動のバリエーションが扱えるとい
う点に、進化学の一つの意義を見いだせる。実際、こうした点をもってドー
キンスは、自然淘汰理論の卓越した点は、「利己的」な遺伝子という視
点から、様々な個体レベルの「利他的」な行動——親から子に対する献身
的な愛情など——を説明できることにあると説いている*54。第6章で啓
蒙の反実在論仮説を提示する中で掘り下げて説明するが、システム1に基
づいた協調行動は必ずしも、カントの義務論的な意味での利他行動を意味
するわけではなく、包括適応度や「遺伝子の目の視点」に鑑みると、それ
はあくまでホッブズ的な利己的行動の延長線上にあるものと解釈する方が
妥当であろう。

　人間は、紛争から協調にわたる社会生活における多くの課題に対処する
ように設計された、確実に発展した心理学的適応を備えている。しかし、
それらはコンテクスト依存的かつ条件的であり、さらにはその根底には包
括適応度理論やドーキンス的な「遺伝子の目の視点」から説明されるホッ
ブジアンの論理がある。したがって、しばしば投げかけられる、人間本性
が天使なのか悪魔なのかといった単純化された問いは、妥当性を欠くので
ある。

第4節　部族主義

　このように人間は自然状態において協調が可能な社会的動物なのだが、
その中でもとりわけ重要な位置を占めるのが、血縁者や内集団に対する協
調であり、それは部族主義の心理メカニズムによって可能になるものであ
る。部族主義とは自らの所属する集団にポジティブな感情を抱く一方、外
部の集団にネガティブな感情を抱く傾向を指す。部族主義は方法論的個人
主義と機械論的世界観を基調とするホッブズ的自然状態論において見逃さ
れていたピースであり、こうした社会政治生活におけるトライバルな側面

を導入することで、ホッブズの自然状態論はより実在論的な意味で科学的根拠を備えた自然状態論に発展する。以下の諸進化論的知見は人間に部族主義の心理メカニズムが備わっていることを示唆している。

　第一はダンバー数（Dunbar's number）である。狩猟採集時代において、先祖の人間集団は約150人（25から200人）からなる小規模コミュニティの中で存在していた。1993年、英国の人類学者ロビン・ダンバー（R. I. M. Dunbar）は、霊長類の脳の大きさと、群れの大きさとの間に相関関係を見いだした。その研究を人間の脳の大きさに当てはめて計算した結果として、人間が円滑に安定して維持できる関係は150人程度であることを明らかにした。これを提唱者の名前をとってダンバー数という*55。

　第二はマルチレベル淘汰論（multi-level selection theory）である。進化的適応環境においては、人間は150人ほどの小規模集団に所属して、それら集団間は恒常的な紛争状態にあった。進化論の生みの親チャールズ・R・ダーウィン（Charles R. Darwin）が萌芽的に示唆して、現代では生物学者のデイヴィッド・スローン・ウィルソン（David Sloan Wilson）、エドワード・O・ウィルソン（Edward O. Wilson）、心理学者のジョナサン・ハイト（Jonathan Haidt）らが支持している集団淘汰論（group selection）やマルチレベル淘汰論によれば、狩猟採集時代において、上手く団結して協力体制を作った集団は、それに失敗した集団に打ち勝ってきた*56。

　第三は、脳科学者であり哲学者でもあるジョシュア・D・グリーン（Joshua D. Greene）の二重過程理論（dual process theory）である。二重過程理論によれば、部族主義はカメラの自動モードのようなものである*57。カメラにも自動と手動のモードがあるように、人間の脳も自動と手動の二重のプロセスで構成されている。部族主義の心理メカニズムは、我々が自らの意志でコントロールできない低次の自動的プロセスである。これは進化の初期過程に備わった狩猟採集時代の感情的システムである。他方、集団間の協調を可能にするのは、高次の手動的プロセスである。これは人間が進化の過程で前頭前野を拡大させる中で発展させていった、比較的新しい理性の装置である。ナショナリズムをめぐる熱狂は前者の自動的プロセスの産物である。すなわち我々は理性的に思考しない限り、無意識のうちに自らの所属集団を好み、他の集団を軽視してしまうのである。こうした知見は、トロッコ問題（trolley problem）を素材とした脳科学的実験で

繰り返し検証されている＊58。

　第四は内集団バイアス（in-group bias）である。部族主義の至近的な説明は、しばしば内集団バイアスという心理学的知見により与えられるものである。これまで社会心理学では長きにわたり、集団間紛争は現実の利害的・感情的対立に由来すると考える、現実的コンフリクト理論（realistic conflict theory）が研究の中心に位置づけられていた＊59。こうした状況を抜本的に見直す契機となったのが、ヘンリ・タジフェル（Henri Tajfel）らが最小条件集団実験（minimal group paradigm）で発見した内集団バイアスであった＊60。最小条件集団とは、文字通り集団としての最小限の条件しか満たしていない名目的集団を指す。これはこれまで一度も会ったことのない人々を実験室に招き、実にささいな基準——クレー（Paul Klee）の絵が好きか、カンディンスキー（Wassily Kandinsky）の絵が好きかなど——で分けて作られる＊61。

　上記の設定の下、明らかにされたのが内集団バイアスである。こうしたよそ者嫌い（xenophobia）に駆られて、人間は内集団が得る絶対的利得を犠牲にしてでも、外集団との間における相対的利得の上昇を望むのである。たとえば「内集団のメンバーに100円、外集団のメンバーに150円」と「内集団のメンバーに80円、外集団のメンバーに50円」という分配方法に際して、人間は後者を選ぶとされている。

　第五は血縁淘汰理論（kin selection theory）である。進化生物学者ウィリアム・ハミルトン（W. D. Hamilton）が提唱し、進化政治学が部族主義を論じるとき、その基盤となる理論が血縁淘汰理論である＊62。最小条件集団実験で明らかにされた内集団バイアスが、いかにして集団間紛争が起こるのかを明らかにする至近要因（proximate cause）からの説明だとすれば、これに加え研究者は、なぜ人間に内集団バイアスが備わっているのかという、究極要因（ultimate cause）からの説明を示す必要がある＊63。ここで留意する必要があるのは、内集団バイアスは本質的に自然淘汰の産物だということである。

　進化的適応環境において、遺伝的に近い血縁関係の中で集団生活が行われてきたため、進化過程で人間は血縁度に応じて利他性の度合いを決める傾向を備えるに至った＊64。すなわち、内集団の人間は血縁関係にある可能性が高いため、親近感を抱きやすく利他行動をとりやすいが、外集団の

人間は血縁関係にある可能性が低いため、敵意を抱きやすく利他行動をとりにくいのである＊65。内集団バイアスにかかる集団単位が民族となり、それが熾烈になるとジェノサイドや民族浄化が起きる＊66。

　こうした内集団バイアスの進化論的解釈を数理的に裏付けるのが、ハミルトンの血縁淘汰理論である。血縁淘汰理論の主な論理は、血縁者間では非血縁者間より協調成立の可能性が高いというものである＊67。このことは以下のように数式化できる。血縁者との協調の利得は包括適応度（inclusive fitness）と呼ばれるが、協調成立のためにはこれが上昇すればよい。協調に関わるコストを c、相手が得る利益を b、血縁度を r とすると、血縁者に利他行動をとる際、c を失うが r の確率で b の利益（rb の利益）を得ることとなり、包括適応度は-c ＋ rb となる。協調成立にはこれが正になる必要があるので、-c ＋ rb ＞ 0（c ＜ rb）という不等式（ハミルトン則）が成立する＊68。

第5節　リバース・ドミナンス
——民主主義の進化的起源

　それではこうした150人ほどの部族からなる集団志向的な狩猟採集民は、いかなる権力構造で成立していたのだろうか。そこで、まずいえることは、狩猟採集民の部族は、特別に高い地位を占める男性の指導者によって率いられていたということである＊69。集団を率いる野心的かつ肉体的に強靭な男性は、さまざまな特権を有しており、こうした社会的地位の高さは包括適応度や幸福と連関していた＊70。フィリス・リー（Phyllis C. Lee）が的確に指摘しているように、「社会的地位や支配が、アクセス競争の優先順位における成功と連関するとき、地位を極大化する行動的メカニズムが繁殖上の成功の決定因子になりうる」のである＊71。

　ところが、こうした強力な指導者の特権的な地位の存在にもかかわらず、狩猟採集時代における部族内部の権力は相対的に分散的であり、制約条件下における平等主義が存在していた＊72。政治学でいうところのいわゆる民主主義の萌芽が、既に進化的適応環境における狩猟採集民の集団生活においてみられるというわけである。

　すなわち、進化人類学者クリストファー・ボーム（Christopher Boehm）

が論じているように、狩猟採集民族の社会では独裁的な暴君は憎まれて悪口を言われて、最終的には下位のメンバーから転覆されるような仕組みになっていた。そこでは、ゴシップ、意図の共有、投擲武器の使用、規範意識といった適応を人間は進化させており、リバース・ドミナンス（reverse dominance）を実行することができるようになった＊73。逆にいえば、これらの要素が揃っていなかった他の動物の群れ社会では、人類社会の特徴的な構造であるリバース・ドミナンスは起こらなかった。

進化的適応環境において、人類史において我々は性と資源を独占する者を集団制裁により追放・処刑してきた＊74。これは弱者であるはずのマジョリティに、強者が脅かされるというきわめて奇妙な淘汰圧が人類史上において出現していたことを意味する。リバース・ドミナンスの存在が意味するところをわかりやすく表現すれば、「自分が強者である」と主張するよりも、「自分が弱者である」と訴える方が、狩猟採集時代における部族社会では適応的だったということである。これは現代進化学における最大の発見の一つであろう。つまり、対人関係において有利になるために一つの方途は、「自分が被害者である」というところからマウントポジションをとるところにあるということであり、現代世界における様々な非合理的な現象――ブラックローズとリンゼイが「具象化したポストモダニズム（reified postmodernism）」と呼び批判する、現代の社会正義運動がその典型例＊75――の淵源の一つは、このリバース・ドミナンスの心理に見いだせよう＊76。

リバース・ドミナンスはモラライゼーション・ギャップ（moralization gap）の問題と深く関連している。オーストラリアの心理学者ロイ・バウマイスター（Roy F. Baumeister）らが論じているように、多くの人間は自らが被害者であると思いこむようなバイアス、すなわち、モラライゼーション・ギャップがかかっている＊77。誰もが自らを被害者だと思うと、あらゆる報復が正当化されるので、世界では紛争が絶えない。世界で起きている多くの紛争の根源には、こうした被害者バイアスとでも呼べるような心の仕組みがあるのである。

何が道徳的か、何が正しいのかは個人間で主観的に異なり、そこにギャップがあるということであり、こうしたバイアスのため、怒りに駆られた報復が起こる。実際、加害者と被害者の区別はしばしば主観的である。た

とえば、太平洋戦争時、日本はアジア諸国からしたら加害者にみえたかもしれないが、日本の指導者は自分たちが英米列強から包囲されている被害者だと認識していた。つまるところ、どこから加害と被害を考えるのかによって、誰が正しくて、誰が間違っているのか、の定義は変わってくるのである。

　多くの社会運動の背後にはしばしばモラライゼーション・ギャップや自己奉仕バイアス（self-serving bias）＊78（自己に都合の良い形で物事を考えるバイアス）といった認知バイアスが働いているため、根本的な解決が難しい。このことはプロペクト理論（prospect theory）＊79において、損失（loss）と獲得（gain）の領域の境界線となる現状、すなわち参照点（reference point）を推定することが困難であることともかかわる。多くの人間は現状がいかなるものなのかについて、自己奉仕バイアスや楽観性バイアスの結果として、自らに都合の良い主観的な認識を持っている。それが故に、双方は自らが不当に譲歩を強いられていると考えてしまうため、交渉はしばしば難航する。

　これまで50以上の狩猟採集民や遊牧民の集団を対象に、いかなる行動が制裁の対象になるかを調査してきたボームによれば、進化的適応環境における小規模集団における政治には以下の傾向が見られるという＊80。第一は、人を怯えさせた者に対する制裁である。単なる喧嘩で相手を傷つけたりしても、集団のメンバーはさほど怒らないが、喧嘩好きで、常に威圧的な態度をとる人間が誰かを傷つけたら、それは制裁の対象になる可能性が大きい。第二は裏切り者に対する制裁である。狩猟採集民は獲得した獲物や食料を公平に分配するが、肉を分け合った後、それらを盗もうとしたり、誰かを脅してそれを強奪したりする者は制裁の対象になる。狩りのスキルが圧倒的に高く、獲物を捕るのに欠かせないアクターであったとしても、裏切り行為をすれば許されない。たとえば、獲物を仕留めた後、藪に隠しておいて、後で密かに食べるような行為が見つかれば、処罰を受けるというわけである。

　それではボームが論じるように、横暴な支配者がリバース・ドミナンスにより置き換えられるのであれば、優しく無私無欲の人間が、自然淘汰の冷酷な世界のなかで勝ち残ってきたのだろうか。仮にそうであれば、マキャベリが描くような権謀術数に従事する政治的指導者は存在しないことに

なり、「君主は愛されるよりも、恐れられる方が良い」というマキャベリの格言も意味をなさないことになろう＊81。

　しかし、ホッブズが『リヴァイアサン』で的確に論じているように、自然状態における世界は「いやしく、残忍で、つかの間」の「万人の万人にたいする闘争」であり＊82、多くの進化政治学者が論じるように、進化的適応環境は強者が弱者からすべてを奪い取るゼロサムな世界なのであれば＊83、包括適応度に寄与する利他行動は別にしても、非血縁者に対する純粋な利他主義というのは進化しえないことになる。

　すなわち、君主論において「君主は愛されるより恐れられる方が良い」と述べたマキャベリが、実は『ディスコルシ』において既に指摘してきたように、真の意味でリアリスト的な政治的指導者は単に相手を恐れさせるような横暴な指導者でなく、むしろ、国民の愛国心を駆りたてて尊敬されることで、権力の獲得・維持・拡大をするものであったはずである＊84。つまるところ、権力政治の世界で勝ち抜くためには、自らに宿る利己心や支配欲を上手く隠して、自分が集団のために善なる行いをしていることを上手くアピールするスキルが重要になるのである。

第6節　自己欺瞞

　それでは、人間はどのようにして、こうしたホッブズ的世界において利他的であるようにふるまいつつ、利己主義を追求できたのだろうか。協調が包括適応度極大化のための手段に過ぎないならば、協調しているように見せかけて実際には自己利益を追求できれば、ゲーム理論的には最適解というわけである。そこで重要になる適応が自己欺瞞である。

　周囲のために全力で尽くしているという利他的な動機を周囲に信じ込ませるのが上手い個体はレピュテーションを獲得できて、包括適応度を上げることができる。進化生物学者ロバート・トリヴァース（Robert Trivers）によれば、こうした状況の中で人間は自己欺瞞を進化させたという＊85。自己欺瞞理論によれば、人間が得意としているのは、自らの利己性や欲望を自覚することなく、それを成功裏に実現することである。謙虚なようにふるまい、公共善のためであれば自らのコストを厭わないふりをしつつ、裏では着々と自己利益を追求し続ける、さらにはこうした欺瞞的な行為そ

れ自体に自らが自覚的ではない、こうした心理・行動が自己欺瞞の核心にある。

　自己欺瞞のエッセンスは、仮に自分が真実を語っていると信じるように自分を欺くことができれば、他人を説得するのに非常に効果的だということである＊86。換言すれば、他者を上手く騙したいなら、自分自身が自らの発言を本当に信じており、自己の力を過信している方が良いのである。ドナルド・トランプ（Donald John Trump）元大統領は人気リアリティ番組アプレンティス（The Apprentice）の中で、この論理を明確に示唆している。トランプは、高価な芸術品を売るよう部下を促す中で、「あなたがそれを信じなければ、本当に自分で信じなければ、それは決して上手くいかないだろう」と述べている＊87。自己欺瞞論のパイオニア、トリヴァースはそのエッセンスを以下のように鮮やかに描写している。

　　私が遭遇する多くの主体に対してロジックの一般的体系は実に完璧に作用したが、一つの問題が生じた。我々の精神生活の中核には驚くべき矛盾（striking contradiction）があるように思われる。すなわち、我々の脳は情報を求めておきながら、それを破壊するようにふるまうのである。人間の感覚器官は素晴らしく詳細かつ正確に外的世界を理解できるように進化してきた…それは、まさに外的世界について正しい情報を得た方がうまく生き延びられる場合に起こるべき進化である。しかしその正しい情報は脳に到達した途端、しばしば歪められてバイアスした形で意識に伝えられる。我々は真実を否定するのだ。自分を正しく表している事実を他者に投射して、挙句の果てには攻撃までする。つらい記憶を抑圧し、全く事実と異なる記憶を作りあげて、道徳に反する行動に理屈をつけ、自己評価が上がるような行動を繰り返し、一連の自己防衛機制（ego-defense mechanism）を示すのだ＊88。

　自己欺瞞は程度の差こそあれあらゆる人間が備えるものだが、自然界にはそれが特に強く表出されるタイプの個体が存在する。それがナポレオンやトランプをはじめとする人口の約1％に見られる、自己欺瞞を示すナルシスト的パーソナリティ障害（以下、省略してナルシスト、ナルシスト的パーソナリティと呼ぶ）をもつアクターである＊89。心理学的に「障害」とラベ

ル付けされているにもかかわらず、進化論的にいえば、トランプをはじめとするナルシストの自己欺瞞は、自然淘汰によって形成された適応的なものである*90。

　すなわち、それは狩猟採集時代に祖先の包括適応度極大化に寄与してきたもので、自己欺瞞のアドバンテージは現代でも一定程度健在なのである。つまるところ、残り99％の我々は、アドルフ・ヒトラー（Adolf Hitler）やトランプのような自己欺瞞を強力に備えた逸脱的な個体と滅多に遭遇しないため、自然淘汰は自己欺瞞をするナルシストへ強く抵抗するような心理メカニズムに有利に働かなかったのである*91。

　自己欺瞞は脳科学的には、楽観性バイアス（optimism bias）と呼ばれるものとかかわる。多くの精神的に健康な人間の脳には、楽観性バイアスという肯定的事象を過大評価、否定的事象を過小評価する傾向が備わっている*92。同バイアスは肯定的幻想（positive illusion）——自己の力と事象へのコントロールを過剰評価し、リスクへの脆弱性を過小評価するバイアス——を生みだして、人間はガンや交通事故の確率を低く見積もる一方、長寿やキャリア成功の確率を高く見積もる（肯定的幻想効果）*93。こうした意味において、政治学で長らくパズルとされてきた過信とは、脳が生みだす楽観性バイアスの産物なのである。

　楽観性バイアスは進化的適応環境で包括適応度に資するものであったので、人間の脳に備わるに至った*94。進化の所産という意味で楽観性バイアスは錯視のようなものである。自然淘汰により決まった形で世界を認識するよう設計されているため、人間の脳は錯視を見抜けないが、こうした狩猟採集時代の論理が楽観性バイアスの根底にある*95。

　たとえば、多くの人間は無意識のうちに現実より自らを魅力的と過信している。ニコラス・エプレイ（Nicholas Epley）とエリン・ウィトチャーチ（Erin Whitchurch）は、被験者に現実の顔、魅力的な顔、醜い顔の写真を提示した。その結果、彼らが写真を自分と認識するまでの時間は、魅力的な顔、現実の顔、醜い顔という順に遅くなることが判明した*96。また、年をとれば経験を重ねて現実的になるという通念に反して、高齢者は若者（幼児期を除いて）より楽天的である。実際、吉報を学ぶ力は生涯を通じて有意に変化しないが、悪い情報を学ぶ力は10代から40代にかけ上昇してその後は低下していく*97。

　合理的な意思決定理論——合理的選択理論、期待効用理論、ベイズ理論など——によれば、人間は予測と現実が矛盾すると元の信念を合理的に更新するという*98。しかし楽観性バイアスをめぐる一連の進化政治学的研究は、人間がそもそもこうした合理的アクターではない、すなわち、吉報は適切に学ぶが悪い情報は滅多に学ばず（信念の選択的更新）、不都合な事柄を肯定的に捉え直すような（不協和低減効果）、非合理的なアクターであることを明らかにしている。

　楽観性バイアス研究の第一人者ターリ・シャーロット（Tali Sharot）は、被験者に自らがガンになる確率を予測させた後、その現実の確率を伝え、彼らがいかに最初に予測した確率を修正するかを調べた。その結果、ガンになる確率を50％と予測した後、実は30％であるという吉報を得た人間は、最終的にその確率を35％とまずまずに修正した。だが最初にそれを10％と予測した後、実は30％であるという悪い情報を得た人間は、その確率を1％しか修正せず、最終的にそれを11％と推測した*99。こうした現象は脳科学実験で繰り返し検証されている*100。

　それでは、高度な楽観性バイアスや自己欺瞞を備えた指導者が政策を決定するときに、いかなる問題が生じるだろうか。そこで政治学的に重要になるのが、「誤った楽観主義（false optimism）や過信（overconfidence）と呼ばれる問題である。これまで国家の安危にかかる和戦の決定をめぐり、指導者が抱く過信は、戦争の重大な原因となり、対外政策の失敗——誤認識、インテリジェンスの失敗、勝ち目のない開戦、リスクの高い軍事計画等——をもたらすとされてきた*101。このことはゲオフリー・ブレイニー（Geoffrey Blainey）、スティーブン・ヴァン・エヴェラ（Stephen Van Evera）、ドミニク・ジョンソン（D. D. P. Johnson）をはじめとした、多くの有力な安全保障問題にかかわる研究者により主張されてきた*102。こうした現象は、軍事学では軍事的無能さ（Military Incompetence）とも呼ばれるものであり*103、それは進化学によっても科学的に基礎づけられている*104。

　つまるところ、自己欺瞞、過信、楽観性バイアス、ナルシズム、軍事的無能さは人間本性の一つであるが、それらには性差や個人間の遺伝的差異がある。ジョンソンが体系的に論じているように、政治という権力闘争の場で勝ち上がれるのは、主にその中でも逸脱的に高い過信をしている男性

であり＊105、こうした強力な指導者が講じるナショナリスト的神話作りにより、国民は愛国心を高揚させて団結するというわけである。それゆえ、政治においてはレトリックが極めて重要であり、こうした点をもってリアリストのミアシャイマーは、歴史上アメリカの指導者はみなリベラル的なレトリックを用いつつ、その内実はリアリズムのロジックで動いていた、と鋭く観察している＊106。

第7節　戦争適応

　それでは、こうした自己欺瞞の特性を備えた好戦的な男性のリーダーにより率いられた部族間の関係はいかなるものだったのだろうか。それは恒常的な戦争状態である＊107。ホッブズの自然状態論において部族主義の心理メカニズムが見逃されていたことは既に指摘したが、同じく論理的に精緻化されていなかったのが、集団間闘争の論理である。これはホッブズの問題関心が社会契約説にあったことの論理的必然であろう。

　他方、ホッブズが意図したか否かは別として、国際政治学におけるリアリストはこれまでホッブズの自然状態論におけるリヴァイアサンが不在な状況をアナロジーとして、国際システムにおけるアナーキーのもとでの国家間闘争を説明してきた。しかし、ホッブズに端を発して現在に至る政治学のリアリスト・リサーチプログラムは、戦争が進化する条件を実在論的な意味での科学的根拠が備わった形で説明できていない。このギャップを埋めるのが、『進化政治学と戦争』で体系化された進化的リアリズムの戦争適応仮説である＊108。

　部族間の戦争は進化的に珍しいものではなく、人間とチンパンジーの間における最後の共通の祖先にまでさかのぼることができ、それは多く場合、男性の領域のものであった＊109。暴力的な紛争は死因として珍しいものではなく、兵器による攻撃の外傷の結果は、前期完新世の共同墓地の発見により、中期旧石器時代にまでさかのぼることができる。たとえば、進化的適応環境における我々の祖先の暴力的な死の確率は、国内の殺人率の観点では暴力的な現代社会としばしばいわれるアメリカのそれをはるかに凌駕している＊110。

　戦争の適応を考える際、踏まえなければならないことは、進化的適応環

境における戦争の形態は、①奇襲（raid）、②会戦（pitched battle）——消耗戦（attrition war）、殲滅戦も類似した文脈で用いられる——に分けられることである＊111。奇襲はステルス、急襲、迅速な撤退等の方法で、主に夜間に敵集団に奇襲をしかけるもので、領土紛争や散発的な攻撃として起こる。戦争にかかるリスクを鑑みれば、それは、数的優越性と奇襲が達成できる際に遂行される、ヒット・アンド・ランの形態をとることが多かった＊112。この攻撃戦略はチンパンジーと現代の狩猟採集民の間で広く普及しているものである。とりわけ、奇襲は相手の不意を突くもので、多くの場合、それは夜間に相手の部族が眠っているときに実施された。奇襲を受けて部族の野営地は包囲されて、襲撃を予測していなかったので、眠っている敵の住民は無差別に虐殺された。こうした戦争はリスキーなものだが、それは戦争に従事した男性たちにより多くの社会的地位を向上させて、彼らに繁殖可能性の増大というメリットをもたらした。現代の狩猟採集社会の多くにおいて、男性の暴力的闘争における成功と子孫の数の間には直接的なリンクがあり、進化論的モデルは、これが戦争の最初に進化した理由であることを示唆している＊113。

　会戦は相対的に規模が等しい二つの政治集団が、しばしば消耗戦のような熾烈な戦闘を繰り広げるものである。会戦は奇襲より悲惨だが相対的にその頻度は低い。奇襲は他の動物でもしばしばみられる説明が比較的容易な現象だが、会戦は人間に固有の戦争形態であり、そこには興味深い研究上のパズルが存在する。そのパズルとは、なぜ人間という種に限り、リスクの高い消耗戦に従事するのか、というものである。進化論的視点からこのパズルに答えるためには、自然淘汰が戦争を可能にする適応に有利に働くためには、いかなる条件が満たされる必要があるのか、という問いに答える必要がある＊114。そしてその答えとなる条件は、①繁殖上の利益と、②集団内協調のメカニズム（n-person cooperation）となる。

　第一に、繁殖戦略として、戦争の適応的利益は、その有意なコストを凌駕しなければならない＊115。奇襲の適応度利益はよく研究されており、進化学者の間にコンセンサスがある。霊長類学者のリチャード・ランガム（Richard W. Wrangham）の「力の不均衡仮説（imbalance of power hypothesis）」によれば、チンパンジーの集団間暴力は、一方の集団が他方のそれの約三倍以上であるとき、高い確率で起こる＊116。これらの例にお

ける集団間暴力が繁殖上成功的であったのは、こうした戦争や紛争が、領土的拡張、将来の闘争におけるより大きな成功の可能性、物質的・繁殖的資源へのアクセスの容易化と相関するからである*117。チンパンジーの集団間暴力は力の非対称性というコンテクストでもっぱら起こり、こうした状況において、強力な集団に属する男性にとって、弱小集団に対する圧倒的な勝利は繁殖上有利であった。

　人間においても、奇襲は集団間暴力の最も頻発する形態であり続けており、それはこのチンパンジー・モデルを的確に反映している*118。進化的適応環境における集団生活は、戦争にかかる「ランチェスターの法則（Lanchester's laws）」——武器の性能が同じであると仮定する際、兵力数の多い方が勝つ——に近似する*119。このように、奇襲の繁殖上の利益が膨大なことは明確な事実だが、人間の戦争は、相対的に近い規模の集団間における消耗戦の形も取る。この種の高いリスクと高い損失をともなう活動は、集団間闘争に関するチンパンジー・モデルで説明するのが困難である。それでは、なぜ人間はリスクの高い消耗戦に従事するのか。

　このパズルを解いたのが進化学者トゥービーとコスミデスである*120。トゥービーとコスミデスは、①自然淘汰は適応度を平均的にあげる特性を選択し、②仮に繁殖上の成功がゼロサムならば——ここでは戦勝品としての希少な繁殖資源が措定される——、戦死者が失った繁殖上の機会は、生き残った戦勝者の獲得した繁殖上の機会と等しくなる、という二つの仮定を立て、戦争に向けた人間本性が進化するための三つの条件を提示している。

　すなわち、①当該連合が平均して勝利的である、②繁殖上の機会が生き残った者の間で再配分される、③個人的リスクの認識上の戦前配分が効果的にランダムである、という条件である。そしてこれらの条件を人間は進化的適応環境で満たしてきたため、戦争は進化し、戦争に向けた人間本性が形成されたのである*121。

　第二に、戦争をはじめとする集団間闘争が進化するためには、集団内協調のメカニズム——複数アクター間での協調・協働のしくみ——が存在する必要がある。戦争という集合行為においては、n-person 変数を同時並行的にたどることを可能にする、脳内の高度な情報処理システム（他のアクターの参加度、相対的リスクの分布状況、外集団の強靭さ、成功の蓋然性等）

が不可欠となる＊122。すなわち、戦争の遂行には、集団内協調・協働に関連する認知的課題を遂行するのに要する一連の適応が必要なのである。これが n-person 協調（n-person cooperation）や n-person 交換（n-person exchange）のメカニズムと呼ばれるものである。これは政治学の往年のテーマであるフリーライダー問題を、実在論的な裏付けが備わった形で理論的に克服可能にするものである。

　それでは、自然淘汰は人間にこうした適応を与えたのだろうか。実際、現代の進化学は脳科学、心理学などと連動して、人間が自然淘汰により連合心理学（coalitional psychology）や、先述した部族主義を進化させたことを示している＊123。すなわち、自然淘汰は集団内協調・協働を可能にする洗練された心理学的・文化的適応に有利に働いたのであり、この視点によれば、現代戦は、進化的適応環境における小規模集団間の戦争のアナロジーで理解することができる。戦争の適応主義的な分析は、進化的適応環境における集団間闘争にかかる淘汰圧に対して自然淘汰により設計された、人間の脳における適応的な心理メカニズムを考察するものである。

　ところで、理論的にいえば、心理学的適応が集団の利益のために作用するように存在している、と論じることもできる。すなわち、これらの適応は集団レベルで作用する自然淘汰により設計されたとも考えられよう。我々がチーム、リーグ、クラブ、その他、様々な形態の集団に属したがり、集団のアイデンティティを身に着けて、他の集団と競争しつつ、集団内部のメンバーと協力するのは、まるで人間の心がチームワークを求めるように設計されているようでもある。実際、歴史をふりかえると、上手に団結して協調的なシステムを構築した集団は、それに失敗した集団に打ち勝ってきた。このことを進化学では集団淘汰やマルチレベル淘汰と呼ぶ。これらの起源は進化学の祖ダーウィンの研究にも見てとれる。ダーウィンは『人間の進化と性淘汰』において以下の萌芽的な記述をしている。

　　同じ地域に住む太古の二つの部族が、戦闘を始めたとしよう。一方の種族は、勇敢で忠実、かつ共感力にあふれる多数のメンバーからなり、つねに危険を警告し合い、助け合いながら敵の攻撃を防御する準備を整えていたなら、（また、他のすべての条件は等しいとすると）、この部族が優勢に戦いを進め、敵の部族を征服する可能性は高い…烏合の衆に対

する規律ある兵士の優位はおもに、おのおのの兵士が仲間に対して感じる信頼に由来する….利己的で争いを好む人々は、一つにまとまろうとしない。だがまとまりなくしては、何事も達成し得ない。したがって先に述べた特徴を十分に備えた部族は勢力を広げ、次々に他の部族に勝利していくことだろう＊124。

これらのプロセスは明らかに相互排他的ではなく、分析上、以下の問いによって区別されよう。すなわち、自然淘汰により設計された適応は、それを保有する個人に資する利益のために存在しているのか、それとも個人が生活する集団に資する利益のために存在しているのか、である。あるいは、何が世代をこえた遺伝子頻度における方向上の変化を決めるのか——個人の成功か（個人淘汰）、それとも、集団の成功か（集団淘汰）——である。

集団淘汰論は当初、上記のダーウィンの「由来における記述」以降、ウィン・エドワーズ（V. C. Wynne-Edwards）によって、遺伝学的な自己利益の機能として説明するのが難しい、特定の形態の利他主義を説明するのに役立つものとして提案された＊125。これらは集団内における他の個体に利益を授けるため、個人がネットコストを受けいれるケースを指す。ところが、20世紀の中頃までに、ゲーム理論の諸モデルは集団淘汰が起こるために備えなければならない条件が、一般的でないことを明らかにするようになった＊126。さらに、包括適応度と互恵的利他主義に関する研究は、いかにして人の協調行動や利他主義が、遺伝子レベルや個人レベルの淘汰によって選択されうるのかを明らかにした＊127。しかしながら、20世紀末までに、集団淘汰論者は、これらの制約が誇張されたものだと主張するようになった＊128。

近年の集団淘汰論の復興を支えているのは、マルチレベル淘汰論（multi-level selection theory）の精緻化である＊129。すなわち、オリジナルの集団淘汰論は、その後いくつかの論争を経て、現在では遺伝子文化共進化、マルチレベル淘汰といった形として再び勢力を盛りかえしてきた。紙幅の都合上、マルチレベル淘汰論をここで十分議論できないが、実質的には、それは単一の淘汰レベルを強調する、すなわち一つの次元で作用する淘汰圧の卓越さを強調する、古典的な集団淘汰論の主張からの戦略的撤退

といえよう。マルチレベル淘汰論の視点からすると、所与の心理学的適応の設計を理解する上での課題は、いずれの淘汰レベルが作用するのか、遺伝子頻度変化へのそれらの相対的なインパクトがいかなるものなのか、といった点を特定することになる*130。

　ここではこうした現代のマルチレベル淘汰論が、戦争適応を理解するのにいかなる貢献をするのかを考えてみたい。集団淘汰論が戦争の起源を理解する上で生産的となるには、まず、遺伝的集団淘汰（genetic group selection）と、文化的集団淘汰（cultural group selection）の間における区別をすることが有益であろう。サミュエル・ボールズ（Samuel Bowles）をはじめとする論者が提唱する遺伝的な集団淘汰論によれば、進化的適応環境における戦争は、たとえそれらが各々の個体にとって不利益だとしても、集団の利益のための行動を駆りたてるような心理メカニズム——過信、ヒロイズム、リスクテイキング、偏狭な利他主義（parochial altruism）など——を個体に授けるうえで、十分頻繁かつ熾烈であった*131。すなわち、遺伝的な集団淘汰論によれば、戦争は脳における向社会的な心理メカニズムに対する生物学的な淘汰圧として機能するのである。

　これに対して、ロバート・ボイド（Robert Boyd）らが開拓して今ではジョセフ・ヘンリック（Joseph Henrich）らにより牽引されている文化的集団淘汰論は、戦争という集団間闘争の文化的副産物として生まれる、社会規範の内容と分布を分析することに焦点を当てている*132。文化的集団淘汰論者は、熾烈かつ再発的な紛争というコンテクストにおいて、自己犠牲や向社会性といった社会規範を身に着けた集団は、そのような社会規範を欠く協調能力が低い集団に対して、戦争において勝利をおさめやすいと考える。すなわち、文化的集団淘汰論によれば、戦争は文化淘汰というプロセスを通じて、向社会的規範を選択するのである。もちろん、遺伝的集団淘汰論と文化的集団淘汰論はあくまで理念型であるので、必ずしも相互排他的なものではない。そして、重要なことに、これら双方のアプローチにおいて、戦争はしばしば独立変数であって従属変数ではない。

　進化人類学者、ピート・リチャードソン（Peter J. Richerson）とロバート・ボイド（Robert Boyd）によれば、遺伝子と文化の共進化によって、人間は、他の霊長類にみられる小集団の社会性から、今日のあらゆる人間社会にみとめられる部族主義的な超社会に移行した*133。リチャードソンと

ボイドが提唱するこの部族本能仮説（tribal instincts hypothesis）によれば、人間集団は程度の差はあるが、常に隣接集団と闘争状態にあり、家族より規模が大きな集団を形成して、集団内部で協力するための文化的イノベーションを達成した集団は、戦争に勝つ見込みが高かった*134。ここにおいて、文化的変数は戦争という集団間闘争で勝利するために形成された文化的適応となるのである。

　つまるところ、進化的適応環境においては、繁殖上の利益や集団内協調といった戦争が進化する上での淘汰圧となる一式の条件が満たされていたので、戦争は進化した。すなわち、戦争をすることは一定条件下において、人間にとって適応的だったので、我々は戦争をする人間本性を備えるに至ったのである*135。

　この戦争適応の政治学へのインプリケーションは、戦争原因を第一イメージに人間本性から第三イメージのアナーキーに移したネオリアリズムは必ずしも妥当ではなく*136、結局、人間本性が戦争を起こすと考えた古典的リアリズムが、分析レベルの問題の点においては——その科学的根拠は脆弱だったが——、戦争原因を正しく捉えていたということである。人間本性を分析射程から捨象するネオリアリズムは、標準社会科学モデル（standard social science model）*137の陥穽（心の問題を分析射程から捨象するという研究上の誤謬）に陥っており、人間本性を実在論的な科学的根拠が備わった形で再び導入した、第一イメージに立つリアリスト理論が必要とされている。そしてこのことは、古典的リアリズムや政治的リアリズムを実在論的な意味での科学的根拠が備わった形で再構築することを意味する。

　ネオリアリズムがアナーキーのインパクトを強く見積もる点は正しいが、国際システムの無政府状況はそれ自体が重要でなく、そうした外的環境が指導者の人間本性に外的環境のキューとして与える因果効果が重要である。ただし、古典的リアリズムはその人間本性が何であるのかを、実在論的な意味での科学的根拠を備えた形で明らかにできておらず、しばしば神学的・思想的な叙述に終始しがちであった*138。進化政治学はこうした研究上の空白を埋めるものである。

　おわりに

　本章では、ホッブズの自然状態論を手がかりにして、実在論的意味での
科学的根拠が備わった形で再構築すべく、進化政治学に基づき、進化的自
然状態モデルという新たな自然状態論を提示した。これにより、リベラリ
ズムが措定する平和と繁栄に至るまでの、デフォルトの原初的なリアリズ
ム的世界を描きだした。次章では、人類がいかにしてこのリアリズム的世
界を克服して、平和と繁栄を実現するに至ったのかを、進化政治学に基づ
いた新たなリベラリズムの試論を提示する中で説明する。

註

*1 John Tooby and Leda Cosmides, "The Psychological Foundations of
Culture," in Jerome H. Barkow, Leda Cosmides, and John Tooby, eds., *The
Adapted Mind: Evolutionary Psychology and the Generation of Culture*
(New York: Oxford University Press, 1992), esp. 25-31.

*2 ルネ・デカルト（山田弘明訳）『省察』（ちくま学芸文庫、2006年）。「機械の
中の幽霊」説という用語は、Gilbert Ryle, *The Concept of Mind* (London:
Penguin, 1949), pp. 13-17 に由来する。

*3 ジョン・ロック（大槻春彦訳）『人間知性論1』（岩波書店、1972年）。

*4 Jean-Jacques Rousseau, *Discourse upon the Origin and Foundation of
Inequality among Mankind* (New York: Oxford University Press, 1755/1994).
「高貴な野蛮人」という言葉は、17世紀のイギリス文人ジョン・ドライデン
（John　Dryden）の書いた悲劇『グラナダ征服』内の一説に由来する。Earl
Miner "The Wild Man Through the Looking Glass," in Edward Dudley and
Maximillian E. Novak eds., *The Wild Man Within: An Image in Western
Thought from the Renaissance to Romanticism* (Pittsburgh: University of
Pittsburgh Press, 1972), p. 106.

*5 Thomas Hobbes, Leviathan (New York: Oxford University Press, 1651/
1957).

*6 Stathis Psillos, *Scientific Realism: How Science Tracks Truth* (London:
*Routledge, 1999); Anjan Chakravartty, A Metaphysics for Scientific Realism:
Knowing the Unobservable* (Cambridge: Cambridge University Press, 2007);
Philip Kitcher, *The Advancement of Science: Science without Legend,
Objectivity without Illusions* (New York: Oxford University Press, 1993); 戸
田山和久『科学的実在論を擁護する』（名古屋大学出版会、2015年）。科学的実
在論を社会科学に応用するための方法論モデル——多元的実在論——について
は、伊藤隆太『進化政治学と国際政治理論——人間の心と戦争をめぐる新たな
分析アプローチ』（芙蓉書房出版、2020年）；伊藤隆太「国際関係理論と事例研
究——新たな方法論的枠組みの構築に向けて」『法学研究』第92巻1号（2019年1
月）379〜404頁を参照。

＊7　古典的・政治的リアリズムの原型となる、リアリスト・リサーチプログラム
のハードコアについては、Robert G. Gilpin, "No One Loves a Political Realist,"
Security Studies, Vol. 5, No. 3 (Spring 1996), pp. 3-26; Randall L. Schweller
and David Priess, "A Tale of Two Realisms: Expanding the Institutions
Debate," *Mershon International Studies Review*, Vol. 41, No. 1 (May 1997),
pp. 1-32; Steven E. Lobell, Norrin M. Ripsman, and Jeffrey W. Taliaferro,
"Introduction: Neoclassical realism, the state, and foreign policy," in Steven
E. Lobell, Norrin M. Ripsman, and Jeffrey W. Taliaferro, eds., *Neoclassical
Realism, the State, and Foreign Policy* (Cambridge: Cambridge University
Press, 2009), pp. 14-15 を参照。進化的自然状態モデルは、これらを実在論的
な意味での科学的根拠が備わった形で、基礎づけて拡張しようとするものであ
る。

＊8　Robert Foley, "The Adaptive Legacy of Human Evolution: A Search for
the Environment of Evolutionary Adaptedness," *Evolutionary Anthropology:
Issues, News, and Reviews*, Vol.　4, No. 6 (1995), pp. 194-203; Tooby and
Cosmides, "The Psychological Foundations of Culture"; John Tooby and
Leda Cosmides, "The Theoretical Foundation of Evolutionary Psychology,"
in David Buss, ed., *The Handbook of Evolutionary Psychology, Foundation:*
Vol. 1 (John Wiley and Sons, 2015), pp. 25-26.

＊9　長谷川寿一・長谷川眞理子「政治の進化生物学的基礎――進化政治学の可能
性」『リヴァイアサン』第44号（2009年4月）77頁。

＊10　森川友義「進化政治学とは何か」『年報政治学』第59号第2巻（2008年）219
頁。

＊11　John Tooby and Irven DeVore, "The Reconstruction of Hominid
Behavioral Evolution through Strategic Modeling," in Warren G. Kinzey, ed.,
The Evolution of Human Behavior: Primate Models (Albany: State University
of New York Press, 1987), chap. 10. See also, David M. Buss, *Evolutionary
Psychology: The New Science of the Mind*, 2d ed. (Boston: Allyn and Bacon,
2004).

＊12　Geoff A. Parker, "Assessment Strategy and Evolution of Fighting
Behavior," *Journal of Theoretical Biology*, Vol. 47, No. 1 (September 1974),
a. 223-243; John Archer, *The Behavioural Biology of Aggression* (New York:
Cambridge University Press, 1988); Irenäus Eibl-Eibesfeldt, *The Biology of
Peace and War: Men, Animals, and Aggression* (New York, NY: Viking Press,
1979); James Silverberg, and J. Patrick Gray, *Aggression and Peacefulness
in Humans and Other Primates* (New York, NY: Oxford University Press,
1992); Aaron Sell, Leda Cosmides, John Tooby, Daniel Sznycer, Christopher
von Rueden, and Michael Gurven, "Human Adaptations for the Visual
Assessment of Strength and Fighting Ability from the Body and Face,"
Proceedings of the Royal Society of London Series B-Biological Sciences, Vol.

276, No. 1656 (2009), pp. 575-584; Aaron Sell, John Tooby, and Leda Cosmides, "Formidability and the Logic of Human Anger," *Proceedings of the National Academy of Sciences*, Vol. 106, No. 35 (September 2009), pp. 15073-15078.

＊13 リバース・エンジニアリングについては、スティーブン・ピンカー（椋田直子訳）『心の仕組み（上）』（筑摩書房、2013年）58～101頁を参照。

＊14 Parker, "Assessment Strategy and Evolution of Fighting Behavior"; Archer, *The Behavioural Biology of Aggression*; Eibl-Eibesfeldt, *The Biology of Peace and War*; Silverberg and Gray, *Aggression and Peacefulness in Humans and Other Primates*; Sell, Cosmides, Tooby, Sznycer, Rueden, and Gurven, "Human Adaptations for the Visual Assessment of Strength and Fighting Ability from the Body and Face"; Sell, Tooby, and Cosmides, "Formidability and the Logic of Human Anger."

＊15 Parker, "Assessment Strategy and Evolution of Fighting Behavior"; Archer, *The Behavioural Biology of Aggression*; Eibl-Eibesfeldt, *The Biology of Peace and War*; Silverberg and Gray, *Aggression and Peacefulness in Humans and Other Primates*; Sell, Cosmides, Tooby, Sznycer, Rueden, and Gurven, "Human Adaptations for the Visual Assessment of Strength and Fighting Ability from the Body and Face"; Sell, Tooby, and Cosmides, "Formidability and the Logic of Human Anger."

＊16 Richard Wrangham and Dale Peterson, Demonic Males: *Apes and the Origins of Human Violence* (Boston: Houghton Mifoin, 1996); Richard W. Wrangham, "Evolution of Coalitionary Killing," *Yearbook of Physical Anthropology*, Vol. 42 (1999), pp. 1-30.

＊17 Richard Dawkins, "Good Strategy or Evolutionarily Stable Strategy?" in George W. Barlow and James Silverberg, eds., Sociobiology: Beyond Nature/Nurture? (Boulder, CO: Westview Press, 1980), pp. 331-367.

＊18 R・アクセルロッド（松田裕之訳）『つきあい方の科学——バクテリアから国際関係まで』（ミネルヴァ書房、1998年）。

＊19 Robert Trivers "Parental Investment and Sexual Selection," in Bernard G. Campbell, ed., *Sexual Selection and the Descent of Man* (Chicago, IL: Aldine Publishing,1972); *Donald Symons, The Evolution of Human Sexuality* (New York, NY: Oxford University Press, 1979).

＊20 マーティン・デイリー/マーゴ・ウィルソン（長谷川眞理子・長谷川寿一訳）『人が人を殺すとき——進化でその謎をとく』（新思索社、1999年）；David M. Buss, and Todd Shackelford, "Human Aggression in Evolutionary Psychological Perspective," *Clinical Psychology Review*, Vol. 17, No. 6 (1997), pp. 605-619; Wrangham, "Evolution of Coalitionary Killing"; Sell, Tooby, and Cosmides, "Formidability and the Logic of Human Anger."

＊21 Martin Daly and Margo Wilson, Sex, *Evolution, and Behavior*, 2d ed.

(Boston: Willard Grant, 1983); Mark Van Vugt, "Sex Differences in Intergroup Competition, Aggression, and Warfare: The Male Warrior Hypothesis," *Annals of the New York Academy of Sciences*, Vol. 1167, No. 1 (2009), pp. 124-134.

＊22 Trivers "Parental Investment and Sexual Selection"; Symons, *The Evolution of Human Sexuality*.

＊23 Trivers "Parental Investment and Sexual Selection"; Symons, *The Evolution of Human Sexuality*; Steve Stewart-Williams, *The Ape that Understood the Universe: How the Mind and Culture Evolve* (New York: Cambridge University Press, 2019), chap. 3.

＊24 Trivers "Parental Investment and Sexual Selection"; Symons, *The Evolution of Human Sexuality*; Stewart-Williams, *The Ape that Understood the Universe*, chap. 3.

＊25 Trivers "Parental Investment and Sexual Selection"; Symons, *The Evolution of Human Sexuality*; Stewart-Williams, The Ape that Understood the Universe, chap. 3; ナンシー・エトコフ（木村博江訳）『なぜ美人ばかりが得をするのか』（草思社、2000年）。

＊26 Patricia Balaresque, Nicolas Poulet, Sylvain Cussat-Blanc, Patrice Gerard, Lluis Quintana-Murci, Evelyne Heyer and, Mark A Jobling, "Y-chromosome descent clusters and male differential reproductive success: young lineage expansions dominate Asian pastoral nomadic populations," *European Journal of Human Genetics*, Vol. 23 (October 2015), pp. 1413-1422.

＊27 Stewart-Williams, *The Ape that Understood the Universe*, chap. 3

＊28 Richard W. Wrangham, "Is Military Incompetence Adaptive?" *Evolution and Human Behavior*, Vol. 20, No. 1 (January 1999), pp. 3-17; Dominic D. P. Johnson, Richard W. Wrangham, and Steven P. Rosen, "Is Military Incompetence Adaptive? An Empirical Test with Risk-Taking Behaviour in Modem Warfare," *Evolution and Human Behavior*, Vol. 23, No. 4 (2002), pp. 245-264; D. D. P. Johnson et al., "Overconfidence in Wargames: Experimental Evidence on Expectations, Aggression, Gender and Testosterone," *Proceedings of the Royal Society of London B: Biological Sciences*, Vol. 273, No. 1600 (October 2006), pp. 2513-2520.

＊29 Lei Chang, Hui Jing Lu, Hongli Li, and Tong Li, "The Face That Launched a Thousand Ships: The Mating?Warring Association in Men," *Personality and Social Psychology Bulletin*, Vol. 37, No. 7 (2011), pp. 976-984.

＊30 デイリー／ウィルソン『人が人を殺すとき』; Van Vugt, "Sex Differences in Intergroup Competition, Aggression, and Warfare."

＊31 Mark Schaller, Justin H. Park, and Annette Mueller, "Fear of the Dark: Interactive Effects of Beliefs About Danger and Ambient Darkness on

Ethnic Stereotypes," *Personality & Social Psychology Bulletin*, Vol. 29, No.5 (2003), pp. 637-649.

＊32 Francis T. McAndrew, and Carin Perilloux, "Is Self-Sacrificial Competitive Altruism Primarily a Male Activity?" *Evolutionary Psychology*, Vol. 10, No. 1 (2012), pp. 50-65.

＊33 Valerie M. Hudson and Andrea Den Boer, "A Surplus of Men, A Deficit of Peace: Security and Sex Ratios in Asia's Largest States," *International Security*, Vol. 26, No. 4 (Spring 2002) pp. 5-38.

＊34 Parker, "Assessment Strategy and Evolution of Fighting Behavior."; Archer, *The Behavioural Biology of Aggression*.

＊35 Sell, Cosmides, Tooby, Sznycer, Rueden, and Gurven, "Human Adaptations for the Visual Assessment of Strength and Fighting Ability from the Body and Face"; Michael P. Haselhuhn and Elaine M. Wong, "Bad to the Bone: Facial Structure Predicts Unethical Behaviour," *Proceedings of the Royal Society B: Biological Sciences*, Vol. 282, No. 1817 (2011), pp. 571-576; David A. Puts, Coren L. Apicella, and Rodrigo A. Cárdenas, "Masculine Voices Signal Men's Threat Potential in Forager and Industrial Societies," *Proceedings of the Royal Society B: Biological Sciences*, Vol. 279, No. 1728 (2012), pp. 601-609; Lindsey A. Short, Catherine J. Mondloch, Cheryl M. McCormick, Justin M. Carré, Ruqian Ma, Genyue Fu, and Kang Lee, "Detection of Propensity for Aggression Based on Facial Structure Irrespective of Face Race," *Evolution and Human Behavior*, Vol. 33, No. 2 (2012), pp. 121-129.

＊36 A. Sell et al., "The Grammar of Anger: Mapping the Computational Architecture of a Recalibrational Emotion," *Cognition*, Vol. 168 (November 2017), pp. 110-128; Sell, Tooby, and Cosmides, "Formidability and the Logic of Human Anger"; A. Sell, Liana S. E. Hone, and Nicholas Pound, "The Importance of Physical Strength to Human Males," *Human Nature*, Vol. 23, No. 1 (March 2012), pp. 30-44; Michael Bang Petersen et al., "The Ancestral Logic of Politics: Upper-Body Strength Regulates Men's Assertion of Self-Interest over Economic Redistribution," *Psychological Science*, Vol. 24, No. 7 (May 2013), pp. 1098-1103; Michael Bang Petersen, Aaron Sell, John Tooby, and Leda Cosmides, "Evolutionary Psychology and Criminal Justice: A Recalibrational Theory of Punishment and Reconciliation," in Henrik Hogh-Olesen, ed., *Human Morality and sociality: Evolutionary and comparative perspectives* (Basingstoke: Palgrave Macmillan, 2010), chap. 5; and John Tooby and Leda Cosmides, "Groups in Mind: The Coalitional Roots of War and Morality," in Hogh-Olesen, ed., *Human Morality and sociality*, chap. 8.

＊37 Sell, Tooby, and Cosmides, "Formidability and the Logic of Human Anger."

＊38 Ibid., p. 30.

＊39 Ibid., pp. 40-41.

＊40 Michael Bang Petersen, "The Evolutionary Psychology of Mass Politics," in S. Craig Roberts, ed., *Applied Evolutionary Psychology* (New York: Oxford University Press, 2012), chap. 8.

＊41 Petersen et al., "The Ancestral Logic of Politics."

＊42 Reinhold Niebuhr, *The Nature and Destiny of Man: A Christian Interpretation*, 2 vols. (New York: Charles Scribner's Sons, 1941, 1943); Reinhold Niebuhr, *Faith and History: A Comparison of Christian and Modern Views of History* (London: Nisbet, 1938); Reinhold Niebuhr, *The Children of Light and the Children of Darkness: A Vindication of Democracy and a Critique of Its Traditional Defense* (New York: Charles Scribner's Sons, 1944); Reinhold Niebuhr, *Christianity and Power Politics* (New York: Charles Scribner's Sons, 1940); Hans Morgenthau, *Scientiac Man vs. Power Politics* (Chicago: University of Chicago Press, 1946); Hans J. Morgenthau, *Politics among Nations: The Struggle for Power and Peace*, 5th revised. (New York: Knopf, 1978).

＊43 Konrad Lorenz, *On Aggression* (London: Methuen, 1966).

＊44 W. D. Hamilton, "The Genetical Evolution of Social Behavior. I," and W. D. Hamilton, "The Genetical Evolution of Social Behavior. II," both in *Journal of Theoretical Biology*, Vol. 7, No. 1 (July 1964), pp. 1-16 and 17-52, respectively; Robert Trivers, "The Evolution of Reciprocal Altruism," *The Quarterly Review of Biology*, Vol. 46, No. 1 (1971), pp. 35-57; R・アクセルロッド（松田裕之訳）『つきあい方の科学——バクテリアから国際関係まで』（ミネルヴァ書房、1998年）; Lee A. Dugatkin, *Cooperation Among Animals: An Evolutionary Perspective* (New York, NY: Oxford University Press, 1997); Leda Cosmides and John Tooby, "Neurocognitive Adaptations Designed for Social Exchange," in David M. Buss, ed., *The Handbook of Evolutionary Psychology* (Hoboken, NJ: Wiley, 2005), pp. 584-627.

＊45 Martin A. Nowak, "Five Rules for the Evolution of Cooperation," *Science*, Vol. 314, No. 5805 (2006), pp. 1560-1563; Ernst Fehr, and Klaus M. Schmidt, "A Theory of Fairness, Competition, and Cooperation," *The Quarterly Journal of Economics*, Vol. 114, No. 3 (1999), pp. 817-868; Cosmides and Tooby, "Neurocognitive Adaptations Designed for Social Exchange"; C. Athena Aktipis, "Is Cooperation Viable in Mobile Organisms? Simple Walk Away Rule Favors the Evolution of Cooperation in Groups," *Evolution and Human Behavior,* Vol. 32, No. 4 (2011), pp. 263-276.

＊46 Robert Boyd, and Peter J. Richerson, "Culture and the Evolution of Human Cooperation," *Philosophical Transactions of the Royal Society B: Biological Sciences*, Vol. 364, No. 1533 (2009), pp. 3281-3288; Andrew W. Delton, Max M. Krasnow, Leda Cosmides, and John Tooby, "Evolution of

Direct Reciprocity Under Uncertainty Can Explain Human Generosity in One-Shot Encounters," *Proceedings of the National Academy of Sciences*, Vol. 108, No. 32 (2011), pp. 13335-13340.

＊47 Paul Zak, "Neuroactive Hormones and Interpersonal Trust: International Evidence," *Economics and Human Biology*, Vol. 4, No. 3 (2006), pp. 412-429; Paul J. Zak, and Jacek Kugler, "Neuroeconomics and International Studies: A New Understanding of Trust," *International Studies Perspectives*, Vol. 12, No. 2 (2011), pp. 136-152.

＊48 Michael E. McCullough, Robert Kurzban, and Benjamin A. Tabak, "Cognitive Systems for Revenge and Forgiveness," *The Behavioral and Brain Sciences*, Vol. 36, No. 1 (2013), pp. 1-15; Michael E. McCullough, Steven J. Sandage, Everett L. Worthington, *To Forgive Is Human: How to Put Your Past in the Past* (Westmont: InterVarsity Press, 1997).

＊49 Trivers, "The Evolution of Reciprocal Altruism"; Robert Axelrod and William D. Hamilton, "The Evolution of Cooperation," *Science*, Vol. 211, No. 4489 (1981), pp. 1390-1396.

＊50 John Tooby and Leda Cosmides, "Adaptation for Reasoning About Social Exchange," in Buss, ed., *The Handbook of Evolutionary Psychology*, Volume 1, chap. 25; L. Cosmides, H. C. Barrett, and J. Tooby, "Adaptive Specializations, Social Exchange, and the Evolution of Human Intelligence," *Proceedings of the National Academy of Sciences of the United States of America*, Vol. 107, Supplement 2 (May 2010), pp. 9007-9014; L. Cosmides, "The Logic of Social-Exchange: Has Natural-Selection Shaped How Humans Reason? Studies with the Wason Selection Task," *Cognition*, Vol. 31, No. 3 (May 1989), pp. 187-276.

＊51 Tooby and Cosmides, "Adaptation for Reasoning About Social Exchange," chap. 25; Cosmides, Barrett, and Tooby, "Adaptive Specializations, Social Exchange, and the Evolution of Human Intelligence"; Cosmides, "The Logic of Social-Exchange."

＊52 Cosmides and Tooby, "Neurocognitive Adaptations Designed for Social Exchange"; Toshio Yamagishi, Shigehito Tanida, Rie Mashima, Eri Shimoma, and Satoshi Kanazawa. "You Can Judge a Book by its Cover: Evidence That Cheaters May Look Different from Cooperators," *Evolution and Human Behavior*, Vol. 24, No. 4 (2003), pp. 290-301.

＊53 リチャード・ドーキンス（日高敏隆・岸由二・羽田節子・垂水雄二訳）『利己的な遺伝子』増補新装版（紀伊國屋書店、2006年）。

＊54 ドーキンス『利己的な遺伝子』。

＊55 R. I. M. Dunbar, "Neocortex Size as a Constraint on Group Size in Primates," *Journal of Human Evolution*, Vol. 22, No. 6 (June 1992), pp. 469-493; ロビン・ダンバー（藤井留美訳）『友達の数は何人？——ダンバー数とつながりの進化心理学』（インターシフト、2011年）。

＊56 Steven C. Hertler, Aurelio José Figueredo, and Mateo Peñaherrera-Aguirre, *Multilevel Selection: Theoretical Foundations, Historical Examples, and Empirical Evidence* (Basingstoke: Palgrave Macmillan, 2020); David Sloan Wilson, Edward O. Wilson, "Rethinking the Theoretical Foundation of Sociobiology," *The Quarterly Review of Biology*, Vol. 82, No. 4 (December 2007), pp. 327-348; E. Sober and D. S. Wilson, *Unto Others, The Evolution and Psychology of Unselfish Behavior* (Cambridge, Mass.: Harvard University Press, 1998); J.A. Fletcher and M. Zwick, "Strong altruism can evolve in randomly formed groups," *Journal of Theoretical Biology*, Vo. 228, No. 3 (2004), pp. 303-313; デイヴィッド・スローン・ウィルソン（中尾ゆかり訳）『みんなの進化論』（日本放送出版協会、2009年）；ジョナサン・ハイト（高橋洋訳）『社会はなぜ左と右にわかれるのか』（紀伊國屋書店、2014年）。

＊57 ジョシュア・グリーン『モラル・トライブズ——共存の道徳哲学へ』（岩波書店、2015年）；J. D. Greene, "Dual-Process Morality and the Personal/Impersonal Distinction: A Reply to McGuire, Langdon, Coltheart, and Mackenzie," *Journal of Experimental Social Psychology*, Vol. 45, No. 3, (May 2009), pp. 581-584.

＊58 グリーン『モラル・トライブズ』第4章。個別的な論文としてはたとえば、Joshua D. Greene et al. "An fMRI Investigation of Emotional Engagement in Moral Judgment," *Science*, Vol. 293, No. 5537 (September 2001), pp. 2105-2108 を参照。

＊59 Muzafer Sherif and Carolyn Sherif, *Groups in Harmony and Tension* (New York: Harper, 1953); Lewis Coser, *The Function of Social Conflict* (New York: Free Press, 1956).

＊60 最小条件集団実験は、Henri Tajfel, "Experiments in Intergroup Discrimination," *Scientific American*, Vol. 223 (November 1970), pp. 96-102 に由来する。

＊61 Henri Tajfel and John C. Turner, "The Social Identity Theory of Intergroup Behavior," in Stephen Worchel and William G. Austin, eds., *Psychology of Intergroup Relations*, 2nd ed. (Chicago: Nelson-Hall, 1986), pp. 7-24, especially p. 14; Michael Billig and Henri Tajfel, "Social Categorization and Similarity in Intergroup Behaviour," *European Journal of Social Psychology*, Vol. 3, No. 1 (January/March 1973), pp. 27-52, especially p. 29.

＊62 Hamilton, "The Genetical Evolution of Social Behavior. I"; Hamilton, "The Genetical Evolution of Social Behavior. II."

＊63 至近要因と究極要因の区別は、ノーベル医学生理学賞受賞者ニコ・ティンバーゲン（Niko Tinbergen）が生みだした。至近要因は、「その行動が引き起こされている直接の要因は何か」を問うものである。他方、究極要因は「その行動は何の機能があるから進化したのか」を問うものである。Niko Tinbergen, "On Aims and Methods of Ethology," *Animal Biology*, Vol. 55, No. 4

(December 2005), pp. 297-321 に由来する。心理学実験で明らかにされた個別的観察事実が至近要因だとすれば、それを進化論的視点から統合するのが究極要因である。

*64 Hamilton, "The Genetical Evolution of Social Behavior. I"; Hamilton, "The Genetical Evolution of Social Behavior. II."

*65 Steven L. Neuberg and Peter DeScioli, "Prejudices: Managing Perceived Threats to Group Life," in David Buss, ed., *The Handbook of Evolutionary Psychology, Foundation*: Volume 1 (Hoboken, N.J.: John Wiley and Sonds, 2015), chap 28.

*66 こうした自民族を好む一方、他民族を憎む現象のことをエスノセントリズム（ethnocentrism）という。Ross A. Hammond and Robert Axelrod, "The Evolution of Ethnocentrism," *Journal of Conflict Resolution*, Vol. 50, No. 6 (December 2006), pp. 926-936; Bradley A. Thayer, "Bringing in Darwin: Evolutionary Theory, Realism, and International Politics," *International Security*, Vol. 25, No. 2 (Fall 2000), p. 147.

*67 自然淘汰理論は自然淘汰の単位を個体とするが、血縁淘汰理論はそれを遺伝子とする。Hamilton, "The Genetical Evolution of Social Behaviour. I"; and Hamilton, "The Genetical Evolution of Social Behaviour. II." ハミルトンの難解な理論的説明を巧妙かつ多彩な比喩で記述的に解釈し、研究者間のみならず一般社会にその意義を普及させたのが、イギリスの進化生物学者リチャード・ドーキンス（Richard Dawkins）である。ドーキンス『利己的な遺伝子』。

*68 Hamilton, "The Genetical Evolution of Social Behaviour. I"; and Hamilton, "The Genetical Evolution of Social Behaviour. II."

*69 Mark Van Vugt and Rob Kurzban, "Cognitive and Social Adaptations for Leadership and Followership: Evolutionary Game Theory and Group Dynamics," in Joseph P. Forgas, Martie G. Haselton, and William von Hippel, eds., *Evolution and the Social Mind: Evolutionary Psychology and Social Cognition* (New York: Psychology Press, 2007), chap. 14.

*70 Joey T. Cheng, Jessica L. Tracy, and Joseph Henrich, "Pride, Personality, and the Evolutionary Foundations of Human Social Status," *Evolution and Human Behavior,* Vol. 31, No. 5 (September 2010), p. 334.

*71 Phyllis C. Lee, "Evolution and Ecological Diversity in Animal Mating and Parenting Systems," in Peter T. Ellison and Peter B. Gray, eds., *Endocrinology of Social Relationships* (Cambridge, Mass.: Harvard University Press, 2009), p. 21.

*72 Christopher Boehm, "Conflict and the Evolution of Social Control," *Journal of Consciousness Studies,* Vol. 7, Nos. 1-2 (2000), pp. 79-101.

*73 Christopher Boehm et al., "Egalitarian Behavior and Reverse Dominance Hierarchy," *Current Anthropology*, Vol. 34, No. 3 (June 1993), pp. 227-254; Christopher Boehm, *Hierarchy in the Forest: The Evolution of Egalitarian*

Behavior (Cambridge: Harvard University Press, 1999).

＊74 Richard W. Wrangham, "Two Types of Aggression in Human Evolution," *Proceedings of the National Academy of Sciences*, Vol. 115, No. 2 (January 2018), pp. 245-253; リチャード・ランガム（依田卓巳訳）『善と悪のパラドックス――ヒトの進化と〈自己家畜化〉の歴史』（NTT出版、2020年）。

＊75 Helen Pluckrose, James Lindsay, *Cynical Theories: How Activist Scholarship Made Everything about Race, Gender, and Identity - And Why this Harms Everybody* (Durham: Pitchstone Publishing, 2020); Charles Pincourt and James Lindsay, *Counter Wokecraft: A Field Manual for Combatting the Woke in the University and Beyond* (Durham: Pitchstone Publishing, 2022).

＊76 こうした点については本書終章で言及する。

＊77 Roy F. Baumeister, *Evil: Inside Human Violence and Cruelty* (New York: Holt, 1997).

＊78 Dale T. Miller and Michael Ross, "Self-serving Biases in the Attribution of Causality: Fact or Fiction?" *Psychological Bulletin*, Vo. 82, No. 2 (1975), pp. 213-225.

＊79 D. Kahneman and A. Tversky, "Prospect Theory: Analysis of Decision under Risk," *Econometrica*, Vol.47, No. 2 (1979), pp. 263-291; A. Tversky and D. Kahneman, "Judgment under Uncertainty: Heuristics and Biases," *Science*, Vol. 185, No. 4157 (1974), pp. 1124-1131; Daniel Kahneman, Paul Slovic, and Amos Tversky, *Judgment under Uncertainty: Heuristics and Biases* (Cambridge: Cambridge University Press, 1982).

＊80 Boehm et al., "Egalitarian Behavior and Reverse Dominance Hierarchy"; Boehm, *Hierarchy in the Forest*.

＊81 ニッコロ・マキアヴェッリ（河島英昭訳）『君主論』（岩波書店、1998年）。

＊82 Thomas Hobbes, *Leviathan* (New York: Oxford University Press, 1651/1957).

＊83 Thayer, "Bringing in Darwin"; Bradley A. Thayer, *Darwin and International Relations: On the Evolutionary Origins of War and Ethnic Conflict* (Lexington: University Press of Kentucky, 2004); D. D. P. Johnson and Bradley A. Thayer, "The Evolution of Offensive Realism," *Politics and the Life Sciences*, Vol. 35, No. 1 (Spring 2016), pp. 1-26; D. D. P. Johnson and Bradley A. Thayer, "Crucible of Anarchy: Human Nature and the Origins of Offensive Realism," paper presented at the 2013 annual convention of the International Studies Association, San Francisco, CA; Paul Harold Rubin, *Darwinian Politics: The Evolutionary Origin of Freedom* (New Brunswick: Rutgers University Press, 2002).

＊84 ニッコロ・マキアヴェッリ（永井三明訳）『ディスコルシ――「ローマ史」論』（筑摩書房、2011年）。

第3章　修正ホッブズ仮説──進化的自然状態モデル

＊85 Robert Trivers, *Deceit and Self-Deception: Fooling Yourself the Better to Fool Others* (London: Allen Lane, 2011); Robert Trivers, "The Elements of a Scientific Theory of Self-Deception," *Annals of the New York Academy of Sciences*, Vol. 907, No. 1 (April 2000), pp. 114-131; William von Hippel and Robert Trivers, "The evolution and psychology of self-deception," *Behavioral and Brain Sciences*, Vol. 34, No. 1 (February 2011), pp. 1-16; ロバート・クルツバン（高橋洋訳）『だれもが偽善者になる本当の理由』（柏書房、2014年）。

＊86 Trivers, *Deceit and Self-Deception*; Trivers, "The Elements of a Scientific Theory of Self-Deception"; Hippel and Trivers, "The evolution and psychology of self-deception";クルツバン（高橋洋訳）『だれもが偽善者になる本当の理由』。

＊87 https://www.facebook.com/watch/?v=10155258609773487

＊88 Trivers, *Deceit and Self-Deception*, p. 2.

＊89 Roger Buehler, Dale Griffin, and Heather MacDonald, "The Role of Motivated Reasoning in Optimistic Time Predictions," *Personality and Social Psychology Bulletin*, Vol. 23, No. 3 (March 1997), pp. 238-247; Daniel Statman, "Hypocrisy and self-deception," *Philosophical Psychology*, Vol. 10, No. 1 (1997), pp. 57-75; John Erickson, "Double Deception: Stalin, Hitler and the Invasion of Russia," *The English Historical Review*, Vol. 113, No. 454 (1998), pp. 1380-1381; Harry C. Triandis, *Fooling Ourselves: Self-Deception in Politics, Religion, and Terrorism: Self-Deception in Politics, Religion, and Terrorism* (Westport: Praeger Pub Text, 2008);ターリ・シャーロット（斉藤隆央訳）『脳は楽観的に考える』（柏書房、2013年）261〜264、268頁。ナルシスト的パーソナリティと政治学に関する有力な研究は、Ralph Pettman, "Psychopathology and world politics," *Cambridge Review of International Affairs*, Vol. 23, No. 3 (September 2010), pp. 475-492; Ralph Pettman, *Psychopathology and World Politics* (London: World Scientific, 2011)を参照。とりわけトランプについては以下を参照。
https://www.psychologytoday.com/intl/basics/president-donald-trump

＊90 これまでトランプらにみられるこの自己欺瞞は、遺伝的欠陥や権威主義的なパーソナリティと解釈されがちだった。ところが興味深いことに進化政治学は、我々一般人もまた多かれ少なかれ同じ楽観的な特徴を示し、それが「程度の問題」であることを示唆している。すなわち、全ての人間には一定程度のナルシスト的傾向性や自己欺瞞的戦略が備わっており、トランプの自己欺瞞は、正常な心理メカニズムが通常よりも多少強力に作用したものに過ぎないのである。

＊91 https://www.alternet.org/2020/04/leading-psychologists-explain-how-trumps-self-delusions-and-narcissism-make-him-uniquely-effective-at-predatory-deception/

＊92 論者により使用する用語や定義は異なるが、楽観性バイアス、自己欺瞞（self-deception）、過信（自信過剰）などが含むところは概して類似している。

137

Johnson et al., "Overconfidence in Wargames" ; D. D. P. Johnson "Leadership in War: Evolution, Cognition, and the Military Intelligence Hypothesis," in David Buss, ed., *The Handbook of Evolutionary Psychology,* Vol. 2: *Integrations* (Hoboken, N.J.: John Wiley and Sons, 2015), pp. 732-733; D. D. P. Johnson, Nils B. Weidmann, Lars-Erik Cederman, "Fortune Favours the Bold: An Agent-Based Model Reveals Adaptive Advantages of Overconfidence in War," *Plos One*, Vol. 6, No. 6 (June 2011), e20851; Trivers, *Deceit and Self-Deception*; シェリー・E・テイラー（宮崎茂子訳）『それでも人間は、楽天的な方がいい——ポジティブ・マインドと自己説得の脳科学』（日本教文社、1998年）；スティーブン・ピンカー（幾島幸子・塩原通緒訳）『暴力の人類史』下巻（青土社、2015年）247〜252頁；シャーロット『脳は楽観的に考える』。

＊93 シャーロット 『脳は楽観的に考える』9頁；Johnson, *Overconfidence and War*, p. 7; テイラー『それでも人間は、楽天的な方がいい』19〜20頁；ピンカー『暴力の人類史』下巻、247頁。

＊94 Trivers, *Deceit and Self-Deception*, especially chap. 1; Anthony C. Lopez, Rose McDermott, and Michael Bang Petersen, "States in Mind: Evolution, Coalitional Psychology, and International Politics," *International Security*, Vol. 36, No. 2 (Fall 2011), p. 79. もっとも、進化的適応環境から現代にかけては環境が大きく変化したので、祖先の生存と繁殖に有利なよう設計された楽観性バイアスが、現代においても同様に合理的とは限らない。こうしたミスマッチのことを適応齟齬（evolutionary mismatch）という。

＊95 ただし、楽観性バイアスに進化論的起源があるということが、「全ての人間に同程度の楽観性バイアスが備わっている」、「過信の陥穽を防ぐ手立てはない」といった生物学的決定論を意味するわけではない。個人が示す最終的な過信の程度は、生まれ育った環境（社会的要因）、セロトニン輸送体の対立遺伝子の数（個人差を規定する遺伝的な脳科学的要因）等に影響された上で決定される。Jan-Emmanuel De Neve et al., "Genes, Economics, and Happiness," Journal of Neuroscience, Psychology, and Economics, Vol. 5, No. 4 (November 2012), pp. 193-211. こうした点についてシャーロットは、「バイアスの存在を知れば…非現実的なまでの楽観性による落とし穴にはまるのを防ぐ行為をうながすこともできる」と論じている。シャーロット『脳は楽観的に考える』293頁。

＊96 Nicholas Epley and Erin Whitchurch, "Mirror, Mirror on the Wall: Enhancement in Self-Recognition," *Personality and Social Psychology Bulletin*, Vol. 34, No. 9 (September 2008), pp. 1159-1170.

＊97 Christina Moutsiana et al., "Human Development of the Ability to Learn from Bad News," *Proceedings of the National Academy of Sciences*, Vol. 110, No. 41 (October 2013), pp. 16396-16401; and R. Chowdhury et al., "Optimistic Update Bias Increases in Older Age," *Psychological Medicine*, Vol. 44, No. 09 (July 2014), pp. 2003-2012.

＊98 Tali Sharot, Christoph W. Korn, and Raymond J. Dolan, "How Unrealistic Optimism Is Maintained in the Face of Reality," *Nature Neuroscience*, Vol. 14, No. 11 (November 2011), p. 1475.

＊99 Ibid., pp. 1475-1479.

＊100 信念の選択的更新に関しては、Tali Sharot et al., "Selectively Altering Belief Formation in the Human Brain," *Proceedings of the National Academy of Sciences*, Vol. 109, No. 42 (October 2012), especially p. 17058 を参照。不協和低減効果に関しては、Tali Sharot, Benedetto De Martino, and Raymond J. Dolan, "How Choice Reveals and Shapes Expected Hedonic Outcome," *The Journal of Neuroscience*, Vol. 29, No. 12 (March 2009), pp. 3760-3765; Tali Sharot et al., "Is Choice-Induced Preference Change Long Lasting?" *Psychological Science*, Vol. 23, No. 10 (October 2012), pp. 1123-1129; Tali Sharot, Cristina M. Velasquez, and Raymond J. Dolan, "Do Decisions Shape Preference? Evidence from Blind Choice," *Psychological Science*, Vol. 21, No. 9 (September 2010), pp. 1231-1235; and Tali Sharot, Tamara Shiner, and Raymond J. Dolan, "Experience and Choice Shape Expected Aversive Outcomes," *The Journal of Neuroscience*, Vol. 30, No. 27 (July 2010), pp. 9209-9215 を参照。

＊101 過信は「結果の真の可能性を上回る次元の自信」と定義され、それはしばしば誤った楽観主義（false optimism）とも呼ばれる。D. D. P. Johnson and D. Tierney, "The Rubicon Theory of War: How the Path to Conflict Reaches the Point of No Return," *International Security*, Vol. 36, No. 1 (Summer 2011), pp. 8-9.

＊102 Geoffrey Blainey, *The Causes of War* (New York: Free Press, 1973), p. 35 ; Jennifer Mitzen and Randall L. Schweller, "Knowing the Unknown Unknowns: Misplaced Certainty and the Onset of War," *Security Studies*, Vol. 20, No. 1 (March 2011), pp. 2-35; Stephen Van Evera, *Causes of War: Power and the Roots of Conflict* (Ithaca, N.Y.: Cornell University Press, 1999), p. 16; Johnson and Tierney, "The Rubicon Theory of War"; D. D. P. Johnson, *Overconfidence and War: The Havoc and Glory of Positive Illusions* (Cambridge, Mass.: Harvard University Press, 2004); Daniel Kahneman and Jonathan Renshon, "Why Hawks Win," *Foreign Policy,* No. 158 (January/February 2007), pp. 34-38; Daniel Altman, "The Strategist's Curse: A Theory of False Optimism as a Cause of War," *Security Studies*, Vol. 24, No. 2 (June 2015), pp. 284-315; 土山實男『安全保障の国際政治学——焦りと傲り』第2版（有斐閣、2014年）270～271頁；バーバラ・W・タックマン（大社淑子訳）『愚行の世界史——トロイアからベトナムまで』全2冊（中央公論新社、2009年）；伊藤隆太「過信のリアリズム試論——日ソ中立条約を事例として」『国際安全保障』第44巻第4号（2017年3月）58～73頁。

＊103 Norman F. Dixon, *On the Psychology of Military Incompetence, illustrated edition* (New York: Basic Books, 2016).

＊104 Wrangham, "Is Military Incompetence Adaptive?"; Johnson, Wrangham, and Rosen, "Is Military Incompetence Adaptive?"

＊105 Johnson, *Overconfidence and War.*

＊106 ジョン・J・ミアシャイマー（奥山真司訳）『大国政治の悲劇——米中は必ず衝突する』（五月書房、2007年）48〜50頁。こうした点にかかる、より包括的な議論は、John J. Mearsheimer, *The Great Delusion: Liberal Dreams and International Realities* (Yale University Press, 2018)を参照。

＊107 C. R. Ember, "Myths About Hunter-Gatherers," *Ethnology*, Vol. 17, No. 4 (1978), pp. 439-448; Lawrence H. Keeley, *War Before Civilization: The Myth of the Peaceful Savage* (New York, NY: Oxford University Press, 1996); Steven A. LeBlanc, and Katherine E. Register, *Constant Battles: The Myth of the Peaceful, Noble Savage* (New York, NY: St. Martin's, 2003); Azar Gat, *War in Human Civlization* (Oxford: Oxford University Press, 2006); Jung-Kyoo Choi and Samuel Bowles, "The Coevolution of Parochial Altruism and War," *Science*, Vol. 318, No. 5850 (October 2007), pp. 636-640; Samuel Bowles, "Did Warfare among Ancestral Hunter-Gatherers Affect the Evolution of Human Social Behaviors?" *Science*, Vol. 324, No. 5932 (June 2009), pp. 636-640; Samuel Bowles, "Being Human: Conflict: Altruism's Midwife," *Nature*, Vol. 456, No. 7220 (November 2008), pp. 326-327; Samuel Bowles, "Warriors, Levelers, and the Role of Conflict in Human Social Evolution," *Science*, Vol. 336, No. 6083 (May 2012), pp. 876-879; Laurent Lehmann, and Marcus W. Feldman, "War and the Evolution of Belligerence and Bravery," *Proceedings of the Royal Society B: Biological Sciences*, Vol. 275, No. 1653 (2008): 2877-2885 ; Shermer, The Moral Arc; Shermer, Giving the Devil his Due; マッド・リドレー（大田直子・鍛原多惠子・柴田裕之訳）『繁栄——明日を切り拓くための人類10万年史』（早川書房、2013年）；ピンカー『暴力の人類史』；スティーブン・ピンカー（橘明美・坂田雪子訳）『21世紀の啓蒙——理性、科学、ヒューマニズム、進歩』全2巻（草思社、2019年）。

＊108 伊藤隆太『進化政治学と戦争——自然科学と社会科学の統合に向けて』（芙蓉書房出版、2021年）第4章。

＊109 Martin Daly and Margo Wilson, *Homicide* (New York: Aldine de Gruyter, 1988); Wrangham, "Evolution of Coalitionary Killing."

＊110 Keeley, *War before Civilization;* LeBlanc and Register, *Constant Battles;* and Gat, *War in Human Civlization.*

＊111 Johnson, Wrangham, and Rosen, "Is Military Incompetence Adaptive? An Empirical Test with Risk-Taking Behaviour in Modern Warfare." ; Richard W. Wrangham, and Luke Glowacki, "Intergroup Aggression in Chimpanzees and War in Nomadic Hunter-Gatherers: Evaluating the Chimpanzee Model," *Human Nature*, Vol. 23, No.1 (2012), pp. 5-29. 会戦、

消耗戦、殲滅戦などを区別して、より詳細な進化論的分析を行うことは今後の一つの有益な研究課題になるだろう。

https://hashimoto-tsutomu.blogspot.com/2022/01/blog-post_28.html?fbclid=IwAR1oIeASijbzvfvXByWOPRPYwia3uU6VmiruiVGQOOf4FAgn8yC9rfawXkc

＊112　Joseph H. Manson and Richard W. Wrangham, "Intergroup Aggression in Chimpanzees and Humans," *Current Anthropology*, Vol. 32, No. 4 (August-October 1991), pp. 369-390.

＊113　John Tooby and Leda Cosmides, "The Evolution of War and Its Cognitive Foundations," *Institute for evolutionary studies technical report*, Vol. 88, No. 1 (April 1988), pp. 1-15; Azar Gat, "The Human Motivational Complex: Evolutionary Theory and the Causes of Hunter-Gatherer Fighting, Pt. 1: Primary Somatic and Reproductive Causes," *Anthropological Quarterly,* Vol. 73, No. 1 (January 2000), pp. 20-34.

＊114　こうした推論を進化論では、適応課題（adaptive problem）——狩猟採集時代において人間が生存・繁殖を図る上で直面した課題——の推測という。

＊115　Wrangham, "Evolution of Coalitionary Killing"; James R. Liddle, Todd K. Shackelford, and Viviana A. Weekes–Shackelford, "Why Can't We All Just Get Along? Evolutionary Perspectives on Violence, Homicide, and War," *Review of General Psychology*, Vol. 16, No. 1 (2012), pp. 24-36; McDonald, Navarrete, and Van Vugt, "Evolution and the Psychology of Intergroup Conflict."

＊116　Wrangham, "Evolution of Coalitionary Killing." See also, Manson, and Wrangham, "Intergroup Aggression in Chimpanzees and Humans."

＊117　John C. Mitani, David P. Watts, and Amsler J. Sylvia, "Lethal Intergroup Aggression Leads to Territorial Expansion in Wild Chimpanzees," *Current Biology*, No. 20, No. 12 (2010), pp. R507-508.

＊118　Wrangham, and Glowacki, "Intergroup Aggression in Chimpanzees and War in Nomadic Hunter-Gatherers."

＊119　Dominic D. P. Johnson, and Niall J. MacKay, "Fight the Power: Lanchester's Laws of Combat in Human Evolution," *Evolution and Human Behavior*, Vol. 36, No. 2 (2015), pp. 152-163. ランチェスターの法則とは、自動車・航空機のエンジニアとして活躍したイギリス人フレデリック・ランチェスターが第一次世界大戦の際に、航空機での集団戦闘を分析することで発見した数理モデルである。Frederick William Lanchester, *Aircraft in Warfare: The Dawn of the Fourth Arm* (Charleston: BiblioLife, 2009).

＊120　Tooby and Cosmides, "The Evolution of War and Its Cognitive Foundations"; McDonald, Navarrete, and Vugt, "Evolution and the Psychology of Intergroup Conflict."

＊121　Tooby and Cosmides, "The Evolution of War and Its Cognitive Foundations."

＊122　Tooby and Cosmides, "The Evolution of War and Its Cognitive Foundations";

Tooby and Cosmides, "Groups in Mind; John Tooby, Leda Cosmides, and Michael E. Price, "Cognitive Adaptations for n-Person Exchange: The Evolutionary Roots of Organizational Behavior," *Managerial and Decision Economics*, Vol. 27, Nos. 2–3 (March–May 2006), pp. 103-129.

*123 Joseph P. Forgas, Martie Haselton, and William von Hippel, *Evolution and the Social Mind: Evolutionary Psychology and Social Cognition* (New York, NY: Psychology Press, 2007); David C. Navarrete, Robert Kurzban, Daniel M. T. Fessler, and L. A. Kirkpatrick, "Anxiety and Intergroup Bias: Terror Management or Coalitional Psychology?" *Group Processes & Intergroup Relations*, Vol. 7, No. 4 (2004), pp. 370-397; John D. Wagner, Mark V. Flinn, and Barry G. England, "Hormonal Response to Competition Among Male Coalitions," *Evolution and Human Behavior*, Vol. 23, No. 6 (2002), pp. 437-442; Robert Kurzban, John Tooby, and L. Cosmides, "Can Race Be Erased? Coalitional Computation and Social Categorization," *Proceedings of the National Academy of Sciences*, Vol. 98, No. 26 (2001), pp.15387-15392; Lopez, McDermott, and Petersen, "States in Mind."

*124 Charles Darwin, *The Origin of the Species and the Descent of Man* (New York: The Modern Library, 1871/1977), p. 134.

*125 V. C. Wynne-Edwards, *Animal Dispersion in Relation to Social Behaviour* (London: Oliver and Boyd, 1962).

*126 Hamilton, "The Genetical Evolution of Social Behaviour. I"; Hamilton, "The Genetical Evolution of Social Behaviour. II "; Williams, *Adaptation and Natural Selection*; Smith J. Maynard, "Group Selection," *Quarterly Review of Biology*, Vol. 51 (1976), pp. 277-283.

*127 Hamilton, "The Genetical Evolution of Social Behaviour. I"; Hamilton, "The Genetical Evolution of Social Behaviour. II "; George C. Williams, *Adaptation and Natural Selection: A Critique of Some Current Evolutionary Thought* (Princeton, N.J.: Princeton University Press, 1966); Trivers, "The Evolution of Reciprocal Altruism"; Max M. Krasnow, Andrew W. Delton, John Tooby, and Leda Cosmides, "Meeting Now Suggests We Will Meet Again: Implications for Debates on the Evolution of Cooperation," *Scientific Reports*, Vol. 3, No. 1747 (2013), pp. 1-8.

*128 David S. Wilson, "Human Groups as Units of Selection," *Science*, Vol. 276, No. 5320 (1997), pp. 1816-1817; Elliott Sober, and David S. Wilson, *Unto Others: The Evolution and Psychology of Unselfish Behavior* (Cambridge, MA: Harvard University Press, 1999).

*129 Hertler, Figueredo, and Peñaherrera-Aguirre, *Multilevel Selection*; Wilson, Wilson, "Rethinking the Theoretical Foundation of Sociobiology"; Fletcher and Zwick, "Strong altruism can evolve in randomly formed groups"; ウィルソン『みんなの進化論』; ハイト『社会はなぜ左と右にわかれるのか』。

＊130 Anthony C. Lopez, "The Hawkish Dove: Evolution and the Logic of Political Behaviour," *Millennium –Journal of International Studies*, Vol. 43, No. 1 (2014), pp. 66-91.

＊131 Choi and Bowles, "The Coevolution of Parochial Altruism and War"; Bowles, "Did Warfare among Ancestral Hunter-Gatherers Affect the Evolution of Human Social Behaviors?"; Bowles, "Being Human"; Bowles, "Warriors, Levelers, and the Role of Conflict in Human Social Evolution"; Lehmann, and Feldman, "War and the Evolution of Belligerence and Bravery."

＊132 Jeremy Ginges, and Scott Atran, "War as a Moral Imperative (Not Just Practical Politics by Other Means)," *Proceedings of the Royal Society B: Biological Sciences*, Vol. 278, No. 1720 (2011), pp. 2930-2938; Sarah Mathew, and Robert Boyd, "Punishment Sustains Large-Scale Cooperation in Prestate Warfare," *Proceedings of the National Academy of Sciences*, Vol. 108, No. 28 (2011), pp. 11375-11380 ; ジョセフ・ヘンリック（今西康子訳）『文化がヒトを進化させた―人類の繁栄と〈文化-遺伝子革命〉』（白揚社、2019年）。

＊133 Peter J. Richerson and Robert Boyd, *Not by Genes Alone: How Culture Transformed Human Evolution* (Chicago: University of Chicago Press, 2004).

＊134 Peter J. Richerson, Robert Boyd and J. Henrich, "Cultural Evolution of Human Cooperation," in Peter Hammerstein, ed., *Genetic and Cultural Evolution of Cooperation* (Cambridge: The MIT press, 2003), pp. 357-388.

＊135 Stephen Peter Rosen, *War and Human Nature* (Princeton: Princeton University Press, 2007); A. C. Lopez, "The Evolution of War: Theory and Controversy," *International Theory*, Vol. 8, No. 1 (October 2016), pp. 97-139; Thayer, "Bringing in Darwin"; Thayer, *Darwin and International Relations*; Johnson, and Thayer, "The Evolution of Offensive Realism"; Azar Gat, "So Why Do People Fight? Evolutionary Theory and the Causes of War," *European Journal of International Relations*, Vol.15, No. 4 (November 2009), pp. 571-599; Azar Gat, *The Causes of War and the Spread of Peace: But Will War Rebound?* (New York: Oxford University Press, 2017); アザー・ガット（石津朋之・永末聡・山本文史監訳）『文明と戦争』全2巻（中央公論新社、2012年）；伊藤『進化政治学と戦争』。

＊136 ケネス・ウォルツ（河野勝・岡垣知子訳）『国際政治の理論』（勁草書房、2010年）；ミアシャイマー『大国政治の悲劇』。ウォルツ、ミアシャイマー後の新構造主義ともいえるネオリアリスト的議論は、Patrick James, *International Relations and Scientific Progress: Structural Realism Reconsidered* (Columbus: Ohio State University Press, 2002)を参照。

＊137 Barkow, Cosmides, and Tooby, eds., *The Adapted Mind*. See also, Buss, ed., *The Handbook of Evolutionary Psychology*.

＊138 Thayer, "Bringing in Darwin"; Thayer, *Darwin and International*

Relations; C. Brown, "Structural Realism, Classical Realism and Human Nature," *International Relations*, Vol. 23, No. 2 (June 2009), pp. 257-270.

第4章

❦

平和と繁栄の原因
——進化的リベラリズム試論——

はじめに

　前章では、政治学の自然状態論——とりわけその中でも先見性のあるトマス・ホッブズ（Thomas Hobbes）＊1の自然状態論を手がかりにして——を、実在論的意味での科学的根拠が備わった形で再構築すべく、進化政治学の進化適応環境（environment of evolutionary adaptedness）＊2概念に基づき、新たな自然状態論——進化的自然状態モデル——を提示した。これにより、リベラリズムがしばしば分析対象とする、現在人類が享受している平和と繁栄に至るまでのデフォルトの原初的な状態を描きだした。進化的自然状態モデルはホッブズ的な政治的リアリズムの原型であり、リアリスト・リサーチプログラムの中のハードコア（hard core）でもある＊3。

　それでは、人類はいかにして進化的自然状態モデルが示唆する悲惨なリアリスト的世界から、リベラリズムが説明する現在の平和と繁栄を実現するに至ったのだろうか。この重要な問いに答えるべく、本章では、科学哲学の科学的実在論（scientific realism）＊4に基づき、これまで進化学者が提示してきたリベラリズム的な諸学説のエッセンスを帰納的に再構成・体系化して、①暴力衰退説（decline of violence）、②リベラル啓蒙主義、③合理的楽観主義（rational optimism）、という三つの要素からなる、進化的リベラリズムの試論として提示する。

　結論からいえば、進化的リベラリズムは、これまで様々な進化論者が個別的に言及していたリベラリズム的な言説を、自然状態における人間本性の欠陥が協調に向けた後天的要因により相殺されて平和と繁栄に至る、という一つの体系的な因果メカニズムとして、統合的に理解できるようにするものである。以下、進化的リベラリズムの試論を提示することを目的と

して、その三つの構成要素を順に説明していく。すなわち、①暴力衰退説、②リベラル啓蒙主義、③合理的楽観主義である。

第1節　暴力衰退説と国際政治の平和化

前章ではホッブズの自然状態論を拡張して、進化政治学に基づいた新たな自然状態論を構築してきたが、人間本性の悲惨さが普遍的で——コインの裏表のように、人間本性には協調を志向するものもあるが、それらにはしばしば部族主義などのバイアスがかかっている——、それが戦争の原因なのであれば、人類史は暴力にまみれた悲惨なものになってしまうのだろうか。この究極的な問いについては、幸運なことに既に答えが出ている。それが、ピンカーが提示し、自然科学・社会科学を横断し広く受けいれられている暴力衰退説である。これは、人類史を通じて、暴力はほぼ一貫して低下する傾向にあったというものである*5。

これが政治学の伝統的なパラダイムであるリベラリズムにとり重要である所以は、リベラリズムが提示してきた平和に向けた様々な環境的要因——民主主義、経済的相互依存、国際制度など*6——をめぐる因果メカニズムを、実在論的な意味での科学的根拠が備わった形で再構築するものだからである。リベラリズムはこれまでしばしばホッブズ的な悲惨な人間本性を見逃していたが、それは実在論的な視点に立つとき科学的に誤っている。これに対して、進化的リベラリズムは既存のリベラリズムに対して、リアリズムが前提とするホッブズ的な人間本性がリベラル啓蒙主義的な環境的要因により相殺されることで平和が生まれる、という新奇な知見を追加する*7。

未開の原住民が平和的だというルソーの「高貴な野蛮人（noble savage）」説*8を信奉する一部の人文系の学者や、流血優先報道を流すメディアの影響を受けつづけている大衆は、暴力衰退説を驚きと懐疑をもって迎えた。特に文明が起こり、国家間戦争が生じるようになる前の狩猟採集社会が非常に暴力的であったことは知られておらず、中世の農村社会は平和だったと思っている人も多い。二つの世界大戦とホロコースト、全体主義国家による大規模粛正・ジェノサイドを経験した20世紀を考えると、人類史上暴力が圧倒的に減少してきたという、暴力衰退説は信じがたいか

もしれない。こうした懐疑論に対して、ピンカーは、統計的データと定性的推論に基づき、実際にこうした平和的変化があったことを示したのである＊9。

　暴力衰退説によれば、歴史の長期的趨勢は国際的・国内的に多種多様な暴力——戦争、殺人、動物虐待など——が衰退する方向に進んでおり、こうした趨勢は統計的データによりしっかりと裏付けられている。たとえば、我々はもはや奴隷制や魔女狩りを肯定することはなくなったし、ナショナリズムの衝突に起因する大国間戦争は滅多に起こり得なくなった。そしてこうした暴力の衰退は、人間がリベラル啓蒙主義を内面化することで可能になってきた＊10。

　もちろん、こうしたピンカーの見解に対して異議を申し立てるものもいる。リアリストのブラッドレイ・セイヤーは、ピンカーが暴力の衰退に寄与するとみなす諸変数はそもそも文明化が進んでいない非西洋圏には適用が難しく、実際それらは西洋圏にも十分に適用できるものではないと論じている。さらにセイヤーは、ピンカーは国際システムの構造的要因を軽視するあまり、近年の米中対立をはじめとするシステム的要因を見落としていると批判している＊11。

　ジャック・レヴィ（Jack S. Levy）とウィリアム・トンプソン（William R. Thompson）は、ピンカーが暴力の衰退を説明する際に依拠している理論的枠組みの欠陥を指摘している。レヴィとトンプソンによると、ピンカーは自らが暴力の衰退に寄与しているとみなす文化的・観念的要因が、物質的・制度的要因の内生変数（endogenous variable）である可能性を過小評価しているという＊12。ローレンス・フリードマン（Lawrence Freedman）は暴力衰退説を再考した上で、ピンカーが掲げるリベラル啓蒙主義的要因だけでなく、パワー構造・同盟関係・核抑止といったリアリスト的要因にも目を配るべきだと主張している＊13。

　ところが、上記の批判は例外的なものであり、進化論に立つ学者の圧倒的多くが、ピンカーの暴力衰退説を支持している。哲学者ピーター・シンガー（Peter Singer）は、人間が「共感の輪（circle of empathy）」を家族から部族へ、部族から国家へ、そして国家から世界市民へと広げてきたと主張している＊14。進化心理学者ロバート・ライト（Robert wright）はそのベストセラー『ノン・ゼロ（Nonzero）』において、なぜ、いかにして相互

依存の拡大が世界的な平和を促進するのかを示している＊15。

　科学史家で進化心理学者のマイケル・シャーマー（Michael Brant Shermer）は、ピンカーの議論に立脚しつつ、国際的な道徳水準の向上が歴史上いかにして起きてきたのかを統計データと共に改めて検証して裏付けている＊16。脳科学者であり哲学者でもあるサム・ハリス（Sam Harris）は、科学が道徳に果たす重要な役割を指摘して、グローバルな道徳水準を向上させるためには、宗教的ドグマから脱却して科学的思考様式を世界中に普及させる必要があると主張している＊17。

　また、暴力衰退説を真正面から取り上げたものではないが、防御的リアリスト（defensive realist）のシーピン・タン（Shiping Tang）は、社会進化論（social evolution）をめぐる進化政治学的知見をリアリズムに応用して、ピンカーと似たニュアンスの議論を展開している。すなわちタンによれば、歴史的に国際システムは攻撃的リアリズムの悲惨なものから、防御的リアリズムの楽観的なものに進化してきたのである＊18。

　それでは、なぜ人間本性の悲惨さは普遍的であるのに、暴力が衰退して道徳が向上したのだろうか。この問いへの答えはきわめて単純なものである。それは、人類史上の平和的変化は、生得的要因——心理メカニズム、遺伝子、人間本性といった生物学的要因——の変化によるものでなく＊19、環境的要因——科学、産業化・学力の向上といった啓蒙主義的要因——の変化に起因するということである＊20。

　暴力の衰退とそれに伴う道徳の向上の原因が、人間本性の変化でなく、科学や理性等の環境的要因のそれに起因するならば、進化論が前提とする人間本性の国際政治への影響力自体は低減していない、ということになる。この点を今にいたるまでリベラリストは見逃しており、それが故に、しばしばリベラリズムはナイーブなユートピアリズムであると批判されてきた。指導者は時として怒りや過信に駆られて攻撃的政策をとるし、ナショナリズムはしばしば国家間紛争を熾烈化させるが、こうした戦争に向けた人間本性の因果効果は、民主主義の進展や理性・科学の向上といった平和に向けた環境的・後天的要因によって相殺されうる。つまるところ、世界は歴史上次第に平和になっているが、性善説は誤りであり、そのプロセスはユートピアリズムで捉えられるものではないのである。

第2節　リベラル啓蒙主義と道徳的進歩

（1）啓蒙主義

　それでは非合理的な戦争をやめて、プラトンの「洞窟の比喩」が示唆する問題——科学が軽視されて、陰謀論、宗教、オカルトといった非科学的な言説がはびこる現代の状況——を克服するためには何が必要なのだろうか。そこで重要になるのがリベラル啓蒙主義（以下、啓蒙主義も同義）である＊21。端的にいえば、啓蒙主義とは、人間が理性と科学によって人類の繁栄を促すことができるという考え方を指す。

　啓蒙主義の理念には、ヒューマニズム、古典的リベラリズム、コスモポリタニズムといったものが含まれる。一見すると当たり前のように思える発想だが、陰謀論やポストモダニズムが勢いを増して、世界を理性的に理解することを阻もうとしている今、啓蒙主義の理念は再び大きな擁護を必要としている。理性、科学、ヒューマニズム、進歩といった啓蒙主義の諸理念を再び考えることで、人類はさらなる平和と繁栄を遂げることができよう。

　理性と科学に基づいた人類の平和と繁栄を実現するという啓蒙主義の理念は、18世紀の西洋の啓蒙主義運動に由来する。啓蒙主義は人間についての理解の探索であり、それは理性、科学、ヒューマニズム、進歩、合理性といったテーマに駆られたものであった＊22。理性は正しい知識を求めるように人々を促し、我々を迷信の世界から解き放つ。科学は人間の理解を深め、その理解は全ての個人の幸福が等しく重要だと考えるヒューマニズムやコスモポリタニズムをつながる。

　こうした自由主義的な観念は、世界から奴隷制，残虐な刑罰などの野蛮な習慣の廃止を実現させて、人類史上の進歩をもたらす。啓蒙運動は繁栄を合理的・科学的に考察し、市場が双方に利益を生むであろうという期待から協調的な貿易を推進する。その結果、イデオロギーや宗教のために戦争を行うことは理性的なアクターにとって賢いオプションではなくなり、戦争は人類が克服すべき実務的な課題となり、平和は功利主義に立つアクターが選択する合理的オプションとなる。進歩、ヒューマニズム、平和など、啓蒙主義にかかる概念には多くがあるが、その中でも特に重要なのが理性と科学であろう。それゆえ、以下では理性と科学に焦点を当てて、リ

ベラル啓蒙主義を科学的・哲学的に基礎づけていく。

（2）理性による感情とイデオロギーの克服

　理性とは何かを考える上では本能との対比が有益であろう。脳科学者で道徳哲学者のジョシュア・グリーン（Joshua Greene）は理性と本能の問題を、二重過程理論（dual process theory）として体系化している*23。グリーンによれば、人間の脳には自動モード（情動的な直感）と手動モード（理性的・冷徹なシステム思考）があり、彼はこの二重の思考様式を二重過程理論（dual process theory）と呼んだ。自動モードは進化の所産で、我々が意識して作用させるものではない。たとえば、近親相姦への嫌悪や蛇に遭遇したときの恐怖心など、進化の過程で我々は様々な認知的・道徳的な心のしくみを備えてきた。他方、人間を他の動物とへだてる重要な能力に理性がある。これはグリーンが述べる、我々が熟慮で駆動させる、いわば手動のシステムである。たとえば、トロッコ問題で一人の太った男性を橋から落として犠牲にして、五人が助かるオプションを功利主義的に選択できるとき、その人は理性を用いた思考をしている。

　同じことをノーベル経済学賞受賞者の心理学者ダニエル・カーネマン（Daniel Kahneman）はシステム１（進化的な本能・情動）、システム２（熟慮的な理性）と呼んだことは有名である*24。あるいは、進化論をベースとした道徳心理学者であり社会心理学者のジョナサン・ハイト（Jonathan Haidt）は、「象（進化的な本能・情動）と乗り手（熟慮的な理性）」のメタファーを提唱している*25。ピンカーは、人間本性の欠陥がいかにして、理性によりコントロールされてきたのかを繰り返し論証している*26。こうしたピンカーの議論を、シャーマーは「道徳の孤（moral arc）」説として発展させ、宗教やイデオロギーではなく、科学と理性が人類の繁栄の条件であると主張している*27。

　理性に基づいた推論とは、データと理論を通じて諸現象を議論することを意味する。理性の重要性は、上記の本能のみならず、理性に反する情緒的な通説——宗教、ドグマ、カリスマ、神秘主義、ロマン主義、オカルト等——の問題性を理解することでも明らかになる。啓蒙主義による理性の重視は、人間が完全に合理的なアクターであるという、ミクロ経済学的な意味での合理性神話とは独立した問題である。とりわけ近年、進化学者が

提唱している啓蒙主義は、理性的推論により、人間に非理性的な本能が備わっているということを科学的に理解し——このことは次章で欺瞞の反啓蒙仮説を示す中で体系的に説明する——、それを環境的要因（制度、法律、政府その他）によりコントロールすることで、人類の繁栄を実現するものである。

　他方、トマス・ホッブズ、デイヴィッド・ヒューム（David Hume）、イマニュエル・カント（Immanuel Kant）、スピノザ（Baruch de Spinoza）、アダム・スミス（Adam Smith）といった希代の啓蒙思想家たちも、直感的な進化学者であり、彼らは人間が本性的に非合理的な感情を備えていることを自覚していた*28。そしてその上で彼らは、こうした人間の不完全性を克服するためには、その共通原因となる普遍的な人間本性の正体を突きとめることが重要だと考えていた。したがって、理性を使用することが重要であると啓蒙主義が主張するためには、デフォルトの人間本性が不完全であることを理解して、その問題性を自覚する必要がある。前章で示した進化的自然状態モデルはその一つの試論である*29。

　非武装中立の議論が現実を無視したユートピア的な空想であるように、人間本性の悲惨さを無視した政治学的議論も空虚な幻想にすぎない。なぜなら、こうしたユートピアリズムは、暴力の真の原因を見逃しているので、人類の平和と繁栄を実現する上でのハードルを克服できないからである。逆に仮に人間本性がもとより完全であれば、我々が意識的に自らを啓蒙して、理性を働かせて科学を学ぶ必要はない。それにもかかわらず、我々がコストを支払って学問に勤しみ、自らを啓蒙する必要があるのは、原初状態の人間は、プラトンの「洞窟の比喩」で表象されているような無知な囚人のようなものであり、この無知な状態を少しでも脱却することで——これにはソクラテス的な「無知の知*30」も含まれよう——、世界の近似的真理に漸進的に接近していくことができるからである。

（3）科学による無知と迷信からの脱却

　人間が理性を用いて発明した最大の成果物は科学である。科学は無知と迷信からの脱却を可能にする。科学は理性を用いてなされ、知識を蓄積して、我々の寿命、富、健康を増やし続けている。本書では科学を広義に捉えて、それを「データと理論に基づいて、世界を理解しようとする知的体

系」と定義する。これによれば、科学という言葉の中には、人文社会科学系の諸分野（哲学、政治学、経済学、その他）も含まれることになる。

科学を敵視するのは、宗教家、ポピュリスト、さらに「高貴な野蛮人」説やブランク・スレート（blank slate）説[31]を信奉する一部の人文系の学者、とりわけポストモダニストらである。現在、人々によって受けいれられている科学的仮説が全て真実というわけではないかもしれないが、それは科学哲学者カール・ポパー（Sir Karl Raimund Popper）が考えたように、科学という営みにおいては当然のことである[32]。

科学哲学の科学的実在論が主張するように、人間が手に入れる真理は完全なものではなく、あくまで近似的真理（approximate truth）である[33]。我々はそれら近似的真理に即座にアクセスできるわけではなく、科学の発展段階に応じて少しずつ近づいていく。世界の不確実性や人間の認知リソースの制約にもかかわらず、人間はこうした形で漸進的に近似的真理に接近していかれる。したがって、すぐに完全な真理を獲得できないということが、真理を探究する営みが不毛であるという、シニカルな相対主義を説くポストモダニズムの主張は妥当ではない。

科学的実在論では一般的に、①「科学において措定される観察不可能な事物（unobservable：筆者注）が存在する」、②「成熟した科学（mature science：筆者注）で受け入れられている科学理論は近似的に真（approximately true）である」という前提から[34]、「われわれとは独立に存在する世界について、観察できないところも含め真理を見出すこと」が目指される[35]。換言すれば、科学的実在論において科学や理論の目的は、観察不可能な部分も分析射程に収めつつ、近似的真理へ漸進的に接近していくこととなる。

科学的実在論はしばしば実証主義を堅持しつつアイディアという観察不可能な要因を扱う、ウェントのような穏当な（moderate）コンストラクティビストに固有の方法論とみなされる[36]。しかし特定のリサーチプログラムに属さないベネット、ハードなリアリストのミアシャイマーが支持していることが示唆するように、科学的実在論は必ずしもウェント型の実証主義コンストラクティビストの専売特許ではない[37]。つまるところ、科学的実在論は政治学に実在論的な意味で科学的に従事する、全ての理論家にとり重要な学説である。

真理へのアクセスを拒絶する、決定不全性（underdetermination）[38]を

代表とする反実在論（anti-realism）*39テーゼに——それゆえここでは決定不全性に焦点を当てよう——、科学的実在論は真っ向から対抗するが、その中でも観点主義（perspectivism）は特に重要なロジックを提供してくれる。観点主義は、科学哲学会（Philosophy of Science Association）の前会長で米国の哲学者ロナルド・ギャリー（Ronald N. Giere）が体系化した学説である*40。ギャリーの『科学的観点主義（Scientific Perspectivism）』は、有力な学術雑誌『サイエンス（Science）』誌上にその書評が載せられており、そのことは観点主義の影響力の大きさを物語っている*41。

　観点主義は決定不全性に対して単純に、理論は事例から検証できると反論することはしない。むしろそれは決定不全性と同じく、理論が事例から厳格に検証できるという態度には懐疑的である。しかしそれにもかかわらず、観点主義は決定不全性と以下の重要な点で異なる。

　決定不全性からはしばしば、理論は事例から厳格に検証できないので理論家は真理に近づけない、理論家は補助仮説をアドホックに利用し逸脱事例を説明できるので研究の客観性・公平性は担保できない、といったポストモダニズム的主張——これは懐疑主義・非合理主義・不可知論・相対主義などの形をとる——が導きだされる。これに対し観点主義は上記の科学的実在論の原則を前提としつつ、以下の論理から、理論家が多角的視点から世界と一定の類似性を持つモデルを獲得できる、という限定的な実在論を堅持する。

　科学的実在論によれば、理論評価基準には経験的妥当性以外にも多様なもの——統合力、簡潔性、数学的エレガントさ、新奇性、豊かさ、応用力など——がある。科学的実在論は、理論が経験により裏付けられることの重要性を認めつつも、あらゆる研究対象が経験的に裏付けられるわけではないことを自覚し、過度な経験主義——観察不可能な事象を研究対象から捨象する道具主義にみられるそれなど——からは距離をおく。

　理論は特定の観点から世界の特定の局面を表象するものであり、人間が持ちうる理論は常に実践的目的に規定される。それゆえ、世界についてのあるがままの表象モデルというものを我々は持ちえず、事象に関する唯一無二の真の記述なるものは絵に描いた餅に過ぎない。したがって、理論を一意に決めねばならないという決定不全性の前提はそもそも誤っている*42。こうした観点主義が含む複数理論の併存を擁護する論理によれば、我

々はシニカルなポストモダニズムに与することなく、理論的多元主義を擁護できるようになるのである＊43。

以上、啓蒙主義の構成要素の中でも特に重要な科学を、科学哲学の科学的実在論、とりわけ観点主義により基礎づけてきた。つまるところ、啓蒙主義の立場にたつとき、科学は人間が繁栄をしていくうえで、不可欠なツールであり、それを阻害しようとするロマン主義、宗教、アイデンティティ・ポリティクス、イデオロギー、陰謀論、ポストモダニズムといった非合理的な信念体系は退けられる必要があるのである＊44。

第3節　合理的楽観主義とネガティヴィティ・バイアス

しかし、ここでさらに一つの疑問が生じる。それは、なぜこうした暴力衰退という歴史上の変化にもかかわらず、我々は世界を悲観的に見てしまうのだろうか、という素朴な問いである。そのことを明らかにする一つの考え方が、合理的楽観主義である＊45。合理的楽観主義は端的にいえば、「データをみれば、世界は合理的に進歩している」という主張である。

つまり、多くの人文学者や活動家は往々にして、世界における戦争や紛争の問題性に目を向けるように主張してきたが、ピンカーやリドレーら合理的楽観主義者はその逆を主張するのである。合理的楽観主義者にとって、現代における真のパズルは「なぜ世界が悪くなっているのか」ではなく、「なぜ世界は平和的になっていくのか」である。ここにおいて、いうまでもなく、議論の前提は、現代世界は過去の世界よりもはるかに平和的で、戦争や暴力は一貫して減少し続けているというものである。

それでは、なぜ、こうした合理的楽観主義のロジック自体は何も問題なさそうであるのに、しばしば人々はそれに批判を浴びせるのだろうか。それは、俗な表現をすれば、「現在は昔より良くなっており、暴力も差別も昔より減っている」と主張することは、「昔より良くなっているのだから、今起きている暴力や差別は議論に値しない」と言っているようにも聞こえてしまうからである。このことを哲学的・科学的に説明すると、以下の点が指摘に値しよう。

第一は自然主義的誤謬（naturalistic fallacy）である＊46。合理的楽観主義の研究関心は、「今起きている暴力」を研究することによりも、「なぜ暴

力が衰退してきたのか」という事実の背後にあるロジックを見つけることにある。そして、合理的楽観主義は「歴史上、任意のロジックで暴力が衰退してきた」という事実命題（is）を述べるものである。しかし、第六章で掘り下げて考察するように、人間はしばしば自然主義的誤謬（naturalistic fallacy）に陥って、事実命題から当為命題を引き出そうとしてしまうので、合理的楽観主義の主張は歪曲され、「昔より良くなっているのだから、今起きている暴力や差別は議論に値しない」と言っているようにも聞こえてしまう。

　第二は生得的な認知バイアスである。あるいは、次章で欺瞞の反啓蒙仮説を提示する中で詳しく説明するように、人間は言説や事象を道徳化されたレンズで解釈したり、その背後に意図を見出そうとしたりするようなバイアスを備えているので、意識的・無意識的に、事実命題から規範命題を導きだそうとしてしまう*47。シャーマーがエージェント性（agenticity）*48やパターン性（patternicity）*49と呼ぶバイアスはその最たるものである。あるいは、デカルトの「機械の中の幽霊」説や、ポール・ブルーム（Paul Bloom）が論じる生得的な二元論的バイアスもこれに当たろう*50。

　つまるところ、その究極的な原因が何であれ——自然主義的誤謬、エージェント性、「機械の中の幽霊」説、二元論的バイアス——、結果として、合理的楽観主義への批判者は、今の世界が過去の世界よりも平和であるという事実を提示することは、合理的楽観主義者が今の世界で起きている暴力を是認するべき（ought）と主張している、という錯誤したロジックを提示するのである。

　こうした批判者の矛盾を具体的な事例を挙げて考えてみよう。昨今のアメリカでは人種や性差に関する問題がとりわけ社会的注目を集めており、「現代社会の差別問題は非常に深刻だ」というイメージはかつてなく強くなっている。そのために、「いま」の良い面を強調する合理的楽観主義の主張に対しては、「いま起こっている人種差別や性差別の問題はたいしたことがない、と思っている」という疑いがかけられてしまう。序章で考察したピンカー除名騒動は、この典型的な事例である。あるいは、世界における貧困が人類史上、圧倒的な規模で克服されてきたが、このことを強調することは、今起きている世界における抑圧や貧困、あるいは内戦といったものの重要性を過小評価することにつながる、といった批判が生まれる

のである＊51。ベストセラーの『ファクトフルネス』において問題視されているのは、まさにこの点であり、根拠のない悲観主義は我々の世界を見る目を歪ませるのである＊52。

　ところで、進化学や脳科学の知見に鑑みると、実はこうした「事態がどんどん悪くなっている」というネガティブな主張自体が、脳に備わった様々な生得的バイアスに起因していることが分かる。すなわち、進化学者にとっては、こうした悲観主義的な人々の見解それ自体が研究対象になりうるのであり、この謎を解明することで、進化的リベラリズムを阻んでいる障害を克服できるのである。

　合理的に必要なレベルや程度の警戒心は生存と繁殖において有益だが、誤った現実認識に基づいた悲観主義は、集団の意思決定にとって有害であり、個人のメンタルヘルスにとっても悪影響を及ぼす。それでは、いかなるバイアスや要因が、我々を根拠のない悲観主義に陥らせているのだろうか。以下の二つの生得的バイアスとそれに乗じた社会政治現象が指摘に値しよう。

　第一は、ネガティヴィティ・バイアス（negativity bias）である＊53。これは、環境を評価する際、肯定的現象よりも否定的現象を優先的に認知する傾向を指す。人間にはネガティヴィティ・バイアスが備わっているため、平和という肯定的事象より、暴力という否定的事象に注目してしまう。

　第二は、利用可能性ヒューリスティクス（availability heuristics）である＊54。これは、素早くリスクを評価して、想起が容易な事象に基づいて状況を判断する性質を指す。人間には利用可能性ヒューリスティクスが備わっているため、一日では成し遂げられない漸進的な平和的進歩よりも、突然起こる惨劇に注目してしまう。

　第三に、上記の二つの進化論的特性に乗じて、マスメディアは報道に悲観的なバイアスをかける。マスメディアはしばしば「第四の権力」といわれるが、同時に自己利益の極大化（視聴率、発行部数等の極大化）を目指すアクターでもあり、いかにして大衆の関心をひきつけられるのかに強い関心を寄せる。報道関係者は、大衆がネガティヴィティ・バイアスや利用可能性ヒューリスティクスを有していることを経験的に理解しているため、死傷者や負傷者が出たり不安を煽ったりするようなニュースを優先的に報道しようとする。こうした歪んだ報道が再生産されることで、世界が破滅

に向かっているといった誤った印象が社会で強化されつづけるのである＊55。

　こうしたメディアにより醸成される悲観的な見方に対して、合理的楽観主義は民主主義やリベラリズム、科学、理性、啓蒙主義などの発展こそが、人類が暴力を衰退させる原動力であると主張している。このような主張は、人文系アカデミズムに精通していない一般人からすれば、むしろ穏当なものに聞こえるかもしれないが、20世紀後半以降の人文学ではポストモダニズム、マルキシズム、フェミニズムなどが台頭したため、西洋の自由民主主義や啓蒙主義の価値を疑ったり批判したりすることを徳とする勢力が存在した。ピンカーが主張しているように、既存の社会体制や伝統を疑うことが善で、それらを進歩と論じることは人文系アカデミアではしばしばタブーと見なされがちであったので、合理的楽観主義は批判にさらされてきたのである＊56。

　思想史的にいえば、ルソーの「高貴な野蛮人」説が今にいたる人文科学で幅を利かせてきたので、西洋文明や近代化が人間の生活環境や道徳意識の向上に寄与しているという主張は、西洋中心主義や帝国主義とみなされて批判を受けてしまう。ピンカーの『21世紀の啓蒙』や『暴力の人類史』にみられる、合理的な楽観主義とは、社会制度や経済の発達や科学技術発展などの様々な要素の蓄積により、世界は少しずつ良くなってきたという歴史・政治観を指し、ある種の漸進主義を指す＊57。これに対して、現代世界における国家制度や資本主義経済を批判し、狩猟採集社会、無政府社会あるいは共産主義を肯定しようとする政治的左派は、合理的楽観主義の主張を保守的とみなして受けいれたがらない。

　合理的楽観主義に対しては、実際に歴史の発展という事実から、合理的楽観主義という当為を引き出しているのではないか、という批判が想定される。しかし、ピンカーやリドレーら合理的楽観主義者は、既存の人文学者の悲観的な見方の誤りをデータや理論により指摘し、そのアンチテーゼとして、歴史上の進歩——暴力衰退、道徳向上——という事実を引きだしたに過ぎない。つまり、合理的楽観主義者は、「我々が楽観的になるべきである（ought）」という当為命題を説いているではなく、世界がどんどん悪くなってきたという一般的通念に反して、少なくても「歴史的な事実として世界は良くなってきた（is）」という事実命題を体系的に示しただけである。付言すれば、そもそも合理的楽観主義という言葉自体に、規範的

な意味あいは含まれていない。

おわりに

　歴史の長期的趨勢は多様な次元で暴力——戦争、殺人、ジェノサイド、内戦、テロリズム、動物虐待など——が衰退する方向に進んでおり、こうした進展は統計的データによりしっかりと裏付けられている＊58。たとえば、我々はもはや奴隷制や魔女狩りを肯定することはなくなったし、ナショナリズムの衝突に起因する大国間戦争は滅多に起こり得なくなった。こうした平和的変化は、中央集権政府が成立して国内のアナーキーが克服されたり、教育により人間がリベラル啓蒙主義を内面化したりすることで可能になってきた。これが提出されてから今に至るまで全世界を席捲している、ピンカー、シャーマー、リドレーら合理的楽観主義に立つリベラル啓蒙主義者が支持する暴力衰退説である。ここで重要なことは、人間史のデフォルト——具体的には狩猟採集時代——はリアリスト的（特に攻撃的リアリスト的）な悲惨な世界であり＊59、そこからリベラルな平和的世界に変遷してきたということである＊60。

　前章で提示した進化的自然状態モデルは、古典的リアリズム（政治的リアリズム）を実在論的な意味での科学的根拠が備わった形で再構築するものであった。しかし、進化政治学は、ホッブズ的なリアリズムが論じてきた戦争の原因のみならず、リベラリズムが論じてきた平和の原因についても、新奇な理論的説明をもたらすことができる。本章で試論として提示した進化的リベラリズムは、リベラリズムをコンシリエンス的視点から実在論的な意味での科学的根拠が備わった形で再構築することを試みるものである。

　こうした既知の現象に新奇な理論的説明を与えることの学術的意義を、科学的実在論では使用新奇性（use novelty）という＊61。このことには、リアリズムやリベラリズムといった国際関係論における古典的パラダイムのエッセンスを擁護するのと同時に、それらの部分的な誤りを指摘してただすことで、科学的に発展させるという意義が見込まれる＊62。任意のパラダイムを実在論的な意味での科学的根拠が備わった形で洗練することは、理論を世界の近似的真理に漸進的に接近していくものとみなす科学的実在

論に立つ際、重要な学術的意義である＊63。つまるところ、進化的リベラ
リズムはとりわけ統合力や使用新奇性といった理論評価基準により評価さ
れるものであり、究極的には科学的実在論にメタ理論的に根拠づけられる
ものである。

註
＊1 Thomas Hobbes, *Leviathan* (New York: Oxford University Press, 1651/
1957).
＊2 Robert Foley, "The Adaptive Legacy of Human Evolution: A Search for the
Environment of Evolutionary Adaptedness," *Evolutionary Anthropology:
Issues, News, and Reviews*, Vol. 4, No. 6 (1995), pp. 194-203; John Tooby
and Leda Cosmides, "The Psychological Foundations of Culture," in Jerome
H. Barkow, Leda Cosmides, and John Tooby, eds., *The Adapted Mind:
Evolutionary Psychology and the Generation of Culture* (New York: Oxford
University Press, 1992), pp. 19-136; John Tooby and Leda Cosmides, "The
Theoretical Foundation of Evolutionary Psychology," in David Buss, ed., *The
Handbook of Evolutionary Psychology, Foundation*: Vol. 1 (John Wiley and
Sons, 2015), pp. 25-26.
＊3 進化的自然状態モデルは、リアリズムのハードコアをめぐる以下の先行研究
を、実在論的な意味での科学的根拠が備わった形で再構築するものである。
Robert G. Gilpin, "No One Loves a Political Realist," *Security Studies*, Vol. 5,
No. 3 (Spring 1996), pp. 3-26; Randall L. Schweller and David Priess, "A
Tale of Two Realisms: Expanding the Institutions Debate," *Mershon
International Studies Review*, Vol. 41, No. 1 (May 1997), pp. 1-32; Steven E.
Lobell, Norrin M. Ripsman, and Jeffrey W. Taliaferro, "Introduction:
Neoclassical realism, the state, and foreign policy," in Steven E. Lobell,
Norrin M. Ripsman, and Jeffrey W. Taliaferro, eds., *Neoclassical Realism,
the State, and Foreign Policy* (Cambridge: Cambridge University Press,
2009), pp. 14-15.
＊4 Stathis Psillos, *Scientific Realism: How Science Tracks Truth* (London:
Routledge, 1999); Anjan Chakravartty, *A Metaphysics for Scientific
Realism: Knowing the Unobservable* (Cambridge: Cambridge University
Press, 2007); Philip Kitcher, *The Advancement of Science: Science without
Legend, Objectivity without Illusions* (New York: Oxford University Press,
1993); 戸田山和久『科学的実在論を擁護する』（名古屋大学出版会、2015年）。
科学的実在論を社会科学に応用するための方法論モデル——多元的実在論——
については、伊藤隆太『進化政治学と国際政治理論——人間の心と戦争をめぐ
る新たな分析アプローチ』（芙蓉書房出版、2020年）；伊藤隆太「国際関係理論

と事例研究——新たな方法論的枠組みの構築に向けて」『法学研究』第92巻1号
（2019年1月）379〜404頁を参照。

＊5　スティーブン・ピンカー（幾島幸子・塩原通緒訳）『暴力の人類史』全2巻
（青土社、2015年）。2013年には国際政治学の主要雑誌の一つ *International
Studies Review* において、「暴力の衰退」説をめぐる特集号が組まれている。
同号はニルズ・ペッター・グレディッシュ（Nils Petter Gleditsch）が編集した
もので、ピンカー、セイヤー、レヴィとトンプソンらが参加している。Nils
Petter Gleditsch et al., "The Forum: The Decline of War," *International
Studies Review*, Vol. 15, No. 3 (September 2013), pp. 396-419.

＊6　Michael W. Doyle, "Kant, Liberal Legacies and Foreign Affairs," Part I,
Philosophy and Public Affairs, Vol. 12, No. 3 (summer and fall 1983), pp.
205-235; Michael W. Doyle, "Liberalism and World Politics," *American
Political Science Review*, Vol. 80, No. 4 (December 1986), pp. 1151-1169.

＊7　ピンカー『暴力の人類史』。

＊8　Jean-Jacques Rousseau, *Discourse upon the Origin and Foundation of
Inequality among Mankind* (New York: Oxford University Press, 1755/1994).
高貴な野蛮人説という用語は、17世紀のイギリス文人ジョン・ドライデンの書
いた悲劇『グラナダ征服』に由来する。Earl Miner "The Wild Man Through
the Looking Glass," in Edward Dudley and Maximillian E. Novak eds., *The
Wild Man Within: An Image in Western Thought from the Renaissance to
Romanticism* (Pittsburgh: University of Pittsburgh Press, 1972), p. 106.
「高貴な野蛮人」説の誤りについては、Steven A. LeBlanc, and Katherine E.
Register, *Constant Battles: The Myth of the Peaceful, Noble Savage* (New
York, NY: St. Martin's, 2003); Lawrence H. Keeley, *War Before Civilization:
The Myth of the Peaceful Savage* (New York, NY: Oxford University Press,
1996); C. R. Ember, "Myths About Hunter-Gatherers," *Ethnology*, Vol. 17,
No. 4 (1978), pp. 439-448; Azar Gat, *War in Human Civilization* (Oxford:
Oxford University Press, 2006) を参照。

＊9　「暴力の衰退」説は、ルソーの自然状態論（「高貴な野蛮人」説）の誤りを科
学的に指摘するものである。こうした点については、LeBlanc, and Register,
Constant Battles; Keeley, *War Before Civilization*; Ember, "Myths About
Hunter-Gatherers" も参照。

＊10　スティーブン・ピンカー『21世紀の啓蒙——理性、科学、ヒューマニズム』
全2巻（草思社、2019年）。

＊11　Gleditsch et al., "The Forum," pp. 405-411.

＊12　Ibid., pp. 411-416.

＊13　Lawrence Freedman, "Stephen Pinker and the Long Peace: Alliance,
Deterrence and Decline," *Cold War History*, Vol. 14, No. 4 (September 2014),
pp. 657-672.

＊14　Peter Singer, *The Expanding Circle: Ethics and Sociobiology*, new ed.

(New York: Oxford University Press, 1983). シンガーは、この「共感の輪」が人間を超えて動物全般に拡大されるべきであると論じており、実際、彼は私生活でもベジタリアンを実践している。以下の書籍のタイトルはこうした彼の主張を端的に表している。ピーター・シンガー（戸田清訳）『動物の解放』改訂版（人文書院、2011年）。（原書タイトルは *Animal Liberation*）

＊15　Robert Wright, *Nonzero: The Logic of Human Destiny* (New York: Pantheon, 1999).

＊16　Michael Shermer, *The Moral Arc: How Science Makes Us Better People* (New York: St. Martin's Griffin, 2016).

＊17　ハリスは暴力衰退説に直接言及しているわけではないが、人類の繁栄を考える上で理性と科学を重視するという論理は類似したものである。Sam Harris, *The Moral Landscape: How Science Can Determine Human Values* (New York: Simon and Schuster, 2011).

＊18　Shiping Tang, *The Social Evolution of International Politics* (New York: Oxford University Press, 2013); Shiping Tang, "Social Evolution of International Politics: From Mearsheimer to Jervis," *European Journal of International Relations*, Vol. 16, No. 1 (February 2010), pp. 31-55.

＊19　進化心理学者のピンカーが元来、人間本性の悲惨さの強力な提唱者であることは指摘に値する。ピンカー『人間の本性を考える』。こうした意味で彼の啓蒙主義的主張は、決してナイーブなリベラル楽観論でなく、データと理論に基づく頑強な合理的楽観主義なのである。

＊20　ピンカー『暴力の人類史』、430〜447頁；ピンカー『21世紀の啓蒙』。

＊21　多くのコンシリエンス的視点に立つ啓蒙主義者は同時に功利主義者でもある。Gad Saad, *The Parasitic Mind: How Infectious Ideas Are Killing Common Sense* (Washington, D.C.: Regnery Publishing, 2021); Harris, *The Moral Landscape; Sam Harris, Making Sense: Conversations on Consciousness, Morality and the Future of Humanity* (London: Bantam Press, 2020); Shermer, The Moral Arc; Michael Shermer, *Giving the Devil his Due: Reflections of a Scientific Humanist* (Cambridge: Cambridge University Press, 2020); Steven Pinker, *Rationality: What It Is, Why It Seems Scarce, Why It Matters* (London: Allen Lane, 2021); マッド・リドレー（大田直子・鍛原多惠子・柴田裕之訳）『繁栄——明日を切り拓くための人類10万年史』（早川書房、2013年）；ピンカー『暴力の人類史』；ピンカー『21世紀の啓蒙』；ジョシュア・グリーン『モラル・トライブズ——共存の道徳哲学へ』全2巻（岩波書店、2015年）；リチャード・ドーキンス（大田直子訳）『魂に息づく科学——ドーキンスの反ポピュリズム宣言』（早川書房、2018年）。

＊22　ピンカー『21世紀の啓蒙』。

＊23　グリーン『モラル・トライブズ』。

＊24　ダニエル・カーネマン（村井章子）『ファスト&スロー——あなたの意思はどのように決まるか？』全2巻（早川書房、2014年）。

＊25 ジョナサン・ハイト（高橋洋訳）『社会はなぜ左と右にわかれるのか——対立を超える道徳心理学』（紀伊國屋書店、2014年）；ジョナサン・ハイト『しあわせ仮説——古代の知恵と現代科学の知恵』（新曜社、2011年）。

＊26 スティーブン・ピンカー（山下篤子訳）『人間の本性を考える——心は「空白の石版」か』上巻（NHK出版、2004年）；ピンカー『暴力の人類史』；ピンカー『21世紀の啓蒙』；Pinker, *Rationality*.

＊27 Shermer, *The Moral Arc*.

＊28 こうした点については、ピンカー『21世紀の啓蒙』上巻、36頁。

＊29 なお、本書では進化的自然状態モデルに加えて、次章では人間本性の欠陥について、より欺瞞に焦点を当てた新たな仮説——欺瞞の反啓蒙仮説——も提示する。同仮説は進化的自然状態モデルという人間本性にかかる普遍的なモデルのうち、欺瞞により特化したものである。欺瞞に焦点を当てる理由は、それが啓蒙の重大なハードルになるからである。

＊30 プラトン（納富信留訳）『ソクラテスの弁明』（光文社、2012年）。

＊31 ジョン・ロック（大槻春彦訳）『人間知性論1』（岩波書店、1972年）。ロックのブランク・スレート説の人文社会科学へのインプリケーションは、ピンカー『人間の本性を考える』を参照。

＊32 カール・R・ポパー（大内義一・森博訳）『科学的発見の論理』全2巻（恒星社厚生閣、1971年）。

＊33 近似的真理とは、「ある条件のもとではおおむね」、「理論の言っている内容が世界のありかたと対応している」ということを意味する。伊勢田哲治『疑似科学と科学の哲学』（名古屋大学出版会、2003年）123～124頁。

＊34 伊勢田哲治「科学的実在論はどこへいくのか」『Nagoya Journal of Philosophy』7巻、54～84頁。成熟した科学とは、「きちんとした理論をもち、ある程度以上の成功をおさめ、科学者の共同体において支持されている（あるいはそれを支持する科学者の共同体がある）」ということを意味する。伊勢田『疑似科学と科学の哲学』123頁。

＊35 戸田山『科学的実在論を擁護する』131頁。ワイトによれば、国際制度や相対的パワーは観察不可能だが、国際政治学者がそれらを措定することは妥当である。Wight, "A Manifesto for Scientific Realism in IR," p. 389.

＊36 Wendt, *Social Theory of International politics*.

＊37 Mearsheimer and Walt, "Leaving Theory Behind"; Bennett, "The Mother of All Isms."

＊38 ピエール・デュエム（小林道夫・熊谷陽一・安孫子信訳）『物理理論の目的と構造』（勁草書房、1991年）；W. V. O. クワイン（飯田隆訳）『論理的観点から——論理と哲学をめぐる九章』（勁草書房、1992年）。決定不全性はデュエム・クワインテーゼとも呼ばれる。

＊39 反実在論とは、決定不全性や道具主義を含む、科学的実在論に対抗する科学哲学上の立場の総称を指す。

＊40 Ronald N. Giere, *Scientific Perspectivism* (Chicago: University of Chicago

Press, 2006); Ronald N. Giere, "Scientific perspectivism: Behind the stage
door," *Studies in History and Philosophy of Science*, Vol. 40, No. 2 (June
2009), pp. 221–223. 観点主義に対する批判は、Anjan Chakravartty,
"Perspectivism, Inconsistent Models, and Contrastive Explanation," *Studies
in History and Philosophy of Science*, Vol. 41, No. 4 (December 2010), pp.
405-412 を参照。同論文への観点主義の立場からの再批判は、Michela
Massimi, "Scientific Perspectivism and Its Foes," *Philosophica*, Vol. 84
(2012), pp. 25-52 を参照。観点主義の社会科学への含意は、Thomas Brante,
"Review Essay: Perspectival Realism, Representational Models, and the
Social Sciences," *Philosophy of the Social Sciences*, Vol. 40, No. 1 (December
2010), pp. 107-117 を参照。観点主義は日本では有力な科学哲学者戸田山和久
に支持されている。戸田山『科学的実在論を擁護する』特に275〜279頁。

*41 Peter Lipton, "The World of Science," *Science*, Vol. 316, No. 5826 (May
2007), p. 834.

*42 Giere, *Scientific Perspectivism*; Chakravartty, "Perspectivism,
Inconsistent Models, and Contrastive Explanation," pp. 405-407; Massimi,
"Scientific Perspectivism and Its Foes," pp. 29-30; 戸田山和久『科学的実在論
を擁護する』158〜159、285〜286、288〜289頁。

*43 政治学者のジェニファー・ステーリング・フォーカー（Jennifer Sterling-
Folker）は、「我々の理論は常に誰かのため（*for* some purpose）、何かの目的
のため（*for* some purpose）」であると述べ、観点主義的発想の妥当性を示唆し
ている。Jennifer Sterling-Folker, "Realist Theorizing as Tradition: Forward
Is as Forward Does," in Annette Freyberg-Inan, Ewan Harrison, and Patrick
James, eds., *Rethinking Realism in International Relations: Between
Tradition and Innovation* (Baltimore, Md.: Johns Hopkins University Press,
2009), p. 198.

*44 ピンカー『21世紀の啓蒙』; Pinker, *Rationality*.

*45 Pinker, *Rationality*; Shermer, *The Moral Arc* ; Shermer, *Giving the Devil
his Due*; Gad Saad, *The Parasitic Mind: How Infectious Ideas Are Killing
Common Sense* (Washington, D.C.: Regnery Publishing, 2021); Dawkins,
Science in the Soul; Harris, *The Moral Landscape*; Harris, *Making Sense*;
リドレー『繁栄』; ハンス・ロスリング／　オーラ・ロスリング／アンナ・ロス
リング・ロンランド（上杉周作・関美和訳）『FACTFULNESS（ファクトフル
ネス）　──10の思い込みを乗り越え、データを基に世界を正しく見る習慣』
（日経BP、2019年）; ピンカー『21世紀の啓蒙』。

*46 G・E・ムア（泉谷周三郎・寺中平治・星野勉訳）『倫理学原理』（三和書籍、
2010年）; デイヴィッド・ヒューム（伊勢俊彦・石川徹・中釜浩一訳）『人間本
性論（第3巻）道徳について』（法政大学出版局、2012年）。

*47 J. Tooby and L. Cosmides, "Groups in Mind: The Coalitional Roots of
War and Morality," in Henrik Hogh-Olesen, ed., *Human Morality and*

sociality: Evolutionary and comparative perspectives (Basingstoke: Palgrave Macmillan, 2010), chap. 8.

＊48 Michael Shermer, *How We Believe: The Search for God in an Age of Science*, revised (Basingstoke: W H Freeman & Co, 1999); Michael Shermer, "Why People Believe Invisible Agents Control the World," *Scientific American* (June 2009);
https://michaelshermer.com/sciam-columns/agenticity/

＊49 Shermer, *How We Believe;* Kevin R Foster and Hanna Kokko, "The evolution of superstitious and superstition-like behaviour," *Proceedings of the Royal Society B*, Vol. 276, No. 1654 (September 2008), pp. 31-37; Michael Shermer, "Patternicity: Finding Meaningful Patterns in Meaningless Noise," *Scientific American* (December 2008).

＊50 Paul Bloom, "Religion is Natural," *Developmental Science*, Vol. 10, No. 1 (January 2007), pp. 147-151; Maciej Chudek, Rita McNamara, Susan Birch, Paul Bloom, Joseph Henrich, "Developmental and Cross-cultural Evidence for Intuitive Dualism," *Psychological Science*, Vol. 20 (2013), pp. 1-19; ポール・ブルーム（春日井晶子訳）『赤ちゃんはどこまで人間なのか——心の理解の起源』（ランダムハウス講談社、2006年）。

＊51 ロスリング他『FACTFULNESS（ファクトフルネス）』。

＊52 同上。

＊53 Roy F. Baumeister et al., "Bad Is Stronger Than Good," *Review of General Psychology*, Vol. 5, No. 4 (December 2001), pp. 323-370; Paul Rozin and Edward B. Royzman, "Negativity Bias, Negativity Dominance, and Contagion," *Personality and Social Psychology Review*, Vol. 5, No. 4 (November 2001), pp. 296-320; Dominic D.P. Johnson and Dominic Tierney, "Bad World: The Negativity Bias in International Politics," *International Security,* Vol. 43, No. 3 (Winter 2018/19), pp. 96-140; 伊藤隆太「組織変革と政策の失敗——『歴史の教訓』の本質」『戦略研究』第27号（2020年10月）特に91〜96頁を参照。

＊54 Amos Tversky and Daniel Kahneman, "Availability: A heuristic for judging frequency and probability," *Cognitive Psychology*, Vol. 5, No. 2 (September 1973), pp. 207-232.

＊55 ピンカー『暴力の人類史』上巻、521頁。

＊56 ピンカー『人間の本性を考える』；ピンカー『暴力の人類史』；ピンカー『21世紀の啓蒙』；Pinker, *Rationality.*

＊57 ピンカー『暴力の人類史』；ピンカー『21世紀の啓蒙』。

＊58 このピンカーらが提唱する暴力衰退説に対する反論は、Douglas P. Fry, *Beyond War: The Human Potential for Peace*, 1st ed. (New York: Oxford University Press, 2007); Douglas P. Fry, *The Human Potential for Peace: An Anthropological Challenge to Assumptions About War and Violence*

(New York: Oxford University Press, 2005). See also, Hisashi Nakao, Kohei Tamura, Yui Arimatsu, Tomomi Nakagawa, Naoko Matsumoto, and Takehiko Matsugi, "Violence in the prehistoric period of Japan: the spatio-temporal pattern of skeletal evidence for violence in the Jomon period," *Biology Letters*, Vol. 12, No. 3 (March 2016), pp. 1-4 を参照。なぜこれらの反論が暴力衰退説のオルタナティブになりえないのかについては、伊藤隆太『進化政治学と戦争──自然科学と社会科学の統合に向けて』（芙蓉書房出版、2021年）第5章を参照。

＊59 Bradley A. Thayer, "Bringing in Darwin: Evolutionary Theory, Realism, and International Politics," *International Security*, Vol. 25, No. 2 (Fall 2000), pp. 124-151; Bradley A. Thayer, *Darwin and International Relations: On the Evolutionary Origins of War and Ethnic Conflict* (Lexington: University Press of Kentucky, 2004); D. D. P. Johnson and Bradley A. Thayer, "The Evolution of Offensive Realism," *Politics and the Life Sciences*, Vol. 35, No. 1 (Spring 2016), pp. 1-26; D. D. P. Johnson and Bradley A. Thayer, "Crucible of Anarchy: Human Nature and the Origins of Offensive Realism," paper presented at the 2013 annual convention of the International Studies Association, San Francisco, CA.

＊60 Tang, *The Social Evolution of International Politics;* Shiping Tang, "Social Evolution of International Politics."

＊61 使用新奇性については、Imre Lakatos and Elie Zahar, "Why Did Copernicus' Research Program Supersede Ptolemy's?" in Robert S. Westman, ed., *The Copernican Achievement* (Berkeley: University of California Press, 1975), pp. 375-376; Elie Zahar, "Why Did Einstein's Programme Supersede Lorentz's?(I)," *The British Journal for the Philosophy of Science*, Vol. 24, No. 2 (June 1973), p. 103; John Worrall, "The ways in which the methodology of scientific research programmes improves on Popper's methodology," in Gerard Radnitzky and Gunnar Andersson, eds., *Progress and Rationality in Science* (Dordrechat: D. Reidel, 1978), pp. 48-50 を参照。

＊62 理論変化において、妥当な部分とそうでない部分を識別し、前者を発展させていくことは、科学的実在論により擁護される。スタシス・シロス（Stathis Psillos）の分割統治戦略（divide et impera）によれば、理論家は理論の本質的な要素が何であるのかを自覚しているという。Psillos, *Scientific Realism*, pp. 108-114. アンジャン・チャクラヴァティ（Anjan Chakravartty）の選択的懐疑論（selective skepticism）は、理論における本質的な要素を検出性質（detection property）、そうではない要素を補助的性質（auxiliary property）と呼び区別している。Chakravartty, *A Metaphysics for Scientific Realism*, p. 47. フィリップ・キッチャー（Philip Stuart Kitcher）は、理論における仕事をしている（working）部分と、遊んでいる（idle）部分を区別している。Kitcher, *The Advancement of Science*, pp. 140-149.

*63 Chakravartty, *A Metaphysics for Scientific Realism*; Psillos, *Scientific Realism*; Kitcher, *The Advancement of Science*; Giere, *Scientific Perspectivism.* ただしこの意義は、反実在論、特に「理論を説明のための有益な虚構」とみなす道具主義 (instrumentalism) には支持されないだろう。道具主義の代表例は、Milton Friedman, *Essays in Positive Economics* (Chicago: University of Chicago Press, 1953); Milton Friedman, "The Methodology of Positive Economics," in Daniel M. Hausman, ed., *The Philosophy of Economics* (Cambridge: Cambridge University Press, 1984), chap. 7 を参照。

第5章

❦

進化的リベラリズムに対する批判
——欺瞞の反啓蒙仮説——

はじめに

　前章では、進化論を踏まえたコンシリエンス的研究をしている啓蒙主義者らの議論を、古典的リベラリズムを踏まえた形で帰納的に統合・体系化し、暴力衰退（decline of violence）説、リベラル啓蒙主義、合理的楽観主義（rational optimism）という三つの構成要素から成る、進化的リベラリズムという新たなリベラリズムの試論として提示した。それでは進化的リベラリズムにはいかなる反論が想定されるのだろうか。

　この問いに対して、科学哲学の科学的実在論（scientific realism）＊1に基づき、進化政治学的視点から答えを与えようと試みるのが、本章の主なテーマである。以下、進化的リベラリズムに対する批判を欺瞞の反啓蒙仮説として定式化した上で、その構成要素——パターン性（patternicity）・エージェント性（agenticity）、ミーム論（memetics）、自己欺瞞（self deception）、モラライゼーション・ギャップ（moralization gap）——を説明する中で、進化的リベラリズムの啓蒙主義的主張に対するハードルを再考する。

第1節　欺瞞の反啓蒙仮説

　第2章で示したように、コンシリエンスや進化論に基づいた人文社会科学の発展を阻んできたのが、標準社会科学モデル（standard social science model）であり、その思想的起源はジョン・ロック（John Locke）のブランク・スレート（blank slate）説＊2、ルネ・デカルト（René Descartes）の「機械の中の幽霊（ghost in the Machine）」説＊3、ジャン＝ジャック・ル

ソー（Jean-Jacques Rousseau）の「高貴な野蛮人（noble savage）」説*4に
あった。

　現代の進化論的・生物学的知見は、トマス・ホッブズ（Thomas
Hobbes）の人間本性論*5が実在論的な意味では限定的に妥当であったこ
とを示唆しているが、今でも社会・学界にはそれを拒絶しようとする、ラ
ディカルな政治的左派や、陰謀論やキリスト教原理主義を主張するラディ
カルな政治的右派が存在する。進化的リベラリズムに対するハードルは、
こうした原理主義的なイデオロギーにある。それでは、なぜ現代の人文・
社会科学者はしばしば、その誤謬が科学的に明らかにされている標準社会
科学モデル的な発想を支持しつづけているのだろうか。

　実際、現代において、標準社会科学モデルに由来するアイディアは、共
産主義、ポストモダニズム、行動主義などの中に散見されて、これを支持
する人文・社会科学者は依然として存在する*6。むろん、彼らが仮に自
らの主張を科学哲学の道具主義により適切に基礎づけようとしているので
あれば、その意味において一定程度主張の妥当性は担保されうる。しかし、
彼らがそれに真理を見出そうとするのであれば、それは実在論的な観点に
よれば誤りである。

　なぜ標準社会科学モデルが存続しているのかという問いに答える上で重
要なことは、こうした標準社会科学モデルを信奉しつづける非合理的なモ
チベーションは、この問題に限らず、さまざまな非科学的な信念体系を信
じようとする、非理性的な態度全般に共通するものだということである。
つまり、そもそも標準社会科学モデルのような非科学的な信念体系を支持
するような生得的なバイアスを、我々人間は備えているということである。
そうであれば、こうしたバイアスそれ自体を、実在論的な意味での科学的
根拠が備わった形で明らかにする必要がある。進化政治学の一つの重要な
意義は、それを可能にすることにある。

　仮に人間がデフォルトの状態で、世界の真理に接近していくことができ
るような理性的な生き物であれば、進化的リベラリズムが理性と科学に基
づいた啓蒙の重要性を唱える意味はない。この見方によれば、人々はラデ
ィカルな左右の政治的イデオロギーの問題性を理性的に見抜くことができ
るので、最終的には実在論的な意味で科学的に妥当な解に近づけるという
わけである。

第5章　進化的リベラリズムに対する批判——欺瞞の反啓蒙仮説

　しかし、もし人間がデフォルトでは世界の真理に接近していくことができない動物で、標準社会科学モデル的な発想を信じてしまうような生得的バイアスを備えているのだとしたら、その論理的な結論は、繁栄と平和を実現したいのであれば、啓蒙が重要であるということになる。それゆえ、進化的リベラリズムが啓蒙主義の重要性を示すためには、人間がデフォルトの状態において、なぜ欺瞞に陥ってしまうのかを、ある種の反実仮想の形で示すことが必要になる。

　そして、このことは進化的リベラリズムに対する批判を究極要因（ultimate cause）——なぜ当該メカニズムが備わっているのか——の次元で明らかにすることを意味する*7。すなわち、なぜ人々は進化的リベラリズムの提起する啓蒙主義的命題をしばしば受けいれたがらないのか、なぜ我々はデフォルトでは啓蒙主義に反したことを考えてしまうのか、という問いに答えるということである。データでみれば世界は進歩しているにもかかわらず、世界が悪くなっていると思い込んでしまうバイアス——前章で示したネガティヴィティ・バイアス——はその一例である。

　人間がデフォルトでは世界の真理に接近できない動物であることが明らかにされたならば、翻ってそのことは、啓蒙主義の理念が重要だという結論に論理的に帰結しうる。思想家ジョン・スチュワート・ミル（John Stuart Mill）が述べるように、もし不満足なソクラテスの方が満足した豚よりも良いのであれば、我々は満足した豚にはどのような問題があるのか、あるいは、なぜ満足した豚を我々はデフォルトの状態では志向してしまうのか、を考察する必要があろう*8。

　こうした問題意識に立ち、本章では、進化的リベラリズムが説く啓蒙主義の必要性を再考すべく、人間がなぜデフォルトの状態では、標準社会科学モデルにみられる非科学的な信念体系を信じてしまうのかを再考する。具体的には、進化学の科学的知見——とりわけ、パターン性・エージェント性、ミーム論、自己欺瞞、モラライゼーション・ギャップという四つの視点から——に基づき、進化的リベラリズムに対する批判を究極要因の視点から、実在論的な意味での科学的根拠が備わった形で再考する。そして、ここでは進化的リベラリズムに対するこれらの批判——人間には反啓蒙主義的な生得的バイアスが備わっている——を集合的に、「欺瞞の反啓蒙仮説」と呼ぶことにする。

第2節　パターン性とエージェント性

（1）パターン性

　「X ファイル」の主人公フォックス・モルダーのように UFO の存在を信じたい人もいる。Q アノンのように、トランプ（Donald Trump）元大統領はバイデンと争ったアメリカ大統領選で負けておらず、秘密結社と戦う「光の戦士」だと考える人もいる。あるいは、共産主義国は地上の楽園であるため、そこに行けば資本主義世界のなかにみられる、さまざまな苦しみから逃れられると信じて、独裁体制が敷かれている北朝鮮に実際に亡命してしまった人もいる。これらは我々が日常生活で目にする非合理的な現象・行動の一例だが、いったいなぜ人間はこうした非科学的な信念体系を信じてしまうのだろうか。進化政治学によれば、そこにはいかなる実在論的な意味で科学的な因果関係や因果メカニズムが存在するのだろうか。

　結論からいえば、それは、我々の脳の中には非科学的な発想を無意識のうちに信じてしまう心理メカニズムが存在するからである。本質的に私たちはパターンを探す動物である。我々は脳のなかで自動的に、A と B、B と C をつなげて考える。こうした仕組みは関連付け学習（association learning）と呼ばれるものである*9。すなわち、我々は自動的に物事のなかにパターンや関係を見いだすのである。そして、こうした迷信を信じてしまう背後にある一つの進化論的な心理学的適応をパターン性という*10。

　パターン性とは、意味のあるなしに関わらず、与えられた情報から何らかのパターンを見つけだそうとする傾向のことを指す。パターン性がはたらくときに 2種類の間違いが想定される。一つ目のミスは偽陽性（ここではタイプ I エラーと呼ぶ）である。これは、パターンが存在しないのに存在すると信じこむ事である。もう一つのミスは偽陰性（ここではタイプ II エラーと呼ぶ）である。こちらは、パターンが存在するのに存在しないと信じこむことを指す。

　以下のシナリオを考えてみよう。あなたは狩猟採集時代の原始人で、二百年前のアフリカのサバンナを歩いているとする。そこで、目の間の草むらの中でガサガサという音が急に聞こえまる。あなたはそこで瞬間的に考える。草むらの中にいるのは、危険な肉食動物だろうか。あるいはただ単に風が吹いただけだろか。いうまでもなく、これらのいずれであるかを判

断して、逃げるかとどまるかを決めることは、狩猟採集時代のサバンナで暮らすあなたの人生にとって死活的な決断である。

　草むらの音が肉食動物だと考えて、実際はただの風だったら、あなたの予想は間違っており、タイプＩエラー（偽陽性）になる。このとき、あなたは殺されることなく、ただ単に逃げることのコストがかかるだけである。換言すれば、あなたは単に慎重で用心深いだけだったということである。しかし、その逆のシナリオを考えてみよう。もしあなたは目の前の草むらから聞こえたガサガサという音を、単に風が吹いて草むらが揺れたことで生まれた音だと判断したが、実際には、その草むらに危険な肉食動物がいた場合はどうだろうか。こちらはタイプＩＩエラー（偽陰性）のシナリオであるが、いうまでもなく、この時、あなたはライオンのランチにされるだろう。端的にいって、あなたはダーウィン的な自然淘汰の原理により、遺伝子プールから抹消されることになる。

　もしそうであれば、狩猟採集時代において、人間の脳はサバンナで歩いていて草むらがガサガサゆれたとき、どのように判断するのが、生き残る上で合理的であっただろうか。それは10回中9回が単なる風の音だったとしても、毎回ライオンがいると疑って走って逃げた方が生存のために有利だっただろう。さらにいえば、そうした判断はその都度、意識的・理性的に考えていたら、時間がかかってしまい、その間にライオンに食べられてしまう。

　そこで、自然淘汰は我々の脳に、草むらのガサガサという音を聞くと自動的に、ライオンが隠れているという最悪の状況をパターン化して想起させるような仕組みを与えた。これがパターン性と呼ばれる脳のしくみである。むろん、このパターン性は狩猟採集時代における草むらの音のみに反応するものではない。すなわち、パターン性があるため、人間はしばしば宗教、イデオロギー、陰謀論といった論理性や合理性を欠く言説のなかに何か意味があると考えてしまい、しばしばそれらに夢中になる。つまるところ、パターン性という脳の仕組みが、我々が非科学的な言説にたいして意図も簡単に騙されてしまうことの一つの理由なのである。

（２）エージェント性

　さて、上記ではパターン性を紹介してきたが、これと関連する重要な進

化論的なバイアスがある。それがエージェント性である＊11。もう一度、あなたは狩猟採集時代における原始人で、目の前の草むらがガサガサゆれたというシナリオを考えてみよう。あなたは狩猟採集時代の原始人で、二百年前のアフリカのサバンナを歩いているとする。そこで、目の間の草むらの中でガサガサという音が急に聞こえまる。あなたはそこで瞬間的に考える。草むらの中にいるのは、危険な肉食動物だろうか。あるいは、ただ単に風が吹いただけだろうか。

　このとき、草むらの音が肉食動物だと考えて、実際はただの風だったら、あなたの予想は間違っていて　タイプⅠエラー（偽陽性）であった。このとき、あなたは殺されることなく、ただ単に逃げることのコストがかかるだけである。そして逆に、あなたは目の前の草むらから聞こえたガサガサという音を、単に風が吹いて草むらが揺れたことで発せられた音だと判断したが、実際には、実はその草むらに危険な肉食動物がいた場合は、タイプⅡエラー（偽陰性）のシナリオであった。この時は言うまでもなく、あなたはライオンのランチにされる。

　実はこうしたシナリオを考えるとき、脳では草むらの音とライオンの存在の関係性をめぐって、パターン性のみならず、それと類似・関連するバイアスが作用している。それがエージェント性である。端的にいえば、我々は無意識のうちにパターンのみならず意図に注意を払うような動物である。エージェント性とは、目の前で起きていることが、意図をもった生き物によって引き起こされていると思いこむようなバイアスを指す。すなわち、我々は、特に意味のないランダムな現象に対して、意図があると思い込んでしまうような認知の歪みを有しているのである。エージェント性は広義にはパターン性から派生するバイアスともいえるが、ここで重要なことは、人間には、何かランダムな現象をみたとき、そこに意図を無意識のうちに見いだそうとする傾向があるということである。

　たとえば、このケースでいえば、風は生き物ではないが、ライオンという危険な捕食者は意図をもって動きまわる動物である。エージェント性とはパターンに意味や意図、主体性を持たせることを意味する。魂、幽霊、神、悪霊、天使、宇宙人、インテリジェント・デザイン、政府の陰謀、その他、我々の生活を支配していると信じられている様々な見えない存在に意図を見いだしてしまうバイアスが、エージェント性である。このエージ

ェント性がアニミズムや宗教、その他さまざまな非合理的なイデオロギーの根源にある。宇宙人はなぜか人類よりも進んでいて高潔で、我々を救うために地球に来るという話や、人間は神が創造したものだという発想がこれらの典型例であろう。

（3）陰謀論

　エージェント性は陰謀論（conspiracy theory）の根源でもある。我々はしばしば、だれか背後で糸を引いており、事件の真の原因は別のところにあると思ったり、本当はそのような意図を持ってなかったとしても、歴史上の指導者が何か悪意や善意を持っていたかのように思ったりしてしまう。ジョン・F・ケネディ（John Fitzgerald Kennedy）の暗殺は陰謀だったのか、それとも単なる単独犯の犯行だったのか。犯人は、マンホールに隠れており、直前に飛び出して狙撃したという話もある。ただし、リンカーンの暗殺は陰謀であったのであり、全てのパターンを一律に却下することもできない。つまるところ、陰謀の中にはしばしば真実もあるのである[*12]。

　あるいは真珠湾はフランクリン・ルーズベルト（Franklin Delano Roosevelt）の陰謀だったという真珠湾陰謀論もある[*13]。真珠湾陰謀論は毎年8月が近づくと保守界隈の雑誌でいつも取り上げられるが、そこにもしばしばエージェント性を垣間見ることができる。エージェント性のため、我々は意図というものを気にしすぎる生き物であり、その意図と結果が単線的につながっていると考えてしまう。真珠湾奇襲の場合、ローズベルトが日本に一発撃たせたいと思っていたことは相当程度高い確率で真実と見込まれるが、その意図が日本の真珠湾奇襲の決定的な原因だったと結論づけることがどこまで妥当なのか、ということがここでの焦点になる。

　もちろん、史料を精査したうえで、ローズベルトの「一発撃たせたい」という意図が、日本の真珠湾奇襲を引きおこした、と論じる分には理性的な議論であり問題ない。しかし、こうした学術的なプロセスを経ずに、単にローズベルトが悪かったと単線的な思考様式で断定してしまう場合、そこにはエージェント性が働いているといって良いだろう。

　第二次世界大戦のとき、ローズベルトはナチスドイツに対抗するため、アメリカの第二次世界大戦への参戦が不可欠だと考えていた。これに対して、当時アメリカは第一次世界大戦後、ウィルソンが国際連盟を作った後、

それから脱退してしまい、さらには世界大恐慌の勃発もあいまって、アメリカの世論では孤立主義が幅を利かせていた。しかし、現実主義と理想主義の双方を兼ね合わせていたローズベルトは、第二次世界大戦が連合国側の勝利に終わるためには、アメリカの直接的な軍事的参戦が不可欠だと考えており、どうにかして、アメリカ国民の孤立主義を克服するため、敵国からの何らかの攻撃、つまり日本に一発撃たせる必要があると考えていた。こうした状況下で、日本はローズベルトが期待した通り、真珠湾奇襲に踏み切ったというわけである。

　繰り返しになるが、それでは、日本の真珠湾奇襲の原因や責任は、ローズベルトが日本に一発撃たせたいと思っていたことにあるといえるのだろうか。それはまた別問題であろう。実際、日本はローズベルトによって真珠湾攻撃を強制されたわけではないので、ローズベルトが日本に先に「一発撃たせたい」という意図を持っている状況下で、日本が真珠湾に奇襲を仕掛けたからといって、太平洋戦争がローズベルトの責任だと断定することは、妥当でないだろう。

　たとえば、リアリスト的な見地からいえば、国際政治は権力政治の舞台なので、単に日本はまんまと相手の罠に引っかかっただけで、単に当時の日本の指導者が愚かだったともいえるのかもしれない。むろん、ここではルーズベルト責任論について決定的な答えを与えることを目的としていない。むしろ、ここで示したいことは、人間はエージェント性というバイアスを備えており、意図や責任というものを過剰に見積もって、責任問題で感情的になるような動物であるということである。

第3節　ミーム論

（1）ハトの迷信行動
　「パブロフの犬」を知っているだろうか。これは心理学の実験で、鈴の音と食べ物を関連付けて、鈴の音が鳴ったときに餌をあげるという行為を繰り返していくと、最終的にその犬は鈴の音を聞くと反射的によだれを垂らすようになる、という発見である。あるいは、心理学者で行動主義の創始者バラス・スキナー（Burrhus Frederick Skinner）は、ラットが自身の

行動と報酬を関連付ける事で同じ行動を繰り返すことを示した。たとえば、箱に鳩を入れて、餌の与え方で鳩に任意の行動パターンを教え込むこともできる。押すとエサが出てくるボタンの付いた箱があり、そこにハトを入れる。ハトは当初ボタンが何なのか分からないが、そこで過ごすうちに何かの拍子でボタンが押されエサが出てくる。すると、やがてハトは「ボタンを押すとエサが出る」ことを学習し、エサが欲しくなればボタンを押すようになる。これがオペラントの条件付け（operant conditioning）である*14。

　あるいは、一定時間ごとにエサを自動で出す箱があり、そこにハトを入れる。エサは時間をトリガーに出てくるのでハトの行動には関係しないが、ハトはエサが出てきた時に取っていた行動こそがエサを出す行動であると認識する。ウロウロ歩く、羽をばたつかせる、首を傾げる、じっと動かないなど行動は様々だが、それを続けているとやがて時間が来て次のエサが出てくる。するとますます「これこそがエサを出す行動である」と認識する。しかしハトの行動とエサが出てくることには、何の因果関係もない。こうしてハトは間違った認識を得るに至るのだが、このプロセスが迷信を信じる人のプロセスと同じであるため、スキナーはこれを「ハトの迷信行動（superstitious behavior）」と呼んだ。

　こうしたハトの行動を傍から見ると「なんて愚かなハトだろう」と思うかもしれないが、これは知能の高い動物に広く見られる行動であり、むろん人間も例外ではない。つまり、我々も常に迷信と共に生きているというわけである。

　こうした迷信行動を消失させるには，行動しないでみる，ほかの行動をしてみるといったように行動に変化をもたせることが重要なのだが、これらはなかなかうまくいかない。たとえば，毎朝自分が「東の空に向かってお祈りしているから夜が明ける」と信じている人に，「一日やめてみたらどうですか」とアドバイスをしても、「信仰のためそれはできない」と断られるという具合である。これは、なぜなのだろうか。どうしてこうした迷信を我々は意図も簡単に信じてしまうのだろうか。

（2）ミーム
　その一つの理由は前述したパターン性やエージェント性である。しかし別のシナリオもあり、ここではそれを紹介したい。それがミーム

（meme）である。以下のシナリオを考えてほしい。あなたは森にピクニックに行く。そこでアリが草の葉に這い上がるのを見る。アリは草の葉っぱの上まで這い上がり、落ちて、また這い上がっては落ちて、同じ行動を繰り返している。あなたはこう思う。一体全体このアリは何をしているのだろうか。草の葉の上まで上がって落ちてということを繰り返すことに、何の意味があるのだろうか。アリは葉に登る事でどんな目的に達成しようとしているのだろうか。アリのために何の意味があるのだろうか。

　その答えは、アリの為になる事など何もないということとである。それでは、一体なぜアリはこんな愚かなことを繰り返しているのだろうか。それはランセットという寄生虫がアリの脳に入り込み、アリはこの寄生虫に操られているからである（むろん、これは作り話である）。ランセットという小さい脳虫は、自己の生存のために、アリや羊や牛の胃に寄生する寄生虫である。ランセットは近くにきたアリを乗っ取って脳に潜り込み、あたかも自分がアリを運転しているのかのように、アリの行動をコントロールして操作する。それゆえ、アリが草の葉っぱの上まで登っては落ちて、また上っては落ちてといったことを繰り返すことには何の意味もない。アリの脳は寄生虫に乗っ取られて、自殺的な行動に誘導されているのである。

　それでは同じことは人間にも起こるのだろうか。もし起こるのであれば、実に恐ろしいことであろう。残念ながら、答えはイエスである。しかし、我々の脳をハイジャックするのは虫ではなく情報——アイディア、文化等——である。つまるところ、人間はこれまで宗教やイデオロギー——、共産主義、ファシズム、イスラム教、神道、キリスト教等——の名のもとに多くの暴力的な戦争や自爆テロを行ってきたのである。それではこうした我々の脳をハイジャックして、人間を非合理的な行動に駆りたてる情報性のウィルスとはそもそも何なのだろうか。

　それがミームであり、それを体系的に説明する理論がミーム論である。ミーム論は、イギリスの生物学者の生ける伝説、リチャード・ドーキンス（Richard Dawkins）がベストセラー『利己的な遺伝子』で発表して、今では宗教、イデオロギー、その他文化的なファクターが、いかにして世界中に広まって人々の行動に影響を及ぼすのか、進化論的な視点から科学的に明らかにする理論である＊15。

　もっとも、ミームそれ自体は価値中立的である。すなわち、科学的に判

断できるのは、我々ホストとなる人間の包括適応度にとってプラスになる
か、マイナスになるかだけである。したがって、ここでは便宜上、人間の
適応度に資するものを良性ミーム、そうでないものを悪性ミーム——より
正確には、不正文化変異体（rogue cultural variants）という＊16——と呼ぼ
う。たとえば、9.11同時多発テロ事件の一因になったイスラム教はこの際
後者に分類されうるかもしれないし、長期にわたる宗教戦争を引きおこし
たキリスト教もこのコンテクストにおいては悪性のものに分類されるかも
しれない。他方で、西洋の自由民主主義が世界中に広まっていき、生命・
財産・自由という基本的人権の重要性を人々が受けいれるようになったが、
こうした自由主義的なアイディアは良性のウィルスともいえるかもしれな
い。つまるところ、ミームそれ自体は価値中立的であり、それは自分が自
己複製を繰り返していく上で、そのアイディアがホストとなる人間の繁栄
にとって、プラスになるかマイナスになるかは考慮しないのである。換言
すれば、ミームは自分の自己複製だけを考えているということである。

　こうした点に鑑みて、進化学者スティーヴ・スチュワート＝ウィリアム
ズ（Steve Stewart-Williams）は、ミームはウィルスというよりも、バクテ
リアのアナロジーの方がより適切であるとも論じている＊17。バクテリア
がそうであるように、ミームは人というホストにとって有害なものもあれ
ば、有益なものもあるのである。あるいは、ミーム論を文化進化論の適応
文化仮説（adaptive culture hypothesis）と接合して、ホストとなる人間の
包括適応度に資するミームがより進化しやすいと予測する考え方もある＊18。
ただし、欺瞞の反啓蒙仮説では、欺瞞という現象を説明すべく、ウィルス
型の悪性ミームに焦点を当てて議論を進める。

　欺瞞の反啓蒙仮説が議論する悪性ミームは、現代でいえば、新型コロナ
ウィルスの例が分かりやすいだろう。新型コロナウィルスは我々人間の都
合と関係なく、次々と突然変異を繰り返して、自己複製をつづけていく。
いうまでもなく、それはホストとなる人間の包括適応度とは無関係である。
ミーム論の視点が明らかにするところは、イデオロギーや宗教といった情
報は、新型コロナのようなウィルスのようなものとして捉えられるという
ことである。この見方によれば、ミームは人々に、死後に配偶者をもらえ
ると信じて自爆テロを行わせたり、キリスト教の正しい教義が何かをめぐ
ってカトリックとプロテスタントの間で血みどろの戦争を行わせたりする。

すなわち、正義を掲げる宗教というミームが殺し合いを招くという大きな皮肉のもと、凄惨な戦争が行なわれきたのである。

（3）宗教と戦争

　16世紀のヨーロッパで起きた悲惨な宗教戦争を考えてみよう。カール5世が皇帝に即位する2年前、1517年にドイツ北部のヴィッテンベルクでルター（Martin Luther）は、ローマ教皇庁が資金集めの目的で免罪符（この世における罪を許してくれるお札）を販売させていたことに怒り、教皇庁の腐敗を糾弾する意見書（「95ヶ条の論題」）を提出した。ルターは、中世以来継続してきた教皇をトップとする権力構造を批判して、神の下では全ての人間が平等であると主張した（「万人司祭説」）。この頃には、ヨーロッパ北部の諸侯たちもルターの考え方に同調しはじめており、ザクセン侯爵（ヴィッテンヴェルク城主）をはじめとしたルター派諸侯が同盟を締結して、教皇庁に「抗議をする人々」（プロテスタント）として集まった。カトリック側（教皇庁）もプロテスタントに対抗しようとして同盟を結び、1530年代になると、ヨーロッパはカトリック対プロテスタントの宗教戦争に突入したのである[19]。

　あるいは、再び9.11同時多発テロ事件をみてみよう。9.11 同時多発テロ事件はイスラム教徒により引き起こされたのだが、同時多発テロが起こる前にオサマ・ビンラディンは「アメリカへの手紙（letter to America）」というメッセージで以下のように述べている。

　　全能の神アッラーは報復の許可と選択肢を制定した。ゆえに、もし我らが攻撃をされれば、我らには攻撃をし返す権利がある。誰かが我らの村や町を破壊したなら、相手が誰であろうと、我らはその者らの村や町を破壊する権利を持つ…誰かが我らの民を殺したなら、相手が誰であろうと、我らはその者らの民を殺す権利を持つ[20]。

　アラーの意思に服するアメリカへの憤りを抱くものが、こうしたメッセージを受けて行う行動が自爆テロだったというのは、決して偶然ではないだろう。こうした理由から、上述したミーム論の創始者ドーキンス、アメリカの脳科学者で哲学者のサム・ハリス（Sam Harris）、イギリスの哲学

者ダニエル・デネット（Daniel Dennett）らは、新無神論（new atheism）を先鋭化させて、ミームというウィルスのような宗教が世俗世界にもたらす弊害を指摘してきた*21。

　すなわち、9.11同時多発テロ事件を受けて、さもなければリベラルな科学者がイスラム教をテロの元凶として糾弾しはじめたが、これが新無神論の誕生であった。ドーキンスやデネットによれば、宗教は悪性ウィルスのようなものであり、それ自体が自己のコピーを極大化するために、自律的に増殖を繰り返しているという。こうした見方がミーム論であり、これはまさに適応的でない形質が社会に拡散していくことの典型的な論理である。繰り返しになるが、欺瞞の反啓蒙仮説がミームを論じるときは、こうした新無神論的な意味での悪性ミームに焦点を当てている。

第4節　自己欺瞞

（1）欺瞞の正当化と受容

　陰謀論、占星術、オカルト、インテリジェント・デザイン（intelligent design）、創造科学（creation science）、その他、世の中には科学的な根拠が乏しい信念体系に意味を見いだすものがいて、それらをめぐって沢山のビジネスが行われている。こうした似非科学を宣教する者はしばしば社会におけるインフルエンサーでもあり、実際には多くを知っているわけではないにもかかわらず、あたかも政治や経済のことに精通しているかのような言動をとり、大衆を魅了する。進化生物学者ロバート・トリヴァース（Robert Trivers）が論じているように、こうしたリーダーが利用しているロジックは、ヒトラー（Adolf Hitler）、ナポレオン（Napoléon Bonaparte）、トランプ、スターリン（Joseph Stalin）といった歴史・現代史上の「偉大な指導者」が用いていたものにつながるものがある*22。それでは、そのロジックや仕組みとは何だろうか。

　それが自己欺瞞である*23。自己欺瞞の論理は比較的単純である。すなわちそれは、「人がもし自分が真実を語っていると信じるように自分を欺くことができれば、他人を説得するのに非常に効果的だ」ということである。換言すれば、他者を上手く騙したいなら、自分自身が自らの発言を本当に信じており、自己の力を過信している方が良いのである。アメリカの

前大統領ドナルド・トランプは人気リアリティ番組アプレンティス（The Apprentice）の中で、高価な芸術品を売るよう部下を促す際、「あなたがそれを信じなければ、本当に自分で信じなければ、それは決して上手くいかないだろう」と述べているが＊24、これは自己欺瞞の本質を突いた発言である。トリヴァースは、自己欺瞞のエッセンスを以下のように説いている。

　　私が遭遇する多くの主体に対してロジックの一般的体系は実に完璧に作用したが、一つの問題が生じた。我々の精神生活の中核には驚くべき矛盾（striking contradiction）があるように思われる。すなわち、我々の脳は情報を求めておきながら、それを破壊するようにふるまうのである。人間の感覚器官は素晴らしく詳細かつ正確に外的世界を理解できるように進化してきた…それは、まさに外的世界について正しい情報を得た方がうまく生き延びられる場合に起こるべき進化である。しかしその正しい情報は脳に到達した途端、しばしば歪められてバイアスした形で意識に伝えられる。我々は真実を否定するのだ。自分を正しく表している事実を他者に投射して、挙句の果てには攻撃までする。つらい記憶を抑圧し、全く事実と異なる記憶を作りあげて、道徳に反する行動に理屈をつけ、自己評価が上がるような行動を繰り返し、一連の自己防衛機制（ego-defense mechanism）を示すのだ＊25。

　自己欺瞞は程度の差こそあれあらゆる人間が備えるものだが、自然界にはそれが特に強く表出されるタイプの個体が存在する。それがナポレオンやトランプをはじめとする人口の約1％に見られる、ナルシスト的パーソナリティ障害（以下、省略してナルシスト、ナルシスト的パーソナリティと呼ぶ）である＊26。心理学的に「障害」とラベル付けされているにもかかわらず、進化論的にいえば、トランプをはじめとするナルシストの自己欺瞞は、自然淘汰によって形成された適応的なものである＊27。
　すなわち、それは狩猟採集時代に祖先の包括適応度の極大化に寄与してきたもので、自己欺瞞のアドバンテージは現代でも一定程度健在である。ナルシストは生誕地から遠く離れた場所で暮らす傾向があるため、その攻撃的な対人戦略が血縁者を害する可能性が低く、実際、彼らは血縁度が低い相手に攻撃的行動をとりがちである。つまるところ、ナルシストの自己

欺瞞は被害者が親族でない場合に適応的で、彼らは——意識的か否かを別としても——こうした条件を考慮した行動をとるため、狩猟採集時代のみならず現代でも、生存・繁殖において成功している。そして残り99%の我々は、ヒトラーやトランプのような自己欺瞞を強力に備えた逸脱的な個体と滅多に遭遇しないため、自然淘汰は我々にナルシストに強く抵抗するような心理メカニズムを与えなかったのである*28。

（2）ドナルド・トランプ

　たとえば、トランプがなぜ陰謀論者に支持されるのかを考えてみよう。トランプは人口の約1%という自然界で非常に珍しい個体だが、彼は複数の妻と5人の子供を設けており、後者もまた成功している。政権運営における人材配置や国民やマスコミの前での演説で顕著にみられるように、トランプはとりわけ近親者や自国民を好むことで有名である*29。実際、彼が大統領になるに際して、自国中心主義と排外的ナショナリズムが重要なファクターであったが、これもナルシスト的パーソナリティに由来するものとして捉えられる。たとえば、2018年1月11日、トランプはハイチ、エルサルバドル、ホンジュラス、アフリカ諸国からの移民を 「クソみたいな国から来た人たち（people from shithole countries）」 と言い放ち*30、メキシコ人は殺人者や強姦魔*31、イスラム教徒は排除されるべきだとまで述べている*32。

　トランプが自己欺瞞に従事してきたことは明白である。これまで心理学者や進化学者が議論してきたように、トランプの自己欺瞞行動は枚挙にいとまがないので、以下、代表的なものだけ挙げる*33。2015年11月、トランプは、数千人のイスラム教徒が世界貿易センタービルの崩壊を受けて祝ったとして、「私は世界貿易センターが崩れ落ちてくるのを見た。そして、私はニュージャージー州のジャージーシティで、何千人も何千人もの人々が、あのビルが倒壊していくのを応援していたのを見た」と主張した*34。ところが、度重なる調査にもかかわらず、誰もそのような証拠を見つけることはできなかった*35。

　おそらくトランプ政治で最も大きな自己欺瞞は、大統領就任第1週目にみられたものであろう。自己の主張を反駁する明白な証拠があるにもかかわらず、トランプはホワイトハウス報道官ショーン・スパイサー（Sean

Spicer）に、自らの大統領就任式の聴衆が米国史上最も多かったという情報を報道陣に伝えるよう命じた。さらにトランプは、CIA 本部での演説で自己の主張に反する報道に抗議して、「私は演説をした。私は演説をした、外を見たら、会場は100万人、100万人半の人々がいたように見えた」と主張し*36、1月25日、「就任演説史上最大の聴衆が集まった」とも語っている*37。それにもかかわらず、関連する写真を科学的に分析したところによると、実際の聴衆は約16万人と、2008年のオバマ前大統領の180万人のそれよりもはるかに少なかったことが判明している*38。

（3）アドルフ・ヒトラー

　あるいは、第二次世界大戦におけるドイツのヒトラーを考えてみよう。第一次世界大戦においてドイツ指導者が「短期戦の幻想（short war illusion）」をいだいたように、第二次世界大戦においてヒトラーもソヴィエトとの戦いに迅速に勝利できると信じていた*39。ヒトラーをはじめとするドイツの指導者らは、独ソ戦を、人種的に優越したゲルマン民族が劣等人種であるスラブ人を奴隷化するための戦争、つまりナチズムと「ユダヤ的ボルシェヴィズム」との闘争と規定していた。ヒトラーらは、ドイツのゲルマン民族はスラブ人やユダヤ人にたいして圧倒的に優越した民族だと過信して、後者を滅ぼすことなど容易だと信じきっていた*40。

　ヒトラーにとって対ソ戦は「世界観戦争」であった。「世界観戦争」とは端的にいえば、皆殺しの絶滅戦争のことを意味する。こうした見方は程度の差はあれ、ヒトラーのみならず、ドイツにおけるその他のエリート将校らに共有されている考え方だった。そして究極的には、ヒトラーが独ソ戦を今起こした方が良いと考えたのは、自己の能力の卓越性に関する絶対的な自信があったからであった。以下のヒトラーの言葉はこうした自己欺瞞のロジックを如実に示していよう。

　　本質的には、私の政治的才能のために、すべてが私に、私の存在にかかっている。さらに言えば、私のように全ドイツ国民の信頼を得られる人間は二度といないだろうという事実もある。おそらく今後、私以上の才能を持った人間は二度と現れないだろう。したがって、私の存在には大きな価値があります……　だからこそ、今、争いを起こしたほうがいい*41。

　ここから分かるように、ヒトラーにとってソ連との戦いは宿命の「世界戦」であり、それは皆殺しの闘争なのであった。さらにヒトラーは自己欺瞞により過信していたので、泥沼かつ血みどろの戦闘を予想せず、寒い冬までつづく戦いの備えを怠った。ヒトラーは戦闘の期間のみならず、その財政への影響も過少評価していた。バルバロッサ作戦がもたらすと予想される膨大な経済的損失を知らされていたにもかかわらず、ヒトラーは、「今後、そうした話はもう聞きたくないし、心の平和を得るべく耳をふさぐつもりだ*42」と言い張っていたのである。

（4）ヨシフ・スターリン

　もっとも、第二次世界大戦中、目をそらしていた指導者はヒトラーだけではなかった。国境の反対側にいたソヴィエトの指揮官もまた、助言者からの真の警告を無視して自信過剰になっていた。スターリンの場合、自己欺瞞は、1941年の対独戦を回避できるという楽観的な信念として働いていた。スターリンは、ヒトラーを最も信頼できる同盟国とは思っていなかったかもしれないが、ヒトラーに裏切られることも想像できなかった。国際政治学者のクリス・ベラミー（Chris Bellamy）が指摘するように、ヒトラーへの尊敬の念が、「スターリンが、ヒトラーが自分を後ろから刺そうとしていることを最後まで信じなかった重要な理由であることは間違いない」*43。

　ヒトラーは1925年に『わが闘争』のなかで対ソ侵攻の意図を示しており、15年後、その計画は実行されようとしていた*44。1920年12月、ヒトラーは司令第21号「バルバロッサ作戦」を発し、最終的な実行日は1941年6月22日とされた。このとき、興味深いことに、ソヴィエトのスパイ、レオポルド・トレッペル（Leopold Trepper）——赤いオーケストラと呼ばれたソ連のスパイ——はこうしたヒトラーの野望を的確にスターリンに報告している。

　　三月、私はフランスとベルギーから引きあげて当方へと送られた師団の正確な数を記した詳細な急報を送った。五月にはヴィシーのソヴィエトの大使館付き武官スロパロフを通じて攻撃計画案をおくり、当初の予

定日の五月一五日をしらせて、その後、変更された最終的な日にちも伝えた*45。

　さらに、トレッペルがドイツの対ソ侵攻計画をモスクワに最初に通報した直後、同じくソヴィエトのスパイのリヒャルド・ゾルゲ（Richard Sorge）もスターリンに、ドイツの150個師団が国境付近に集結しているとの情報を伝えている*46。同様に、戦争前夜にスターリンと会話したグレゴリー・ジューコフ元帥（1941年2月以降の参謀総長）は回顧録の中で、「彼（筆者注：スターリン）のすべての思考と行動は、戦争を回避したいという願望と、それに成功するという確信に支配されていた」と書いている。
　こうした理由から、スターリンは、トレッペル、ラムゼイ、チャーチルらからドイツ侵攻の情報を受けていたのに、起こってほしくないことは起きないという思考様式、すなわち、自己欺瞞に陥っていた。トレッペルはこの時のスターリンらの様子について以下のようにまとめている。

　　陽がさんさんと照っているのに、目を閉じて、何も見ない者がいる。それがスターリンと取り巻きだった。総司令官は彼の執務室に山積している秘密報告書より、自分の政治的嗅覚のほうを信用したがったのだ。ところが、彼の鼻はすでに臭いを嗅げなくなっていた。ドイツとの永久的な条約（筆者注：独ソ不可侵条約）に署名したつもりの彼は、平和のキャンディをしゃぶりつづけていた。戦斧はとっくに投げ捨てられており、彼はもはやそれに触れようとしなかった*47。

　もちろん、このことはスターリンが他の人間よりも特別愚かだったということを意味しない。というのも、第二次世界大戦終結時の狡猾な外交にみられるように、スターリンは冷徹な機会主義者であり、合理的な計算もできる優秀な指導者でもあったからである。むしろ、ここで重要なことは、ヒトラーが自己欺瞞に陥って容易にソ連を征服できると考えたように、スターリンも自己欺瞞に駆られてヒトラーが1941年の時点でソ連に攻めてくるとは考えられなかったということである。こうした意味において、欺瞞の反啓蒙仮説によれば、独ソ戦という人類史上の大惨事は、自己欺瞞という要因により過剰決定されていた（overdetermined）と説明できよう。

第5節　モラライゼーション・ギャップ

　これまで人間が欺瞞に陥って非理性的な意思決定をしてしまう原因として、パターン性とエージェント性、ミーム論、自己欺瞞を論じてきた。最後に欺瞞の原因として人間がバイアスのかかった道徳観念を抱いてしまう点を指摘したい。その代表的なものが、心理学者ロイ・バウマイスター（Roy F. Baumeister）らが論じるモラライゼーション・ギャップ（moralization gap）——自らが「犠牲者」であると思いこむようなバイアス——である＊48。誰もが自らを犠牲者だと思うと、際限なく報復が正当化されるので、世界はしばしば紛争的な状況に陥る。今、国際政治や国内政治で起きている多くの紛争の根源には、この犠牲者バイアスとでも呼べるような心のしくみがあるのであり、こうしたバイアスを、バウマイスターはモラライゼーション・ギャップと呼んでいる。

　何が道徳的かをめぐっては個々人で主観的に異なり、そこにギャップがある。こうした被害者バイアスとでも呼べるバイアスのため、怒りに駆られた報復の連鎖は頻発する。なぜなら、どこから加害と被害を考えるのかによって、誰が正しくて、誰が間違っているのか、の定義は変わってくるからである。多くの社会運動の背後にはしばしばモラライゼーション・ギャップや自己奉仕バイアス（self-serving bias）＊49といった認知バイアスが働いているため、根本的な解決が難しい。このことはプロペクト理論（prospect theory）＊50において、損失（loss）と獲得（gain）の領域の境界線となる現状、すなわち参照点（reference point）を推定することが困難であることとも関連する問題である。多くの人間は現状がいかなるものなのかについて、自らに都合の良い主観的な認識を持っており、それが故に、交渉は双方が、自らが不当に譲歩を強いられていると考えてしまうため、しばしば難航する。

　より問題なことに、モラライゼーション・ギャップは集団レベルになるとさらに悪化する。なぜなら、人間には部族主義（tribalism）が備わっているからである＊51。人間の脳に備わったシステム1（人間本性）は、集団内部に対して協調的になる一方、集団外部に対して競争的になるようなシステムを含んでいる。こうした点を踏まえて、脳科学者であり哲学者でもあるジョシュア・D・グリーン（Joshua D. Greene）の二重過程理論（dual process theory）は、部族主義をカメラの自動モードのようなものだと説明している*52。

　カメラにも自動と手動のモードがあるように、人間の脳も自動と手動の二重のプロセスで構成されている。部族主義の心理メカニズムは、我々が自らの意志でコントロールできない低次の自動的プロセスである。これは進化の初期過程に備わった狩猟採集時代の情動的システムである。他方、集団間の協調を可能にするのは、高次の手動的プロセスである。これは人間が進化の過程で前頭前野を拡大させるなか発展させていった、比較的新しい理性の装置である。ナショナリズムをめぐる熱狂は前者の自動的プロセスの産物である。すなわち我々は理性的に思考しない限り、無意識のうちに自らの所属集団を好み、他の集団を軽視してしまうのである*53。

　こうした部族主義に駆られた自己奉仕バイアスはしばしば、マイサイド・バイアス（my side bias）とも呼ばれる*54。これは自分が属する政治，宗教，民族，文化的部族のためという動機に基づく推論のバイアスを指す。つまるところ、政治的イデオロギーが熾烈なイシューでは、推論の正しさより部族仲間からの評価の方が重要とみなされて、このバイアス自体が合理的なものと考えられてしまい、その克服が困難になるのである*55。

おわりに

　本章では、進化的リベラリズムに対する批判を究極要因の視点から検討すべく、啓蒙が欠如している人間社会のデフォルトの状態にいかなる問題があるのかを、ある種の反実仮想の形で示すことを試みた。仮に我々がデフォルトでは世界の真理に接近できない動物であることが明らかにされたならば、翻ってそのことは、啓蒙主義の理念が重要だという結論に論理的に帰結しうる。つまるところ、ミルが述べるように、もし不満足なソクラテスの方が満足した豚よりも良いのであれば、我々は満足した豚にどのような問題があるのか、なぜ満足した豚を我々はデフォルトの状態では志向してしまうのか、を考察する必要があろう。

　こうした問題意識のもと、本章では人間がなぜデフォルトの状態では、標準社会科学モデルにみられる非科学的な知識体系を信じてしまうのか、を説明することを試みた。具体的には、三つの進化政治学的知見——すな

わち、パターン性、ミーム論、自己欺瞞、モラライゼーション・ギャップ——に基づいて、理性と科学に基づいた繁栄にたいするハードルを、実在論的な意味での科学的根拠が備わった形で明らかにした。

　進化という視点をとらない限り、なぜ啓蒙が必要なのか——なぜ人間には欺瞞に陥る本性が備わっているのか——を実在論的な意味での科学的根拠が備わった形で十分に理解することはできない。このことを可能にすることが、進化政治学の一つの意義である。

　また、進化的リベラリズムに対する批判は、啓蒙主義に対する批判と実質的に同義である。それゆえ、欺瞞の反啓蒙仮説には、進化的リベラリズムに対する批判を究極要因の視点から明らかにするのみならず、より広義には啓蒙主義に対するハードルを、実在論的な意味での科学的根拠が備わった形で明らかにするというインプリケーションが見こまれよう。

註
*1 Stathis Psillos, *Scientific Realism: How Science Tracks Truth* (London: Routledge, 1999); Anjan Chakravartty, *A Metaphysics for Scientific Realism: Knowing the Unobservable* (Cambridge: Cambridge University Press, 2007); Philip Kitcher, *The Advancement of Science: Science without Legend, Objectivity without Illusions* (New York: Oxford University Press, 1993); 戸田山和久『科学的実在論を擁護する』（名古屋大学出版会、2015年）。科学的実在論を社会科学に応用するための方法論モデル——多元的実在論——については、伊藤隆太『進化政治学と国際政治理論——人間の心と戦争をめぐる新たな分析アプローチ』（芙蓉書房出版、2020年）；伊藤隆太「国際関係理論と事例研究——新たな方法論的枠組みの構築に向けて」『法学研究』第92巻1号（2019年1月）379〜404頁を参照。
*2 ジョン・ロック（大槻春彦訳）『人間知性論1』（岩波書店、1972年）。ブランク・スレート説の科学的な誤りを体系的に論じたのは、スティーブン・ピンカー（山下篤子訳）『人間の本性を考える——心は「空」白の石版」か』全3巻（NHK出版、2004年）である。
*3 ルネ・デカルト（山田弘明訳）『省察』（ちくま学芸文庫、2006年）；Gilbert Ryle, *The Concept of Mind* (London: penguin, 1949), pp. 13-17.
*4 Jean-Jacques Rousseau, *Discourse upon the Origin and Foundation of Inequality among Mankind* (New York: Oxford University Press, 1755/1994). 高貴な野蛮人説という用語は、17世紀のイギリス文人ジョン・ドライデンの書いた悲劇『グラナダ征服』に由来する。Earl Miner "The Wild Man Through the Looking Glass," in Edward Dudley and Maximillian E. Novak eds., *The*

Wild Man Within: An Image in Western Thought from the Renaissance to Romanticism (Pittsburgh: University of Pittsburgh Press, 1972), p. 106. 「高貴な野蛮人」説の誤りについては、Steven A. LeBlanc, and Katherine E. Register, *Constant Battles: The Myth of the Peaceful, Noble Savage* (New York, NY: St. Martin's, 2003); Lawrence H. Keeley, *War Before Civilization: The Myth of the Peaceful Savage* (New York, NY: Oxford University Press, 1996); C. R. Ember, "Myths About Hunter-Gatherers," *Ethnology*, Vol. 17, No. 4 (1978), pp. 439-448; Azar Gat, *War in Human Civilization* (Oxford: Oxford University Press, 2006) を参照。

*5 Thomas Hobbes, *Leviathan* (New York: Oxford University Press, 1651/ 1957).

*6 もっとも、合理的選択理論やミクロ経済学の根底にあるミクロ経済学的合理性は、方法論的な意味でのヒューリスティックな効用が期待できると考えられよう。

*7 至近要因と究極要因の区別は、ノーベル医学生理学賞受賞者ニコ・ティンバーゲン（Niko Tinbergen）が生みだした。至近要因は、「その行動が引き起こされている直接の要因は何か」を問うものである。他方、究極要因は「その行動は何の機能があるから進化したのか」を問うものである。心理学実験で明らかにされた個別的観察事実が至近要因だとすれば、それを進化論的視点から統合するのが究極要因である。Niko Tinbergen, "On Aims and Methods of Ethology," *Animal Biology*, Vol. 55, No. 4 (December 2005), pp. 297-321.

*8 J. S. Mill, *Utilitarianism* (London: Parker, 1861/1863), p. 14.

*9 Allan Paivio, "Mental Imagery in Associative Learning and Memory," *Psychological Review*, Vol. 76, No. 3 (1969) pp. 241-263.

*10 Michael Shermer, *How We Believe: The Search for God in an Age of Science*, revised (Basingstoke: W H Freeman & Co, 1999); Kevin R Foster and Hanna Kokko, "The evolution of superstitious and superstition-like behaviour," *Proceedings of the Royal Society B*, Vol. 276, No. 1654 (September 2008), pp. 31-37; Michael Shermer, "Patternicity: Finding Meaningful Patterns in Meaningless Noise," *Scientific American* (December 2008).

*11 Shermer, *How We Believe;* Michael Shermer, "Why People Believe Invisible Agents Control the World," *Scientific American* (June 2009); https://michaelshermer.com/sciam-columns/agenticity/

*12 Shermer, *How We Believe*, chap. 5.

*13 この「裏口からの参戦（back door to war）」説には、歴史的説明から理論的説明までさまざまなバリエーションがあるが、議論の出発点とすべき標準的な見解は、ロバータ・ウォルステッター（Roberta Wohlstetter）のそれであろう。Roberta Wohlstetter, *Pearl Harbor: Warning and Decision* (Stanford, Calif.: Stanford University Press, 1962). 同説の歴史的説明は、Charles

Callan Tansill, *Back Door to War: The Roosevelt Foreign Policy, 1933-1941*
(Chicago: Regnery, 1952); David M. Kennedy, *The American People in
World War II: Freedom from Fear*, pt. 2 (New York: Oxford University
Press, 1999), p. 90; David Reynolds, *From Munich to Pearl Harbor:
Roosevelt's America and the Origins of the Second World War* (Chicago:
Ivan R. Dee, 2002), especially p. 163 を参照。同説の理論的説明は、John M.
Schuessler, "The Deception Dividend: FDR's Undeclared War," *International
Security*, Vol. 34, No. 4 (Spring 2010), pp. 133-165; Jeffrey W. Taliaferro,
"Strategy of Innocence or Provocation? the Roosevelt Administration's Road
to World War Ⅱ?" in Steven E. Lobell, Norrin M. Ripsman, and Jeffrey W.
Taliaferro, eds., *The Challenge of Grand Strategy: The Great Powers and
the Broken Balance between the World Wars* (Cambridge: Cambridge
University Press, 2012), chap 8 を参照。歴史学者の堀田江理によれば、この
「裏口からの参戦」は日本の真珠湾奇襲と鏡写しの論理で理解できるという。
堀田江理『1941　決意なき開戦——現代日本の起源』（人文書院、2016年）345
〜346頁。

＊14　行動主義的アプローチおよび学習理論の包括的な議論は、W. David Pierce
and Carl D. Cheney, *Behavior Analysis and Learning: A Biobehavioral
Approach, Sixth Edition* (New York: Routledge, 2017) を参照。

＊15　リチャード・ドーキンス（日高敏隆・岸由二・羽田節子・垂水雄二訳）『利
己的な遺伝子』増補新装版（紀伊國屋書店、2006年）特に11章；スーザン・ブ
ラックモア（垂水雄二訳）『ミーム・マシーンとしての私』全2巻（草思社、20
00年）；ロバート・アンジェ／ダニエル・デネット（佐倉統・巌谷薫・鈴木崇史
・坪井りん訳）『ダーウィン文化論—科学としてのミーム』（産業図書、2004
年）；ダニエル・C・デネット（山口泰司）『解明される意識』（青土社、1997
年）；Daniel C. Dennett, *Darwin's Dangerous Idea: Evolution and the
Meaning of Life* (New York: Simon & Schuster, 1995); Richard Reeves
Brodie, *Virus of the Mind: The New Science of the Meme* (Carlsbad: Hay
House, 2004).

＊16　Daniel Dennett, "Darwin's "Strange Inversion of Reasoning","
Proceedings of the National Academy of Sciences, Vol. 106. Supplement 1
(2009), pp. 10061-10065; Robert Boyd and Peter J. Richerson, *Culture and
the Evolutionary Process* (Chicago, IL: University of Chicago Press, 1985);
Robert Boyd and Peter J. Richerson, *Not by Genes Alone: How Culture
Transformed Human Evolution* (Chicago, IL: University of Chicago Press,
2005).

＊17　Steve Stewart-Williams, *The Ape that Understood the Universe: How
the Mind and Culture Evolve* (New York: Cambridge University Press,
2019), p. 302.

＊18　Ibid., pp. 237-243; Boyd and Richerson, *Culture and the Evolutionary*

Process; Boyd and Richerson, *Not by Genes Alone.*

*19 Daniel Nexon, *The Struggle for Power in Early Modern Europe: Religious Conflict, Dynastic Empires, and International Change* (Princeton: Princeton University Press, 2009)；バーバラ・W・タックマン（大社淑子訳）『愚行の世界史——トロイアからベトナムまで』上巻（中央公論新社、2009年）第三章。

*20 https://www.theguardian.com/world/2002/nov/24/theobserver

*21 Sam Harris, *The Moral Landscape: How Science Can Determine Human Values* (New York: Simon and Schuster, 2011)；リチャード・ドーキンス（垂水 雄二）『神は妄想である—宗教との決別』（早川書房（2007年）：リチャード・ドーキンス（太田直子）『さらば、神よ』（早川書房、2020年）；ダニエル・C・デネット（阿部文彦訳）『解明される宗教——進化論的アプローチ』（青土社、2010年）；Dennett, *Darwin's Dangerous Idea.*

*22 Roger Buehler, Dale Griffin, and Heather MacDonald, "The Role of Motivated Reasoning in Optimistic Time Predictions," *Personality and Social Psychology Bulletin*, Vol. 23, No. 3 (March 1997), pp. 238-247; Daniel Statman, "Hypocrisy and self-deception," *Philosophical Psychology*, Vol. 10, No. 1 (1997), pp. 57-75; John Erickson, "Double Deception: Stalin, Hitler and the Invasion of Russia," *The English Historical Review*, Vol. 113, No. 454 (1998), pp. 1380-1381; Harry C. Triandis, *Fooling Ourselves: Self-Deception in Politics, Religion, and Terrorism: Self-Deception in Politics, Religion, and Terrorism* (Westport: Praeger Pub Text, 2008)；ターリ・シャーロット（斉藤隆央訳）『脳は楽観的に考える』（柏書房、2013年）261〜264、268頁。

*23 Robert Trivers, *Deceit and Self-Deception: Fooling Yourself the Better to Fool Others* (London: Allen Lane, 2011); Robert Trivers, "The Elements of a Scientific Theory of Self-Deception," *Annals of the New York Academy of Sciences*, Vol. 907, No. 1 (April 2000), pp. 114-131; William von Hippel and Robert Trivers, "The evolution and psychology of self-deception," *Behavioral and Brain Sciences*, Vol. 34, No. 1 (February 2011), pp. 1-16；ロバート・クルツバン（高橋洋訳）『だれもが偽善者になる本当の理由』（柏書房、2014年）。

*24 https://www.facebook.com/watch/?v=10155258609773487

*25 Trivers, *Deceit and Self-Deception*, p. 2.

*26 ナルシスト的パーソナリティと国際政治のインプリケーションは、Ralph Pettman, "Psychopathology and World Politics," *Cambridge Review of International Affairs*, Vol. 23, No. 3 (September 2010), pp. 475-492; Ralph Pettman, *Psychopathology and World Politics* (London: World Scientific, 2011)を参照。トランプが強力なナルシスト的パーソナリティの持ち主であることを明らかにする心理学的・進化論的研究は、https://www.psychologytoday.com/intl/blog/evil-deeds/201710/lies-self-decepti

on-and-malignant-narcissism;
https://www.alternet.org/2020/04/leading-psychologists-explain-how-trumps-s
elf-delusions-and-narcissism-make-him-uniquely-effective-at-predatory-decep
tion/を参照。なお多くの心理学者が、トランプがナルシスト的パーソナリティ
障害であることを認めている。
https://www.psychologytoday.com/intl/basics/president-donald-trump
＊27 これまでトランプらにみられるこの自己欺瞞は、遺伝的欠陥や権威主義的な
　　パーソナリティと解釈されがちだった。ところが興味深いことに進化政治学は、
　　我々一般人もまた多かれ少なかれ同じ楽観的な特徴を示し、それが「程度の問
　　題」であることを示唆している。すなわち、全ての人間には一定程度のナルシ
　　スト的傾向性や自己欺瞞が備わっており、トランプの自己欺瞞は、正常な心理
　　メカニズムが通常よりも多少強力に作用したものに過ぎないのである。
＊28 https://www.alternet.org/2020/04/leading-psychologists-explain-how-trum
　　ps-self-delusions-and-narcissism-make-him-uniquely-effective-at-predatory-d
　　eception/
＊29 Ibid.
＊30 https://www.theatlantic.com/politics/archive/2019/01/shithole-countries/
　　580054/
＊31 https://edition.cnn.com/2018/04/06/politics/trump-mexico-rapists/index.
　　html
＊32 https://reliefweb.int/report/united-states-america/voices-banned-trump-ad
　　ministration-s-exclusion-muslims-seeking-refuge
＊33 https://www.washingtonpost.com/opinions/trump-is-the-king-of-lies/2020/
　　07/23/b9a52fb0-cd02-11ea-91f1-28aca4d833a0_story.html
＊34 https://www.washingtonpost.com/news/fact-checker/wp/2015/11/22/donald
　　trumps-outrageous-claim-that-thousands-of-new-jersey-muslims-celebrated-
　　the-911-attacks/
＊35 https://www.factcheck.org/2016/08/trumps-revised-911-claim/
＊36 https://www.whitehouse.gov/briefings-statements/remarks-president-tru
　　mp-vice-president-pence-cia-headquarters/
＊37 https://www.washingtonpost.com/news/fact-checker/wp/2017/01/27/presi
　　dent-trumps-first-seven-days-of-false-claims-inaccurate-statements-and-exag
　　gerations/
＊38 https://www.politifact.com/article/2017/jan/20/inaugural-crowd-sizes-rank
　　ed/
＊39 Alan Bullock, *Hitler: A Study in Tyranny* (New York: Harper & Row,
　　1964), p. 610.
＊40 Alan Bullock, *Hitler and Stalin: Parallel Lives* (New York: Knopf, 2004),
　　p. 153.
＊41 Ian Kershaw, *Hitler, 1936–45: Nemesis* (London: Penguin, 2000), pp.

207-208.

＊42　Edward E. Ericson, *Feeding the German Eagle: Soviet Economic Aid to Nazi Germany, 1933-1941* (Westport, CT: Greenwood, 1999), p. 162.

＊43　Chris Bellamy, *Absolute War: Soviet Russia in the Second World War* (New York: Vintage, 2007), p. 43.

＊44　アドルフ・ヒトラー（平野一郎・将積茂訳）『わが闘争―民族主義的世界観』改版、全2巻（角川文庫、1973年）。

＊45　レオポルド・トレッペル（堀内一郎訳）『ヒトラーが恐れた男』（三笠書房、1978年）115頁。

＊46　同上。なお、ゾルゲは日本でもスパイ活動をしており、日本の対ソ政策や軍備の動向、日独関係や日本の対中国政策などの調査を行っていた。ゾルゲは、独紙『フランクフルター・ツァイトゥング』の特派員として来日して、当時の近衛文麿内閣の深くに政治的に浸透していた。

＊47　同上、116頁。

＊48　Roy F. Baumeister, *Evil: Inside Human Violence and Cruelty* (New York: Holt, 1997).

＊49　Dale T. Miller and Michael Ross, "Self-serving Biases in the Attribution of Causality: Fact or Fiction?" *Psychological Bulletin*, Vo. 82, No. 2 (1975), pp. 213-225.

＊50　D. Kahneman and A. Tversky, "Prospect Theory: Analysis of Decision under Risk," *Econometrica*, Vol.47, No. 2 (1979), pp. 263-291; A. Tversky and D. Kahneman, "Judgment under Uncertainty: Heuristics and Biases," *Science*, Vol. 185, No. 4157 (1974), pp. 1124-1131; Daniel Kahneman, Paul Slovic, and Amos Tversky, *Judgment under Uncertainty: Heuristics and Biases* (Cambridge: Cambridge University Press, 1982).

＊51　W. D. Hamilton, "The Genetical Evolution of Social Behavior. I," and W. D. Hamilton, "The Genetical Evolution of Social Behavior. II," both in *Journal of Theoretical Biology*, Vol. 7, No. 1 (July 1964), pp. 1-16 and 17-52, respectively; Steven C. Hertler, Aurelio José Figueredo, and Mateo Pcñaherrera Aguirre, *Multilevel Selection: Theoretical Foundations, Historical Examples, and Empirical Evidence* (Basingstoke: Palgrave Macmillan, 2020); David Sloan Wilson, Edward O. Wilson, "Rethinking the Theoretical Foundation of Sociobiology," *The Quarterly Review of Biology*, Vol. 82, No. 4 (December 2007), pp. 327-348; E. Sober and D. S. Wilson. *Unto Others, The Evolution and Psychology of Unselfish* Behavior (Cambridge, Mass.: Harvard University Press, 1998); J. A. Fletcher and M. Zwick, "Strong altruism can evolve in randomly formed groups," *Journal of Theoretical Biology*, Vo. 228, No. 3 (2004), pp. 303-313 ; Henri Tajfel, "Experiments in Intergroup Discrimination," *Scientific American*, Vol. 223 (November 1970), pp. 96-102; ジョナサン・ハイト（高橋洋訳）『社会はなぜ左

と右にわかれるのか』（紀伊國屋書店、2014年）。

＊52　ジョシュア・グリーン『モラル・トライブズ——共存の道徳哲学へ』（岩波書店、2015年）；J. D. Greene, "Dual-Process Morality and the Personal/ Impersonal Distinction: A Reply to McGuire, Langdon, Coltheart, and Mackenzie," *Journal of Experimental Social Psychology*, Vol. 45, No. 3, (May 2009), pp. 581-584.

＊53　グリーン『モラル・トライブズ』第4章。個別的な論文としてはたとえば、Joshua D. Greene et al. "An fMRI Investigation of Emotional Engagement in Moral Judgment," *Science*, Vol. 293, No. 5537 (September 2001), pp. 2105-2108 を参照。

＊54　Steven Pinker, *Rationality: What It Is, Why It Seems Scarce, Why It Matters* (London: Allen Lane, 2021), chap. 10.

＊55　Ibid.

第6章

進化政治学と道徳
——道徳の存在論テーゼと啓蒙の反実在論仮説——

はじめに

　前章では、進化的リベラリズムに対する諸批判を究極要因（ultimate cause）の視点から検討して、それを欺瞞の反啓蒙仮説として提示した。これにより、人間にはデフォルトの状態では様々な欺瞞に陥ってしまうバイアスが備わっており、それが故に、啓蒙が必要であることをある種の反実仮想の形で示した。具体的には、人間はパターン性（patternicity）*1、エージェント性（agenticity）*2、ミーム（meme）*3、自己欺瞞（self-deception）*4、モラライゼーション・ギャップ*5といった進化論的要因の影響を強く受けており、我々はデフォルトでは、標準社会科学モデル（standard social science model）*6にみられる非科学的な知識体系を信じてしまうような欠陥を備えた動物であることを明らかにした。

　それでは、進化政治学は、啓蒙がいかなる形で行われて、狩猟採集時代のリアリスト的な悲惨な世界——進化的自然状態モデルの世界——から、現代世界の平和と繁栄に至ったと説明するのであろうか。第4章では進化的リベラリズムの試論を提示する中で、これまで様々な進化論者が個別的に言及していたリベラリズム的な言説が、自然状態における人間本性の欠陥が協調に向けた後天的要因により相殺されて平和と繁栄に至る、という一つの体系的な因果メカニズムとして、統合的に理解できることを説明した。この進化的リベラリズムの論理を哲学的・科学的に基礎づけるべく、二つの新たな知見——道徳の存在論テーゼ、啓蒙の反実在論仮説——を提示することが、本章の主な目的である。その流れは以下の通りである。

　第一に、進化的リベラリズムの啓蒙主義的論理を振り返る中で、既存の啓蒙主義的議論に潜む三つのアポリアを指摘する。ここで示したアポリア

が本章と次章で議論される主なテーマとなる。第二に、自然主義的誤謬（naturalistic fallacy）を再考する中で、啓蒙のターゲットとされる道徳観念は存在論の次元で議論されることで、科学的研究の対象になりうる可能性を示す。本書はこのことを道徳の存在論テーゼと呼び、進化的リベラリズムの方法論とする。

　第三に、哲学の進化的反実在論（evolutionary anti-realism）に基づいて、啓蒙がターゲットとする道徳観念をシステム１から基礎づけることに限界があり、啓蒙はシステム２により基礎づけられる必要があることを示す。本書はこれを啓蒙の反実在論仮説と呼ぶ。同仮説は、進化政治学的視点から、啓蒙の一般的論理を提示したものである。第四に、啓蒙の反実在論仮説に想定される批判を、進化的実在論（evolutionary realism）の視点から検討する。

　第五に、啓蒙の反実在論仮説を進化的リベラリズムにかかる既存の啓蒙主義的学説と比較しつつ、その妥当性や新奇性を示す。その際、具体的には、ジョナサン・ハイト（Jonathan Haidt）、ポール・ブルーム（Paul Bloom）、ジョシュア・グリーン（Joshua David Greene）といった、コンシリエンス的視点に立つ現代の啓蒙主義者――進化論に基づいて自由主義的な政治思想を提示しているという意味で、いずれも進化的リベラリズムの先行研究に当たる――の議論を比較検討する。

第1節　啓蒙主義のアポリア

　序章ではプラトンの「洞窟の比喩」を手がかりとして、啓蒙主義の現代リベラリズムに対する意義を論じた。すなわち、「洞窟の比喩」が示唆する諸問題――科学が軽視されて、陰謀論、宗教、オカルトといった非科学的な言説がはびこる状況――を克服するためには、第4章で示した進化的リベラリズムの構成要素の一つである、啓蒙主義が重要だということである*7。後述するように、進化的リベラリズムにかかる先行研究は多くあるが、本書がそれらにもたらす貢献は、啓蒙主義にかかる論理を新奇な論理――道徳の存在論テーゼ、啓蒙の反実在論仮説、および進化啓蒙仮説――により基礎づけることにある。

　啓蒙主義とは、端的にいえば、人間が理性と科学によって人類の繁栄を

促すことができるという考え方であり、ヒューマニズム、古典的リベラリズム、コスモポリタニズムとも深くかかわる。理性と科学に基づいた人類の平和と繁栄を実現するという啓蒙主義の理念は、18世紀の西洋の啓蒙主義運動に由来する。啓蒙主義は人間についての理解の探索であり、理性（合理主義）、科学、ヒューマニズム、進歩といったテーマに駆られたものであった＊8。啓蒙主義が措定する理性とは、人間に非理性的な本能が備わっているということを、実在論的な意味で科学的に理解して、それを環境的要因（制度、法律、政府その他）でコントロールすることによって、人類の繁栄を考えるということを意味する。

　実際、トマス・ホッブズ（Thomas Hobbes）、デイヴィッド・ヒューム（David Hume）、イマニュエル・カント（Immanuel Kant）、スピノザ（Baruch de Spinoza）、アダム・スミス（Adam Smith）といった希代の啓蒙思想家たちは、直感的な進化学者であった＊9。彼らは人間が本性的に非合理的な感情を備えていることを自覚しており、こうした人間の不完全性を克服するためには、その共通原因となる普遍的な人間本性の正体を突きとめることが重要だと考えていた。したがって、理性を使用することが重要であると啓蒙主義が主張するためには、デフォルトの人間本性が不完全であることを理解して、その問題性を自覚する必要がある。

　科学は人間に無知と迷信からの脱却を可能にする。科学こそ人類史上最も誇るべき成果であり、それは理性を用いてなされ、知識を蓄積して、富、健康、自由を増やし続けている。本書はここで科学を広義に捉えて、「データと理論に基づいて、世界を帰納法と演繹法の双方から理解しようとする知的体系」と定義する。これによれば、科学という言葉の中には、人文系の諸分野（哲学、政治学、経済学、その他）も含まれることになる。

　科学を敵視するのは、宗教家、ポピュリスト、さらに「高貴な野蛮人（noble savage）」説＊10や「ブランク・スレート（blank slate）」説＊11を信奉する一部の人文系の学者たちである。現在、人々によって受けいれられている科学的仮説がすべて真実というわけではないかもしれないが、科学的実在論が論じるように、人間は近似的真理を手に入れられる。さらに我々はそれら近似的真理にすぐにアクセスできるわけでなく、学問の発展段階に応じて漸進的に接近していくことができる。世界の不確実性や人間の認知リソースの制約にもかかわらず、我々はこうした形で漸進的に近似的

真理に接近していかれるのであり、すぐに完全な真理を獲得できないということが、真理を探究する営みが不毛であるということを意味するわけではない。こうした意味において、スティーブン・ピンカー（Steven Arthur Pinker）、マイケル・シャーマー（Michael Shermer）、ジョセフ・ヒース（Joseph Heath）らが繰り返し主張しているように、啓蒙主義やリベラリズムは、ポストモダニズムに対する強力なアンチテーゼとなる＊12。

　ところで、進化的リベラリズムが進化政治学の視点から啓蒙主義を論じるとき、そのロジックにいくつかの疑問が生じる。これらの疑問に答えることが、本書の啓蒙主義やリベラリズムに対する貢献の一つである。第一の疑問は、啓蒙主義がヒューマニズムに含まれる道徳を論じるとき、その議論は自然主義的誤謬に陥っているのではないか、というものである。事実命題（is）から規範命題（ought）を導きだすことはできないというのが、自然主義的誤謬が意味するところである。仮にそうであれば、進化や科学といった事実命題をいくら積みあげても、ヒューマニズムや進歩といった規範命題を論じることはできないのではないだろうか。こうした疑問に対して、本書は自然主義的誤謬批判を克服可能にする、新たなリベラリズムのメタ理論的論拠を提示する。それが後述する「道徳の存在論テーゼ」である。

　第二の疑問は、啓蒙主義の主張はおおまかにいえば、システム２の理性（熟慮的な道徳的知識）により、システム１の本能をコントロールしようとするものだが（このことは進化的リベラリズムの主要仮説である）、世界の道徳的進歩は、システム１の直感系の道徳感情を活用することでも可能になるのではないか、というものである。仮にこれが真であれば、啓蒙主義に立ち、後天的な環境的要因によって人間本性をコントロールしようとする試みは、不必要なばかりか、場合によっては有害にすらなりうるかもしれない。

　この後者のシナリオ——啓蒙が有害というシナリオ——は、ルソーの「高貴な野蛮人」説に典型的にみられるもので、西洋文明の発展につれて人間は退廃してきたというものである。ルソーによれば、人間には原始的な道徳感情——憐憫の情など——が備わっており、現代進化論のタームでいえば、こうした直感的なシステム１——道徳的感情や互恵的利他主義（reciprocal altruism）＊13——が、自然状態における人間世界の原始的な調

和をもたらしていたという。したがって、西洋の科学や文明の発展は、この原始的なシステム1の道徳的感情を歪める有害なものだということになる。

　しかし、このルソーの「高貴な野蛮人」説が実在論的には科学的に誤っていたことが示唆するように、システム1の直感的な道徳感情は、必ずしもコスモポリタニズムや功利主義が想定する世界観と親和的なものではない。たしかに互恵的利他主義や道徳感情などは、古典的リベラリズムと一定程度整合的なロジックを含んでいるが、それらには血縁淘汰理論（kin selection theory）＊14や集団淘汰論（group selection）＊15から導き出される部族主義や、進化ゲーム理論的な機会的裏切り戦略なども含まれており、こうした問題はしばしば啓蒙主義が克服を試みる対象になる。

　すなわち、システム1の直感系の道徳感情は包括適応度極大化のために備わった適応的装置に過ぎないので、それが古典的リベラリズムの想定する世界観と整合的である保証は必ずしもない。他方で、逆にピンカー、シャーマーら現代の啓蒙主義者が論じているように、合理的楽観主義やリベラル啓蒙主義によれば、科学と文明の発展こそが、世界の平和と繁栄の原動力であり、これにより人間はイデオロギーや感情をベースにした紛争を克服してきた。本書では、こうしたロジックを体系化し、「啓蒙の反実在論仮説」として提示する＊16。

　進化論の人間本性は、リベラリズムが措定する道徳律を導きだす上では、信頼に足りうるものではない。リベラリズムは進化論を必要とするが、その援用に際する論理は複雑なものとなる。しかし、このパズルを解きほぐすことで、リベラリズムは、平和と繁栄に至る因果メカニズムを実在論的な意味で科学的な根拠を備えた形で明らかにできよう。

　第三の疑問は、それにもかかわらず、システム2の理性によるシステム1の人間本性をコントロールしようとする試みは、歴史上しばしば大きな失敗をしてきたが——共産主義ユートピアや権威的ハイモダニズムの失敗がこれに当たろう——、その成否の分水嶺となる条件はいかなるものなのだろうか、というものである。

　これは、システム1の人間本性が現代世界で常に進化的ミスマッチ（evolutionary mismatch）＊17を起こしているわけではなく、適応上の利点（adaptive advantage）＊18を発揮している場合もあるので、システム1の人

間本性をむしろ堅持・開花した方が良いのではないか、というシナリオを指す。つまり、既存の進化論をベースにした啓蒙主義を唱える議論で明確にされてこなかったのは——暗黙裡に仮定されてはいるが——、進化的ミスマッチを起こしているシステム1の人間本性はコントロールする意義があるものの、適応上の利点を備えているシステム1の人間本性についてはむしろ堅持した方が、個人の包括適応度に資するのではないかという点である。この点を明確化しないと、進化と啓蒙という二つの領域を論理的妥当性が備わった形で架橋できないだろう。

　それでは、進化的リベラリズムが、啓蒙主義の論理——抽象的にいえば、システム2の理性により、システム1の本能をコントロールする——により、自由主義的な世界が実現可能であることを示すためには、いかなる哲学的・理論的な基礎づけが必要になるのだろうか。適応上の利点を備えている人間本性を否定することなく、進化的ミスマッチに由来する現代世界の悲劇を克服するためには、いかなる論理が有効になるのだろうか。このことを掘り下げて理解するためには、啓蒙、道徳、進化という三つのアイディアの間の関係を、哲学的・進化論的に再考する必要がある。

　そこで本書では、道徳を存在論の次元で議論することで自然主義的誤謬に陥ることを回避した上で（道徳の存在論テーゼ）、啓蒙を進化的反実在論の立場から捉え（啓蒙の反実在論仮説）、以下の論理からなる進化啓蒙仮説（これは次章で議論する）を提示する。システム1の道徳的感情は自然淘汰により包括適応度極大化のために備わったものにすぎず、これをもって道徳実在論を擁護することは難しい。そのため、人間はシステム2の理性により外在的な道徳律を設定して、システム1の人間本性の欠陥をコントロールする必要がある。

　しかし、啓蒙という社会変革には限界があり、外在的な道徳律は無制限に設定できるわけではない——、任意の道徳律が文化的要因として進化しうるためには、それが総合的にみて、ホストとなる人間個人の適応度に資するという条件が必要になる。換言すれば、適応上の利点を備えたシステム1の人間本性を、システム2の理性によってコントロールすることは難しく——人間の包括適応度にデメリットになるため——、啓蒙が対象となりうるのは進化的ミスマッチを起こしているシステム1や悪性ミーム——不正文化変異体（rogue cultural variants）とも呼ばれる[19]——に限られる

ということである。したがって、啓蒙の限界を考える上では、何が適応上の利点を備えたシステム1で、何か進化的ミスマッチを起こしているシステム1や悪性ミームなのか、を分析することが必要になろう＊20。

第2節　自然主義的誤謬再考
──道徳の存在論テーゼ

　前節では本章と次章で議論する命題をめぐる啓蒙主義のアポリアを三つ提示した。本節ではそのうちの第一のものを議論したい。すなわちそれは、啓蒙主義が道徳の問題を論じるとき、いかにして自然主義的誤謬の陥穽を回避できるのだろうか、というものである。以下、この問いを掘り下げて考察して、道徳の存在論テーゼを提示する。

　進化の事実から直接道徳を導き出そうとした初期の試みには、哲学者ハーバート・スペンサー（Herbert Spencer）による社会ダーウィニズムがある＊21。スペンサーによれば、人類は最高次の存在であり、それは共同作業の精神、利己的行動の抑制を行う道徳的感受性にみられる。そして、自然淘汰はこうした高次の次元に人間を向かわせ、人間がどうあるべきかを規定しているという。このスペンサーの主張は、①事実から価値を導きだす誤謬（自然主義的誤謬）に陥っており、②進化を形而上学的プロセスと見なしている点に問題がある。

　スペンサーの主張に反して、現代進化学が明らかにするところは、自然淘汰は、高次の存在に向かうものではなく、局所的な環境への適応を実現させる先見性のない過程であり、人類の存在は必然ではなく、大いなる偶然の集積の結果だということである＊22。

　スペンサーの誤りが示唆するように、進化論から道徳を考える際には、自然主義的誤謬の問題を踏まえる必要がある。自然主義的誤謬に関する議論には、デイヴィッド・ヒューム（David Hume）と G. E. ムーア（George Edward Moore）の二つのバージョンがあり、程度の問題ではあるが、後者が自然主義的誤謬のより直接的な起源とされる。ヒュームは、事実命題から当為命題を導きだせないという命題を、演繹的な三段論法に基づいて論証した＊23。ヒュームによれば、演繹的論証を用いる限り、事実をどれだけ前提に入れても結論としては義務や価値は出てこず、もし価値的命題

を導きだしたいならば、前提のどこかに価値言明がなければならないという*24。

　哲学者ジョン・サール（John R. Searle）はヒュームの原則が成立しないと考えて、反例としての論証を提示した。サールの論証における前提には、義務的な含意をもつ制度が存在するという問題がある*25。哲学者ジェイズム・レイチェルズ（James Rachels）は演繹的論証以外の推論、すなわち、つまり帰納的推論や最善の説明を与える推論（アブダクション）がヒュームの法則とどういう関係があるかを分析した。レイチェルズによれば、伝統的な道徳は演繹的な論証に基づいていないため、任意の事実から、最善の説明への推論やアブダクションによって、任意の道徳律を導出できるという*26。ヒュームの法則が演繹的論証に限られているが、レイチェルズによれば、事実から最善の道徳仮説を推論することは可能だということである。

　レイチェルズの議論で重要なことは、プリンストン大学の進化論に立つ哲学者ピーター・シンガー（Peter Singer）と同じく*27、人類が特別の存在ではなく進化的な産物であることを基礎に道徳を決定できると前提していることであろう。こうしたレイチェルズやシンガーの議論は、人間が他の種とは異なる高次な存在であると形而上学的に措定するスペンサーの議論の真逆のものである。しかし、スペンサーの議論に人間が高次な存在であるという価値的前提が含まれているのと同様に——そのベクトルは逆だが——、レイチェルズやシンガーの議論にも人間と動物の間に大きな違いがないなら，大きく異なって扱うべきではない、という価値的前提が含まれているともいえる。

　他方、ムーアの議論はヒュームのそれと少し異なる*28。ムーアの議論は、価値的な概念を事実的性質だけから定義することはできないというものである。この説明は「未決問題テスト」を用いてなされる。ムーアによれば、「あの成人男性は20歳を超えているか」という問いは意味をなさない。なぜなら、この命題は成人男性という定義だけで決定されているからである。他方で、「この肉は美味しいか」という問いは、肉という定義に美味しいか否かは含まれないため、未決問題である。この推論に依拠して、「Xは善いか」という問いを考えみよう。このとき、Xにどれだけ事実命題を挿入しても、この問いは未決のままとなり、事実的性質だけから価値

は定義できないことが分かる。それにもかかわらず、これができるとする論理のことをムーアは、自然主義的誤謬と呼んだというわけである*29。たとえば、この議論によれば、進化という事実から人間が高次な存在であるという価値命題を導きだしている点において、スペンサーは自然主義的誤謬を犯していると言わざるを得ない。

　ところが、ムーアの未決問題テストには一つ問題がある。それは、自然主義的誤謬は意味論的命題には当たるが、存在論的命題には当たらないことである*30。二つの命題が存在論的に同一だとしても、そのことがそれらの間の意味論的同一性を保証するわけではないことを、ムーアは見逃していた。たとえば、「酸素は O_2 か」という問いは、科学の基礎的素養があるものにとっては自明の理だが、知識を持たないものにとっては未決問題になる。したがって、たとえば、仮に社会ダーウィニズムの主張が存在論であるなら、自然主義的誤謬には当たらない。

　あるいは、たとえば、「道徳的に優れた行為は、適応的な行動である」と主張したのならば、それは道徳的な行為とはいかなるものなのかを存在論的に説明しようとしたどういうものかを説明しようとした言明であり、自然主義的誤謬に陥っているわけではない。もっとも、このことは、社会ダーウィニズムが真理を保証するわけではないので、当該命題は別途論証する必要があるし、その論証が成功するという確証もない。ここでの結論はただ単に、ムーアの法則の適用範囲は意味論にとどまっており、存在論——すなわち、事実的性質をもって価値を記述すること——については当たらないということである。本書はこのことを道徳の存在論テーゼと呼ぶ。

　自然主義的誤謬と逆にベクトルの誤りに、道徳主義的誤謬（moralistic fallacy）がある。道徳主義的な誤謬とは、ハーバード大学の微生物学者バーナード・デイビス（Bernard Davis）が1970年代に提示したものである*31。道徳主義的誤謬は自然主義的誤謬とロジックが逆であり、それは「であるべき（ought）」から「である（is）」を導きだす誤謬を指す。すなわち、「こうあるべきだから、こうなのだ」と主張する推論の飛躍を指すのである。

　自然主義的誤謬はラディカルな政治的右派が陥りがちである一方、道徳主義的誤謬はラディカルな政治的左派が陥りがちである。前者についていえば、白人は黒人よりも犯罪率が低いので、黒人よりも社会政治的制度で

優遇されるべきだ、といった議論がその典型例になろう。後者については、男女はあらゆる側面（身体的・精神的）で等しくあるべきなので、あらゆる性差は本来存在せず、あると思われているのは悪しき社会的構築物に過ぎないといったものである。進化論を議論する際には、自然主義的誤謬のみならず、道徳主義的誤謬の理解も重要になる。なぜなら、現代の自由民主主義世界に通底している規範によれば、現実に差異が存在するからといって、その差異に基づいて物理的な差別をするべきと主張するものなど滅多にいないのだが（実際、多くの政治的保守も、消極的自由を基調とする基本的人権概念は受けいれている）、近年のポリティカル・コレクトネスを声高に提唱するラディカルな左派はしばしば、自らの道徳観念に沿わない学術的知見は認められないといった、道徳主義的な誤謬に陥った議論を展開しているからである。

　道徳主義的誤謬は、「善なるものは自然であるべき」と信じてしまう傾向といえる。換言すれば、道徳主義的誤謬とは、こうあるべきであるという規範から、特定の学説を導きだそうとする、推論上の誤りを指す。一例をあげれば、「皆が平等であるべきだから（ought）、生まれつきの遺伝的差異など存在するはずない（is）」と主張することは、道徳主義的誤謬の一つである。進化生物学者のマット・リドレー（Matt Ridley）はこのロジックを的確に指摘して、こうした道徳的誤謬のことを、「逆の自然主義的誤謬（reverse naturalistic fallacy）」と呼んでいる＊32。

　たとえば、道徳主義的誤謬によれば、古典的リアリズムにみられる、人間本性が戦争を起こすという議論は間違っているとされる。俗な言葉でいえば、「人間に戦争を望む本性がある」という主張は、社会でも学界でもしばしばタブーなのである。なぜなのだろうか。それは多くの人が、人間本性は暴力的であるべきでない（ought）と考え、こうした願望や規範を実証命題（is）に投影し、誤った推論——この際、「人間は本性的には戦争を望まない」——を導きだしてきたからである。ピンカーが的確に述べているように、標準社会科学モデルにおける「暴力の場合の『正しい答』」とは、暴力は人間の本性とは無関係であり、外部の有害な要素の影響による病的な状態」、すなわち「文化が教える行動であるか、一定の環境に蔓延する伝染性の病気である」というものだったのである＊33。これに対して、進化政治学の最新の知見は、こうした標準社会科学モデルにおける一般的

通念が誤っており、人間本性が戦争の究極的な原因であることを明らかにしている。

第3節　啓蒙の反実在論仮説
——進化的反実在論に基づいた啓蒙主義

　前節では、進化論が道徳を扱うときには、二つの推論における誤謬——自然主義的誤謬と道徳主義的誤謬——があり、このうち自然主義的誤謬は道徳的命題を存在論的次元で議論することで回避可能である、という道徳の存在論テーゼを提示した。それでは進化的リベラリズムが啓蒙を論じるとき、システム１の直感系の道徳感情と、システム２の理性のいずれに焦点を当てるのが妥当なのだろうか。以下ではこの問いに対して、進化的反実在論に基づいて、その答えが後者のシステム２の理性であることを明らかにする。

　前節で論じた進化論に基づいた道徳研究の諸相をメタ理論的に考えると、哲学者フィリップ・キッチャー（Philip Kitcher）が論じるように、以下の四つの理念型が想定される＊34。第一は、人間の道徳心理がなぜあるのか（究極要因）についての進化的な説明である。第二は、道徳原則の制限・拡張の基礎としての生物学の利用である。第三は、道徳的性質の形而上学的な地位——たとえば客観的な道徳は実在するのか——についての洞察を得るための生物学の利用である。第四は、進化生物学から新しい道徳原則の体系を導きだすことである。これは、人間の道徳原則の諸相を理解することを意味する。むろん、上記は理念型であり、道徳を進化論的視点から考察する際には、これらが混在する形でなされることもある。ただし、自らの哲学的考察が含む命題に自覚的な形で分析を進めるためには、上記の理解は重要になろう。

　ところで、これらキッチャーの議論では見過ごされている問題が一つある。それが、道徳を進化的に論じる際には、システム１の直感的な道徳感情に着目するか、システム２の理性的な道徳的推論に着目するのか、という問題である。進化的リベラリズムが後者に着目する理由は、前述したように、道徳を考えるとき、システム１の人間本性は、進化的リベラリズムが依拠する古典的リベラリズム（消極的自由や功利主義など関連する理念）

と整合的ではないからである。

　たしかに、道徳をシステム1の道徳感情に限定して考える見方もある。これは後述する、進化的実在論が提案する議論とかかわるものである。道徳感情に一定の生得性があること自体は明らかである。幼児にも他者の苦悩へ反応するなどの感覚があり、教わらなくとも慣習的な規則と道徳的規則の区別をすることができる*35。ピンカーの弟子でイエール大学の心理学者のブルームは、発達心理学と進化論を組み合わせて、こうした道徳の生得性を論証している*36。

　進化生物学者マーク・ハウザー（Marc Hauser）は、言語の生得性の議論を道徳科学に応用したて、道徳の生得性を主張する代表的な研究を提示した*37。このハウザーのモデルに対して、チャンドラ・スリパーダ（Chandra Sripada）は「道徳的発達の生得的バイアスモデル（innate bias model of moral development）」で対抗する。スパリーダによれば、幼児はある規則を他の規則よりも支持するある種の生得的バイアスや傾向性を備えているという*38。哲学者のショーン・ニコルズ（Shaun Nichols）は、このバイアスモデルに文化進化（cultural evolution）を組み合わせる考え方を提唱している*39。

　ハウザー、スパリーダ、ニコルズの研究が集合的に示唆するところは、その詳細にバリエーションはあるものの、道徳には一定の生得性があるということである*40。しかしここで重要なのは、道徳感情に生得性があるということが、生物学的要因のみに着目して道徳律を構成する必要があることを意味するわけではないということである。実際、道徳をシステム1の道徳感情のみで捉えようとすると、露骨な身内びいきや機会主義的な裏切り戦略を含む可能性もある。たとえば、しっぺ返し（tit for tat）の論理が示唆するように、合理的アクターによる協調は予定調和的なものではない。身内びいきや裏切り戦略もある種の人間本性に由来する行為・感情なのだが、これらは古典的リベラリズムが想定する功利主義の観念からは明らかな乖離がある。つまるところ、人間本性を性善説で捉えることはナイーブすぎるのである。

　システム1の直感的な道徳感情のうち、協力促進の合理的デフォルト戦略の部分のみが客観的ということにすると、道徳の内容を人間の協力推進に資するものと措定して、そこから進化論的に合理的な戦略が導きだすと

いうことになる。しかし、前述したように、進化の論理には、互恵的利他主義や間接互恵性といった功利主義と整合的なものにとどまらず、血縁淘汰や集団淘汰にみられる縁故主義や内集団ひいき（in-group bias）もあり、前者のみをもって進化が明らかにする道徳だと論じるのは、バイアスがかかった議論である。すなわち、向協調的な適応のみが客観的だという、道徳主義的誤謬の陥った、進化の論理を矮小化した議論を展開してしまう危険があるのである。したがって進化的リベラリズムは、啓蒙主義が掲げる道徳的進歩の本質は、システム２の理性（熟慮的な道徳的知識）により、システム１の本能をコントロールすることにある、という道徳の反実在論仮説を提唱する。

　道徳の反実在論仮説は哲学における進化的反実在論（evolutionary anti-realism）をよりメタ理論的に基礎づけられる。すなわち、道徳にはシステム１の生得的基盤があるものの、それをリベラル啓蒙主義的な道徳律とみなすことには限界があり、啓蒙主義が唱えるヒューマニズムはシステム２の理性に基づいた道徳観念の普及によるものとみなすのが妥当である。この際、道徳観念は文化的要因であるため、文化進化論の視点から議論することも可能になる。

　それでは、啓蒙の反実在論仮説が哲学的根拠として基づく、進化的反実在論とはいかなるものなのだろうか*41。なぜ進化的反実在論を取るべきなのかについて、哲学者のレイチェルズは示唆的なアナロジーを挙げている。レイチェルズによれば、数学的能力の進化的説明がなされたからといって、現在の数学が生物学的数学になるわけではない。これと同じように、進化の知見は道徳とは何かという疑問に影響を与えない。なぜなら、数学は証明や発見によるそれ自身の内在的基準を持った自律的な主題だが、道徳もこれと同じにみなされるからである*42。

　このレイチェルズの議論は進化的反実在論の出発点となる議論である。すなわち、レイチェルズのみならず、これまで哲学者らはしばしば、①進化的な道徳感情の説明と、②道徳とは実在論的に何かという問題を、別問題として扱ってきた。さらに、1970年代から一部の哲学者や生物学者たちは、進化論をベースにして、道徳についてより洗練された反実在論的主張を提起するようになってきた。

　自然主義的誤謬をめぐる哲学的・倫理学的議論が示唆するように、進化

的知見から価値命題は導きだせない。しかし、ひとたび進化的知見を獲得すると、人間が一般的に道徳的と感じる感覚それ自体が適応産物に過ぎないことが分かる。そして、仮にその適応産物に価値命題を付与できないならば、そもそも生物学的な意味で客観的に、道徳的な行為はないという結論に帰結する。

　この結論は、道徳実在論がその客観性を生物学に求めるのであれば、棄却しがたいものである。なぜなら、①人間の道徳感情や道徳感覚が単なる進化適応のための産物であり、②自然主義的誤謬を踏まえて適応的産物に価値命題を見いだせない、という二つの前提に立てば、③我々が道徳と感じたり認識したりするものは、自然淘汰が形成した脳が引き起こしている生物学的な感覚に過ぎない――客観的な道徳的行為というものを生物学からは導きだせない――、という結論に帰結しうるからである。

　以下、上記の進化的反実在論の議論を、さらに哲学的・科学的に基礎づけていこう。進化的反実在論によれば、進化が人間に感じさせる「客観的な道徳律が存在する」という信念がフィクションであることがわかれば、客観的道徳の実在が棄却されることになる。進化生物学者 E. O. ウィルソン（Edward O. Wilson）は『社会生物学』において、自然淘汰の事実から倫理学が説明されるべきだと論じた*43。

　その後、ウィルソンは生物学者チャールズ・ラムズデン（Charles　J. Lumsden）と共に、究極的な倫理的真理が人間の心の進化から分離していることを哲学者たちは示していないとして倫理の実在に懐疑を呈し、「遺伝子文化共進化のラムズデン・ウィルソン理論（Lumsden-Wilson theory of gene-culture coevolution）」を提示した*44。さらにウィルソンは哲学者のマイケル・ルース（Michael Ruse）と共に以下の二つの論法から、道徳に関する自然科学的知見に基づくと、客観的に外在する倫理的諸前提は存在し得ないと論じた*45。

　第一は重複論法（argument from redundancy）である*46。これは、任意の信念は何らかの反実仮想的なものに有意な形で結合しているということに基づいたものである。外的な倫理的諸前提が存在しなくても人間は正と不正について考え続けるだろうから、進化的説明は客観的道徳を不要にする。人間が道徳を感じるのは道徳が実在するからではなく、それが適応度に資するからである。そうであれば、道徳感覚の諸原因を説明できれば、

客観的道徳を信じるいかなる理由も掘り崩されよう。

　第二は特異性論法（argument from idiosyncrasy）である＊47。これは、道徳の最大の特徴である義務の感覚は進化環境で偶然有利であったために生じたものであり、仮に人間の進化史が違っていれば、倫理的原理の内容は異なるものになったであろう、という推論である。このことを示すアナロジーとしてウィルソンとルースは、仮想の地球外生命体が、カニバリズムや近親相姦といったことを道徳的とするように進化可能だと指摘した＊48。

　仮に進化的反実在論が正しいならば、人間の道徳的信念は客観的道徳の存在を不要とする因果プロセスの産物だということになる。この進化的反実在論は自然主義的誤謬の意味を改めて確認して、「説明」と「正当化」の違いを改めて明示化する。たとえば、何を気持ち悪いと感じるかという分析的命題（「説明」）は、何を気持ち悪いと感じるべきか、「正当化」（規範命題）を必要とする種類の物事ではない。

　道徳判断はこれと同様のものである。すなわち、システム1の道徳感情は人間の包括適応度に資するための適応的産物に過ぎないのだから、人間が感じる道徳がリベラリズム的な意味で客観的に正しい倫理的・道徳的命題であることは全く保証されないし、そのように推論すること自体、道徳主義的誤謬や自然主義的誤謬に陥っている。これはシステム1の直感的な道徳感情が、自然淘汰による進化の所産であることを踏まえれば論理的必然である。こうした点について、ルースは以下のように鋭く論じている。

　　進化論者はもはや事実的基盤から道徳を導く試みはしていない。彼あるいは彼女の主張は今や、道徳を導くことのできるいかなる種類の基盤も存在しないというものだ。……明らかに倫理は実在しないものではないため、進化論者は我々の道徳的感情を単純に人間心理という主観的な本性に見出している。このレベルにおいては、道徳は我々が見知らぬものに感じる恐怖——これは疑いなく、よい生物学的価値を持つもう一つの感情である——がもつ地位以上のものでは（また以下のものでも）ない＊49。

　たとえば、宗教はマルチレベル淘汰論や文化進化論によれば、適応主義的に解釈することもできるが＊50、このことは宗教がリベラル啓蒙主義的

な意味で常に協調促進的だということを意味するわけではない。スコット・アトラン（Scott Atran）とジェレミー・ギングズ（Jeremy Ginges）によれば、宗教は突飛な信念や高価な儀式を推進することで、内集団の信頼を高める一方で、しばしば外集団との不信感や対立を高めるという＊51。神々を神聖化するという行為は、過去数千年の間に出現し、大規模な協力や政治的征服を戦争なくして可能にした。協力であれ紛争であれ、神への献身や集団的な大義名分といった神聖な価値は、集団のアイデンティティを伝え、費用便益の視点では理解できない非合理的な努力を促す道徳的な命令として作用する。

　あるいは、16世紀のヨーロッパを血みどろの戦争状況に陥らせた宗教戦争を考えてみよう。1517年にドイツ北部のヴィッテンベルクでルター（Martin Luther）は、ローマ教皇庁が資金集めの目的で免罪符を販売させていたことに怒り、教皇庁の腐敗を糾弾する意見書を提出した。ルターは、中世以来継続してきた教皇をトップとする権力構造を批判して、神の下では全ての人間が平等であると主張した。ザクセン侯爵（ヴィッテンヴェルク城主）をはじめとしたルター派諸侯が同盟を締結して、教皇庁に「抗議をする人々」（プロテスタント）として集まり、カトリック側（教皇庁）もプロテスタントに対抗しようとして同盟を結んだ。その結果、ヨーロッパはカトリック対プロテスタントの宗教戦争に突入したのである＊52。

　しかし、ウィルソンとルースの進化的反実在論のたたき台ともいえる議論には、以下の限界が内在している。それは、道徳をシステム１の道徳感情に帰して、システム２の様々な理性的推論の産物が客観的な道徳律になりうる可能性を見逃している点である。このことにはメリットとデメリットがある。

　メリットについていえば、道徳をシステム１の道徳感情に限定することには、自然主義的観点からすると、道徳を客観的・科学的に分析できるという利点がある。実際、国際政治学のコンストラクティヴィズムにおいても、規範伝播のメカニズムの理論化において、システム１の道徳感情に注目する研究が出てきている＊53。デメリットは古典的リベラリズムが道徳的と考える行為の多くは、システム２の産物である可能性が高く、そうであるならば、それらはウィルソンとルースの分析枠組みからは除外されてしまうという点である。

　つまるところ、ウィルソンとルースの進化的反実在論の議論では、道徳感情と切り離して客観的な望ましい道徳規準を、他の諸原理（功利主義がその最有力候補だろう）に基づいて設定するというシナリオが捨象されており、このことは彼らの議論の強みであると同時に弱みにもなっている。そして、この問題は究極的には、第一節で提示した二つ目のアポリア、すなわち、道徳をいかに定義するのか──システム１の直感系の道徳感情か、システム２の熟慮系の理性か──という問題とかかわる。

　上記のウィルソンとルースの議論をより哲学的に洗練した形で議論したのが、哲学者リチャード・ジョイス（Richard Joyce）と哲学者シャロン・ストリート（Sharon Street）である。ジョイスとストリートの議論を手がかりに、道徳の反実在論仮説をさらにメタ理論的に基礎づけていこう。ジョイスは2006年の『道徳性の進化（*The Evolution of Morality*)』において、進化論的反実在論を体系化した議論を提示した*54。ジョイスは以下の思考実験を提示する*55。若い頃に「ナポレオンはワーテルローで負けた」と信じ込むという作用を持つ薬を飲まされていたことが明らかになったが、あなたはこの解毒剤を飲むべきか。これに対するジョイスの答えは、「もちろん飲むべきだ」というものである。なぜなら、信念の起源についての知識はその信念を損なうことがあるからである。

　嗅覚や視覚の進化と違い、道徳感覚は適応度の高い社会行動を可能にするという、何らかの外的対象を正しく検知することとはかけ離れた機能のために進化したものである。したがって、道徳感覚が含む内容を信じることは哲学的に正当化されていない。ジョイスによれば、我々は「道徳的に正しいまたは間違っている何ものかが存在しているかどうかについては判断を控えておき、世界を道徳的用語で記述することはホロスコープを真剣に受け止めることと同じようなものであるという可能性を受け入れる」べきなのである*56。

　ジョイスは、道徳実在論者の議論に主に三点の問題を見出す。第一は内容の問題である*57。典型的なアクターが反応する方法や（協力推進のための）合理的な仕方が、常識的な道徳感覚が正と認識する行為と整合的である保証はない。この例としてジョイスは「民族浄化が場合によって合理的になることはないとどうやって保証できるのか」という質問を投げかけている*58。

第二の問題は、不完全性である＊59。ある主体が反応する仕方あるいは協調推進のための合理的なやり方は文脈依存的であり、このことは極端な相対主義に帰結しうるだろう。つまり、条件付き戦略の内容においては、協力推進に向けた行動となるか否かの点で不確実性が残るということである。

　第三の問題は実践的重要性である＊60。典型的なアクターが反応する方法あるいは協調推進のための合理的な仕方が、その場で道徳判断するアクターにとってなぜ気にかけなければならないほどの重要性を持つのかは不明確である。しかし、このジョイスの批判は必ずしも妥当ではなかろう。というのも、繰り返しのあるゲーム理論的な状況で、いかなる行動が最適解なのか、という命題を知っているのか否かという問題は、その場にいるアクターが合理的な行動をとりうるか否かに、意思決定の効率性という観点から関係すると考えられるからである。ただし、この実践的重要性に関する議論に欠陥があったとしても、それはジョイスが提起する進化的反実在論テーゼの全体の主張に影響を及ぼすものではないだろう。

　ジョイスと同様にストリートは、実在論は進化が人間の価値観に影響を与えたということを認められないため、我々は実在論を放棄すべきだと主張している＊61。ストリートによれば、道徳実在論者は、道徳を生みだした進化とそれと独立の道徳的真理について、その関係を否定しようとすることも説明しようとすることもできるが、そのいずれについても見込みがないという。

　実在論者の第一のオプションは、進化と道徳的真理は無関係だとみなすものである＊62。しかしこの立場にたつならば、進化が道徳心理の形成に重大な影響を持ったはずである以上、我々の信念の大部分が誤っているということになってしまう。そのため、道徳実在論者はこのオプションを受けいれられないだろう。

　第二のオプションは、道徳を創り出した進化とそれと独立の道徳的真理の間の関係を説明しようとするものである＊63。その代表的なものは、人間は客観的な道徳的真理を追跡するような心的能力を進化させたという、ロバート・ノージック（Robert Nozick）の追跡的説明（tracking account）である＊64。たとえば、コストリー・シグナリング（costly signaling）説はこの考えに適合する。しかし、追跡的説明は、道徳心理が適応度の高い行

動を取らせる動機付けとして機能するという適応関係的説明（adaptive link account）に対して脆弱である＊65。

第4節　啓蒙の反実在論仮説に想定される批判
——進化的実在論の視点から

　以上、啓蒙の反実在論仮説——道徳にはシステム1の生得的基盤があるものの、それをリベラル啓蒙主義的な道徳律とみなすのは妥当ではなく、システム2の理性に基づいた道徳観念とみなすのが妥当である——を進化的反実在論の立場から哲学的に基礎づけてきた。それでは、この啓蒙の反実在論仮説に対しては、いかなる反論が想定されるのだろうか。以下、このことを哲学における進化的実在論の議論を手がかりに検討することにする。大別すると、進化的実在論者のとりうる啓蒙の反実在論仮説に対する反論には、四つの理念型が考えられる。これらはいずれも広義には、道徳はシステム1の直感系の感情としてみなした方が妥当だという主張であるが、その実在論の度合いや性質には相違がある。以下、このことを実在論の度合いの高いものの順に説明する。

（1）徳倫理学
　啓蒙の反実在論仮説に想定される第一の反論は、現代版の自然化された徳倫理学からのものである。徳倫理学はアリストテレスに始まり、哲学者ウィリアム・ケースビア（William Casebeer）やキッチャーにより現代において復興された、道徳律の内容ではなく、いかなる人になるべきかを考えるものである。アリストテレスは機能を問題にして、人生の目的は理性的要素を持つ生であるので、他の種とは違い、社会的動物としての人間は理性に従って生きるべきだと説いた＊66。こうしたアリストテレスの機能主義的な主張は、人間の卓越性に関する前提、そして、万物に目的があるという目的論的な前提において問題があるといえるだろう。
　1970年代の哲学者は、このアリストテレスの徳倫理学の考え方を用いて、機能を最新の淘汰圧によって作用を受けているものと措定し、そこから道徳の実在を導きだすことにした。生物学の哲学者であるラリー・ライト（Larry Wright）は、機能をめぐる命題は、淘汰をめぐる命題として再解

釈すべきだと論じた*67。キッチャーは、道徳の機能は、人間の原始的利他的傾向を拡張することである、と主張している。

　規範的な行為指針（と、原始道徳の規則）のより直接の機能は、まず第一に我々が社会性を身につけることを可能とする心理的能力を高めることであった。それらの心理的能力は、一部の他人のニーズと利益に対しある程度共感する能力を含んでいた。そしてそれらは、たとえ少なくとも最初は共感的な反応がない場合であっても、他の人々の計画や事業をより重視せよという指令によって高められた。そこで、道徳の主たる機能は、そもそも我々が社会的動物になることを可能にした原始的な利他的傾向を拡張し拡大することであり、そしてこのことは社会的凝集性を促進する二次的な効果を持つということといえる。私が好む機能の説明に基づけば、たとえ（自然的および文化的な）淘汰の過程が社会的調和のあり方に違いをもたらすかもしれないとしても、道徳の機能は我々の利他性に与える影響とみなすことができる。道徳の機能は、我々の心理的な利他的傾向を拡大することによって社会的凝集性を強めることだといえるかもしれない*68。

　哲学者ピーター・ゴトフリー＝スミス（Peter Godfrey-Smith）は、「機能とは淘汰の文脈においてある特徴がどうして最近まで維持されているのかを説明する傾向性であり力である」と主張する*69。このゴトフリー＝スミスの議論に立脚して、ケースビアは、道徳的事実は機能的事実であり客観的なものだと論じている*70。ケースビアによれば、機能に関する科学的に概念があれば、それによって我々は、「道徳的事実は機能的事実」であるということを示すことができるという*71。
　一見すると、こうした現代の徳倫理学的アプローチも自然主義的誤謬に陥っているように考えられる。しかし、これは道徳的な正しさというものの基準を進化適応論的なものと措定して、そこから純粋に存在論の次元で機能論的に分析していけば、自然主義的誤謬の問題は一定程度、回避されるかもしれない。ただし、それでも残る一つの課題は、なぜ生物学的な正しさが、道徳のコンパスになるのかという仮定における妥当性の問題になろう。そしてこのことはシステム１の直感系の道徳感情をもって道徳を論

じる、進化的実在論者の全てが答える必要のある問題である。

　実際、進化的反実在論者のジョイスは徳倫理学については以下のような批判を加えている。それは、「心臓は血液を送り出すべきだ」とは生物学的妥当性のある命題は提起できても、そこから、「ジョーは約束を守るべきだ」といった社会的合理性に関する命題をいかにして導けるのかは、自明の理ではないということである＊72。すると、キッチャーやケースビアといった新アリストテレス主義者は、①道徳に規範力があるという発想を棄却するか、②この点はいずれ生物学が答えを出してくれるだろう、という二つの立場のうちいずれかをとらざるを得ない。これに対して、第一の立場は極端であり、第二の立場はなお約束に止まっており、これらの議論は進行途中である。

（2）道徳的構成主義

　第二に想定される反論は、哲学者スコット・ジェイムズ（Scott M. James）が掲げる道徳的構成主義（moral constructivism）からのものである＊73。これは追跡的説明（tracking account）の一種であり、客観的な道徳的真理は実在して、人間はそれを追跡するように進化したと考えるものである。人間は自己の振る舞いに対して他者がどのように反応しそうであるかを考慮する傾向性を進化させた。ところが、社会的に相互作用する全てのアクターの反応を記憶し続けるのはコストがかかるため、実践的な熟慮が抽象的な評価原則に昇華していく形で、合理的なデフォルト戦略が進化していった。

　ジェイズムによれば、道徳的構成主義を支持する証拠としては，心の理論の存在，狩猟採集社会の平等主義，ゲーム理論に由来するユニバーサルな道徳原則（黄金律）があるという＊74。この際、任意の行為が正しいか否かは、他者がその行為に反対する傾向があるか否かで評価される。道徳的事実はある特定の見地からの吟味を経て生き残る原理によって定まるので、進化的説明は実在論を損なわない。道徳的構成主義における客観性は、人間本性を前提とすることにより担保されるが、他の種には他の道徳があるといった、人間本性の前提を越えた超越的相対主義は排除されない。

　道徳的構成主義は思索に富んだ議論だが、これは徳倫理学と同様、以下の問題点がある。第一に、追跡的説明は道徳心理が適応度の高い行動を取

らせる動機付けとして機能するという適応関係的説明（adaptive link account）に対して脆弱である＊75。第二に、道徳的構成主義の議論では、道徳の任意の一部だけ（協力促進の合理的デフォルト戦略の部分）が客観的ということになり、道徳概念を操作化する際の恣意性が付随する。

　道徳的構成主義は道徳を協力促進に寄与するものと定義して、進化論的に合理的な戦略が決まるので、道徳は客観的であると主張する。しかし、これでは同じ適応産物でも、互恵的利他主義や間接互恵性ばかりに焦点をあてることになり、露骨な身内びいきや機会主義的裏切り戦略を恣意的に道徳的な行動から除外しているという問題がある。典型的なアクターが反応する方法や協力推進のための合理的な仕方が、リベラリズムが措定する道徳感覚と同一か否かは疑わしい。

　つまるところ、道徳的構成主義は、なぜシステム１の直感系の道徳のうち、互恵的利他主義や間接互恵性のみに焦点を当てるのか、を基礎づける必要がある。このとき、仮に道徳とは協調促進のための進化的装置であると仮定するのであれば、なぜこの仮定が妥当であるのかをさらに何らかのメタ理論により基礎づける必要がある。道徳的構成主義はこれに成功しているように思われない。結局、自然主義的誤謬をめぐる議論が含むところは、自然的事実によって価値命題を導きだせないということなのだから、なぜある種の価値命題が道徳に当たると肯定的に評価されるのかは、別の哲学的原理をもって基礎づける必要があろう。

（3）反応依存説

　第三に想定される反論は、哲学者ジェシー・プリンツ（Jesse J. Prinz）の反応依存性説（response-dependency theory）からのものである＊76。反応依存性説は、進化の役割を、道徳を感じる能力の創造に限定し、道徳の内容は典型的な主体が正常な場合に反応するようなものになると論じる。反応依存説によれば、道徳の内容は文脈依存的に同定されることになり——プリンツが一定程度そうであるように——、道徳相対主義をとらざるを得ない。反応依存説には以下の問題がある。第一に、道徳の生得性を否定して、反応依存性を検証する必要があるが、現時点ではこのことに成功していない。第二に、反応依存説の論理では、客観的な道徳的真理はないことになり、このことは道徳的実在論の程度を弱めすぎているため、道徳実在

論陣営内部では受けいれられない可能性がある。

第5節　啓蒙の反実在論仮説の再検討
——ハイト、ブルーム、グリーンとの比較

　これまで啓蒙の反実在論仮説を、進化的反実在論の立場から基礎づける
べく、進化的実在論と進化的反実在論の間の論争を再考してきた。繰り返
しになるが、啓蒙の反実在論仮説は、道徳にはシステム１の生得的基盤が
あるものの、それをリベラル啓蒙主義的な道徳律とみなすのは妥当ではな
く、システム２の理性に基づいた道徳観念とみなすのが妥当である、と考
えるものである。本節では、自然科学の視点から、啓蒙の反実在論仮説を
科学的に基礎づけていく。その際、コンシリエンス的な立場からリベラル
啓蒙主義を論じてきた現代の科学者の議論に焦点を当てる。

　たしかに道徳的構成主義や徳倫理学は、道徳感情をめぐる近年の心理学
的・進化論的研究を踏まえると、一定の妥当性を備えている。こうした点
を体系的に明らかにしたのが、進化論的視点から道徳心理学や社会心理学
を研究する、バージニア大学心理学部教授のハイトである*77。一般的通
念によれば、人間は自らの意思で諸事象の是非を判断し、「人殺しは悪
い」、「近親相姦は良くない」といったように推論するとされている。しか
し、この通俗的な見方は、進化論的には誤っている。結論からいえば、人
間の行動は理性や自由意思のみならず、進化の過程で備わった人間本性
（感情、心理メカニズム、バイアス、その他）によっても決定される。

　そして重要なことに、意思決定においてはしばしば、後者の方が前者よ
り影響力が強いということである。結論から言えば、ハイトの格言を借り
ると、「まず直観、それから戦略的思考」が科学的に正しい。すなわち、
我々は最初に自動的・情動的に評価をくだし（進化的側面）、それを理性で
後から正当化しようとする（理性的側面）のである。ハイトが研究のなか
で挙げている、以下の二つのストーリーを考えてみよう。一つ目は「近親
相姦に関するタブー」のストーリーである。以下の話をみてみよう。

　　兄のマークと妹のジュリーは、大学の夏休みにフランスを旅行してい
　る。二人は、誰もいない浜辺の小屋で一夜を過ごす。そのときセックス

してみようと思い立つ。二人にとっては、少なくとも新たな経験になる
はずだ。ジュリーは避妊薬を飲み、マークは念のためにコンドームを使
う。かくして二人は楽しんだ。そうすることで、互いの愛情はさらに高
まった。さて、あなたはこのストーリーをどう思いますか？　二人がセッ
クスをしたことは、間違っていると思いますか？ *78

　このシナリオには重要な留保がある。それは、ジュリーは避妊薬を飲ん
でおり、マークはコンドームを使っていたので妊娠をする可能性はないと
仮定されるということである。もちろん性病がうつることもなく、これは
あくまでも興味本位の「遊び」であり、2人の間には愛情はなく、その後
は二度とセックスをしないので不健全な近親相姦の関係が続くわけでもな
い。したがって、マークとジュリーがセックスをすることは倫理的にも、
医学的にも何の問題もないのだが、読者の多くはこの話を聞いて、不快感
や戸惑いを感じるに違いないだろう。合理的に考えたら何の問題もない行
為であるのに、「これはよくないことだ」と感じる。それは人間に備わっ
た近親相姦忌避のメカニズムが、功利主義的な意味でのミクロ経済学的合
理性を上回るからである。ハイトはこれらのストーリーを「無害なタブー
侵犯ストーリー（harmless taboo violations）」と名づけている *79。
　なお、こうした近親相姦嫌悪のメカニズムは、いわゆるウェスターマー
ク効果（Westermarck effect）を支持するものである。ウェスターマーク効
果とは、フィンランドの人類学者エドヴァルド・ウェスターマーク
（Edvard Alexander Westermarck）によって1891年に提唱された心理学的
仮説である *80。彼は、至近要因の視点では、子供時代の同居が親族関係
の暗示になると主張した。すなわち、人は誰と一緒に育ったかをもとに、
誰が自分の兄弟かを判断するのである。
　ハイトが挙げているもう一つの「無害なタブー侵犯ストーリー」は「ゴ
キブリ・ジュース」というシナリオである。このシナリオでは、まずリン
ゴジュースの缶を開けて、中味をプラスチックのコップに注ぎ、被験者
にそれを飲ませる。その後、白いプラスチックケースを取りだして、次の
ように言う。

　この容器には殺菌したゴキブリが入っています。研究室に備品を供給

している業者から取り寄せたものです。このゴキブリは清潔な環境で飼育されていましたが、念のため私たちの手で、どんな細菌も生き残れないほど高湿になる圧力釜を使って、もう一度殺菌処理を施しています。さて、このゴキブリをリンゴジュースに入れ、茶こしでこします。あなたはこのジュースを飲めますか？＊81

　そして、もう一度問うが、このストーリーを聞いて、あなたはどのように感じただろうか。ハイトの被験者がそうであり、そして今この文章を読んでいるあなた自身もきっと同じであるように、これらの話は近親相姦タブーストーリー同じく、何の害もないはずなのに、あなたはきっと自然と嫌悪感を覚えたはずである。ところが、多くの人はなぜ自分に嫌悪感が生じたのかを説明できないのである。

　それは、我々が理性的、合理的に「良くない」と判断したわけではなく、「おぞましい」「汚らしい」といった情動に動かされて、自動的に反応したからである。その判断の基盤になっているのは、言うまでもなく我々の先祖が人間として進化していく中で、近親相姦や汚物への忌避が心の働きとして組み込まれているからであり、こうした生得的な本能が我々の合理的判断を阻んでいるというわけである。換言すれば、人間は功利主義的かつ合理的に物事を考えているのではなくて、まず進化過程で備わった情動システムでほぼ自動的・義務論的に道徳的な判断をくだし、それを後から理性で擁護・正当化しようとしているのである＊82。

　このように考えると、たしかにシステム1の因果効果は重大なのだから、それに依拠した啓蒙のロジックを考えたくなるかもしれない。たとえば、システム1のうち、向協調的な心理メカニズムのみに焦点を当てて、それを最大限発現させる方向に仕向けるといった戦略が想定されよう。しかし、リベラリズムが進化論を援用するのであれば、なぜこのシステム1の直感系の道徳のうち、互恵的利他主義や間接互恵性のみに焦点を当てるのかを基礎づける必要があり、先行研究はそれにこれまで成功していないように思われる。

　すなわち、仮に道徳感情が協調促進のための進化的装置であると仮定するのであれば、なぜこの仮定が妥当であるのかをさらに何らかのメタ理論的説明によってさらに基礎づける必要があるのだが、前章で説明した徳倫

理学や道徳的構成主義はこれに成功していない。結局、自然主義的誤謬を
めぐる議論が含むところは、自然的事実によって価値命題を導きだせない
ということなのだから、なぜある種の価値命題が道徳に当たると肯定的に
評価されるのかは、別の哲学的原理をもって基礎づける必要があるのであ
る。

　そこで、進化的リベラリズムは古典的リベラリズム、功利主義、啓蒙主
義といったものが、その哲学的原理に当たると考える。このアプリオリの
仮定のことを科学哲学者イムレ・ラカトシュ（Imre Lakatos）はハードコ
ア（hard core）と呼び、理論家はその妥当性は不問に付して、周辺仮説
（auxiliary assumption）の修正・改善に注力すべきと説いた＊83。ラカト
シュの議論は一見、堅固な核を教条的に擁護することを推奨する点でドグ
マティックにみえるが、自然主義的誤謬をめぐる議論に鑑みたとき、こう
した仮定を採用することは不可避であろう。そして、これらのなかでもと
りわけ、進化的リベラリズムは功利主義がその他の原則に先立つメタ哲学
になると考える。なぜなのだろうか。

　それは非功利主義的な思考法——社会正義、イデオロギー、宗教等——
には、個人主義、普遍主義、多元主義といった古典的リベラリズムのエッ
センスに反するものを含んでいるからである。このことを体系的に主張し
たのが、イエール大学の心理学者ブルームの反共感論である＊84。ピンカ
ーの弟子であり、進化論的視点から発達心理学や道徳心理学を研究するブ
ルームは、共感こそ道徳の向上、そして差別のない世界を作るために最も
重要な要素であり、手放しで礼賛されるべきものだ、という社会的通念に
対する痛烈な批判を行った。そのメッセージは、共感は絶対的な善などで
はなく、容易にバイアスがかかり不正にも利用されうるので、道徳につい
ては功利主義的に理性を働かせるべきというものである。こうした主張は
広義には、ピンカーらが起こした一大ムーブメントの合理的楽観主義の一
つといえよう＊85。

　社会心理学者ダニエル・バトソン（Charles Daniel Batson）が行った、
以下の実験を考えてみよう＊86。被験者は、致命的な病気にかかり、苦痛
を緩和するための治療を受ける順番を待つ、シェリー・サマーズという名
の10歳の少女に関するシナリオを聞かされ、彼女を待機リストの先頭に割
り込ませる権限を持っていたらどうするかが尋ねられた。単に何をすべき

かを尋ねられた場合、被験者は治療を必要とする子供が彼女よりも前にいるので、彼女を先頭に割り込ませるべきでないと答えた。だが、彼女がどう感じるのか（共感させる）を想像してみるように最初に促されると、被験者は優先されるべき他の子どもたちを差し置いて、彼女を先頭に割り込ませることが多かった*87。

　この実験が含むところは、共感は功利主義的な思考を阻害し、ベンサム的な「最大多数の最大幸福」を困難にするということである。すなわち、もし共感が現実世界で有害ならば、政治家は共感ベースの政策決定を控える必要があるのである。政治家は国民が「どう感じるか」を熱く語るのではなく、「当該政策でいかなる結果が生じるか」を冷徹に考える必要がある。たとえば福祉政策ではしばしば、弱者や貧者がどう感じるかという視点から、再配分推進に向けた政策策定がなされるが、こうした共感ベースの政策決定の結果、翻って経済的弱者の勤労意欲が削がれ、逆効果となることはよく知られている*88。

　ところで、上記のブルームの功利主義的かつ冷徹な理性擁護論を、哲学と脳科学という文理双方の視点からさらに裏付けた研究が、脳科学者で道徳哲学者のグリーンの二重過程理論（dual process theory）である*89。グリーンはハイト、ブルームらと同じく、人間の脳に自動モード（情動的な直感）と手動モード（理性的・冷徹なシステム思考）があると考え、この思考様式のことを二重過程理論と呼んだ。

　さらに彼は、ハイトが主張してきた「直観が先に来て、理性がそれを正当化する」という情動優位論を、西洋哲学における三つの伝統——アリストテレスの徳の哲学、カントの義務論、ベンサムの功利主義——と接合し、脳の自動モードはアリストテレス（徳の倫理）とカント（義務論）に擁護され、手動モードはベンサム（功利主義）に擁護されることを明らかにしている。グリーンが自らの議論を提示する際、しばしば利用するのが、以下のトロッコ問題である。

　　制御不能になったトロッコが、五人の鉄道作業員めがけて突き進んでいる。トロッコが今のまま進めば、五人はひかれて殺されるだろう。あなたはいま線路にかかる歩道橋の上にいる。歩道橋は向かってくるトロッコと五人の作業員のいるところの中間にある。あなたの隣には大きな

リュックサックを背負った鉄道作業員がいる。五人を救うには、この男を歩道橋から線路めがけて突き落とすしかない。その結果、男は死ぬだろう。しかし男の身体とリュックサックで、トロッコが他の五人のところまで行くのを食い止められる（その際、あなた自身は飛び降りられない。リュックサックを背負っていないし、トロッコを止められるほど体も大きくないし、リュックを背負う時間もない）。さて、この状況下でこの見知らぬ男を突き落として死なせ、五人を救うことは道徳的に容認できるか*90。

ほとんどの人はなぜと問うことなく、一人の男を殺して、五人を救うことは非道徳的だと考える。ハイトの言葉を借りれば、これは脳に備わった自動的な装置によって引き起こされる道徳的な嫌悪感である。そして、一人を殺して五人を助けることは功利主義的には正しく、こうした冷徹な理性による判断が、社会を共感の陥穽から救うというのがブルームの主張であった。グリーンによれば、カメラにも自動と手動のモードがあるように、人間の脳も自動と手動の二重のプロセスで構成されている。部族主義や怒りといった本能は、我々が自らの意志でコントロールできない低次の自動的プロセスである。これは進化の初期に備わった狩猟採集時代の情動的システムであり、心理学者ダニエル・カーネマン（Daniel Kahneman）がシステム1（system 1）と呼ぶものと同じである*91。

他方、数式を解いたり道徳問題を熟考したりする際に重要になる理性は、高次の手動的プロセスである。これは人間が進化の過程で前頭前野を拡大させるなか発展させていった、比較的新しい理性の装置であり、カーネマンがシステム2（system 2）と呼ぶものと同じである*92。それゆえ、我々はこの主導的プロセスを駆動させて理性的に思考しないかぎり、無意識のうちに本能にしたがって、良い・悪い、好き・嫌いといった判断を下してしまうのである。グリーンはこうした議論をさらに国際政治の次元に応用し、国際平和を実現するための方途を提案する。

グリーンによれば、政策決定者は国内の問題を考えるときと、国家間の問題を考えるときとでは、思考法や意思決定のモードを大幅に変える必要がある*93。国内という集団内部で協調を試みる際、直感に従い感情的に行動すればよい。なぜなら人間の脳は元来、憤り・罪悪感といった感情を利用し、共有地の悲劇（tragedy of the commons）や囚人のジレンマ

（prisoners' dilemma）を集団内部で上手く克服できるように作られているからだ。たとえば、我々はナショナリズムを駆りたてるような国旗や国歌を自動的に好むし、様々な宗教的儀式は見知らぬ人々を一つの集団としてまとめあげるが、こうした現象は狩猟採集時代の脳内システムの産物である[94]。

　しかし、我々は国家という集団間の協調を目指す際、直感に従い感情的に行動してはいけない。なぜなら、狩猟採集時代には集団間競争が常だったので、人間は外部の集団にしばしば自動的に敵意を抱くような部族主義を備えてきたからである。それゆえ、国家間協調を目指すとき、我々は直感や感情でなく冷徹な理性により、何がグローバルな公共財を達成するうえで合理的なのかを考える必要がある。その際に具体的には、行為や制度の望ましさはそれがもたらす効用により規定されるとする功利主義の視点に立ち、価値やイデオロギーの問題を排し、「なぜその政策を好むのか」ではなく、「どのようにその政策が機能するのか」を問う必要がある[95]。人口問題や大量破壊兵器拡散といったグローバルな課題に取り組むときが、その典型的な状況になろう。

　それでは、ブルームの反共感論とグリーンの二重過程理論に鑑みて、システム2の理性によって啓蒙を進めていけば、ブルームが指摘する共感のトラップをはじめとする人間は人間本性の悲惨さから抜け出して、平和と繁栄を実現できるのだろうか。進化的リベラリズムはピンカー、ハイト、ブルーム、シャーマー、グリーンらが提示する啓蒙主義的学説と同様に、この問いにイエスと答える。

　しかし、進化的リベラリズムは先行研究に以下の論理からなる新奇な知見を付け加える。すなわち、道徳を存在論の次元で議論することで自然主義的誤謬に陥ることを回避した上で、進化的反実在論に基づき、以下の論理からなる、啓蒙の反実在論仮説を提示するのである。

　システム1の道徳的感情は自然淘汰により包括適応度極大化のために備わったものに過ぎず、これをもって道徳実在論を擁護することは難しいので、人間はシステム2の理性により外在的な道徳律を設定して、システム1の人間本性の欠陥──とりわけ進化的ミスマッチを起こしている部分──をコントロールする必要がある。換言すれば、道徳を存在論の次元で捉えた上で、システム1はリベラリズムの道徳コンパスとして信頼に足らな

いので、功利主義や古典的リベラリズムに立ち、システム2を主な道徳コンパスとして利用するということである。これが進化的リベラリズムの考える啓蒙主義の一般的論理である。

おわりに

本章では、道徳的命題は存在論の次元で議論することで自然主義的誤謬を回避できるという、道徳の存在論テーゼを提示した。その上で、このテーゼに基づき、システム1の道徳的感情は自然淘汰により包括適応度極大化のために備わったものに過ぎず、これにより道徳実在論を擁護することは難しいので、システム2の理性により外在的な道徳律を設定して、システム1の人間本性の欠陥——特に進化的ミスマッチを起こしている部分——や悪性ミームをコントロールすることが、進化政治学的視点に立つとき啓蒙の本質にあるという、啓蒙の反実在論仮説を提示した。次章では、道徳の存在論テーゼに依拠した上で、この道徳の反実在論仮説を発展させて、啓蒙の射程に関する新たな仮説——進化啓蒙仮説——と因果モデル——人間行動モデル——を提示する。

註
＊1 Michael Shermer, *How We Believe: The Search for God in an Age of Science*, revised (Basingstoke: W H Freeman & Co, 1999); Kevin R Foster and Hanna Kokko, "The evolution of superstitious and superstition-like behaviour," *Proceedings of the Royal Society B*, Vol. 276, No. 1654 (September 2008), pp. 31-37; Michael Shermer, "Patternicity: Finding Meaningful Patterns in Meaningless Noise," *Scientific American* (December 2008).
＊2 Shermer, *How We Believe;* Michael Shermer, "Why People Believe Invisible Agents Control the World," *Scientific American* (June 2009); https://michaelshermer.com/sciam-columns/agenticity/.
＊3 リチャード・ドーキンス（日高敏隆・岸由二・羽田節子・垂水雄二訳）『利己的な遺伝子』増補新装版（紀伊國屋書店、2006年）特に11章；スーザン・ブラックモア（垂水雄二訳）『ミーム・マシーンとしての私』全2巻（草思社、2000年）；ロバート・アンジェ／ダニエル・デネット（佐倉統・巌谷薫・鈴木崇史・坪井りん訳）『ダーウィン文化論—科学としてのミーム』（産業図書、2004年）；ダニエル・C・デネット（山口泰司訳）『解明される意識』（青土社、1997年）；

Daniel C. Dennett, *Darwin's Dangerous Idea: Evolution and the Meaning of Life* (New York: Simon & Schuster, 1995); Richard Reeves Brodie, *Virus of the Mind: The New Science of the Meme* (Carlsbad: Hay House, 2004).

＊4　Robert Trivers, *Deceit and Self-Deception: Fooling Yourself the Better to Fool Others* (London: Allen Lane, 2011); Robert Trivers, "The Elements of a Scientific Theory of Self-Deception," *Annals of the New York Academy of Sciences*, Vol. 907, No. 1 (April 2000), pp. 114-131; William von Hippel and Robert Trivers, "The evolution and psychology of self-deception," *Behavioral and Brain Sciences*, Vol. 34, No. 1 (February 2011), pp. 1-16; ロバート・クルツバン（高橋洋訳）『だれもが偽善者になる本当の理由』（柏書房、2014年）。

＊5　Roy F. Baumeister, *Evil: Inside Human Violence and Cruelty* (New York: Holt, 1997).

＊6　Jerome H. Barkow, Leda Cosmides, and John Tooby, eds., *The Adapted Mind: Evolutionary Psychology and the Generation of Culture* (New York: Oxford University Press, 1992); David Buss, ed., *The Handbook of Evolutionary Psychology, Volume 1: Foundation* (Hoboken, N.J.: John Wiley and Sonds, 2015).

＊7　多くのコンシリエンス的視点に立つ啓蒙主義者は同時に功利主義者でもある。Sam Harris, *The Moral Landscape: How Science Can Determine Human Values* (New York: Simon and Schuster, 2011); Sam Harris, *Making Sense: Conversations on Consciousness, Morality and the Future of Humanity* (London: Bantam Press, 2020); Michael Shermer, *The Moral Arc: How Science Makes Us Better People* (New York: St. Martin's Griffin, 2016); Michael Shermer, *Giving the Devil his Due: Reflections of a Scientific Humanist* (Cambridge: Cambridge University Press, 2020); Steven Pinker, *Rationality: What It Is, Why It Seems Scarce, Why It Matters* (London: Allen Lane, 2021); マッド・リドレー（大田直子・鍛原多惠子・柴田裕之訳）『繁栄——明日を切り拓くための人類10万年史』（早川書房、2013年）；スティーブン・ピンカー（幾島幸子・塩原通緒訳）『暴力の人類史』全2巻（青土社、2015年）；スティーブン・ピンカー（橘明美・坂田雪子訳）『21世紀の啓蒙——理性、科学、ヒューマニズム、進歩』全2巻（草思社、2019年）；ジョシュア・グリーン『モラル・トライブズ——共存の道徳哲学へ』全2巻（岩波書店、2015年）；リチャード・ドーキンス（大田直子訳）『魂に息づく科学——ドーキンスの反ポピュリズム宣言』（早川書房、2018年）；ジョセフ・ヒース（栗原百代訳）『啓蒙思想2.0—政治・経済・生活を正気に戻すために』（NTT 出版、2014年）。

＊8　ピンカー『21世紀の啓蒙』。

＊9　こうした点については、ピンカー『21世紀の啓蒙』上巻、36頁。

＊10　Jean-Jacques Rousseau, *Discourse upon the Origin and Foundation of Inequality among Mankind* (New York: Oxford University Press, 1755/1994).

高貴な野蛮人説という用語は、Earl Miner "The Wild Man Through the Looking Glass," in Edward Dudley and Maximillian E. Novak eds., *The Wild Man Within: An Image in Western Thought from the Renaissance to Romanticism* (Pittsburgh: University of Pittsburgh Press, 1972), p. 106 に由来する。同説の誤謬については、Steven A. LeBlanc, and Katherine E. Register, *Constant Battles: The Myth of the Peaceful, Noble Savage* (New York, NY: St. Martin's, 2003); Lawrence H. Keeley, *War Before Civilization: The Myth of the Peaceful Savage* (New York, NY: Oxford University Press, 1996); C. R. Ember, "Myths About Hunter-Gatherers," *Ethnology*, Vol. 17, No. 4 (1978), pp. 439-448; Azar Gat, *War in Human Civilization* (Oxford: Oxford University Press, 2006) を参照。

＊11 ジョン・ロック（大槻春彦訳）『人間知性論1』（岩波書店、1972年）。ブランク・スレート説の科学的な誤りを体系的に論じたのは、スティーブン・ピンカー（山下篤子訳）『人間の本性を考える――心は「空」白の石版」か』全三巻（NHK出版、2004年）である。

＊12 Shermer, *The Moral Arc*; Shermer, *Giving the Devil his Due* ; Pinker, *Rationality* ; ピンカー『21世紀の啓蒙』; ヒース『啓蒙思想2.0』; Joseph Heath, "Woke tactics are as important as woke beliefs: Woke language hides illiberal tactics in liberal aims," *The Line* (Jun 23, 2021). Available at https://theline.substack.com/p/joseph-heath-woke-tactics-are-as; Helen Pluckrose, James Lindsay, *Cynical Theories: How Activist Scholarship Made Everything about Race, Gender, and Identity - And Why this Harms Everybody* (Durham: Pitchstone Publishing, 2020); Charles Pincourt and James Lindsay, *Counter Wokecraft: A Field Manual for Combatting the Woke in the University and Beyond* (Durham: Pitchstone Publishing, 2022)

＊13 Robert Trivers, "The Evolution of Reciprocal Altruism," *The Quarterly Review of Biology*, Vol. 46, No. 1 (1971), pp. 35-57; Robert Axelrod and William D. Hamilton, "The Evolution of Cooperation," *Science*, Vol. 211, No. 4489 (1981), pp. 1390-1396.

＊14 W. D. Hamilton, "The Genetical Evolution of Social Behavior. I," and W. D. Hamilton, "The Genetical Evolution of Social Behavior. II," both in *Journal of Theoretical Biology*, Vol. 7, No. 1 (July 1964), pp. 1-16 and 17-52, respectively.

＊15 Steven C. Hertler, Aurelio José Figueredo, and Mateo Peñaherrera-Aguirre, *Multilevel Selection: Theoretical Foundations, Historical Examples, and Empirical Evidence* (Basingstoke: Palgrave Macmillan, 2020); David Sloan Wilson, Edward O. Wilson, "Rethinking the Theoretical Foundation of Sociobiology," *The Quarterly Review of Biology*, Vol. 82, No. 4 (December 2007), pp. 327-348; E. Sober and D. S. Wilson. *Unto Others, The Evolution and Psychology of Unselfish Behavior* (Cambridge, Mass.: Harvard

University Press, 1998); J.A. Fletcher and M. Zwick, "Strong altruism can evolve in randomly formed groups," *Journal of Theoretical Biology*, Vo. 228, No. 3 (2004), pp. 303-313; デイヴィッド・スローン・ウィルソン（中尾ゆかり訳）『みんなの進化論』（日本放送出版協会、2009年）；ジョナサン・ハイト（高橋洋訳）『社会はなぜ左と右にわかれるのか』（紀伊國屋書店、2014年）。

＊16 なおここでは、進化的反実在論に依拠した議論を展開しているが、この議論と本書が同時に依拠している科学的実在論は、同じ「実在」という用語を用いているが独立した別個の発想であることは、先に述べておく。

＊17 Norman P. Li1, Mark Van Vugt, Stephen M. Colarelli, "The Evolutionary Mismatch Hypothesis: Implications for Psychological Science," *Current Directions in Psychological Science*, Vol. 27, No. 1, pp. 38-44; Elisabeth Lloyd, David Sloan Wilson, and Elliott Sober. "Evolutionary mismatch and what to do about it: A basic tutorial," *Evolutionary Applications* (2011), pp. 2-4.

＊18 人間本性の適応上の利点については、Dominic D. P. Johnson, *Strategic Instincts: The Adaptive Advantages of Cognitive Biases in International Politics* (Princeton, NJ: Princeton University Press, 2020) を参照。

＊19 Daniel Dennett, "Darwin's "Strange Inversion of Reasoning"," *Proceedings of the National Academy of Sciences*, Vol. 106. Supplement 1 (2009), pp. 10061-10065; Robert Boyd and Peter J. Richerson, *Culture and the Evolutionary Process* (Chicago, IL: University of Chicago Press, 1985); Robert Boyd and Peter J. Richerson, *Not by Genes Alone: How Culture Transformed Human Evolution* (Chicago, IL: University of Chicago Press, 2005).

＊20 本書ではこの具体的なケースを列挙するようなことはしないが、たとえば、進化的ミスマッチを起こしているとされる問題には、肥満、ADHD など、進化医学が明らかにしてきた現象が当たることは指摘に値しよう。Steve Stewart-Williams, *The Ape that Understood the Universe: How the Mind and Culture Evolve* (Cambridge: Cambridge University Press, 2019), pp. 46-56.

＊21 Herbert Spencer, *The Principles of Ethics* (Oregon, University Press of the Pacific, 2004/1879).

＊22 Richard Dawkins, *The Blind Watchmaker* (London: Pearson Education Limited, 1986).

＊23 デイヴィッド・ヒューム（伊勢俊彦・石川徹・中釜浩一訳）『人間本性論（第3巻）道徳について』（法政大学出版局、2012年）。

＊24 ヒューム『人間本性論（第3巻）道徳について』。

＊25 John R. Searle, "How to derive 'ought' from 'is'," *Philosophical Review*, Vol. 73, pp. 43-58; ジョン・R．サール（坂本百大・土屋俊訳）『言語行為—言語哲学への試論』（勁草書房、1986年）。

＊26 James Rachels, *Created from Animals: The Moral Implications of*

Darwinism (New York: Oxford University Press, 1990).

＊27 ピーター・シンガー（戸田清訳）『動物の解放』改訂版（人文書院、2011年）。

＊28 G・E・ムア（泉谷周三郎・寺中平治・星野勉訳）『倫理学原理』（三和書籍、2010年）。

＊29 同上。

＊30 Scott M. James, *An Introduction to Evolutionary Ethics* (Hoboken, New Jersey: Wiley-Blackwell, 2010), chap. 9.

＊31 Bernard Davis, "The Moralistic Fallacy," *Nature*, Vol. 272, No. 5652 (1978), p. 390.

＊32 Matt Ridley, *The Origins of Virtue: Human Instincts and The Evolution of Cooperation* (New York: Viking Adult, 1997), p. 257.

＊33 ピンカー『人間の本性を考える（下）』54頁。

＊34 Philip Kitcher, *Vaulting Ambition: Sociobiology and the Quest for Human Nature* (Cambridge, Mass.: The MIT Press, 1985).

＊35 Larry P. Nucci, Elliot Turiel, and Gloria Encarnacion-Gawrych, "Children's Social Interactions and Social Concepts: Analyses of Morality and Convention in the Virgin Islands," *Journal of Cross-Cultural Psychology*, Vol. 14, No. 4 (December 1983), pp. 469–87.

＊36 ポール・ブルーム（春日井晶子訳）『赤ちゃんはどこまで人間なのか──心の理解の起源』（ランダムハウス講談社、2006年）。

＊37 Marc Hauser, *Moral Minds: How Nature Designed Our Universal Sense of Right and Wrong* (New York: Ecco Press, 2006).

＊38 C. Sripada, "Three Models of the Innate Structure that Shapes the Contents of Moral Norms," in W. Sinnott-Armstrong, ed., *Moral Psychology: The Evolution of Morality, vol. 1* (Cambridge, Mass.: MIT Press, 2008), chap. 6.

＊39 Shaun Nichols, *Sentimental Rules: On the Natural Foundations of Moral Judgment* (New York: Oxford University Press, 2004).

＊40 なお、後述するように、哲学者プリンツは、これらの道徳の生得性に関する議論は、道徳の学習獲得を除外しきれていないと主張している。Jesse J. Prinz, "Is Morality Innate?" in W. Sinnott-Armstrong, ed., *Moral Psychology: The Evolution of Morality, vol. 1* (Cambridge, Mass.: MIT Press, 2008), p. 372.

＊41 進化的反実在論と科学的実在論は独立した立場であり、必ずしも相矛盾するものではない。

＊42 Rachels, *Created from Animals*.

＊43 Wilson, E. O. Wilson, *Sociobiology: The New Synthesis* (Cambridge: Harvard University Press, 1975).

＊44 Charles J. Lumsden and Edward O. Wilson, "Translation of epigenetic rules of individual behavior into ethnographic patterns," *PNAS*, Vol. 77, No. 7 (July 1980), pp. 4382-4386; Charles J. Lumsden and Edward O. Wilson,

Genes, Mind, and Culture: The Coevolutionary Process (Cambridge: Harvard University Press, 1983).

＊45　Michael Ruse and E.O. Wilson, "Moral Philosophy as Applied Science," *Philosophy*, Vol. 61 (1986), pp. 173-192.

＊46　Ibid., esp., pp. 186-187.

＊47　Ibid., esp. p. 186.

＊48　Ibid.

＊49　Michael Ruse, "Evolution and Ethics: The Sociobiological Approach," in L. Pojman, ed., *Ethical Theory: Classical and Contemporary Readings* (Missouri: Wadsworth, 1998), p. 102.

＊50　James R. Liddle and Todd K. Shackelford, eds., *The Oxford Handbook of Evolutionary Psychology and Religion* (New York: Oxford University Press, 2021). See also, ジョセフ・ヘンリック（今西康子訳）『文化がヒトを進化させた──人類の繁栄と〈文化-遺伝子革命〉』（白揚社、2019年）。

＊51　Scott Atran and Jeremy Ginges, "Religious and Sacred Imperatives in Human Conflict," *Science*, Vol. 336, No. 6083 (2021), pp. 855-857.

＊52　Daniel Nexon, *The Struggle for Power in Early Modern Europe: Religious Conflict, Dynastic Empires, and International Change* (Princeton: Princeton University Press, 2009); バーバラ・W・タックマン（大社淑子訳）『愚行の世界史──トロイアからベトナムまで』上巻（中央公論新社、2009年）第三章。

＊53　Richard Price and Kathryn Sikkink, *International Norms, Moral Psychology, and Neuroscience, Elements in International Relations* (New York: Cambridge University Press, 2021).

＊54　Richard Joyce, *The Evolution of Morality* (Cambridge, Mass.: MIT Press, 2006).

＊55　Ibid., pp. 179-180.

＊56　Ibid., p. 181.

＊57　Richard Joyce, "Replies," *Philosophy and Phenomenological Research*, Vol. 77, No. 1, pp. 245-267.

＊58　Ibid., p. 262.

＊59　Ibid, pp. 254-265.

＊60　Ibid.

＊61　Sharon Street, "A Darwinian Dilemma for Realist Theories of Value," *Philosophical Studies*, Vol. 127 (2006), pp. 109-166.

＊62　Ibid., pp. 121-125.

＊63　Ibid., pp. 125-135.

＊64　Robert Nozick, *Philosophical Explanations* (Cambridge, Mass.: Harvard University Press, 1981).

＊65　Street, "A Darwinian Dilemma for Realist Theories of Value," p. 127

＊66　Aristotle, *The Nicomachean Ethics*, trans. D. Ross, ed. J.L. Ackrill and J.O. Urmson (New York: Oxford University Press, 1988/350 BCE).

*67 Larry Wright, "Functions," *Philosophical Review*, Vol. 82 (1973), pp. 139-168.

*68 Philip Kitcher, "Biology and Ethics," in D. Copp, ed., *The Oxford Handbook of Ethics* (New York: Oxford University Press, 2005), p. 178.

*69 Peter Godfrey-Smith, "A Modern History Theory of Functions," *Nous*, Vol. 28 (1994), pp. 344-362.

*70 William Casebeer, *Natural Ethical Facts: Evolution, Connectionism, and Moral Cognition* (Cambridge, MA: MIT Press, 2003).

*71 Ibid., p. 53.

*72 Joyce, *The Evolution of Morality*, p. 170.

*73 James, *An Introduction to Evolutionary Ethics*.

*74 Ibid.

*75 Street, "A Darwinian Dilemma for Realist Theories of Value," p. 127

*76 Jesse J. Prinz, *The Emotional Construction of Morals* (New York: Oxford University Press, 2007); Jesse J. Prinz, "Acquired Moral Truths, *Philosophy and Phenomenological Research*, Vol. 77, No. 1 (2008), pp. 219-227; Prinz, "Is Morality Innate?"

*77 ジョナサン・ハイト（高橋洋訳）『社会はなぜ左と右にわかれるのか——対立を超える道徳心理学』（紀伊國屋書店、2014年）78〜79頁。

*78 同上、78〜79頁。

*79 同上、48頁。

*80 Edvard A. Westermarck, The History of Human Marriage, 5th ed. (London: Macmillan, 1921).

*81 ハイト『社会はなぜ左と右にわかれるのか』76〜77頁。

*82 J. Haidt, "The Emotional Dog and its Rational Tail: A Social Intuitionist Approach to Moral Judgment," *Psychological Review*, Vol. 108, No. 4 (2001), pp. 814-834; ハイト『社会はなぜ左と右にわかれるのか』; ハイト『しあわせ仮説』。

*83 Imre Lakatos, "Falsification and the Methodology of Scientific Research Programs," in Lakatos and Alan Musgrave, eds., *Criticism and the Growth of Knowledge* (Cambridge: Cambridge University Press, 1970), pp. 132-196.

*84 ポール・ブルーム（高橋洋訳）『反共感論——社会はいかに判断を誤るか』（白揚社、2018年）。

*85 ある意味、先に紹介したハイトとブルームの議論は、同じ科学的エビデンスから出発しつつ、政策提言が逆のベクトルを向いている。というのも、ハイトが人間行動の多くを支配する進化的メカニズム（情動、直感等）を利用するのを推奨する一方、ブルームはその陥穽を指摘し、理性の力でそれを抑制することを主張しているからである。ただし、ハイト自身も究極的には、リベラル啓蒙主義や功利主義を擁護する立場に立っており、こうした点において、両者は

共に広義には本書が進化的リベラリズムと呼ぶものを提唱しているといえる。

＊86 C. Daniel Batson et al., "Immorality from Empathy-induced Altruism: When Compassion and Justice Conflict," *Journal of Personality and Social Psychology*, Vol. 68, No. 6 (June 1995), pp. 1042-1054.

＊87 Ibid.

＊88 同じことは医療現場にも当てはまる。たとえば、医師は手術を恐れる患者と同じ視点に立ち、彼らに共感して一緒に怖がってはいけない。医者に求められるのは、患者より上位の立場に立ち、感情的になり合理的な意思決定が困難になっている患者に、何が功利主義的・結果主義的に適切なのかを理性的に考えるよう促すことである。

＊89 ジョシュア・グリーン（竹田円訳）『モラル・トライブズ——共存の道徳哲学へ』（全2巻）（岩波書店、2015年）; Joshua D. Greene et al. "An fMRI Investigation of Emotional Engagement in Moral Judgment," *Science*, Vol. 293, No. 5537 (September 2001), pp. 2105-2108; J. D. Greene, "Dual-Process Morality and the Personal/Impersonal Distinction: A Reply to McGuire, Langdon, Coltheart, and Mackenzie," *Journal of Experimental Social Psychology*, Vol. 45, No. 3, (May 2009), pp. 581-584.

＊90 グリーン『モラル・トライブズ』上巻、148〜149頁。なおトロッコ問題自体は、哲学者フィリッパ・フット（Philippa Foot）が最初に考案し、それを哲学者ジュディス・ジャーヴィス・トムソン（Judith Jarvis Thomson）、哲学者フランセス・キャム（Frances Kamm）、哲学者ピーター・アンガー（Peter Unger）らが発展させてきたものである。Philippa Foot, *The Problem of Abortion and the Doctrine of the Double Effect* in *Virtues and Vices* (Oxford: Basil Blackwell, 1978); Peter Unger, *Living High and Letting Die* (Oxford: Oxford University Press, 1996); Frances Kamm, "Harming some to save others," *Philosophical Studies*, Vol. 57, No. 3 (1989), pp. 227-260; Judith Jarvis Thomson, "The Trolley Problem," *The Yale Law Journal*, Vol. 94, No. 6 (May 1985), pp. 1395-1415.

＊91 ダニエル・カーネマン（村井章子）『ファスト&スロー——あなたの意思はどのように決まるか?』全2巻（早川書房、2014年）。

＊92 同上。

＊93 グリーン『モラル・トライブズ』。

＊94 Liddle and Shackelford, eds., *The Oxford Handbook of Evolutionary Psychology and Religion*; ハイト『社会はなぜ左と右にわかれるのか』。

＊95 功利主義に関する優れた議論は、ピーター・シンガー／カタジナ・デ・ラザリ=ラデク（森村進・森村たまき訳）『功利主義とは何か』（岩波書店、2018年）を参照。リベラル啓蒙主義を支持する有力な科学者の多くは、現代における倫理的問題を解決するうえで功利主義——より広義には帰結主義（consequentialism）——が最も有望な思考様式であると考えている。スティーブン・ピンカー『21世紀の啓蒙——理性、科学、ヒューマニズム』全2巻（草思社、2019年）; Sam

Harris, *The Moral Landscape: How Science Can Determine Human Values* (New York: Simon and Schuster, 2011); グリーン『モラル・トライブズ』; ハイト『社会はなぜ左と右にわかれるのか』。

第7章

🍎

人間本性を踏まえた啓蒙
——進化啓蒙仮説と人間行動モデル——

はじめに

　前章では、道徳的命題は存在論の次元で議論することで自然主義的誤謬（naturalistic fallacy）*1を回避できるという、道徳の存在論テーゼを提示した。さらに同テーゼに基づき、システム1*2の道徳的感情は自然淘汰により包括適応度極大化のために備わったものに過ぎず、これをもって道徳実在論を擁護することは難しいので、システム2の理性により外在的な道徳律を設定して、システム1の人間本性の欠陥——とりわけ進化的ミスマッチ（evolutionary mismatch）*3を起こしている部分——や悪性ミーム（meme）*4——ボイドらが不正文化変異体（rogue cultural variants）*5と呼ぶもの——をコントロールすることが、進化政治学から見たとき啓蒙の本質にある、という啓蒙の反実在論仮説を提示した。つまるところ、啓蒙においては、人間本性は道徳コンパスとして信頼に足らないので、イムレ・ラカトシュ（Imre Lakatos）のリサーチ・プログラム論（methodology of scientific research programs）*6に基づき、古典的リベラリズムのハードコア（hard core）——個人主義、普遍主義、多元主義、消極的自由、危害原理など——を所与とした上で、理性に由来する道徳律を利用する必要があるのである。

　それでは、ポール・ブルーム（Paul Bloom）の反共感論とジョシュア・グリーン（Joshua David Greene）の二重過程理論（dual process theory）に鑑みて、システム2の理性によって啓蒙を進めていけば、共感のトラップをはじめとする人間は人間本性の悲惨さから抜け出して、平和と繁栄を実現できるのだろうか*7。進化的リベラリズムは既存の進化論的視点に立つ啓蒙主義的学説と同様*8、この問いにイエスと答える。

しかし、ここで一つの疑問が生じる。それは啓蒙の原理がシステム2によりシステム1をコントロールすることだとしても、それはいかなる領域や範囲において可能なのだろうか、という啓蒙の射程にかかる問いである。これに対して、本章では啓蒙の射程について新奇な知見を付け加えることを目指す。それは、人間本性の進化的ミスマッチを起こしている部分や、人間の適応度を下げる悪性ミームは啓蒙の対象になりうるが、人間本性の適応上の利点（adaptive advantage）*9を軽視した啓蒙は失敗する可能性が低い、というものである。本書ではこのことを進化啓蒙仮説と呼ぶ。

　そして最後に、ここまで議論してきた進化的リベラリズム——その一般的原理、反論（欺瞞の反啓蒙仮説）、啓蒙の反実在論仮説、進化啓蒙仮説等——の論理を体系化して、包括的な人間行動・心理にかかる因果モデルを提示する。これにより、進化政治学の実在論的視点から、人間本性を踏まえた平和と繁栄がいかにして生起するのか、についてのリベラリズムの体系的な因果モデルを提示できよう。

　以下、第1節では進化啓蒙仮説の因果論理を説明する。第2節と第3節では可能性調査（plausibility probe）*10に基づき、進化啓蒙仮説を現実の社会政治現象を検討する中で例示する。具体的には、第2節では暴力衰退（decline of violence）説が提起する人類史上の平和化プロセス、第3節ではイスラエルのキブツ（Kibbutz）を事例として考察する。第4節では進化的リベラリズムの視点から、人間行動・心理にかかる、新たなリベラリズムの因果モデルを提示する。

第1節　進化啓蒙仮説
——道徳受容の制約条件としての進化

　前章では道徳の存在論テーゼと啓蒙の反実在論仮説を提示する中で、進化的リベラリズムが措定する啓蒙主義の方法論と一般的論理を説明してきた。それでは、啓蒙は無制限に可能なものなのだろうか。換言すれば、何が啓蒙の対象になりえて、何が啓蒙の対象から除外されうるのであろうか。この問いに自然主義的誤謬に陥らずに答えるためには、リサーチ・クエスションの表現に工夫を施す必要があろう。すなわち、この問いは、いかなる啓蒙は人間にとって受容可能なのだろうか、啓蒙の成功条件にはいかな

るものがあるのだろうか、といったものに置き換えられる必要がある。その結果として本書が提示する仮説が、以下の論理からなる進化啓蒙仮説である。

　システム2の道徳観念の受容可能性は、システム1の人間本性により制約を受ける。啓蒙という社会変革には限界があり——文化的要因としての外在的な道徳律は無制限に設定できるわけではない——、任意の道徳律が進化しうるためには、それが総合的にみて、個人の包括適応度（inclusive fitness）*11に資するという条件が必要になる。その際、道徳の存在論テーゼが示唆するように、こうした制約とその帰結としての社会的状態の分析は存在論的次元における議論なので、自然主義的誤謬に陥らず分析できる。

　そしてその帰結となる結論は、人間本性から乖離した社会は持続しがたい、というものになる。これをより理論的に正確にいえば、人間本性における進化的ミスマッチを起こしている部分や包括適応度を下げる悪性ミームは啓蒙の対象になりうるが、人間本性の適応上の利点を軽視した啓蒙は失敗する可能性が低い、ということである。

　人間本性における適応上の利点を備えた部分を、理性によってコントロールすることは難しく——個人の包括適応度を害する可能性があるから——、啓蒙が可能な対象は個人の適応度を下げている問題——システム1のうち、進化的ミスマッチを起こしている部分、あるいは悪性ミームなど——に限られる。したがって、啓蒙の限界を考える上では、人間本性のうち、いずれが適応上の利点を備えていて、いずれが進化的ミスマッチを起こしているのか、あるいは、数あるミームのうち、いずれがホストとなる人間にとり適応的で、いずれがそうでないのか、を分析することが必要になる。

　このとき、進化啓蒙仮説は、道徳の存在論テーゼに根拠づけられるように、道徳を意味論ではなく存在論の次元で議論するため、自然主義的誤謬の陥穽にははまらない。つまり、ここにおいて道徳は純粋に分析的命題として議論される。また、進化啓蒙仮説はシステム1の直感的な道徳的感情の存在を否定しないし、それが人間生活に大きな影響を及ぼしていることを認めるが、それらが古典的リベラリズムや功利主義の想定する世界観にとって、必ずしもポジティブな役割を果たすわけではないと考える。

　人間本性は進化的適応環境において個人の包括適応度に資する形で備わったものなので、その多くは依然として現代世界でも有効である。しかし、

進化的適応環境から現代にかけては環境が大きく変化したため、なかには
もはや個人の包括適応度にとって不利益となる人間本性も存在する＊12。
つまるところ、啓蒙主義が任意の道徳律を外在的に設定して、それによっ
てコントロールしうる人間本性やミームは、あくまでこの進化的ミスマッ
チを起こしている部分や悪性ミーム（不正文化変異体）に限られるという
わけである。

　このことは、文化進化論の適応文化仮説（adaptive culture hypothesis）
により基礎づけられる。文化進化は人間という社会的種の遺伝的な適応度
に関わるものである＊13。指、脚、鼻がそうであるように、文化的な能力
はある種の生物学的な適応と解釈できる。すなわち、制度、伝統、思想と
いった文化的要因は——進化生物学者スティーヴ・スチュワート・ウィリ
アムズ（Steve Stewart-Williams）によれば、ミームも同義——、包括適応
度を高めるための道具かつ戦術であり、それらは主に、ホストとなる人間
の生存・繁殖に資するため、あるいは我々の親族に利益を供与する能力を
高めるために設計されている。つまるところ、文化は人間という種の遺伝
的な生存戦略の一つなのである。

　適応文化仮説が示唆するところは、システム２の理性が生みだす文化的
要因（ミーム）は、個人の包括適応度に資するものでなければ、我々がそ
れを受容する可能性は低いということである。逆に啓蒙によりコントロー
ルしようとする対象が、進化的ミスマッチや悪性ミームにより個人の包括
適応度を害しているものであれば、そうした啓蒙は持続する可能性が高い。
なぜなら、当該啓蒙を受容することで個人の包括適応度が上昇するのであ
れば、我々はそれを受容すると予測されるからである。そして重要なこと
に、道徳の存在論テーゼで示したように、これらの推論は存在論的次元の
議論なので——事実的性質（包括適応度、文化進化など）をもって価値的命
題（この際、文化や思想など）を記述すること——、自然主義的誤謬に陥っ
ていない。

第２節　啓蒙の成功事例
——人類史上の暴力衰退と消極的自由

これまで進化啓蒙仮説を提示してきたが、具体的にはいかなる事例が啓

蒙の成功事例で、いかなる事例が失敗事例なのであろうか。進化啓蒙仮説の因果論理が妥当であれば、それは経験的事例により一定程度例示されうるはずであろう。そこで以下では、このことを可能性調査に基づき、例示していく。

　啓蒙の成功事例で最も顕著なものは、第四章で説明した国際システムの歴史的な平和化、すなわち、人類史上の暴力衰退であろう。歴史の長期的趨勢は国際的・国内的に多種多様な暴力——戦争、殺人、動物虐待など——が衰退する方向に進んでおり、こうした趨勢は統計的データによりしっかりと裏付けられている。たとえば、我々はもはや奴隷制や魔女狩りを肯定することはなくなったし、ナショナリズムの衝突に起因する大国間戦争は滅多に起こり得なくなった。そしてこうした暴力の衰退は、人間がリベラル啓蒙主義を内面化することで可能になってきた*14。

　しかし、ここで重要なことは、これらの減少はいずれも平均的にいって個人の包括適応度に寄与する変化だった可能性が高いということである。たしかに攻撃システム（aggression system）*15や戦争適応（adaptation for warfare）*16は、進化的適応環境では生態学的合理性（ecological rationality）*17を備えたものだったかもしれない。しかし、相互確証破壊（mutually assured destruction）のもとでの全面核戦争は功利主義的に考えて非合理的となり、当該国家に属する個人の包括適応度にとっても引き合わないものになった。自国が戦争を行えないことは戦争から得られる利益を制約されるという意味では適応度にマイナスに働く可能性があるが、そもそも大国間が核弾頭を互いに向け合っている、攻撃防御バランス（offense-defense balance）*18が防御優位の世界において、相互に戦争をしないというオプションはしばしば万人にとって適応的である。したがって、大国間の全面戦争はこれからも衰退していき、今後はハイブリッド戦争（hybrid warfare）のような低強度の戦争や、勝敗が戦前から実質的に分かっているような非対称戦が主流になっていくだろう*19。

　暴力衰退説でしばしばとりあげられる動物虐待、奴隷制、魔女狩りなどの廃止については、そもそもこれらの行為を行うことで適応度を上昇させられるアクターが限定的であったことに加えて、こうしたヒューマニズムに反する行為に異を唱えることは各人の評判を上げることにつながるため、歴史上廃止に向かって進んできたと分析できる可能性がある。たとえば、

動物虐待するような人は信用できないので、それに反対する人は信頼できる人だとみなされるといった具合である。

　これを抽象的にいえば、ある種の利他性は包括適応度に資する可能性があるということである。もちろん、このことは利他性それ自体に真理が含まれているということを意味するのではないし、協調にかかる人間本性を啓蒙の基軸に据えるということを含むわけでもない。このことの論拠は啓蒙の反実在論仮説で説明した通りである。むしろ、これは単に一定条件下では、利他的であるというシグナルが、個人にとって適応的であるということを意味する。ハーバード大学のマーティン・ノヴァク（Martin Nowak）は、気前のよさは割に合うことを示唆する囚人のジレンマ型ゲームの数学的モデルを作りだし、次のように述べている。

　　数学的分析によれば、勝利する戦略は気前がよく、希望に満ち、寛大である傾向をもつ。ここで気前がよいとは、相手よりも多くを得ることを求めないことを意味する。希望に満ちているとは、最初もしくは情報がないときには協力することを意味する。そして寛大とは、偶然の裏切り行為の後に協力関係を再構築しようと試みることを意味する[20]。

　利他性は性淘汰、とりわけ配偶者選択の文脈で重要になる。進化心理学者のジェフリー・ミラー（Geoffrey Miller）は一連の研究において、道徳的な徳のシグナルが、繁殖成功に寄与すると主張している[21]。女性の配偶者選択（mate selection）に焦点を当てた研究によると、女性は気前のよい男性に対して選好を示す[22]。進化心理学者ウェンディ・イレデイルら（Wendy Iredale）によれば、女性が短期間の関係では英雄的なタイプを好むが長期間の関係では利他主義者を好むのは、男性にとって気前のよさは家庭を築き、子どもを育てるのを助けるのに自分がふさわしいことを示す方法になりうるからだという[23]。

　仮に性淘汰的な利他主義が真であれば、献血や募金をしたり、発展途上国支援のために財団を立ち上げたりすることが、なぜ広く賞賛を受けるのかという素朴な疑問を性淘汰の視点から説明できよう。進化的にいえば、仮に進化的適応環境において、女性が利他的なシグナルを発する男性に対して配偶者選好を示していたら、全ての条件が同じであれば、そうした適

応を備えた男性が集団を支配するようになる。それゆえ、少なくても男性にとって性淘汰の文脈における利他的シグナルは一定程度、適応的である。

　むろん、ほとんど全ての社会的慣習について言えることだが、あらゆる主体にとって細かい点をいえば、任意の道徳観念の包括適応度への含意は異なる。さらにいえば、人間の心理メカニズムは領域固有的（domain specific）*24なので、場合によって、それら諸心理メカニズムの間でのトレードオフも想定される。進化啓蒙仮説が示唆することは、それらを集計したとき、平均して社会における多くの人間の適応度にプラスになるような道徳観念が進化していく、ということである。

　しかし、このことは逆に、システム2による社会変革には限界があるということを意味する。すなわち、端的にいえば、人間本性から乖離した道徳観念や政策は個人にとって受容しがたいため、長期的に考えて進化していく見込みは少ないということである。暴力衰退説における一連の平和化の現象はその成功事例といえるが、そうでない事例もあり、それを決める分水嶺は、啓蒙の対象が、①適応上の利点を備えたものか（あるいは適応的なミームか）、②進化的ミスマッチを起こしているものか（あるいは悪性ミームか）、である。

　したがって、人間本性を軽視した啓蒙プロジェクト・政治的ビジョンは失敗する可能性が高い。その最も分かりやすい例がプラトンの共産主義的なエリート養育思想であり、「洞窟の比喩」において啓蒙の重要性を唱えたプラトンですら、血縁淘汰理論（kin selection theory）*25といった今では進化論のベースにある知見を知らなかったため、実現可能性が低い思想的ビジョンを提示していた。人間本性から乖離した政治的ビジョンは成功せず、そうした道徳観念は進化しえないということである。

　仮にそうであれば、進化的リベラリズムが考える啓蒙は、人間本性を踏まえた平和と繁栄となる。つまり、暴力衰退説にみられる人類史的な平和的変化など、啓蒙の結果が平均して個人の適応度を上げるようなものであれば、この動向に沿った道徳観念は進化しうるが、啓蒙の結果が平均して個人の適応度を下げるものは進化しない可能性が高いということである。

　さて、これまで進化啓蒙仮説の成功事例を例示する上で、暴力衰退説――奴隷制、魔女狩り、動物虐待などの廃止、あるいは大国間戦争の衰退――を確認してきた。これらはたしかに、システム2の理性によって、進化

的ミスマッチや悪性ミームに由来する適応度の低下に歯止めをかけ、平均して世界における人間の適応度上昇に寄与する動向である。

　すなわち、システム1の人間本性の中には、進化的ミスマッチを起こさず、依然として現代世界でも有効に機能し続けており、それが故に、それらを堅持する方が個人の包括適応度にとってプラスになるものもある。本書では紙幅の都合上、様々なシステム1の人間本性のうちいずれが現代世界で進化的ミスマッチを起こしている可能性があり、他のものが現代世界でも適応上の利点を持っているのかについての、詳細なリストを作ることはしない。こうした作業は稿を代えて行うことにしたい。

　なお、本書の進化的リベラリズムでは、ラカトシュのリサーチ・プログラム論に基づき、そのハードコアとしてアプリオリに古典的リアリズムを据えているので直接的には関係しないが、一点指摘に値する点がある。それは、こうした個人の包括適応度に資する啓蒙はしばしば、古典的リベラリズムが消極的自由と呼ぶものを擁護していくことと重なる可能性が高いということである。具体的にいえば、生命、自由、財産といった自然権を擁護することは、個人の包括適応度にプラスに働くので、人間にとって受け入れやすいということである。そして重要なことに、こうした古典的リベラリズムを基調とした現実的な啓蒙主義は、血縁淘汰理論に由来する家族制度を重視する点において、保守思想とのレレヴァンスもある。ここにおいて、進化的リベラリズムが古典的リベラリズムを実在論的な意味での科学的根拠が備わった形で再興するという意義が見込まれるのである。

第3節　啓蒙の失敗事例
——イスラエルのキブツと積極的自由

　仮に進化啓蒙仮説が正しければ、啓蒙により、進化上の利点を発揮している人間本性やホストとなる人間の包括適応度を上げるような良性ミームを矯正することは、人間にとって受け入れがたいと予測される。道徳の存在論テーゼが示唆するように、進化的リベラリズムは、何をすべきなのかという当為命題は議論できないが、いかなるタイプの啓蒙が人間にとっては受け入れやすいのかという事実命題を論じることはできる。このとき、自然主義的誤謬は回避されている。そこで以下では、可能性調査に基づき、

イスラエルのキブツの事例を検討する中で、進化啓蒙仮説における啓蒙失敗の論理を例示する。

　キブツの事例は、人間本性のうち、適応上の利点を備えている部分を、ブランク・スレート（blank slate）*26的な前提に立ち矯正しようとして、大きな失敗に終わった事例である。この事例を選択する理由は、先行研究において豊富なデータが確保されており、進化啓蒙仮説の論理を例示する上で相対的に有益だと考えられるからである。また同事例の失敗の論理は、その他多くの共産主義的・社会主義的プロジェクトに通じるものがあり、広義の政治学的なインプリケーションが見込まれる。

　イスラエルのキブツ（「集団」を意味するヘブライ語）は80人から2,000人ほどの多様な規模からなる共同体で、その中で人々は共同で暮らして働いている。最初のキブツは1910年にパレスチナで創設され、2009年には267のキブツが現代のイスラエル全域に広がっていた。これらの集団はイスラエルのユダヤ人住民の2.1パーセントを占めるに過ぎないものの、全国農業生産高の40パーセント、工業品生産高の7パーセントを生みだしている*27。20世紀前半、キブツ運動の構成員らは、シオニスト、社会主義者、ヒューマニストの価値観に基づくイデオロギーから強い刺激を受け、社会工学的発想により人間本性を根本から矯正しようとした。しかし、最終的に、この不可能な目標——私有財産制の廃止、完全な平等主義、家族制度の解体——は中止を余儀なくされた*28。進化啓蒙仮説によれば、これは以下に説明するように、キブツの社会工学的プロジェクトが、人間の包括適応度に資するものではなかったからである。すなわち、人間本性を軽視した啓蒙は持続可能性が低いということである。

　初期のキブツでは、あらゆる仕事に同じ価値が与えられて、一定の直接民主主義（公職は交代制）が実践され、集団育児を中心とする急進的な共産主義的世界の構築が目指された。プラトンのエリート哲学を想起させるように、親が共同住宅の狭い部屋で暮らす一方、子供たちは約6人から20人のほぼ同年齢の子供と小さな家で食事・入浴・睡眠を行った。他方、子供たちが実の親と共に過ごすのは、毎日午後の1、2時間だけだった*29。

　現代のポストモダニストやラディカル・フェミニストらと同じように、キブツの創始者らは東欧のユダヤ文化で支配的だった保守的な家父長的体制をアンチテーゼとしていた。集団育児の目的は、女性を家庭生活の課題

から解放し、男性と同じ社会経済的土俵に乗せつつ、男性により多くの育児の役割を負わせることだった。初期キブツにおける女性のイメージで強調されていたのは、男性との平等、厳しい肉体労働、慎み深さ、そして恋愛の軽視だった＊30。しかし、こうした社会改革は、性淘汰理論や血縁淘汰理論から導きだされる包括適応度に影響を与える、人間本性にかかる諸要因を軽視していたため、持続可能なものではなかった。

　もっとも、公平を期すれば、集団育児という考え方は、キブツに固有のものではなく、共産主義的理想に典型的にみられるものである。それが故に、キブツがなぜ失敗したのかを進化政治学が明らかにすることには、キブツという特定の事例のみならず、より抽象的な命題——なぜ共産主義は人間にとってしばしば受け入れがたいのか——や隣接命題——なぜ冷戦は自由民主主義国のアメリカが共産主義国のソ連を打倒する形で終結したのか——への重要なインプリケーションが見込まれる。

　実際、共産主義的なエリート教育は古代ギリシャの頃から、定期的に試みられてきた。プラトンは、共同体全体で子育てをすれば子供たちは全男性を自分の父親とみなし、よりいっそう尊敬するようになると信じていた＊31。家族制度は平等主義への脅威となるため、家族への忠誠を党や国家への忠誠よりも下に置く共産主義体制には、集団育児がつきものである。共産主義のみならず、大きな政府を唱える福祉国家型の現代リベラリズムにとっても、平等主義を実現する上で、家族がハードルになることは指摘に値しよう＊32。つまるところ、政治的左派にとって、家族制度は厄介な存在なのである。

　キブツの社会工学的実験は、人間本性の適応上の利点を発揮している部分を抑圧し、そこで生活を営む個々人の包括適応度を害するものであった。それゆえ、1970年代になると、こうした過激な左派イデオロギーに基づく反家族主義による家族解体運動は姿を消し、伝統的な家族主義が社会における中心的な立場を再び占めるようになった＊33。

　配偶者選好理論（mate preference theory）が示唆するように＊34、かつてイデオロギー的な観点から滅却しようと試みた容姿や性的魅力などが、親密な関係の重要な要素として再び認識されるようになった。結婚もまた新たな重要性を帯び、男は生産、女はサービスという性差に基づく分業は強く復活して、多くのキブツにおいて子供は個々の家庭へ返還された＊35。

その結果、キブツの社会工学的企ては崩壊し、夫婦や家族を中心とする伝統的な観念が再び戻ってきた。

　多くのユートピア的共同体のケースと同じく、ブランク・スレート説に基づいて、男女の性的役割分業を否定しようとするならば、集団育児は不可欠になるが、それが子供の成長にとって負の影響を与えることもまた事実である。共同体的な養育法に多くの女性が抱いていた恐怖心を裏付けるように、キブツの子供たちは当初、異なる環境で育った子供とくらべて母親へ愛着を感じる割合が低かった。心理学者オラ・アヴィエザー（Ora Aviezer）らが明らかにしたように、保育園に通っているイスラエルの幼児の75パーセントが母親への愛着をしっかり持っているのに対し、キブツの子供はわずか59パーセントに過ぎないことがわかり、その原因は、大部屋において集団で眠るため夜間に親に面倒を見てもらえないことや、昼間の触れ合いも限られていることなどにあった*36。

　性淘汰理論、血縁淘汰理論が明らかにする人間本性が示唆するように、性差や配偶者（および親子）間の絆を消し去ることは容易でなかった。さらには、幼児に対する母親と父親の態度の違いも、他の地域・文化と同様に頑強なものであり、父親よりも母親の方が世話を選好する——共に笑い、話しかけ、抱きしめる等も含め——傾向が強かった*37。つまるところ、主要な世話役である母親への愛着不足は、子供の成長にとって多くのマイナスの効果を生むのである*38。

　また、母親との愛着不足だけではなく、集団育児には、非血縁者間の仲間同士での結婚が事実上ないという決定的な問題があった。ウェスターマーク効果（Westermarck effect）*39の結果、子供時代にキブツで一緒に暮らす期間が長くなるほど、お互いとの性的接触への嫌悪感はいっそう大きくなった。実際、非血縁者の異性との性行為への嫌悪感は1970年代には観察され、研究対象になってきた*40。

　本来、近親相姦嫌悪の心理メカニズムは、遺伝的異常などを回避するために備わった生態学的合理性*41を持ったものだが、キブツにおいては非血縁者間で幼少期に共に暮らすという生物学的に逸脱的な環境が設定されたため、進化的ミスマッチ*42を引きおこして、人間の適応度を下げるような繁殖活動の減少という事態が起きたと考えられる。進化啓蒙仮説が示唆するように、こうした包括適応度が下がる事態は個人にとっては受けい

れがたいため、子供を集団で寝かせたり、共同で暮らさせたりするような文化的装置（ミーム）は淘汰されていったと分析される。最終的に、性淘汰理論や親の投資理論が示唆するように＊43、養育機能の大半は家族、主として女性に返還されることになった。

　家事の私的領域への移行は1970年代に始まり、共同体の洗濯室や食堂は閉鎖されることになった＊44。1990年代以降、ほとんどのキブツは私有財産制を廃止して財産共有をするという共産主義的な政治経済モデルを中止し、2004年には、完全に平等主義的な共有体制を維持しているキブツは全体の15パーセントに過ぎなくなった＊45。経済学者ラン・アブラミツキー（Ran Abramitzky）によれば、キブツの共産主義的システムには頭脳流出の問題があり、高度な技能を持つ有能な人間ほど共同体を去り、より低賃金の人ほど加入する傾向が強かったという＊46。

　人間本性を軽視したため、集団育児の放棄のみならず、キブツが当初目指した共産主義的ユートピアは壮大な失敗に終わった。すなわち、進化啓蒙仮説が予測するように、標準社会科学モデルを措定して企てられた、キブツのユートピア的取り組みは頓挫して、人間本性を踏まえた形の伝統的な社会に回帰していったのである。このことは以下の通りに総括できよう。

　第一に、性淘汰理論が予測するように、性別による役割分担を変えることができなかった＊47。進化啓蒙仮説によれば、この失敗の根本的な原因は、性淘汰に由来する性的役割分業の適応的意義を軽視していた点にあると分析される。こうした分析を裏付けるように、人類学者のライオネル・タイガー（Lionel Tiger）と進化心理学者のジョセフ・シェファー（Joseph Shepher）は、キブツの女性生活における社会変革が失敗したのは、母親が子供とのより密接な関係を求めたからであり、この「母親と子供のあいだに見られる人類共通の惹きつけ合う力」は単に文化的なものではなく、生物学的に組み込まれたものであると、的確に分析している＊48。

　第二に、血縁淘汰理論の示唆を軽視して、大人と子供の愛情の絆を断絶しようとしたことである＊49。包括適応度で説明される血縁者間の愛情は、人間本性の中核をなすものである。これに対して、キブツが試みた家族制度の解体は、利他性が血縁度に規定されるとする人間本性に反するものであるため、人間にとり受容しがたいアイディアであると考えられる。こうした共産主義的プロジェクトの世紀の失敗について、心理学者のアヴィエ

ザーらは以下のように鋭く論じている。

　　集団教育は失敗とみなしてよいだろう。基本的な社会単位としての家
　族はキブツにおいても無効にはならなかった。それどころか、家族主義
　的傾向はかつてないほど強まっており、キブツの親たちはわが子を世話
　する権利を取り戻している*50。

　第三は部族主義という人間本性を軽視したことである。キブツのような
相対的に協調的な共同体の内部においてですら、あらゆる人間を等しく扱
うというコスモポリタンなアイディアが予定調和的に普及しているわけで
はない。なぜなら、人間の脳には内集団にポジティブな感情、外集団にネ
ガティブな感情を抱くような部族主義のメカニズムが備わっているからで
ある。これは第三章の進化的自然状態モデルで説明した通りである。
　経済学者ブラッドレイ・ラッフル（Bradley J. Ruffle）と進化学者リチャー
ド・ソーシス（Richard Sosis）の研究によれば、キブツの住民は他のキブ
ツのメンバーとペアを組んだ際には協力的に行動したが、都会の住民と
ペアになるとそうはしなかった*51。この実験から分かることは、彼らも、
部族主義という人間本性に従うことは避けられなかったということである。
こうした部族主義の頑強さを示す現象は、より普遍化していえば、システ
ム2の理性により、システム1の本能をコントロールすることの限界を示
唆している。つまるところ、進化啓蒙仮説が予測するように、部族主義は
現代世界でも一定程度適応的な役割を果たしているので——過度なものは
進化的ミスマッチをきたしうるが——、それを抑圧することで個人の包括
適応度が下がるのであれば、そうした啓蒙は持続しがたいのである。
　第四に、キブツの事例は、啓蒙のあり方として積極的自由の擁護を意図
するものは、失敗に終わる可能性が高いことを示唆している。キブツの失
敗が示唆するように、生命・自由・財産といった基本的な自然権の保証—
—すなわち消極的自由の擁護——を越えて任意の価値を擁護しようとする
際、そうした社会政治政策が個人の包括適応度を害するものである場合、
我々がそれを受けいれることは難しい。
　適応文化仮説が示唆するように、多くの文化的慣習は人間の適応度に資
するものであるが故、時を経て持続されてきたので、特定の革新的イデオ

ロギーに駆られて、適応的な伝統や慣習を安易に破壊することには、大きなリスクが付きまとう*52。啓蒙的なモチベーションに基づいて任意の社会政治政策を実施する際には、それが人間本性やミームのいかなる部分にいかなる影響を及ぼすのかを、事前に入念に検討する必要がある。こうした点を無視して、適応上の利点が備わっている文化・伝統を破壊しようと試み失敗したキブツの事例は、哲学者アイザイア・バーリン（Isaiah Berlin）が示唆する積極的自由の陥穽を示唆しているといえよう*53。

第4節　人間行動モデル
——進化的リベラリズムのモデル化

（1）人間行動の階層性

　最後に、道徳の存在論テーゼ、啓蒙の反実在論仮説、進化啓蒙仮説を踏まえて、進化的リベラリズムの論理を理論化した因果モデル——人間行動モデル——を提示する。人間行動モデルは、『進化政治学と戦争』で提示した進化行動モデルを出発点として、その啓蒙的論理を以下の点において洗練・発展させるものである*54。

　第一に、啓蒙的要因の所在を明確化し、それが広義の後天的要因の中に位置づけられることを示す。暴力衰退や人道主義の進展は、システム2を働かせて、進化的ミスマッチや悪性ミームに対処するための、知的・制度的システムをいかに構築できるのかにかかっている。第二に啓蒙的要因の因果的役割の射程を示す。啓蒙主義にかかる後天的要因は、進化的ミスマッチや悪性ミームに起因する適応度の低下に対処するという範囲において機能しうる。このことは適応的文化仮説により基礎づけられる。

　第三に、啓蒙的要因（後天的・環境的要因）の受容可能性を明確化する。人間の適応度を下げる後天的要因は文化進化的な意味で進化しづらいため、環境的要因は無制限に機能しうるわけではない。人間本性の見方については、経済学者トマス・ソーウェル（Thomas Sowell）の「制約されたヴィジョン（constrained vision）」が実在論的な意味では科学的に妥当であると考えられる*55。

　図1に示したように、人間行動モデルは、進化政治学的視点から、人間の心理・行動を包括的に理論化したものである。第一に、あらゆる行動の

図1　人間行動モデル

第1レベル： 人間本性、種に普遍的な適応： システム1の適応主義的要因 （裏切り者検知メカニズム、攻撃システム、怒りのメカニズム等）

※適応上の利点 or 進化的ミスマッチ
↓

第2レベル： 個人間の遺伝的差異： 行動遺伝学的な要因（「戦士の遺伝子」、知能指数等）

↓

第3レベル： 後天的要因： システム2の理性*64が生みだす啓蒙的要因（法、教育、政府等）

↓

第4レベル： 直近の文脈：外的環境のキュー： （領域固有性、if then 構文アルゴリズム）

　生物学的なパラメータは主に適応主義的に決定される*56。これが、進化学における適応主義が明らかにする種に典型的・普遍的な適応である。この階層を第一レベルと呼ぶ。

　第二に、種に典型的・普遍的な適応は、個人間の遺伝的差異が媒介変数として影響して、その具体的な作用の仕方に変動が生じる（行動遺伝学が明らかにする個人間の遺伝的差異）*57。この階層を第二レベルと呼ぶ。

　第三に、さらにそれらは二義的な媒介変数である後天的な環境的要因（文化・教育等）によって、その発現に変動がうまれる。すなわち、これがいわゆる「生まれ（nature）」と「育ち（nurture）」の論争におけるところの、「育ち」のファクターであり、啓蒙的要因にあたる。この階層を第三レベルと呼ぶ*58。

　第四にそれら適応の実際の作用の仕方は、各々のコンテクストに応じた条件的なものとなる。人間はコンテクストの生き物であり、我々に備わっている心理メカニズムは領域固有的かつ文脈依存的である。人間は外的状

況に直面した際、まずその状況がいかなるコンテクストなのかを把握しなければならず、当該コンテクストにおいて適応的な形で心理メカニズムは作用する。この階層を第四レベルと呼ぶ。

第四レベルはさらに二つの段階に大別される。第一に、心理メカニズムを適切な形で作用させる上では、現在直面している課題や領域が何なのかを適切に推定する必要がある。裏切り者検知（cheater detection）*59、同盟検知（alliance detection）*60、配偶者選好（mate preference）*61など、これらは各々異なる領域に属する問題であり、各々異なる適応課題と関わっている。本来心理メカニズムが作用するはずのコンテクストとは違うコンテクストで、当該メカニズムを駆動させてしまうことは、生物学的なエラー（進化的ミスマッチ）である。

第二に、たとえ今直面しているコンテクストの種類を適切に同定できたとしても、さらに我々は適切なアルゴリズムで、そのコンテクストにおいて適応的な意思決定をする必要がある。人間の心理メカニズムは、「もしこうならば、こうである（if then 構文）」という法則のアルゴリズムから成り立っている。攻撃システムを例に挙げよう*62。進化ゲーム理論的なコンピューター・シミュレーションにおいて、「どのような場合でも攻撃せよ」というアルゴリズムで行動する個体は、「もし相手よりも大きければ、攻撃せよ。もし相手よりも小さければ、服従せよ」というアルゴリズムで行動する個体に、最終的に駆逐される*63。なぜなら、常に攻撃をする個体はしばしば敗北して命を失うため、勝てる時に選択的に攻撃を仕掛ける個体より、無駄に命を落とす確率が高いからである。

自然淘汰は包括適応度に資する心理メカニズムに有利に働いたが、上記の利害紛争というコンテクストでは、こうした条件的なアルゴリズムからなる心理メカニズムに有利に働くというわけである。それゆえ、いくら人間に種に典型的・普遍的な適応として攻撃システムや戦争適応が備わっているからといって、我々は常に他者を攻撃したり、いつも他国を征服したりするわけではないのである。

人間行動モデルにおける四つの階層はしばしば、各々相互作用して、人間行動や社会的帰結を生みだす。再び、攻撃性を例に挙げよう。先述したように、あらゆる人間には攻撃システムという条件的な心理メカニズムが備わっているが、その発現には個人間でバリエーションがある。なぜなの

だろうか。

　この鍵を解く変数の一つが、X 染色体上のモノアミン酸酵素 A（MAOA）遺伝子、すなわち、「戦士の遺伝子（warrior gene）」である*65。MAOA はドーパミンやセロトニンといった神経伝達物質を酸化させる機能を持つ酵素であり、酸化された神経伝達物質は機能を喪失して、ニューロンの外に排出される。

　「戦士の遺伝子」には多型があり、個人間の遺伝的差異により、MAOA の生成量に差が生まれる。酵素を作る能力が弱い「戦士の遺伝子」は暴力行動に寄与するが、それは幼児期に虐待を受けていた場合に限られており、同じ「戦士の遺伝子」を持っていても虐待を受けていない場合には暴力行動の生起率は下がる*66。すなわち、「戦士の遺伝子」とよばれる対立遺伝子は、トラウマ的な初期の出来事と組みあわさって、当該遺伝子を有する個人の、他者からの挑発に対する攻撃的反応を向上させるのである。

　このことは種に典型的・普遍的な攻撃システムが備える特定の閾値は、個人間の遺伝的差異と環境的要因（この際、幼児期における虐待経験）といった変数の影響を受けて、個人間で変動しうるということを示唆している。啓蒙という意味においては、トラウマ的な初期的事象という環境的要因をコントロールできれば、たとえ、当該アクターに攻撃システム（種に典型的・普遍的な適応）や「戦士の遺伝子」（個人間の遺伝的差異がある行動遺伝学的要因）が備わっているとしても——両者は共に広義の先天的要因である——、必ずしも暴力が発現するわけではないということである。啓蒙の反実在論仮説が示すように、後天的な環境的要因により先天的要因をコントロールすることが、啓蒙主義の核にある次第である。

（2）生得的要因内部の相互作用——第一レベルと第二レベル

　上記は、人間行動モデルを包括的に示した例だが、以下、より詳細な階層間相互作用をみてみよう。第一に、生得的要因内部の組み合わせ——種に典型的な適応と個人間の遺伝的差異の相互作用——の帰結として、人間行動における多様性が生みだされる*67。これは、生得的要因のみに目を向けても、個人間の遺伝的差異によって多様性は生みだされる、というシナリオである。

　仮に「遺伝子決定論」批判が、人間本性に攻撃システムが備わっている

ならば、利害紛争は不可避であるといった批判を含むのだとしたら、こうした批判は環境的要因を持ちださずとも、単に個人間の遺伝的差異を提起するだけで容易に棄却されうる。なぜなら、全ての人間という種に普遍的・典型的な適応として攻撃システムが備わっているとしても、その作用の仕方・程度に影響を与える個人間の遺伝的差異――テストステロン分泌差、「戦士の遺伝子」、その他――が存在するが故に、最終的な攻撃の頻度や程度には個人間で遺伝的なバリエーションがうまれるからである。

　たとえば、自己欺瞞（self-deception）を考えてみよう＊68。自己欺瞞は程度の差こそあれあらゆる人間が備えるものである。ところが、自然界には自己欺瞞が特に強く表出されるタイプの個体が存在する。それがナポレオンやトランプをはじめとする人口の約1％に見られる、ナルシスト的パーソナリティ障害（以下、省略してナルシスト、ナルシスト的パーソナリティと呼ぶ）である＊69。心理学的に「障害」とラベル付けされているにもかかわらず、進化論的にいえば、トランプをはじめとするナルシストの自己欺瞞は、自然淘汰によって形成された適応的なものである＊70。

　すなわち、それは狩猟採集時代に祖先の生存と繁殖の成功に寄与してきたもので、自己欺瞞の適応上の利点は現代でも一定程度健在である。こうした意味において、自己欺瞞という特性それ自体は、種に典型的・普遍的な適応であるともいえ、進化啓蒙仮説が論じるように、自己欺瞞の適応的側面を啓蒙により矯正することは難しいだろう。

　しかし、自己欺瞞の程度には個人間の遺伝的差異があり、人口の約1パーセントには高度な自己欺瞞をみせる逸脱的なアクターが存在する。政治学的にいえば、ヒトラー、トランプ、スターリン、ナポレオン、松岡洋右などがその典型例であろう＊71。それでは、リアリズムの勢力均衡理論や進化論のリバース・ドミナンス（reverse dominance）＊72の発想によれば、こうした強権的なアクターに対して、下位のアクターが連合を形成して対抗すると思われるが、なぜ自己欺瞞的なアクターは歴史上有意な影響力を誇ってきたのだろうか。それは、残り99％の平均的な人間は、こうした逸脱的な個体と滅多に遭遇しないため、自然淘汰は我々にナルシストへ強く抵抗するような心理メカニズムを与えなかったからであるである＊73。

　適応主義（進化学）と行動遺伝学という二つの視点はしばしば別個に考察されるが、種に典型的・普遍的な適応と遺伝学的多様性の相互作用を理

解することは、進化政治学において、政治的意思決定を考察する上で、重要な理論的出発点となる。先述したように、政治行動に関する遺伝学的説明に関しては次第に注目が集まっており、こうした政治心理学的研究はしばしば個人間における遺伝的多様性に焦点を当てた理論的枠組みを利用している＊74。それに対して、政治行動に関する適応主義的な説明は、その重要性が進化学者の間で指摘されているにもかかわらず、依然として発展途上にある＊75。進化政治学が埋めようとしている研究上のギャップは、まさにこの点にある。

　適応主義的なアプローチを軽視して、人間に普遍的に備わった暴力性という本性を特定の遺伝子に還元して、それが世代間で何パーセント遺伝するのかといった問いは、**MAOA** のような行動遺伝学的な要因を分析するときを除けば、必ずしも生産的ではない。つまるところ、攻撃システムに表象される攻撃性それ自体は普遍的・典型的な適応だが（適応主義的命題）、その程度には個人間の遺伝的差異に由来するバリエーションがあるのである（行動遺伝学的命題）。

　前者は先述した適応課題の推測とそこから演繹的に導きだされる心理メカニズムの経験的分析を通じて示されるが、後者は数世代の人間を観察することで経験的に検証される。「生まれ」と「育ち」の論争はだいぶ成熟した段階に到達したように思われるが、「生まれ」内部のロジック（「適応主義」対「行動遺伝学」）については、依然としてしばしば十分な理解が得られていない場合が散見される。これに対して、適応主義と行動遺伝学の違いを踏まえることで、人間行動についての、実在論的な意味でより科学的に妥当な見解が得られよう。

（3）行動遺伝学的要因と啓蒙的要因——第二レベルと第三レベル

　第二に、生得的要因における行動遺伝学的要因（第二レベル）は、さらに啓蒙的要因（第三レベルの環境的要因）の影響を受けて、その発現の仕方に多様性が生まれる。たとえば、上記の「戦士の遺伝子」と呼ばれる対立遺伝子を挙げれば、これはトラウマ的な初期の出来事（環境的要因）と組み合わさって、当該遺伝子を有する個人の挑発に対する攻撃反応を向上させる＊76。

　したがって、特定の血縁的なセッティングにおいて、攻撃性の高い遺伝

子を引き継いだからといって、彼が必ず犯罪者になるとは限らない。こうした攻撃性の高い遺伝子をもつ人間が生まれ育った環境も——幼少期の精神的、身体的、あるいは性的虐待など——、最終的な攻撃行動の程度や頻度に影響するというわけである。進化的リベラリズムとの関係では、トラウマ的な初期的事象・経験という環境的・後天的要因を、任意の啓蒙的要因（教育、法律、その他）によりコントロールできれば、たとえ、「戦士の遺伝子」が備わっている先天的に攻撃性の高い人間だとしても、必ずしも暴力的に行動するわけではないということである。

（4）人間本性と啓蒙的要因——第一レベルと第三レベル

　第三に、種に典型的・普遍的な適応は啓蒙的要因によって相殺されうる。歴史の長期的趨勢は多種多様な次元で暴力——戦争、殺人、ジェノサイド、内戦、テロリズム、動物虐待など——が衰退する方向に進んでおり、こうした進展は統計的データによりしっかりと裏付けられている*77。たとえば、我々はもはや奴隷制、体罰、魔女狩りなどを肯定することはなくなったし、ナショナリズムの衝突に起因する大国間戦争は滅多に起こり得なくなった。こうした平和的変化は、中央集権政府が成立して国内のアナーキーが克服されたり、教育により人間がリベラル啓蒙主義を内面化したりすることで可能になってきた。本書第四章で進化的リベラリズムを体系化する中で示した通り、これが提出されてから今に至るまで全世界を席捲している、合理的楽観主義（rational optimism）に立つ暴力衰退説である*78。

　暴力衰退説で説明される人類史上の平和的変化は、生得的要因——心理メカニズム、遺伝子、人間本性等の生物学的要因——の変化でなく*79、環境的要因——産業化・学力の向上等のリベラル啓蒙主義的要因——のそれに起因する*80。暴力衰退という現象が、人間という種に典型的・普遍的な心理学的適応——すなわち人間本性——の変化ではなく、環境的要因のそれに起因するなら、適応主義的な要因の影響力自体は低減していないことになる。政策決定者は時として怒りや過信に駆られて攻撃的政策をとり、大衆が熱狂する排外的ナショナリズムはしばしば国家間紛争を熾烈化させるが、こうした戦争に向けた人間本性の因果効果は、民主主義、経済的相互依存の進展、あるいは教育水上の向上といった、平和に向けた啓蒙的要因によって相殺されるのである。

　ただし、こうした環境的要因の整備を通じた啓蒙は無制限に可能なわけではない。啓蒙が可能なのは、進化的ミスマッチや悪性ミームにより起きている個人の包括適応度低下に対処することであり、適応上の利点を備えた人間本性や、当該ミームのホストとなる人間にとって適応的なミームは修正しがたい。本書ではこのことを進化啓蒙仮説として理論的に体系化して、それを経験的には可能性調査に基づき、イスラエルのキブツの事例を検討する中で例示してきた。

　啓蒙の限界を理解することは重要である。たしかに、政治学者のシーピン・タン（Shiping Tang）が指摘するように、国際システムは攻撃的リアリズムの悲惨な世界から、防御的リアリズムが想定する楽観的な世界に移行してきた*81。こうした攻撃防御バランスが防御に有利で、拡張主義国に対して対抗バランシング同盟が最終的に形成されうる世界においては、明白な軍事的侵略はしばしば引き合わなくなってきた。しかしながら、第三章で提示した進化的自然状態モデルの戦争適応が示唆するように、このことは人間が戦争をする本性を失ったということを意味するわけではない。それゆえ、ハイブリッド戦争や非対称戦争のような、対抗バランシング同盟を誘発しない低強度の紛争はこれからも起こり続けるだろう。

（5）人間本性とコンテクスト

　第四は、種に典型的・普遍的な普遍的適応と、特定的・直近的なコンテクストの間の相互作用である。これは、人間行動におけるバリエーションが、種に典型的・普遍的な適応と、特定の社会政治的コンテクストが相互作用した結果として生起するシナリオを指す*82。

　協調というコンテクストを考えてみよう。人間のような社会的な種が直面する一つの有意な適応課題に、誰と、いかにして協調するのかというテーマがある。それでは、人間は狩猟採集時代に誰とどのようにして協調してきたのだろうか。人間の心理メカニズムは約200万年前から一万年前の狩猟採集時代に形成されたので、この時代における協調の論理を知ることで、現代に生きている我々人間がどのようにして協調をするのかを理解することができる。

　この問いについて、進化学者はこれまで以下のように主張してきた。すなわち、仮に互恵性や社会的交換がこれらのコンテクストにおける行動を

調整するように設計された適応の産物なのであれば、これらの適応は進化的適応環境において、確実に相互作用が繰り返される可能性と、他者の欺瞞や裏切りにかかるキューに注意を払うべきであるということである＊83。

なぜなら、進化心理学者ジョン・トゥービー（John Tooby）とレダ・コスミデス（Leda Cosmides）の古典的研究が明らかにしているように、他者の裏切りに気が付かず協調をしてしまうと一方的に搾取をされてしまい、そうした非適応的な状況が恒常的に存在するならば、協調は進化しえないからである＊84。したがって、政治学者のロバート・アクセルロッドが「くりかえしのある囚人のジレンマ」ゲームで明らかにしたように、進化ゲーム理論的シチュエーションにおいて、無条件に常に協調を志向するアクターは、選択的に協調をする（一回目は協調をして、その後は相手と同じ行動をとる）アクターによって最終的に駆逐される。

そこで、逆説的ではあるが、社会的交換や個人間協調という適応課題に対処するために、人間には裏切り者検知（cheater detection）の心理メカニズムが備わっているというのが、トゥービーとコスミデスが提起した命題であった＊85。すなわち、人間は裏切り者（現実のあるいは潜在的な）の検知や識別に長けており、その際、しばしば無意識に、相手の顔面特徴にみられる物理的なキューを頼りにする＊86。したがって、人間の協調も攻撃もコンテクスト依存的かつ条件的であり、人間の本性が天使なのか悪魔なのか、といった単純化された問いは妥当性を欠くのである。

つまるところ、生物は環境における単一の繁殖上の挑戦に直面するわけでない。我々は外的環境における多様な挑戦に対処しなければならず、それらに対する適応的な解決法は潜在的に各々異なる＊87。すなわち、進化的適応環境には人間が自己の包括適応度を極大化する上でハードルとなる多種多様な適応課題があり、自然淘汰はそうした適応課題に対して特化した条件的な適応（例：敵より大きければ攻撃せよ、敵より小さければ撤退せよ）に有利に働いた。こうした点をふまえれば、我々は適応主義的視点からいって、人間の脳が特定のコンテクストにおいて適応上有益かつ行動上条件的な帰結を生みだすように設計された、多様な心理メカニズムを備えていると予測できる。

この時に重要なことは、自然淘汰が行動を直接引き起こすのではないということである。すなわち、進化心理学者ドナルド・サイモンズ（Donald

Symons）が的確に指摘しているように、自然淘汰は各々の適応課題に対処するための領域固有の適応に有利に働き、その適応が行動の至近要因（proximate cause）となるのである＊88。

おわりに

　本章では、進化的リベラリズムが措定する啓蒙の射程を示した。前章で提示した啓蒙の反実在論仮説によれば、啓蒙の因果論理はシステム2によりシステム1をコントロールすることとなる。そこから一歩進んで、啓蒙はいかなる領域や範囲において可能なのだろうか、というより応用的な問いに答えたのが、本章で提示した進化啓蒙仮説であった。

　進化啓蒙仮説によれば、人間本性の進化的ミスマッチを起こしている部分や、人間の適応度を下げる悪性ミームは啓蒙の対象になりうるが、人間本性の適応上の利点を軽視した啓蒙は失敗する可能性が高い。同仮説の論理は可能性調査に基づき、啓蒙成功の例として人類史上の暴力衰退、啓蒙失敗の例としてイスラエスのキブツの事例を検討する中で例示した。

　さらに本章では、進化的リベラリズムの因果モデルを提示すべく、啓蒙の反実在論仮説と進化啓蒙仮説に基づき、啓蒙的要因の因果的役割に自覚的な形で人間行動・心理の階層を説明する、新たな因果モデル——人間行動モデル——を構築した。人間行動モデルは進化政治学に基づき、人間本性を踏まえた平和と繁栄がいかにして生起するのかを、個人の心理・行動の観点から説明する、進化的リベラリズムを体系化した階層的モデルである。

註
＊1　G・E・ムア（泉谷周三郎・寺中平治・星野勉訳）『倫理学原理』（三和書籍、2010年）；デイヴィッド・ヒューム（伊勢俊彦・石川徹・中釜浩一訳）『人間本性論（第3巻）道徳について』（法政大学出版局、2012年）。
＊2　システム1／システム2の区別は、ダニエル・カーネマン（村井章子）『ファスト＆スロー——あなたの意思はどのように決まるか？』全2巻（早川書房、2014年）に由来する。
＊3　Norman P. Li1, Mark Van Vugt, Stephen M. Colarelli, "The Evolutionary Mismatch Hypothesis: Implications for Psychological Science," *Current Directions in Psychological Science*, Vol. 27, No. 1, pp. 38-44; Elisabeth

Lloyd, David Sloan Wilson, and Elliott Sober, "Evolutionary mismatch and what to do about it: A basic tutorial," *Evolutionary Applications* (2011), pp. 2-4; Steve Stewart-Williams, *The Ape that Understood the Universe: How the Mind and Culture Evolve* (New York: Cambridge University Press, 2019), pp. 46-56.

＊4　ミーム論については、リチャード・ドーキンス（日高敏隆・岸由二・羽田節子・垂水雄二訳）『利己的な遺伝子』増補新装版（紀伊國屋書店、2006年）特に11章；スーザン・ブラックモア（垂水雄二訳）『ミーム・マシーンとしての私』全2巻（草思社、2000年）；ロバート・アンジェ/ダニエル・デネット（佐倉統・巌谷薫・鈴木崇史・坪井りん訳）『ダーウィン文化論──科学としてのミーム』（産業図書、2004年）；ダニエル・C・デネット（山口泰司）『解明される意識』（青土社、1997年）；Daniel C. Dennett, *Darwin's Dangerous Idea: Evolution and the Meaning of Life* (New York: Simon & Schuster, 1995); Richard Reeves Brodie, *Virus of the Mind: The New Science of the Meme* (Carlsbad: Hay House, 2004) を参照。

＊5　Daniel Dennett, "Darwin's "Strange Inversion of Reasoning"," *Proceedings of the National Academy of Sciences*, Vol. 106. Supplement 1 (2009), pp. 10061-10065; Robert Boyd and Peter J. Richerson, *Culture and the Evolutionary Process* (Chicago, IL: University of Chicago Press, 1985); Robert Boyd and Peter J. Richerson, *Not by Genes Alone: How Culture Transformed Human Evolution* (Chicago, IL: University of Chicago Press, 2005).

＊6　Imre Lakatos, "Falsification and the Methodology of Scientific Research Programs," in Lakatos and Alan Musgrave, eds., *Criticism and the Growth of Knowledge* (Cambridge: Cambridge University Press, 1970), pp. 132-196.

＊7　ポール・ブルーム（高橋洋訳）『反共感論──社会はいかに判断を誤るか』（白揚社、2018年）；ジョシュア・グリーン『モラル・トライブズ──共存の道徳哲学へ』全2巻（岩波書店、2015年）。

＊8　Sam Harris, *The Moral Landscape: How Science Can Determine Human Values* (New York: Simon and Schuster, 2011); Sam Harris, *Making Sense: Conversations on Consciousness, Morality and the Future of Humanity* (London: Bantam Press, 2020); Michael Shermer, *The Moral Arc: How Science Makes Us Better People* (New York: St. Martin's Griffin, 2016); Michael Shermer, *Giving the Devil his Due: Reflections of a Scientific Humanist* (Cambridge: Cambridge University Press, 2020); Steven Pinker, *Rationality: What It Is, Why It Seems Scarce, Why It Matters* (London: Allen Lane, 2021); マッド・リドレー（大田直子・鍛原多惠子・柴田裕之訳）『繁栄──明日を切り拓くための人類10万年史』（早川書房、2013年）；スティーブン・ピンカー（幾島幸子・塩原通緒訳）『暴力の人類史』全2巻（青土社、2015年）；スティーブン・ピンカー（橘明美・坂田雪子訳）『21世紀の啓蒙──

理性、科学、ヒューマニズム、進歩』全2巻（草思社、2019年）；グリーン『モラル・トライブズ』；リチャード・ドーキンス（大田直子訳）『魂に息づく科学——ドーキンスの反ポピュリズム宣言』（早川書房、2018年）；ブルーム『反共感論』；ジョセフ・ヒース（栗原百代訳）『啓蒙思想2.0—政治・経済・生活を正気に戻すために』（NTT 出版、2014年）。

＊9　人間本性の適応上の利点については、Dominic D. P. Johnson, *Strategic Instincts: The Adaptive Advantages of Cognitive Biases in International Politics* (Princeton, NJ: Princeton University Press, 2020) を参照。本書では適応上の利点を、任意の心理メカニズムの包括適応度への寄与可能性を指すことにする。

＊10　可能性調査とはさらなる検証の妥当性があるか否かを判断するために行う、未知の理論に関する事例研究法のことを指す。Alexander L. George and Andrew Bennett, *Case studies and Theory Development in the Social Sciences* (Cambridge, Mass.: The MIT Press, 2005), p. 75. 可能性調査は、Harry Eckstein, "Case Study and Theory in Political Science," in Roger Gomm, Martyn Hammersley, Peter Foster, eds., *Case Study Method: Key Issues, Key Texts* (London: SAGE Publications Ltd, 2000), pp. 140-143 に由来する。

＊11　W. D. Hamilton, "The Genetical Evolution of Social Behavior. I," and W. D. Hamilton, "The Genetical Evolution of Social Behavior. II," both in *Journal of Theoretical Biology*, Vol. 7, No. 1 (July 1964), pp. 1-16 and 17-52, respectively.

＊12　Li1, Van Vugt, and Colarelli, "The Evolutionary Mismatch Hypothesis"; Lloyd, Wilson, and Sober. "Evolutionary mismatch and what to do about it"; Stewart-Williams, *The Ape that Understood the Universe*, pp. 46-56.

＊13　Boyd and Richerson, *Culture and the Evolutionary Process*; Boyd and Richerson, *Not by Genes Alone*; Stewart-Williams, *The Ape that Understood the Universe*, pp. 237-243.

＊14　Shermer, *The Moral Arc*; Shermer, *Giving the Devil his Due*; Pinker, *Rationality*; リドレー『繁栄』；ピンカー）『暴力の人類史』；ピンカー『21世紀の啓蒙』；グリーン『モラル・トライブズ』。

＊15　Geoff A. Parker, "Assessment Strategy and Evolution of Fighting Behavior," *Journal of Theoretical Biology,* Vol. 47, No. 1 (September 1974), pp. 223-243; John Archer, *The Behavioural Biology of Aggression* (New York: Cambridge University Press, 1988); Irenäus Eibl-Eibesfeldt, *The Biology of Peace and War: Men, Animals, and Aggression* (New York, NY: Viking Press, 1979); James Silverberg, and J. Patrick Gray, *Aggression and Peacefulness in Humans and Other Primates* (New York, NY: Oxford University Press, 1992); Aaron Sell, Leda Cosmides, John Tooby, Daniel Sznycer, Christopher von Rueden, and Michael Gurven, "Human Adaptations for the Visual Assessment of Strength and Fighting Ability from the Body and Face," *Proceedings of the Royal Society of London Series B-Biological Sciences*, Vol. 276, No. 1656 (2009), pp. 575-584; Aaron Sell, John Tooby, and Leda Cosmides, "Formidability and the Logic of Human Anger," *Proceedings of the National Academy of Sciences*, Vol. 106, No. 35 (September 2009), pp. 15073-15078.

*16 John Tooby and Leda Cosmides, "The Evolution of War and Its Cognitive Foundations," *Institute for evolutionary studies technical report*, Vol. 88, No. 1 (April 1988), pp. 1-15; Azar Gat, "The Human Motivational Complex: Evolutionary Theory and the Causes of Hunter-Gatherer Fighting, Pt. 1: Primary Somatic and Reproductive Causes," *Anthropological Quarterly*, Vol. 73, No. 1 (January 2000), pp. 20-34; Azar Gat, "So Why Do People Fight? Evolutionary Theory and the Causes of War," *European Journal of International Relations*, Vol.15, No. 4 (November 2009), pp. 571-599; A. C. Lopez, "The Evolution of War: Theory and Controversy," *International Theory*, Vol. 8, No. 1 (October 2016), pp. 97-139; Richard W. Wrangham, "Evolution of Coalitionary Killing," *Yearbook of Physical Anthropology*, Vol. 42 (1999), pp. 1–30; 伊藤隆太『進化政治学と戦争——自然科学と社会科学の統合に向けて』(芙蓉書房出版、2021年)。

*17 J. Tooby and L. Cosmides, "Evolutionary Psychology, Ecological Rationality, and the Unification of the Behavioral Sciences," *Behavioral and Brain Sciences*, Vol. 30, No. 1 (February 2007), pp. 42-43; J. Tooby and L. Cosmides, "Better Than Rational: Evolutionary Psychology and the Invisible Hand," *American Economic Review*, Vol. 84, No. 2 (May 1994), pp. 327-332.

*18 Robert Jervis, "Cooperation under the Security Dilemma," *World Politics, Vol. 30, No. 2 (January 1978), pp. 167-214;* Jack L. Snyder, *Myths of Empire: Domestic Politics and International Ambition* (Ithaca, NY: Cornell University Press, 1991), esp. chaps. 1-2; Stephen Van Evera, *Causes of War: Power and the Roots of Conflict* (Ithaca, N.Y.: Cornell University Press, *1999), esp. chap. 6; George H. Quester, Offense and Defense in the International System* (New York: Wiley, 1977) ; Sean M. Lynn-Jones, "Offense-Defense Theory and Its Critics,"*Security Studies*, Vol. 4, No. 4 (Summer 1995), pp. 660-691. See also, Charles L. Glaser, "Realists as Optimists: Cooperation as Self-Help," *International Security*, Vol. 19, No. 3 (Winter 1994/1995), pp. 50-90; Robert Powell, *In the Shadow of Power: States and Strategies in International Politics* (Princeton, NJ: Princeton University Press, 1999), esp. chap. 3.

*19 Mikael Wigell, "Hybrid interference as a wedge strategy: a theory of external interference in liberal democracy," *International Affairs*, Vol. 95, No. 2 (March 2019), pp. 255-275; Alexander Lanoszka, "Russian hybrid warfare and extended deterrence in eastern Europe," *International Affairs,* Vol. 92, No. 1 (January 2016), pp. 175-195.

＊20　Martin Nowak, "Generosity: A Winner's Advice," *Nature,* Vol. 456 (2008), p. 579.

＊21　Geoffrey Miller, *The Mating Mind: How Sexual Choice Shaped the Evolution of Human Nature* (New York: Vintage Books, 2000); Geoffrey Miller, "Sexual selection for moral virtues," *Quarterly Review of Biology,* Vol. 82 (2007), pp. 97-125.

＊22　W. Iredale, M. Vugt, and R. Dunbar, "Showing Off in Humans: Male Generosity as Mating Signal," *Evolutionary Psychology,* Vol. 6, No. 3 (2008), pp. 386-392.

＊23　Ibid.

＊24　Leda Cosmides and John Tooby, "Origins of Domain Specificity: The Evolution of Functional Organization," in Lawrence A. Hirshfeld and Susan A. Gelman, eds., *Mapping the Mind: Domain Specificity in Cognition and Culture* (New York: Cambridge University Press, 1994), pp. 85–116; John Tooby and Leda Cosmides, "The Theoretical Foundation of Evolutionary Psychology," in David Buss, ed., *The Handbook of Evolutionary Psychology, Foundation*: Vol. 1 (Hoboken, N.J.: John Wiley and Sons, 2015), p. 16.

＊25　Hamilton, "The Genetical Evolution of Social Behavior. I," and Hamilton, "The Genetical Evolution of Social Behavior. II."

＊26　ジョン・ロック（大槻春彦訳）『人間知性論1』（岩波書店、1972年）。ブランク・スレート説の科学的な誤りを体系的に論じたのは、スティーブン・ピンカー（山下篤子訳）『人間の本性を考える──心は「空」白の石版」か』全3巻（NHK出版、2004年）である。

＊27　M. Palgi and S. Reinharz, eds., *One Hundred Years of Kibbutz Life: A Century of Crises and Reinvention* (New Brunswick, NJ: Transaction, 2014), p. 2.

＊28　B. Beit-Hallahmi and A. I. Rabin, "The Kibbutz as a Social Experiment and as a Child-Rearing Laboratory," *American Psychologist,* Vol. 32 (1977), p. 533.

＊29　D. Lieberman and T. Lobel, "Kinship on the Kibbutz: Co-Residence Duration Predicts Altruism, Personal Sexual Aversions and Moral Attitudes Among Communally Reared Peers," *Evolution and Human Behavior,* Vol. 33 (2012), pp. 26-34.

＊30　O. Aviezer, M. H. Van IJzendoorn, A. Sagi, and C. Schuengel, "'Children of the Dream' Revisited: 70 Years of Collective Early Child Care in Israeli Kibbutzim," *Psychological Bulletin,* Vol. 116 (1994), pp. 99-116.

＊31　プラトン（藤沢令夫訳）『国家』下（岩波文庫、1979年）第7巻。

＊32　A. L. Alstott, "Is the Family at Odds with Equality? The Legal

Implications of Equality for Children," *Southern California Law Review*, Vol. 82, No. 1 (2008), pp. 1-43. See also, J. Rawls, *A Theory of Justice* (Cambridge, MA: Harvard University Press, 1971).

*33 E. Ben-Rafael, *Crisis and Transformation: The Kibbutz at Century's End* (Albany: State University of New York Press, 1997), p. 62.

*34 David Buss et al., "International Preferences in Selecting Mates: a Study of 37 Cultures," *Journal of Cross-Cultural Psychology*, Vol. 21, No. 1 (March 1990), pp. 5-47; David Buss, "Sex differences in human mate preferences: Evolutionary hypotheses tested in 37 cultures," *Behavioral and Brain Sciences*, Vol. 12, No. 1 (March 1989), pp. 1-49.

*35 Lionel Tiger and Joseph Shepher, *Women in the Kibbutz* (New York: Harcourt Brace Jovanovich, 1975).

*36 Aviezer et al., " 'Children of the Dream' Revisited."

*37 A. Sagi, M. E. Lamb, R. Shoham, R. Dvir, and K. S. Lewkowicz, "Parent-Infant Interaction in Families on Israeli Kibbutzim," *International Journal of Behavioral Development*, Vol. 8 (1985), pp. 273-284.

*38 Aviezer et al., "'Children of the Dream' Revisited."

*39 Edvard A. Westermarck, *The history of human marriage*, 5th ed. (London: Macmillan, 1921).

*40 J. Shepher, "Mate Selection Among Second Generation Kibbutz Adolescents and Adults: Incest Avoidance and Negative Imprinting," *Archives of Sexual Behavior*, Vol. 1 (1971), pp. 293-307; E. Shor, "The Westermarck Hypothesis and the Israeli Kibbutzim: Reconciling Contrasting Evidence," *Archives of Sexual Behavior*, Vol. 44 (2015), pp. 1-12; Lieberman and Lobel, "Kinship on the Kibbutz."

*41 Tooby and Cosmides, "Evolutionary Psychology, Ecological Rationality, and the Unification of the Behavioral Sciences"; Tooby and Cosmides, "Better Than Rational."

*42 Li1, Van Vugt, Colarelli, "The Evolutionary Mismatch Hypothesis"; Lloyd, Wilson, and Sober, "Evolutionary mismatch and what to do about it"; Stewart-Williams, *The Ape that Understood the Universe*, pp. 46-56.

*43 Robert Trivers "Parental Investment and Sexual Selection," in Bernard G. Campbell, ed., *Sexual Selection and the Descent of Man* (Chicago, IL: Aldine Publishing,1972); Donald Symons, *The Evolution of Human Sexuality* (New York, NY: Oxford University Press, 1979).

*44 Palgi and Reinharz, eds., *One Hundred Years of Kibbutz Life.*

*45 R. Abramitzky, "Lessons from the Kibbutz on the Equality-Incentives Trade-Off," *Journal of Economic Perspectives*, Vol. 25 (2011), pp. 185- 207.

*46 R. Abramitzky, "The Limits of Equality: Insights from the Israeli Kibbutz," *Quarterly Journal of Economics*, Vol. 123 (2008), pp. 1111-1159.

＊47 Tiger and Shepher, *Women in the Kibbutz*, p. 14.

＊48 Tiger and Shepher, *Women in the Kibbutz*, pp. 6, 272; L. Tiger and R. Fox, *The Imperial Animal* (New York: Transaction, 1971); M. E. Spiro, *Gender and Culture: Kibbutz Women Revisited* (New York: Transaction, 1979) も参照。

＊49 Hamilton, "The Genetical Evolution of Social Behavior. I," and Hamilton, "The Genetical Evolution of Social Behavior. II." 同じことを「遺伝子の目の視点(gene's eye view)」から論じたのは、リチャード・ドーキンス（日高敏隆・岸由二・羽田節子・垂水雄二訳）『利己的な遺伝子』増補新装版（紀伊國屋書店、2006年）である。

＊50 Aviezer et al., "'Children of the Dream' Revisited," p. 113.

＊51 B. J. Ruffle and R. Sosis, "Cooperation and the In-Group– Out-Group Bias: A Field Test on Israeli Kibbutz Members and City Residents," *Journal of Economic Behavior and Organization*, Vol. 60 (2006), pp. 147-163.

＊52 Boyd and Richerson, *Culture and the Evolutionary Process*; Boyd and Richerson, *Not by Genes Alone*; Stewart-Williams, *The Ape that Understood the Universe*, pp. 237-243.

＊53 アイザィア・バーリン（小川晃一・小池銈・福田歓一・生松敬三）『自由論』新装版（みすず書房、2018年）。

＊54 伊藤『進化政治学と戦争』第2章。

＊55 Thomas Sowell, *A Conflict of Visions: The Ideological Origins of Political Struggles* (New York: Basic Books, 2002).

＊56 P. Godfrey-Smith and Wilkins, J. F. Wilkins "Adaptationism," in S. Sarkar & A. Plutynski, eds., *A Companion to the Philosophy of Biology* (Oxford: Blackwell, 2008), pp. 186-202; George C. Williams, *Adaptation and Natural Selection: A Critique of Some Current Evolutionary Thought* (Princeton, N.J.: Princeton University Press, 1966); Ernst Mayr, "How to Carry Out the Adaptationist Program?" *American Naturalist*, Vol. 121, No. 3 (March 1983), pp. 324-334; Leda Cosmides and John Tooby, "From Evolution to Behavior: Evolutionary Psychology as the Missing Link," in John Dupre, ed., *The Latest on the Best: Essays on Evolution and Optimality* (Cambridge, Mass.: MIT Press, 1987), pp. 276-306.

＊57 John Tooby, and Leda Cosmides, "On the Universality of Human Nature and the Uniqueness of the Individual: The Role of Genetics and Adaptation," *Journal of Personality*, Vol. 58, No. 1 (1990), pp. 17-67; David M. Buss and Heidi Greiling, "Adaptive Individual Differences," *Journal of Personality*, Vol. 67, No. 2 (1999), pp. 209-243; Anthony C. Lopez and Rose McDermott, "Adaptation, Heritability, and the Emergence of Evolutionary Political Science," *Political Psychology*, Vol. 33, No. 3 (June 2012), pp. 343-362.

＊58 第二レベルと第三レベルの優先順位の設定において、行動遺伝学的な遺伝的要因を優先させているのは、多くの双生児の遺伝学的研究が明らかにしているように、生得的な遺伝的要因の影響力は相対的に大きいからである。こうした点を主張して、ブランク・スレート説を喝破した代表的な議論は、ピンカー『人間の本性を考える』を参照。

＊59 John Tooby and Leda Cosmides, "Adaptation for Reasoning About Social Exchange," in Buss, ed., *The Handbook of Evolutionary Psychology, Volume 1*, chap. 25; L. Cosmides, H. C. Barrett, and J. Tooby, "Adaptive Specializations, Social Exchange, and the Evolution of Human Intelligence," *Proceedings of the National Academy of Sciences of the United States of America*, Vol. 107, Supplement 2 (May 2010), pp. 9007-9014; L. Cosmides, "The Logic of Social-Exchange: Has Natural-Selection Shaped How Humans Reason? Studies with the Wason Selection Task," *Cognition*, Vol. 31, No. 3 (May 1989), pp. 187-276.

＊60 D. Pietraszewski, L. Cosmides, and J. Tooby, "The Content of Our Cooperation, Not the Color of Our Skin: An Alliance Detection System Regulates Categorization by Coalition and Race, but Not Sex," *Plos One*, Vol. 9, No. 2 (February 2014), e88534.

＊61 Buss et al., "International Preferences in Selecting Mates"; Buss, "Sex differences in human mate preference."

＊62 Parker, "Assessment Strategy and Evolution of Fighting Behavior"; Archer, *The Behavioural Biology of Aggression*; Eibl-Eibesfeldt, *The Biology of Peace and War*; Silverberg and Gray, *Aggression and Peacefulness in Humans and Other Primates*; Sell, Cosmides, Tooby, Sznycer, Rueden, and Gurven, "Human Adaptations for the Visual Assessment of Strength and Fighting Ability from the Body and Face"; Sell, Tooby, and Cosmides, "Formidability and the Logic of Human Anger."

＊63 Richard Dawkins, "Good Strategy or Evolutionarily Stable Strategy?" in George W. Barlow and James Silverberg, eds., *Sociobiology: Beyond Nature/Nurture?* (Boulder, CO: Westview Press, 1980), pp. 331-367.

＊64 理性それ自体は先天的に人間に備わったものだが、それを働かせて人間行動を駆動させる際、後天的な学習を通じて様々な意思決定が生まれるため、ここでは理性やシステム2を後天的な啓蒙的要因の中に位置づけている。

＊65 Rose McDermott, Dustin Tingley, Jonathan Cowden, Giovanni Frazetto, and Dominic D. P. Johnson, "Monoamine Oxidase A Gene (MAOA) Predicts Behavioral Aggression Following Provocation," *Proceedings of the National Academy of Sciences*, Vol. 106, No. 7 (2009), pp. 2118-2123; J. Tiihonen, M.-R. Rautiainen, H. M. Ollila, E. Repo-Tiihonen, M. Virkkunen, A. Palotie, O. Pietiläinen, et al. "Genetic Background of Extreme Violent Behavior," *Molecular Psychiatry*, Vol. 20 (October 2014) pp. 786-792.

＊66 McDermott, Tingley, Cowden, Frazetto, and Johnson, "Monoamine Oxidase A Gene (MAOA) Predicts Behavioral Aggression Following Provocation"; Tiihonen, Rautiainen, Ollila, Repo-Tiihonen, Virkkunen, Palotie, Pietiläinen, et al. "Genetic Background of Extreme Violent Behavior," *Molecular Psychiatry*, Vol. 20 (October 2014), pp. 786-792.

＊67 Tooby, and Cosmides, "On the Universality of Human Nature and the Uniqueness of the Individual"; Buss and Greiling, "Adaptive Individual Differences"; Lopez and McDermott, "Adaptation, Heritability, and the Emergence of Evolutionary Political Science."

＊68 Robert Trivers, *Deceit and Self-Deception: Fooling Yourself the Better to Fool Others* (London: Allen Lane, 2011); Robert Trivers, "The Elements of a Scientific Theory of Self-Deception," *Annals of the New York Academy of Sciences*, Vol. 907, No. 1 (April 2000), pp. 114-131; William von Hippel and Robert Trivers, "The evolution and psychology of self-deception," *Behavioral and Brain Sciences*, Vol. 34, No. 1 (February 2011), pp. 1-16; ロバート・クルツバン（高橋洋訳）『だれもが偽善者になる本当の理由』（柏書房、2014年）；ケヴィン・シムラー/ロビン・ハンソン（大槻敦子訳）『人が自分をだます理由——自己欺瞞の進化心理学』（原書房、2019年）。

＊69 ナルシスト的パーソナリティと国際政治のインプリケーションは、Ralph Pettman, "Psychopathology and World Politics," *Cambridge Review of International Affairs*, Vol. 23, No. 3 (September 2010), pp. 475-492; Ralph Pettman, *Psychopathology and World Politics* (London: World Scientific, 2011)を参照。トランプが強力なナルシスト的パーソナリティの持ち主であることを明らかにする心理学的・進化論的研究は、https://www.psychologytoday.com/intl/blog/evil-deeds/201710/lies-self-deception-and-malignant-narcissism; https://www.alternet.org/2020/04/leading-psychologists-explain-how-trumps-self-delusions-and-narcissism-make-him-uniquely-effective-at-predatory-deception/を参照。なお多くの心理学者が、トランプがナルシスト的パーソナリティ障害であることを認めている。https://www.psychologytoday.com/intlbasics//president-donald-trump

＊70 これまでトランプらにみられるこの自己欺瞞は、遺伝的欠陥や権威主義的なパーソナリティと解釈されがちだった。ところが興味深いことに進化政治学は、我々一般人もまた多かれ少なかれ同じ楽観的な特徴を示し、それが「程度の問題」であることを示唆している。すなわち、全ての人間には一定程度のナルシスト的傾向性や自己欺瞞が備わっており、トランプらの自己欺瞞は、正常な心理メカニズムが通常よりも多少強力に作用したものに過ぎないのである。

＊71 Roger Buehler, Dale Griffin, and Heather MacDonald, "The Role of Motivated Reasoning in Optimistic Time Predictions," *Personality and Social Psychology Bulletin*, Vol. 23, No. 3 (March 1997), pp. 238-247; Daniel Statman, "Hypocrisy and self-deception," *Philosophical Psychology*, Vol. 10,

No. 1 (1997), pp. 57-75; John Erickson, "Double Deception: Stalin, Hitler and the Invasion of Russia," *The English Historical Review*, Vol. 113, No. 454 (1998), pp. 1380-1381; Harry C. Triandis, *Fooling Ourselves: Self-Deception in Politics, Religion, and Terrorism: Self-Deception in Politics, Religion, and Terrorism* (Westport: Praeger Pub Text, 2008); ターリ・シャーロット（斉藤隆央訳）『脳は楽観的に考える』（柏書房、2013年）261〜264、268頁；伊藤隆太「過信のリアリズム試論——日ソ中立条約を事例として」『国際安全保障』第44巻第4号（2017年3月）58〜73頁。

*72 Christopher Boehm et al., "Egalitarian Behavior and Reverse Dominance Hierarchy," *Current Anthropology*, Vol. 34, No. 3 (June 1993), pp. 227-254; Christopher Boehm, *Hierarchy in the Forest: The Evolution of Egalitarian Behavior* (Cambridge: Harvard University Press, 1999).

*73 https://www.alternet.org/2020/04/leading-psychologists-explain-how-trumps-self-delusions-and-narcissism-make-him-uniquely-effective-at-predatory-deception/

*74 John R Alford and John R. Hibbing, "The Origin of Politics: An Evolutionary Theory of Political Behavior," *Perspectives on Politics*, Vol. 2, No. 4 (2004), pp. 707-723; John Alford, R., Carolyn L. Funk, and John R. Hibbing, "Are Political Orientations Genetically Transmitted?" *American Political Science Review*, No. 99, No.2 (2005), pp. 153-167; Peter K. Hatemi, Carolyn L. Funk, Hermine Maes, Judy Silberg, Sarah E. Medland, Nicholas Martin, and Lyndon Eaves, "Genetic Influences on Political Attitudes Over the Life Course," *Journal of Politics*, No. 71, No. 3 (2009), pp. 1141-1156; Hatemi, Peter K., John R. Alford, John R. Hibbing, Nicholas G. Martin and Lindon J. Eaves, "Is There a 'Party' in Your Genes?" *Political Research Quarterly*, Vol. 62, No. 3 (2009), pp. 584-600.

*75 Jim Sidanius and Robert Kurzban, "Evolutionary Approaches to Political Psychology," in Leonie Huddy, David O. Sears, and Jack S. Levy, eds., *Oxford Handbook of Political Psychology* (New York, NY: Oxford University Press, 2003); Bradley A. Thayer, "Bringing in Darwin: Evolutionary Theory, Realism, and International Politics," *International Security*, Vol. 25, No. 2 (Fall 2000), pp. 124-151; Bradley A. Thayer, *Darwin and International Relations: On the Evolutionary Origins of War and Ethnic Conflict* (Lexington: University Press of Kentucky, 2004); Gat, "The Human Motivational Complex"; Azar Gat, *The Causes of War and the Spread of Peace: But Will War Rebound?* (New York: Oxford University Press, 2017); R. McDermott, J. H. Fowler, and O. Smirnov, "On the Evolutionary Origin of Prospect Theory Preferences," *Journal of Politics*, Vol. 70, No. 2 (April 2008), pp. 335-350; Bradley A. Thayer and Valerie M. Hudson, "Sex and the Shaheed: Insights from the Life Sciences on Islamic Suicide Terrorism,"

International Security, Vol. 34, No. 4 (March 2010), pp. 37-62; Anthony C. Lopez, Rose McDermott, and Michael Bang Petersen, "States in Mind: Evolution, Coalitional Psychology, and International Politics," *International Security*, Vol. 36, No. 2 (Fall 2011), pp. 48-83.

＊76　McDermott, Tingley, Cowden, Frazetto, and Johnson, "Monoamine Oxidase A Gene (MAOA) Predicts Behavioral Aggression Following Provocation"; Tiihonen, Rautiainen, Ollila, Repo-Tiihonen, Virkkunen, Palotie, Pietiläinen, et al., "Genetic Background of Extreme Violent Behavior."

＊77　Shermer, *The Moral Arc*; Shermer, *Giving the Devil his Due*; Pinker, *Rationality*; リドレー『繁栄』; ピンカー）『暴力の人類史』; ピンカー『21世紀の啓蒙』。*International Studies Review* は2013年に、「暴力の衰退」説をめぐる特集号を組んでいる。Nils Petter Gleditsch et al., "The Forum: The Decline of War," *International Studies Review*, Vol. 15, No. 3 (September 2013), pp. 396-419. 社会における通念に反して、内戦、ジェノサイド、テロリズムといった冷戦後の新たな形の暴力ですら衰退傾向にあり、ピンカーはこのことを「新たな平和（new peace）」と呼んでいる。

＊78　Shermer, *The Moral Arc*; Shermer, *Giving the Devil his Due*; Pinker, *Rationality*; リドレー『繁栄』; ピンカー『暴力の人類史』; ピンカー『21世紀の啓蒙』。

＊79　進化心理学者のピンカーが元来、人間本性の悲惨さの強力な提唱者であることは指摘に値する。ピンカー『人間の本性を考える』。この意味において、ピンカーの啓蒙主義的主張は、決してナイーブなリベラル楽観論でなく、統計的データに基づく頑強な合理的楽観主義なのである。

＊80　ピンカー『21世紀の啓蒙』; ピンカー『暴力の人類史』下巻、430〜447頁。

＊81　Shiping Tang, *The Social Evolution of International Politics* (New York: Oxford University Press, 2013); Shiping Tang, "Social Evolution of International Politics: From Mearsheimer to Jervis," *European Journal of International Relations*, Vol. 16, No. 1 (February 2010), pp. 31-55.

＊82　John Orbell, Tomonori Morikawa, Jason Hartwig, James Hanley, and Nicholas Allen, "'Machiavellian' Intelligence as a Basis for the Evolution of Cooperative Dispositions," *American Political Science Review*, Vol. 98, No.1 (2004), pp. 1-15.

＊83　Robert Trivers, "The Evolution of Reciprocal Altruism," *The Quarterly Review of Biology*, Vol. 46, No. 1 (1971), pp. 35-57; Robert Axelrod and William D. Hamilton, "The Evolution of Cooperation," *Science*, Vol. 211, No. 4489 (1981), pp. 1390-1396.

＊84　Tooby and Cosmides, "Adaptation for Reasoning About Social Exchange"; Cosmides, Barrett, and Tooby, "Adaptive Specializations, Social Exchange, and the Evolution of Human Intelligence"; Cosmides, "The Logic of Social-Exchange."

*85 Tooby and Cosmides, "Adaptation for Reasoning About Social Exchange," chap. 25; Cosmides, Barrett, and Tooby, "Adaptive Specializations, Social Exchange, and the Evolution of Human Intelligence"; Cosmides, "The Logic of Social-Exchange."

*86 Leda Cosmides and John Tooby, "Neurocognitive Adaptations Designed for Social Exchange." in David M. Buss, ed., *The Handbook of Evolutionary Psychology* (Hoboken, NJ: Wiley, 2005), pp. 584-627; Toshio Yamagishi, Shigehito Tanida, Rie Mashima, Eri Shimoma, and Satoshi Kanazawa. "You Can Judge a Book by its Cover: Evidence That Cheaters May Look Different from Cooperators," *Evolution and Human Behavior*, Vol. 24, No. 4 (2003), pp. 290-301.

*87 Cosmides and Tooby, "Origins of Domain Specificity."

*88 Donald Symons, "On the Use and Misuse of Darwinism in the Study of Human Behavior," in Jerome H. Barkow, Leda Cosmides, and John Tooby, eds., *The Adapted Mind: Evolutionary Psychology and the Generation of Culture* (New York: Oxford University Press, 1992), pp. 137-162.

終　章

理性と啓蒙を通じた繁栄

第1節　本書の総括

　第1章では、進化政治学という学問を理論的・方法論的に再考した。進化政治学の適応主義的な原則を説明した上で、進化政治学が主な分析単位とする種に典型的・普遍的な心理学的適応（心理メカニズム）が、脳に備わった条件的な情報処理システムであることを説明した。さらに、進化政治学が政治学にもたらす方法論的なパラダイムシフトを三つの理念型——生態学的合理性テーゼ、科学的基礎付けテーゼ、究極要因テーゼ——に分けて説明し、進化政治学の政治学への貢献を、国際関係論分野の進化政治学的研究を検討する中で例示した。

　第2章では、標準社会科学モデル（standard social science model）*1とは何か、なぜそれが人文社会科学で受けいれられてきたのか、そしていかなる点において同モデルが誤っているのかを科学的・思想的に分析した。具体的には、標準社会科学モデルの思想的起源とされる、ルネ・デカルト（René Descartes）の「機械の中の幽霊（the Ghost in the Machine）」説*2、ジョン・ロック（John Locke）の「ブランク・スレート（blank slate）」説*3、ジャン・ジャック・ルソー（Jean-Jacques　Rousseau）の「高貴な野蛮人（noble savage）」説*4を再考し、実在論的な意味での科学的根拠が備わった形で、各々の問題点を指摘した。その上で、進化論の科学的知見に鑑みると、人間本性については数ある近代社会契約説のうち、トマス・ホッブズ（Thomas Hobbes）の人間本性論*5が相対的に先見性のあるものであることを示した。

　第3章では、進化政治学の進化的適応環境（environment of evolutionary adaptedness）*6に基づき、政治学の自然状態論——とりわけ前章で言及し

たホッブズの自然状態論——を実在論的意味での科学的根拠が備わった形で再構築すべく、新たな自然状態論のモデル——進化的自然状態モデル——を提示した。これにより、リベラリズムが分析対象とする、現在人類が享受している平和と繁栄に至るまでのデフォルトの原初的な状態、すなわちリアリスト的な自然状態を描きだした。ここで提示した自然状態はホッブズ的な政治的リアリズムの原型であり、広義にはリアリスト・リサーチプログラムのハードコア（hard core）を、実在論的な意味で科学的に再構成したものである*7。

第4章では、進化論を軸としてコンシリエンス的研究をしている啓蒙主義者らの議論を、古典的リベラリズムを踏まえた形で帰納的に統合・体系化し、①暴力衰退（decline of violonce）説、②リベラル啓蒙主義、③合理的楽観主義（rational optimism）という三つの構成要素から成る、進化的リベラリズムという新たなリベラリズムの試論として提示した。これにより、リアリズムが措定する悲惨な自然状態——前章で提示した進化的自然状態モデルがその原型——から、リベラリズムが描きだす平和と繁栄がいかにして生起するのか、を実在論的な意味での科学的根拠が備わった形で説明する、新奇な理論的説明を提示した。

第5章では、進化的リベラリズムに対する諸批判を究極要因（ultimate cause）*8——なぜ当該メカニズムが備わっているのか——の視点から検討して、欺瞞の反啓蒙仮説を提示した。同仮説は、人間にはデフォルトの状態では様々な欺瞞に陥ってしまうバイアスが備わっており——この点がしばしば進化的リベラリズムに対する批判になろう——、それが故に、啓蒙が必要であることをある種の反実仮想の形で示すものである。

つまるところ、人間はパターン性（patternicity）*9、エージェント性（agenticity）*10、ミーム（meme）*11、自己欺瞞（self-deception）*12、モラライゼーション・ギャップ（moralization gap）*13といった欺瞞にかかる進化論的要因の影響を強く受けており、デフォルトの状態では、標準社会科学モデルにみられる非科学的な知識体系を信じてしまうような不完全な動物なのである。

第6章では、道徳的命題は存在論の次元で議論することで自然主義的誤謬（naturalistic fallacy）*14を回避できることを示す、新たな方法論的テーゼ——道徳の存在論テーゼ——を提示した。さらに同テーゼに基づいて、

システム1の人間本性（この際、とりわけ道徳的感情）は自然淘汰により包括適応度極大化のために備わった装置に過ぎず、これをもって道徳実在論を擁護することは難しいので、システム2の理性により外在的な道徳律を設定して、システム1の人間本性の欠陥をコントロールすることが、進化政治学から見たとき啓蒙の本質にあるとする、啓蒙の反実在論仮説を提示した。すなわち、システム1はリベラリズムの道徳コンパスとして信頼に足らないので、システム2を主な道徳コンパスとして利用するということである。

　第7章では進化的リベラリズムが措定する啓蒙の射程を示した。啓蒙の反実在論仮説によれば、啓蒙の一般的原理はシステム2によりシステム1をコントロールすることとなる。そこから一歩進んで、啓蒙はいかなる領域や範囲において可能なのだろうか、というよりニュアンスに富んだ問いに答えるのが、本章で提示した進化啓蒙仮説であった。進化啓蒙仮説によれば、人間本性の進化的ミスマッチ（evolutionary mismatch）*15を起こしている部分や、人間の適応度を下げる悪性ミーム——不正文化変異体（rogue cultural variants）とも呼ばれる*16——は啓蒙の対象になりうるが、人間本性の適応上の利点（adaptive advantage）*17を軽視した啓蒙は失敗する可能性が高い。同仮説の論理は、可能性調査（plausibility probe）*18に基づき、前者の例として人類史上の暴力衰退、後者の例としてイスラエスのキブツ（Kibbutz）の事例を検討する中で例示した。

　最後に、進化的リベラリズムの因果モデルを提示すべく、啓蒙の反実在論仮説と進化啓蒙仮説を進化行動モデルに追加して、啓蒙的要因の因果的役割に自覚的な形で人間行動・心理の階層を説明する、新たな因果モデル——人間行動モデル——を構築した。人間行動モデルは進化政治学に基づき、人間本性を踏まえた平和と繁栄がいかにして生起するのかを、個人の心理・行動の観点から説明する、進化的リベラリズムを体系化した階層的モデルである。

第2節　本研究のインプリケーション

（1）コンシリエンス——自然科学と社会科学の統合

　第一は自然科学と社会科学の統合、すなわち方法的革新を目指して文理

融合型の学際的知見の生みだすことである。政治学がさらなる発展を遂げるためには、自らの狭い専門分野に固執するのではなく、哲学、脳科学、進化論といった多様な学問の知見を総動員して、既存のパラダイムの限界を克服する創造的研究を生みだす必要がある。このことを、有力な進化生物学者エドワード・ウィルソン（Edward O. Wilson）はコンシリエンス（consilience）と呼んだが、本研究はその一つの試論である＊19。

（2）合理性仮定のパラダイムシフト

　第二は政治学、広義には社会科学の主流派方法論的仮定である、ミクロ経済学的合理性へのオルタナティブの提示である。本研究では、既存の社会科学理論（ネオリアリズム、ネオリベラリズム、ゲーム理論、合理的選択理論、ミクロ経済学理論等）がしばしば依拠する合理性仮定、すなわちミクロ経済学的合理性に対するオルタナティブとなる、生態学的合理性（ecological rationality）――現代における人間の心の仕組みが形成された時代・場所、すなわち狩猟採集時代における合理性――という人間の心理メカニズムに基づいた合理性仮定を提示した＊20。

　たとえば、我々はなぜイランや北朝鮮の指導者が核開発をめぐり瀬戸際外交を続けるのか、あるいは、なぜアメリカはなぜヴェトナム戦争の泥沼にはまったのか、と疑問に思うが、それはあくまで人間の心をブランク・スレートにみなす、ミクロ経済学的合理性仮定に立つ際に浮上するパズルである＊21。それに対して、生態学的合理性を踏まえた進化政治学は、指導者が過信に駆られて負け戦を開始したり、サンクコストを回収するためコミットメントをエスカレーションさせたりすることを説明・予測できる＊22。

　生態学的合理性は、ミクロ経済学的合理性の限界を補完する重要な方法論的仮定となる。人間の心理メカニズムはしばしば進化的ミスマッチを起こして、しばしば現代世界では非合理的な帰結を生みだすが、標準社会科学モデル――ネオリアリズムや合理的選択理論といった既存の社会科学理論――では、それらは単なる逸脱事象として扱われ、その原因や因果メカニズムの探求はそもそも目指されない＊23。しかし、こうした非合理的行動・事象にも一定の因果性があり、それらが政治に重要な影響を及ぼしているならば、このような点を科学的に分析することは、実在論的視点によ

れば不可欠であろう。

　進化政治学の一つの学術的意義は、まさにそれを実践することにある。すなわち進化政治学は、現代世界では一見非合理的な心の仕組みが実は、進化的適応環境には祖先の生存や繁殖に寄与する合理的なものであったことを明らかにして、社会政治現象にかかる重要な因果関係や因果メカニズムを明らかにするのである。

（3）欺瞞の陥穽

　第三は、政策決定者や個人に欺瞞の陥穽を喚起することである。第五章で欺瞞の反啓蒙仮説を提示する中で体系的に示したように、我々は進化過程で備わった様々な生得的バイアスの陥穽に留意する必要がある。モラライゼーション・ギャップによれば、何が道徳的かをめぐっては個々人で主観的に異なり、こうした被害者意識を生むバイアスのため、憤りに駆られた報復の連鎖が頻発する＊24。多くの社会運動の背後にはしばしば、モラライゼーション・ギャップや自己奉仕バイアス（self-serving bias）＊25といったバイアスが潜んでいるため、しばしば解決が困難となる。

　集団レベルでの欺瞞としては、マイサイド・バイアス（my side bias）が指摘に値しよう＊26。マイサイド・バイアスとは、自らの所属集団にとって都合の良い認知をしてしまうようなバイアスを指す。政策決定者はしばしば自らが属する集団——政治、宗教、民族等のイシューによりカテゴライズされる——のため、という動機に基づいて歪んだ推論をしてしまう。政治的イデオロギーが熾烈なイシューでは、推論の論理的・経験的妥当性よりも、自らの所属する部族集団からの評価の方が重要となり、マイサイド・バイアスを内省することが困難になってしまう＊27。

　本質的に人間はパターンや意図を探す動物である。関連付け学習（association learning）という概念が示唆するように＊28、我々は自動的に物事の中にパターンや関係を見いだす。こうした迷信を信じてしまう背後には、パターン性＊29——ランダムな現象の中にパターンや意味を見出そうとするバイアス——や、エージェント性＊30——事象の背後に意図を見出そうとするバイアス——といった心理メカニズムがあり、これらが作用した結果、人間はしばしば非合理的な信念体系——陰謀論、オカルト、宗教等——を信じてしまう。

あるいは、楽観性バイアス（optimism bias）はアメリカの政策決定者に、中国の脅威を自国の圧倒的な軍事力で抑え込めると過信させるかもしれない*31。楽観性バイアスが政策決定者に過信をさせるため、日本の真珠湾奇襲にみられるように、勝ち目がないと分かっていてもリスクを冒してイチかバチかの開戦に踏み切ってしてしまう。こうした欺瞞の罠を防ぐためには、悪魔の代弁者（devil's advocate）を任用するなどして、人間に備わった生得的バイアスに対処する新たな制度的装置を整備する必要がある。

　つまるところ、進化政治学の一つの重要性は、このような欺瞞の罠に我々が自覚的になることで、人間本性の欠陥に起因する失敗を回避できるようになることにある。すなわち、このような非合理的な行動を防いだり、当該現象のメカニズムを理解したりするためには、自然淘汰により選択された生得的なバイアスを自覚することが必要である。プラトンの「洞窟の比喩*32」で示唆されているように、ワクチン陰謀論、創造科学、Qアノン、コミットメントのエスカレーション、非合理的な戦争、自爆テロといった非合理的な言説・行動がなぜ古今東西、蔓延しているのかという問いに答えるためには、その背後にある進化的ミスマッチの論理を理解することが重要である。本書で提示した欺瞞の反啓蒙仮説（欺瞞の進化的起源）と、啓蒙の反実在論仮説（理性により欺瞞に対処する枠組み）はその試論である。

（4）科学哲学の科学的実在論

　第五のインプリケーションは、科学哲学の科学的実在論（scientific realism）に基づいた国際政治研究に対するものである*33。近年、科学的実在論に基づいた国際政治研究が擡頭している。科学的実在論はジョン・ミアシャイマー（John J. Mearsheimer）、スティーブン・ウォルト（Stephen M. Walt）、アレクサンダー・ウェント（Alexander Wendt）、アンドリュー・ベネット（Andrew Bennett）をはじめとする有力な国際政治学者が支持する科学哲学の重要な学説であり*34、数ある科学哲学の学派の中でも、政治学の方法論を発展させる上で特に有益なものとされている*35。しかし一部の例外を除けば、依然として政治学者は、科学的実在論に依拠した、新たな社会科学方法論や記述的理論を生みだすには至っていない*36。

　そこで本書は、科学哲学で長きにわたり圧倒的な影響力を誇り、多くの有力な政治学者に支持されている科学的実在論に基づき*37、政治学のリアリズムとリベラリズムの論理を科学的に基礎づけた。具体的には、科学的実在論に基づいて、進化政治学の視点から、リアリズムについては進化的自然状態モデル、リベラリズムについては進化的リベラリズム——それに由来する啓蒙の反実在論仮説、進化啓蒙仮説など——を構築した。

　リアリズムとリベラリズムは共に近似的真理（approximate truth）を措定し、それに漸進的に接近できると考える点において、科学的実在論と親和的であり、それによりメタ理論的に擁護されうる。これら二つの伝統的な政治学的学説は、科学的実在論に依拠することで、ポストモダニズム（批判理論・非実証主義的コンストラクティヴィズムなど）からの批判——客観・中立的な理論研究は不可能である——を克服可能になろう*38。

（5）古典的リアリズム

　第四のインプリケーションは、古典的リアリズム（classical realism）に対するものである*39。本書では、進化的自然状態モデルを構築する中で、科学哲学の科学的実在論に基づき、ホッブズ的な自然状態論を進化政治学的視点から、科学的に再構築することを試みた。このことには二つのインプリケーションが見込まれる。

　第一は、政治的リアリズム（political realism）を、実在論的な意味での科学的根拠が備わった形で再構築することである。古典的リアリズムは本来、国際政治レベルのみならず、国内政治における社会政治現象——政治参加（民主主義）、部族主義、個人間攻撃など——も射程に入れた、広義の政治的リアリズムを指す。ところが、実在論的な意味での科学的根拠が備わった形で、リアリズムの国内外政治の論理を理論的に架橋する試みは依然として少ない*40。

　進化的自然状態モデルは、進化政治学の人間本性の視点から、こうした研究上の空白を埋めるものである。すなわち、同モデルには、個人レベルの攻撃、集団内協調の論理（部族主義）、戦争原因など、政治的リアリズムが射程に含めるべきテーマを、進化政治学的視点から統合的に理解することを可能にする、というインプリケーションが想定される。

　第二に、進化的自然状態モデルの国際政治にかかる部分（特に戦争適応

や部族主義など）については、人間本性をめぐる古典的リアリズムの豊か
な現実主義思想を、実在論的な意味での科学的根拠を備えた形で再構築す
るという意義が見込まれる。

　ネオリアリズムが国際政治学者の間に普及するにつれて、古典的リアリ
ズムはその思想性が故に非科学的であると批判されるようになった。ネオ
リアリストは、人間本性に着目した理論は非科学的であると考えて、国際
システムの構造的要因を重視する理論研究を進めてきた＊41。こうしたネ
オリアリズムやネオリベラリズムをはじめとするシステムレベルの変数を
重視する国際関係理論研究に対して、進化政治学者は、人間本性を分析射
程から捨象するのはむしろ非科学的であり、古典的リアリストが思想的に
論じてきた人間本性論は、自然淘汰の所産として科学的に再構築できると
主張している＊42。

　人間本性を分析射程から捨象するネオリアリズムをはじめとする現代リ
アリズムは、標準社会科学モデルの陥穽（心の問題を分析射程から捨象す
るという研究上の誤謬）に陥っている。こうしたリアリスト・リサーチプロ
グラムの問題を克服するため、人間本性を実在論的な意味での科学的根拠
が備わった形で再び導入して、豊かな思想的洞察を備えた古典的リアリズ
ムを、自然化した形で再構築することが必要とされている。本書で提示し
た進化的自然状態モデルの国際政治にかかる部分の仮説は――戦争適応、
部族主義など――、その一つの試論である。

（6）攻撃的リアリズム

　リアリズムの一学派の攻撃的リアリズム（offensive realism）によれば、
全ての国家は合理的な現状打破国（revisionist state）であり、彼らは他国
の現在と将来の意図に関して最悪の事態を想定する＊43。攻撃的リアリズ
ムの世界において、協調は潜在的敵国から搾取を誘発しかねない危険な行
動なので、国家に残された現実的な政策オプションは相対的パワー極大化
となる。それゆえ攻撃的リアリストは国家が危険な敵に直面する際に、防
御的リアリストが主張するように協調へ向けたアメの政策をとるのではな
く、ムチの政策――戦争、均衡化、バックパッシング等――に訴えること
を予測する。攻撃的リアリストは、国際システムにおけるアナーキーの構
造的制約を強く見積もり、安全保障のジレンマ（security dilemma）を緩

和することはできないため、あらゆる国家は現状維持国（status quo
state）でなく現状打破国であると主張する*44。

　本書はホッブズの自然状態論を拡張して進化的自然状態モデルを構築す
ることで、人間・国家の攻撃行動を理論化したが、同モデルによれば、国
際政治のデフォルトは攻撃的リアリズムが想定するアナーキーのもとでの
権力政治であると考えられる。ただし、本書は攻撃的リアリズムの因果論
理に一つの理論的修正が可能であり、攻撃的リアリズムのパイオニア、ミ
アシャイマー自身が支持を公言している科学的実在論の立場――世界の近
似的真理に漸進的に接近する――から考えても、その修正は有益なことだ
と考える。すなわちそれは、戦争原因を第三レベルのアナーキーから第一
イメージの人間本性に移すことである。

　たしかに、このことは元来システムレベルの理論化が目指されていた攻
撃的リアリズムの簡潔性やマクロ性を失わせることになるかもしれない。
しかし、他方でこのことには、生物学的なミクロファンデーションを獲得
することにより、実在論的な意味での科学的妥当性を向上させられるとい
う意義が見込まれる。具体的には進化政治学者のセイヤーとジョンソンが
主張しているように、攻撃的リアリズムの中核となる前提――①自助
（self-help）、②相対的パワー極大化、③外集団（out-group）への恐怖――
は進化過程で形成された心理メカニズムに由来するものなので、その理論
的基盤は、これまで主流であった第三イメージのアナーキーから、第一イ
メージの人間本性に移すことが有益なのである*45。

（7）防御的リアリズム

　上記の攻撃的リアリズムとセットで語られる、同じくリアリズムの一学
派である防御的リアリズム（defensive realism）によれば、国際システム
はアナーキーだが、安全保障のジレンマは協調へ向けたコストのかかるシ
グナリング（costly signaling）――軍備縮小、宥和等――により緩和可能
なので、国家間協調も現実的なオプションになる*46。すなわち、防御的
リアリズムは攻撃的リアリズムとは異なり、構造修正因子（structural
modifiers）の影響を受け、国家がとりうる合理的なオプションは必ずしも
相対的パワー極大化ではないと考える。

　防御的リアリストは、全ての国家は本来的には現状維持国であり、戦争

は情報の不完備や意図の不確実性に由来するのだから、透明性を向上させたり、コストのかかるシグナリングを行ったりして、安全保障のジレンマを低減させることで、アナーキーのもとでも国家間協調は可能になると主張する。また防御的リアリズムは、①攻撃防御バランスが多くの場合、防御有利である、②覇権国には歴史上対抗バランシング同盟が形成されてきた、という二つの理由から拡張主義的政策はしばしば引き合わないと考える*47。

　それでは、こうした防御的リアリズムの世界観は攻撃的リアリズムのそれと異なるが、いずれの世界観が妥当なのだろうか。この問いはリアリスト・リサーチプログラム内部ではリアリスト内論争（intra-realist debate）と呼ばれるものである*48。これに対して本書が提示する一つの答えは、暴力衰退説が示唆するように、世界は攻撃的リアリズムの危険なものから、防御的リアリズムの穏健なものに変化してきたというものである。

　リアリストのシーピン・タン（Shiping Tang）は、社会進化論（social evolution）をめぐる進化政治学的知見に基づいて、歴史的に国際システムは攻撃的リアリズムの悲惨なものから、防御的リアリズムの楽観的なものに進化してきたと主張している*49。この見方によれば、攻撃的リアリズムが国際政治のデフォルトの世界観で、そこから様々な協調に向けた啓蒙的要因の発展により、防御的リアリスト的な世界観に移行していったと理論的に解釈できる。

　暴力衰退説や合理的楽観主義といった進化論的視点に立つコンシリエンス的知見は、こうしたタンの洞察を支持している。防御的リアリストのチャールズ・グレーザー（Charles L. Glaser）の「楽観主義者としてのリアリスト（realists as optimists）」と言葉が示唆しているように*50、防御的リアリズムは合理的楽観主義と親和的であり、後者は前者を実在論的な意味での科学的根拠が備わった形で基礎づけるものである。

（8）啓蒙主義

　進化論やコンシリエンスに基づく啓蒙主義には様々なバージョンがあるが、そのエッセンスは端的にいえば、理性と科学により人間本性の欠陥に対処することで、ヒューマニズムや進歩が合理的に実現できるというものである*51。ところが、これまで啓蒙主義思想においては、啓蒙が可能な

ものとそうでないものを識別することが、実在論的な意味での科学的妥当性や論理的一貫性を備えた形で出来ていなかった。すなわち、啓蒙主義は無制限に既存の社会政治システムを変革することを要求するものではないが、何が啓蒙の対象になりえて、何がそうでないのかについて、実在論的な意味での科学的根拠を備えた形で、理論的説明を提示できていなかった。これに対して、進化的リベラリズムに由来する進化啓蒙仮説は、以下の論理からなる仮説を提示する。

　進化生物学者ウィリアム・ハミルトン（W. D. Hamilton）の血縁淘汰理論（kin selection theory）が論じるように、人間が包括適応度（inclusive fitness）に資するような適応を備えていることに鑑みると＊52、それに反した、人間本性から乖離した社会は持続しがたい。より具体的にいえば、人間本性の進化的ミスマッチ＊53を起こしている部分は啓蒙の対象になりうるが、人間本性の適応上の利点を軽視した啓蒙は失敗する可能性が低い。適応上の利点を備えたシステム1の人間本性を、システム2の理性によりコントロールすることは難しく——個人の包括適応度を下げる可能性があるから——、啓蒙が可能な対象はシステム1の人間本性のうち、進化的ミスマッチを起こしている部分に限られる可能性が高い。

　したがって、啓蒙の限界を考える上では、何が適応上の利点を備えたシステム1で、何か進化的ミスマッチを起こしているシステム1なのか、を把握することが必要になる＊54。つまるところ、啓蒙の対象になるのは後者であり、前者を変えることは困難であることを示したことに、進化的リベラリズムの啓蒙主義思想に対するインプリケーションが見込まれる。

第3節　本書に想定される批判

　本書で主題とする進化政治学をめぐっては、誤解に起因する批判がいくつか存在する＊55。そこで以下では、こうした進化政治学の進展を阻む障害を克服すべく、その主たるものに答えていく。すなわち、決定論（遺伝子決定論）、還元主義（reductionism）、「生まれ（nature）」と「育ち（nurture）」の論争といった、進化論に対するお馴染みの批判である＊56。進化政治学はいかにして、これら往年の進化論批判は克服できるのだろうか。

その方途には様々なものが想定されるが、ここでは前章で提示した人間行動モデルを手がかりとして、これら諸批判に答えていきたい。なぜなら、人間行動モデルはこうした諸批判を一括して克服可能にするモデルだからである。以下、進化政治学に対する主な批判を簡潔に確認した後、人間行動モデルの視点からそれらがいかにして反駁されうるのかを示す。

　第一は決定論批判である。進化論をめぐり決定論批判がなされる際、以下のようなシナリオが想定される。一般的通念によれば、人間は自らの意思で諸事象の是非を判断し、「人殺しは悪い」、「近親相姦は良くない」といったように推論するとされている。しかし、この通俗的な見方は、進化論的には誤っている。結論からいえば、人間の行動・心理は理性や自由意思のみならず、進化の過程で備わった人間本性（感情、心理メカニズム、バイアス、その他）によっても決定される。ところが、こうした人間本性が人間行動に与える因果効果をめぐる科学的な説明に対しては、しばしば、遺伝子決定論や自由意思の否定といった批判が浴びせられる。

　第二には還元主義批判である。進化政治学に対して浴びせられる還元主義は以下のような議論である。進化政治学は戦争と平和といったマクロな社会政治現象を、進化的適応環境で人間が包括適応度を極大化する上でハードルとなっていた様々な適応課題を克服するために選択された、種に典型的かつ普遍的な適応の視点から理解しようとする学問である。その際、進化政治学は、感情、バイアス、進化、ニューロン、ホルモンといったミクロな進化論的・生物学的変数に基づいて、現実の人間行動の謎を解明しようとする。

　こうした進化政治学の試みは、端的にいえば、政治学を進化論の適応主義的原則に基づかせるということを意味する。これを進化心理学者スティーブン・ピンカー（Steven Arthur Pinker）の言葉を借りて普遍化すれば、「歴史と文化は心理学にもとづかせることができ、心理学は計算論、神経科学、遺伝学、進化論にもとづかせることができる」といったように、「ある分野で基本単位として使われているものが、別の分野ではさらに細かく分析される」といったシナリオを指す*57。ところが、こうしたアプローチに対してはしばしば、還元主義に陥っているという批判が浴びせられる。

　第三は、「生まれ」と「育ち」の論争である。この論争の基本的な構図

278

は、「生まれ」を重視する論者が遺伝子、ホルモン等の先天的要因を重視する一方、「育ち」を重視する論者は文化、教育等の後天的要因を重視するというものである＊58。ここで重要なのは、同論争が必ずしも客観・中立的な形で展開されてきたわけではないということである。すなわち、ピンカーが嘆いているように、「生まれ」が「育ち」と等しく重要であるという穏当な中立的主張が、「生まれ」の完全な否定を求める政治的左派・政治的右派の両極から、イデオロギー的理由でしばしば糾弾されているのである＊59。

　政治的左派にとっては、心に環境・教育などの後天的要因で改変できない生得的要素があるならば、人間の平等が社会政策で実現できるという共産主義ユートピアや社会工学的発想には限界があるということになる。他方、政治的右派（特にキリスト教原理主義者など）にとっては、特別な尊厳を有する人間が自然淘汰により設計された単なる動物に過ぎない——系統学的にチンパンジーと兄弟である——という事実は受けいれがたい＊60。こうした理由から、「生まれ」と「育ち」の論争は、学界のみならず社会に大きな影響を及ぼしている。

　それでは研究者はいかにして、決定論、還元主義、「生まれ」と「育ち」の論争といったテーマを、イデオロギーから自由でありかつ学術的に生産的な形で解消できるのだろうか。そのためには進化政治学への誤解を解消して、進化政治学者の見解を明確にすることが必要になろう。幸運なことに、先述したように、こうした進化政治学にかかる諸批判は、本書で構築した人間行動モデルにおいて既に克服されている。そこで、まずは同モデルのエッセンスを振り返り、その上で、各々の批判にこたえていく。

　人間行動モデルは、啓蒙主義的変数の因果効果に自覚的な形で、進化政治学的視点から、人間の心理・行動を包括的に理論化したものである。第一に、あらゆる行動の生物学的なパラメータは主に適応主義的に決定される＊61。これが、進化学における適応主義が明らかにする種に典型的・普遍的な適応である（第一レベル）。第二に、種に典型的・普遍的な適応は、個人間の遺伝的差異が媒介変数として影響して、その具体的な作用の仕方に変動が生じる。すなわち、行動遺伝学が明らかにする個人間の遺伝的差異である（第二レベル）＊62。第三に、さらにそれらは二義的な媒介変数である後天的・環境的要因——文化・教育・制度等の啓蒙的要因など——に

よって、その発現に変動が生まれる。すなわち、これがいわゆる「生まれ」と「育ち」の論争におけるところの、「育ち」の要因である（第三レベル）。第四にそれら適応の実際の作用の仕方は、各々のコンテクストに応じた条件的なものとなる。人間はコンテクストの生き物であり、我々に備わっている心理メカニズムは領域固有的かつ文脈依存的である。人間は外的状況に直面した際、まずその状況がいかなるコンテクストなのかを把握しなければならず、当該コンテクストにおいて適応的な形で心理メカニズムは作用する（第四レベル）。

　これには二つの局面がある。第一に、心理メカニズムを適切な形で作用させるためには、そもそもの直面している課題や領域が何なのかを適切に推定する必要がある。裏切り者検知＊63、同盟検知＊64、配偶者選択＊65など、これらは各々異なる領域に属する問題であり、それが故に、各々異なる適応課題を備えている。本来心理メカニズムが作用するはずのコンテクストとは違うコンテクストで、当該メカニズムを駆動させてしまうことは、生物学的なエラーである。第二に、たとえ今直面しているコンテクストの種類を適切に同定できたとしても、それに加えて、我々は適切なアルゴリズムでそのコンテクストにおいて適応的な意思決定をする必要がある。そこで重要なことは、人間の心理メカニズムは、「もしこうならば、こうである（if then 構文）」という法則のアルゴリズムから成っているということである。

　こうした人間行動モデルの因果論理は、上述した進化政治学に対する批判を以下の点において克服しうるものである。第一に、「生まれ」と「育ち」の論争については、第一レベル（人間本性）、第二レベル（個人間の遺伝的差異）、あるいは第三レベル（後天的要因）の間における相互作用を踏まえることで解決される。たしかに人間本性や行動遺伝学的要因は人間行動のパラメータを形作る重要な「生まれ」としての因果的役割を果たすが、最終的な人間行動はそれが様々な後天的要因（啓蒙的要因、システム2）により修正された上で決定される。このことを、哲学者アンドレ・アリュー（Andre Ariew）らは「水路付け（canalization）」——特性の成長が環境の変化にかかわらず頑強であることの程度——という用語で説明している＊66。つまるところ、先天的要因（「生まれ」）は心の形成に際して初期条件としての役割を果たすが、最終的な心の形はそれが後天的要因（「育ち」）——

これには教育・法・制度といった様々な啓蒙的要因も含まれる――によっ
て修正された上で決まるのである。
　第二に、人間行動モデルにおいては、遺伝子や適応といった第一レベル
や第二レベルの要因のみならず、後天的な啓蒙的変数や直近のコンテクス
ト（領域固有の適応課題、if then 構文のアルゴリズム）の因果的役割を踏まえ
ている点において、還元主義批判は克服されている。「還元主義には、コ
レステロールと同じように、いいものと悪いものがある」が＊67、人間行
動モデルの階層性が示唆するように、進化政治学は人間行動にかかる階層
間の相互作用を踏まえて人間行動を分析するので、哲学者ダニエル・デネ
ット（Daniel Dennett）が貪欲な還元主義（greedy reductionism）――ある
現象を最小の要素やもっとも単純な要素で説明しようとする試み――と呼
ぶものに陥っていない＊68。
　むしろ、人間行動モデルが示唆するように、進化政治学は、デネットや
ピンカーが階層的還元主義（hierarchical reductionism）――ある知識分野
を別の知識分野で置き換えるのではなく、それらを結びつけたり、統合し
たりすること――と呼ぶ、生産的なタイプの還元主義を具現化したもので
ある。階層的還元主義によれば、「複数の分野の知識が結びつくとブラッ
クボックスが開かれて、いわば約束手形が現金化されるように、それぞれ
の分野がたがいの知識を実際的に使えるようになる」＊69。人間行動モデル
が体系的に示しているように、種に典型的・普遍的な適応（適応主義）、個
人間の遺伝的多様性（行動遺伝学）、環境的・後天的要因（啓蒙的変数）、直
近のコンテクストという、異なる階層の分野の知識が結びつくことで、我
々は人間行動の多様性をより良く理解できるようになるのである。
　第三に、進化政治学は、第三レベル（後天的要因）において、啓蒙主義
の中核にあるシステム2の役割を重視していることや、第四レベル（直近
のコンテクスト）において心理メカニズムの領域固有性を自覚しており、
決定論には当たらない。人間は理性と科学により、進化的ミスマッチや悪
性ミームに由来する様々な陥穽に対処するような、制度的・知的革新を実
現してきた社会的種である。あるいは、人間には攻撃システムをはじめと
して様々な心理メカニズムが備わっているが、それは if then 構文の文脈
依存的な形で作用する条件的なものなのである。これは古典的リアリズム
の宿命論的な戦争論や、人間がいつでも暴力をふるうという「殺人ザル

（killer ape）」仮説＊70とは異なる点である。

　合理的楽観主義や暴力衰退説が示すように、人間は理性の力で人間本性の不完全性に由来する悲劇を実際に克服してきた。本書で提示した欺瞞の反啓蒙仮説が示唆するように、進化論や脳科学等の発展は、それ自体が理性により人間本性の欠陥を自覚する契機となり——たとえば、エージェント性という生得的バイアスが陰謀論の究極要因であることを自覚する＊71——、啓蒙をより生物学的に妥当な形で進めるようなポジティブな役割を果たすだろう。

第4節　おわりに

　本書冒頭で紹介したピンカー除名騒動が示唆するように、現代のリベラリズムは理性を攻撃するイデオロギーや感情的言説からの攻撃にさらされている。ピンカー自身、自らの身に将来起きる危険を予兆していたかのように、こうした点を懸念して、共産主義、ロマン主義、アイデンティティ・ポリティクス（identity politics）、ラディカル・フェミニズム、ポストモダニズム等、イデオロギーに駆られた信念体系の陥穽を指摘してきた＊72。
　ピンカーのみならず、心理学者ポール・ブルーム（Paul Bloom）、哲学者ジョセフ・ヒース（Joseph Heath）、心理学者ジョーダン・ピーターソン（Jordan Bernt Peterson）、ガット・サード（Gad Saad）、村上春樹、カズオ・イシグロといったリベラルな文系知識人が、ラディカルなポストモダニスト的な政治・社会運動に警告を促している＊73。ヘレン・ブラックローズ（Helen Pluckrose）とジェームズ・リンゼイ（James Lindsay）らは、こうした過激な社会政治運動を、「具象化したポストモダニズム（reified postmodernism）」と呼び、リベラリズムの立場から批判している＊74。
　プラトンの「洞窟の比喩＊75」が示唆するように、こうした問題は思想史的には今に始まったことでない。また進化論的には——本書で欺瞞の反啓蒙仮説として定式化したように——、それは人間本性の欠陥（進化的ミスマッチ）や悪性ミームに由来するものである。しかし、このようなポストモダニズムの陥穽は、我々が理性と啓蒙を通じて克服できることであり、近年、擡頭している進化論を軸にしたコンシリエンス的な視点に立つリベラリズム的な学説は、そのことを強く裏付けている。

　リベラリズムとポストモダニズム（社会正義アプローチやアイデンティティ・ポリティクスを含む）は事実上、全面的に対立している＊76。そもそも、そのハード・コアに個人主義を据えるリベラリズムは、集団をベースに思考するアイデンティティ・ポリティクスを一つの基盤とするポストモダニズムとは相いれない。リベラリズムは人間が合理的・客観的に知識を獲得して進歩が可能だと考えるが、ポストモダニズムは知識や合理性をマジョリティがマイノリティに押し付ける欺瞞とみなし、その批判や脱構築を求める。

　他方、本書で進化的自然状態モデル（リアリズムの原型）と進化的リベラリズムを構築する中で示唆したように、リアリズムとリベラリズムは存在論的・認識論的に親和的かつ、連続性を持ったコインの裏と表のような関係にある。リベラリズムが理性に基づいた啓蒙を重視するのは、デフォルトの人間はリアリズムが措定するような部族主義的・権力政治的な動物だからである。そして重要なことに、リアリズムとリベラリズムは、こうした事実を理性の力で認識できると考える。すなわち、両パラダイムは人間の認識活動とは独立して、世界の存在や秩序があると考え——科学的実在論の用語を用いれば——、我々が世界についての近似的真理に漸進的に接近できると考える。

　これに対して、前述したように、リベラリズムとポストモダニズムはこれらの多くにおいて断絶している。こうしたリベラリズムとポストモダニズムにおける存在論的・認識論的な重大な齟齬を踏まえると、リベラリズムが個人主義、合理性、普遍主義といったハードコアを堅持した形で発展していくためには、ポストモダニズムに対するアンチテーゼとしての立場をより明確化する必要があると考えられる。

　ヒースが鋭く批判しているように、現代のポストモダニスト——すなわち上述した「具象化されたポストモダニズム」に立つもの——は、非リベラル的な運動・言説を戦略的にリベラル的な美辞麗句で飾った形で進めている＊77。リベラリズムはこうしたポストモダニズムの陥穽を理性的に指摘する必要があり、ピンカーやマイケル・シャーマー（Michael Shermer）らが打ち立てた合理的楽観主義やリベラル啓蒙主義は、古典的リベラリズムの立場から、見事にそれを成し遂げている＊78。本書で提示した進化的リベラリズムは、それら先行研究を一つの理論として体系化し、新たな仮

説を追加することで、それを発展させることを目指したものである。

註

*1 John Tooby and Leda Cosmides, "The Psychological Foundations of Culture," in Jerome H. Barkow, Leda Cosmides, and John Tooby, eds., *The Adapted Mind: Evolutionary Psychology and the Generation of Culture* (New York: Oxford University Press, 1992), esp. 25-31.

*2 ルネ・デカルト（山田弘明訳）『省察』（ちくま学芸文庫、2006年）。「機械の中の幽霊」説という用語は、Gilbert Ryle, *The Concept of Mind* (London: Penguin, 1949), pp. 13-17 に由来する。

*3 ジョン・ロック（大槻春彦訳）『人間知性論1』（岩波書店、1972年）。ブランク・スレート説の科学的な誤りを体系的に論じたのは、スティーブン・ピンカー（山下篤子訳）『人間の本性を考える——心は「空」白の石版」か』全3巻（NHK出版、2004年）である。

*4 Jean-Jacques Rousseau, *Discourse upon the Origin and Foundation of Inequality among Mankind* (New York: Oxford University Press, 1755/1994). 高貴な野蛮人説という用語は、Earl Miner "The Wild Man Through the Looking Glass," in Edward Dudley and Maximillian E. Novak eds., *The Wild Man Within: An Image in Western Thought from the Renaissance to Romanticism* (Pittsburgh: University of Pittsburgh Press, 1972), p. 106 に由来する。同説の誤謬については、Steven A. LeBlanc, and Katherine E. Register, *Constant Battles: The Myth of the Peaceful, Noble Savage* (New York, NY: St. Martin's, 2003); Lawrence H. Keeley, *War Before Civilization: The Myth of the Peaceful Savage* (New York, NY: Oxford University Press, 1996); C. R. Ember, "Myths About Hunter-Gatherers," *Ethnology*, Vol. 17, No. 4 (1978), pp. 439-448; Azar Gat, *War in Human Civilization* (Oxford: Oxford University Press, 2006) を参照。

*5 Thomas Hobbes, *Leviathan* (New York: Oxford University Press, 1651/1957).

*6 Robert Foley, "The Adaptive Legacy of Human Evolution: A Search for the Environment of Evolutionary Adaptedness," *Evolutionary Anthropology: Issues, News, and Reviews*, Vol. 4, No. 6 (1995), pp. 194-203; Tooby and Cosmides, "The Psychological Foundations of Culture"; John Tooby and Leda Cosmides, "The Theoretical Foundation of Evolutionary Psychology," in David Buss, ed., *The Handbook of Evolutionary Psychology, Foundation*: Vol. 1 (John Wiley and Sons, 2015), pp. 25-26.

*7 ハードコア概念については、Imre Lakatos, "Falsification and the Methodology of Scientific Research Programs," in Lakatos and Alan Musgrave, eds., *Criticism and the Growth of Knowledge* (Cambridge:

Cambridge University Press, 1970), pp. 132-196 を参照。リアリスト・リサーチプログラムのハードコアについては、Robert G. Gilpin, "No One Loves a Political Realist," *Security Studies*, Vol. 5, No. 3 (Spring 1996), pp. 3-26; Randall L. Schweller and David Priess, "A Tale of Two Realisms: Expanding the Institutions Debate," *Mershon International Studies Review*, Vol. 41, No. 1 (May 1997), pp. 1-32; Steven E. Lobell, Norrin M. Ripsman, and Jeffrey W. Taliaferro, "Introduction: Neoclassical realism, the state, and foreign policy," in Steven E. Lobell, Norrin M. Ripsman, and Jeffrey W. Taliaferro, eds., *Neoclassical Realism, the State, and Foreign Policy* (Cambridge: Cambridge University Press, 2009), pp. 14-15 を参照。

＊8　Niko Tinbergen, "On Aims and Methods of Ethology," *Animal Biology*, Vol. 55, No. 4 (December 2005), pp. 297-321.

＊9　Michael Shermer, *How We Believe: The Search for God in an Age of Science*, revised (Basingstoke: W H Freeman & Co, 1999); Kevin R. Foster and Hanna Kokko, "The evolution of superstitious and superstition-like behaviour," *Proceedings of the Royal Society B*, Vol. 276, No. 1654 (September 2008), pp. 31-37; Michael Shermer, "Patternicity: Finding Meaningful Patterns in Meaningless Noise," *Scientific American* (December 2008).

＊10　Shermer, *How We Believe;* Michael Shermer, "Why People Believe Invisible Agents Control the World," *Scientific American* (June 2009); https://michaelshermer.com/sciam-columns/agenticity/.

＊11　リチャード・ドーキンス（日高敏隆・岸由二・羽田節子・垂水雄二訳）『利己的な遺伝子』増補新装版（紀伊國屋書店、2006年）特に11章；スーザン・ブラックモア（垂水雄二訳）『ミーム・マシーンとしての私』全2巻（草思社、2000年）；ロバート・アンジェ/ダニエル・デネット（佐倉統・巌谷薫・鈴木崇史・坪井りん訳）『ダーウィン文化論―科学としてのミーム』（産業図書、2004年）；ダニエル・C・デネット（山口泰司訳）『解明される意識』（青土社、1997年）；Daniel C. Dennett, *Darwin's Dangerous Idea: Evolution and the Meaning of Life* (New York: Simon & Schuster, 1995); Richard Reeves Brodie, *Virus of the Mind: The New Science of the Meme* (Carlsbad: Hay House, 2004).

＊12　Robert Trivers, *Deceit and Self-Deception: Fooling Yourself the Better to Fool Others* (London: Allen Lane, 2011); Robert Trivers, "The Elements of a Scientific Theory of Self-Deception," *Annals of the New York Academy of Sciences*, Vol. 907, No. 1 (April 2000), pp. 114-131; William von Hippel and Robert Trivers, "The evolution and psychology of self-deception," *Behavioral and Brain Sciences*, Vol. 34, No. 1 (February 2011), pp. 1-16; ロバート・クルツバン（高橋洋訳）『だれもが偽善者になる本当の理由』（柏書房、2014年）。

＊13　Roy F. Baumeister, *Evil: Inside Human Violence and Cruelty* (New York: Holt, 1997).

＊14　G・E・ムア（泉谷周三郎・寺中平治・星野勉訳）『倫理学原理』（三和書籍、

2010年）；デイヴィッド・ヒューム（伊勢俊彦・石川徹・中釜浩一訳）『人間本性論（第3巻）道徳について』（法政大学出版局、2012年）。

＊15 Norman P. Li1, Mark Van Vugt, Stephen M. Colarelli, "The Evolutionary Mismatch Hypothesis: Implications for Psychological Science," *Current Directions in Psychological Science*, Vol. 27, No. 1, pp. 38-44; Elisabeth Lloyd, David Sloan Wilson, and Elliott Sober. "Evolutionary mismatch and what to do about it: A basic tutorial," *Evolutionary Applications* (2011), pp. 2-4.

＊16 Daniel Dennett, "Darwin's "Strange Inversion of Reasoning"," *Proceedings of the National Academy of Sciences*, Vol. 106. Supplement 1 (2009), pp. 10061-10065; Robert Boyd and Peter J. Richerson, *Culture and the Evolutionary Process* (Chicago, IL: University of Chicago Press, 1985); Robert Boyd and Peter J. Richerson, *Not by Genes Alone: How Culture Transformed Human Evolution* (Chicago, IL: University of Chicago Press, 2005).

＊17 適応上の利点については、Dominic D. P. Johnson, *Strategic Instincts: The Adaptive Advantages of Cognitive Biases in International Politics* (Princeton, NJ: Princeton University Press, 2020) を参照。

＊18 Alexander L. George and Andrew Bennett, *Case studies and Theory Development in the Social Sciences* (Cambridge, Mass.: The MIT Press, 2005), p. 75; Harry Eckstein, "Case Study and Theory in Political Science," in Roger Gomm, Martyn Hammersley, Peter Foster, eds., *Case Study Method: Key Issues, Key Texts* (London: SAGE Publications Ltd, 2000), pp. 140-143.

＊19 エドワード・O・ウィルソン（山下篤子訳）『知の挑戦——科学的知性と文化的知性の統合』（角川書店、2002年）。

＊20 J. Tooby and L. Cosmides, "Evolutionary Psychology, Ecological Rationality, and the Unification of the Behavioral Sciences," *Behavioral and Brain Sciences*, Vol. 30, No. 1 (February 2007), pp. 42-43; J. Tooby and L. Cosmides, "Better Than Rational: Evolutionary Psychology and the Invisible Hand," *American Economic Review*, Vol. 84, No. 2 (May 1994), pp. 327-332.

＊21 こうした点は、伊藤隆太『進化政治学と国際政治理論——人間の心と戦争をめぐる新たな分析アプローチ』（芙蓉書房出版、2020年）第2章を参照。

＊22 たとえば、Bradley A. Thayer, "Thinking About Nuclear Deterrence Theory: Why Evolutionary Psychology Undermines Its Rational Actor Assumptions," *Comparative Strategy*, Vol. 26, No. 4 (October 2007), pp. 311-323; Jeffrey W. Taliaferro, *Balancing Risks: Great Power Intervention in the Periphery* (Ithaca, N.Y.: Cornell University Press, 2004) を参照。

＊23 進化的ミスマッチについては、Li1, Van Vugt, Colarelli, "The Evolutionary Mismatch Hypothesis"; Lloyd, Wilson, and Sober. "Evolutionary mismatch and what to do about it" を参照。

＊24　Baumeister, *Evil*.

＊25　Dale T. Miller and Michael Ross, "Self-serving Biases in the Attribution of Causality: Fact or Fiction?" *Psychological Bulletin*, Vo. 82, No. 2 (1975), pp. 213-225.

＊26　Steven Pinker, *Rationality: What It Is, Why It Seems Scarce, Why It Matters* (London: Allen Lane, 2021), chap. 10.

＊27　Ibid.

＊28　Allan Paivio, "Mental Imagery in Associative Learning and Memory," *Psychological Review*, Vol. 76, No. 3 (1969) pp. 241-263.

＊29　Shermer, *How We Believe*; Foster and Kokko, "The evolution of superstitious and superstition-like behaviour"; Shermer, "Patternicity."

＊30　Shermer, *How We Believe;* Shermer, "Why People Believe Invisible Agents Control the World"; https://michaelshermer.com/sciam-columns/agenticity/

＊31　伊藤隆太「過信のリアリズム試論――日ソ中立条約を事例として」『国際安全保障』第44巻第4号（2017年3月）58〜73頁。研究者により使用する用語や定義は異なるが、楽観性バイアス、自己欺編（self-deception）、過信（自信過剰）などが含むところは概して類似している。D. D. P. Johnson et al., "Overconfidence in Wargames: Experimental Evidence on Expectations, Aggression, Gender and Testosterone," *Proceedings of the Royal Society of London B: Biological Sciences*, Vol. 273, No. 1600 (October 2006), pp. 2513-2520; D. D. P. Johnson, Nils B. Weidmann, Lars-Erik Cederman, "Fortune Favours the Bold: An Agent-Based Model Reveals Adaptive Advantages of Overconfidence in War," *Plos One*, Vol. 6, No. 6 (June 2011), e20851; Trivers, *Deceit and Self-Deception*; シェリー・E・テイラー（宮崎茂子訳）『それでも人間は、楽天的な方がいい――ポジティブ・マインドと自己説得の脳科学』（日本教文社、1998年）；ターリ・シャーロット（斉藤隆央訳）『脳は楽観的に考える』（柏書房、2013年）。なお楽観性バイアスという用語は、Neil D. Weinstein, "Unrealistic Optimism About Susceptibility to Health Problems: Conclusions from a Community-Wide Sample," *Journal of Behavioral Medicine*, Vol. 10, No. 5 (October 1987), pp. 481-500 に由来する。

＊32　プラトン（藤沢令夫訳）『国家』下巻（岩波文庫、1979年）第7巻。

＊33　Stathis Psillos, *Scientific Realism: How Science Tracks Truth* (London: Routledge, 1999); Anjan Chakravartty, *A Metaphysics for Scientific Realism: Knowing the Unobservable* (Cambridge: Cambridge University Press, 2007); Philip Kitcher, *The Advancement of Science: Science without Legend, Objectivity without Illusions* (New York: Oxford University Press, 1993); 戸田山和久『科学的実在論を擁護する』（名古屋大学出版会、2015年）。科学的実在論を社会科学に応用するための方法論モデル――多元的実在論――

については、伊藤『進化政治学と国際政治理論』第3章；伊藤隆太「国際関係理論と事例研究──新たな方法論的枠組みの構築に向けて」『法学研究』第92巻1号（2019年1月）379～404頁を参照。

*34 John J. Mearsheimer and Stephen M. Walt, "Leaving Theory Behind: Why Simplistic Hypothesis Testing Is Bad for International Relations," *European Journal of International Relations*, Vol. 19, No. 3 (September 2013), pp. 427-457; Alexander Wendt, *Social Theory of International Politics* (Cambridge: Cambridge University Press, 1999); Andrew Bennett, "The Mother of All Isms: Causal Mechanisms and Structured Pluralism in International Relations Theory," *European Journal of International Relations*, Vol. 19, No. 3 (September 2013), pp. 459-481.

*35 Jonathan Joseph, "Forum: Scientific and Critical Realism in International Relations: Editors' Introduction Philosophy in International Relations: A Scientific Realist Approach," *Millennium*, Vol. 35, No. 2 (March 2007), pp. 343-344. 科学的実在論と国際政治学をめぐる体系的な論文集は、Jonathan Joseph and Colin Wight, *Scientific Realism and International Relations* (Basingstoke: Palgrave Macmillan, 2010)を参照。科学的実在論を国際政治学に導入することへの批判は、Fred Chernoff, "Scientific Realism as a Meta-Theory of International politics," *International Studies Quarterly*, Vol. 46, No. 2 (June 2002), pp. 189-207 を参照。同批判への科学的実在論の視点からの再批判は、Colin Wight, "A Manifesto for Scientific Realism in IR: Assuming the Can-Opener Won't Work!" *Millennium*, Vol. 35, No. 2 (March 2007), pp. 379-398 を参照。

*36 例外的な先駆的研究は、Wendt, *Social Theory of International politics*; Bennett, "The Mother of All Isms," pp. 459-481 を参照。

*37 Mearsheimer and Walt, "Leaving Theory Behind"; Bennett, "The Mother of All Isms," pp. 459-481.

*38 伊藤『進化政治学と国際政治理論』第3章；伊藤「国際関係理論と事例研究」。; Ryuta Ito, "Reconstructing Positivist Methodology in IR Through Scientific Realism: How to Defend Theoretical Pluralism Without Falling into the Trap of Relativism," paper presented at the 2019 annual convention of the International Studies Association, Toronto, Ontario, pp. 1-15.

*39 Reinhold Niebuhr, *The Nature and Destiny of Man: A Christian Interpretation,* 2 vols. (New York: Charles Scribner's Sons, 1941, 1943); Reinhold Niebuhr, *Faith and History: A Comparison of Christian and Modern Views of History* (London: Nisbet, 1938); Reinhold Niebuhr, *The Children of Light and the Children of Darkness: A Vindication of Democracy and a Critique of Its Traditional Defence* (New York: Charles Scribner's Sons, 1944); Reinhold Niebuhr, *Christianity and Power Politics* (New York: Charles Scribner's Sons, 1940); Hans Morgenthau, *Scientiac*

Man vs. Power Politics (Chicago: University of Chicago Press, 1946); Hans J. Morgenthau, *Politics among Nations: The Struggle for Power and Peace,* 5th rev. ed. (New York: Knopf, 1978); Hobbes, *Leviathan*；ニッコロ・マキアヴェッリ（河島英昭訳）『君主論』（岩波書店、1998年）；ニッコロ・マキァヴェッリ（永井三明訳）『ディスコルシ──「ローマ史」論』（筑摩書房、2011年）。

*40　その先駆的な研究は、Gilpin, "No One Loves a Political Realist"; Schweller and Priess, "A Tale of Two Realisms"; Lobell, Ripsman, and Taliaferro, "Introduction," pp. 14-15 を参照。しかし、これらは実在論的な意味での科学的な根拠が備わった形で、政治的リアリズムと国際政治学のリアリズムを統合的に理解するものではなく、純粋に思想的・哲学的なアプローチで国内外政治にかかるリアリスト的論理を架橋しようとするものである。こうした研究上の空白を埋めるべく、コンシリエンス的視点から進化論を軸にして、広義の政治的リアリズムを統合しようとするのが、本書で提示した進化的自然状態モデルである。

*41　ケネス・ウォルツ（河野勝・岡垣知子訳）『国際政治の理論』（勁草書房、2010年）；ジョン・J・ミアシャイマー（奥山真司訳）『大国政治の悲劇──米中は必ず衝突する』（五月書房、2007年）。ウォルツ、ミアシャイマー後の新構造主義ともいえるネオリアリスト的議論は、Patrick James, *International Relations and Scientific Progress: Structural Realism Reconsidered* (Columbus: Ohio State University Press, 2002).

*42　Jennifer Sterling-Folker, "Realism and the Constructivist Challenge: Rejecting, Reconstructing, or Rereading." *International Studies Review*, Vol. 4, No. 1 (Spring 2002), pp. 73-97; Bradley A. Thayer, "Bringing in Darwin: Evolutionary Theory, Realism, and International Politics," *International Security*, Vol. 25, No. 2 (Fall 2000), pp. 124-151; D. D. P. Johnson, and Bradley A. Thayer, "The Evolution of Offensive Realism," *Politics and the Life Sciences*, Vol. 35, No. 1 (Spring 2016), pp. 1-26.

*43　ミアシャイマー『大国政治の悲劇』（五月書房、2007年）；Eric J. Labs, "Beyond Victory: Offensive Realism and the Expansion of War Aims," *Security Studies*, Vol. 6, No. 4, Summer 1997, pp. 1-49; Colin Elman, "Extending Offensive Realism: The Louisiana Purchase and America's Rise to Regional Hegemony," *American Political Science Review*, Vol. 98, No. 4, 2004, pp. 563-576.

*44　ミアシャイマー『大国政治の悲劇』；Labs, "Beyond Victory"; Elman, "Extending Offensive Realism." See also, Shiping Tang, "Fear in International Politics: Two Positions," *International Studies Review*, Vol. 10, No. 3 (September 2008), pp. 451-471

*45　Johnson, and Thayer, "The Evolution of Offensive Realism"; D. D. P. Johnson and Bradley A. Thayer, "Crucible of Anarchy: Human Nature and the Origins of Offensive Realism," paper presented at the 2013 annual convention of the International Studies Association, San Francisco, CA.

＊46 Shipping Tang, *A Theory of Security Strategies for Our Time: Defensive Realism* (Basingstoke: Palgrave Macmillan, 2010); Charles L. Glaser, "Realists as Optimists: Cooperation as Self-Help," *International Security*, Vol. 19, No. 3 (Winter 1994/1995), pp. 50-90; Charles L. Glaser, *Rational Theory of International Politics: The Logic of Competition and Cooperation* (Princeton, NJ: Princeton University Press, 2010); Stephen Van Evera, *Causes of War: Power and the Roots of Conflict* (Ithaca, N.Y.: Cornell University Press, 1999); Taliaferro, *Balancing Risks*; Jack Snyder, *Myths of Empire: Domestic Politics and International Ambition* (Ithaca, N.Y.: Cornell University Press, 1991); Jeffrey W. Taliaferro, "Security Seeking under Anarchy: Defensive Realism Revisited," *International Security*, Vol. 25, No. 3 (Winter 2000/2001), pp. 128-161.

＊47 Tang, *A Theory of Security Strategies for Our Time*; Glaser, "Realists as Optimists; Glaser, Rational Theory of International Politics*; Evera, *Causes of War*; Taliaferro, *Balancing Risks*; Snyder, *Myths of Empire*; Taliaferro, "Security Seeking under Anarchy."

＊48 リアリスト内論争については、Taliaferro, "Security Seeking under Anarchy"; Annette Freyberg-Inan, Ewan Harrison, and Patrick James, eds., *Rethinking Realism in International Relations: Between Tradition and Innovation* (Baltimore, Md.: Johns Hopkins University Press, 2009) を参照。

＊49 Shiping Tang, *The Social Evolution of International Politics* (New York: Oxford University Press, 2013); Shiping Tang, "Social Evolution of International Politics: From Mearsheimer to Jervis," *European Journal of International Relations*, Vol. 16, No. 1 (February 2010), pp. 31-55.

＊50 Glaser, "Realists as Optimists"

＊51 スティーブン・ピンカー（幾島幸子・塩原通緒訳）『暴力の人類史』全2巻（青土社、2015年）；スティーブン・ピンカー（橘明美・坂田雪子訳）『21世紀の啓蒙——理性、科学、ヒューマニズム、進歩』全2巻（草思社、2019年）。

＊52 W. D. Hamilton, "The Genetical Evolution of Social Behavior. I," and W. D. Hamilton, "The Genetical Evolution of Social Behavior. II," both in *Journal of Theoretical Biology*, Vol. 7, No. 1 (July 1964), pp. 1-16 and 17-52, respectively.

＊53 Li1, Van Vugt, Colarelli, "The Evolutionary Mismatch Hypothesis"; Lloyd, Wilson, and Sober. "Evolutionary mismatch and what to do about it."

＊54 進化的ミスマッチを起こしているとされる問題には、たとえば、肥満、ADHDなど、進化医学（evolutionary medicine）が明らかにしてきた現象が当たる。ランドルフ・M・ネシー/ジョージ・C・ウィリアムズ（長谷川真理子・青木千里・長谷川寿一訳）『病気はなぜ、あるのか——進化医学による新しい理解』（新曜社、2001年）。

＊55 Duncan S. A. Bell, Paul K. MacDonald, and Bradley A. Thayer, "Start the Evolution without Us," *International Security*, Vol. 26, No. 1 (Summer 2001), pp. 187-198; Anthony C. Lopez, Rose McDermott, and Michael Bang Petersen, "States in Mind: Evolution, Coalitional Psychology, and International Politics," *International Security*, Vol. 36, No. 2 (Fall 2011), pp. 48-83.

＊56 なお、道徳主義的誤謬と自然主義的誤謬については、第6章において道徳の存在論テーゼを提示する中で克服のための方途を体系的に示したので、そちらを参照されたい。

＊57 ピンカー『人間の本性を考える（上）』142〜143頁。

＊58 Tooby and Cosmides, "The Theoretical Foundation of Evolutionary Psychology," pp. 33-46; Buss, *Evolutionary Psychology*, pp. 53-54.

＊59 ピンカー『人間の本性を考える』全3巻。

＊60 ピンカー『人間の本性を考える』上巻、第7章。

＊61 P. Godfrey-Smith and Wilkins, J. F. Wilkins "Adaptationism," in S. Sarkar & A. Plutynski, eds., *A Companion to the Philosophy of Biology* (Oxford: Blackwell, 2008), pp. 186-202; George C. Williams, *Adaptation and Natural Selection: A Critique of Some Current Evolutionary Thought* (Princeton, N.J.: Princeton University Press, 1966); Ernst Mayr, "How to Carry Out the Adaptationist Program?" *American Naturalist,* Vol. 121, No. 3 (March 1983), pp. 324-334; Leda Cosmides and John Tooby, "From Evolution to Behavior: Evolutionary Psychology as the Missing Link," in John Dupre, ed., *The Latest on the Best: Essays on Evolution and Optimality* (Cambridge, Mass.: MIT Press, 1987), pp. 276-306.

＊62 John Tooby, and Leda Cosmides, "On the Universality of Human Nature and the Uniqueness of the Individual: The Role of Genetics and Adaptation," *Journal of Personality*, Vol. 58, No. 1 (1990), pp. 17-67; David M. Buss and Heidi Greiling, "Adaptive Individual Differences," *Journal of Personality*, Vol. 67, No. 2 (1999), pp. 209-243; Anthony C. Lopez and Rose McDermott, "Adaptation, Heritability, and the Emergence of Evolutionary Political Science," *Political Psychology*, Vol. 33, No. 3 (June 2012), pp. 343-362.

＊63 John Tooby and Leda Cosmides, "Adaptation for Reasoning About Social Exchange," in Buss, ed., *The Handbook of Evolutionary Psychology, Volume 1*, chap. 25; L. Cosmides, H. C. Barrett, and J. Tooby, "Adaptive Specializations, Social Exchange, and the Evolution of Human Intelligence," *Proceedings of the National Academy of Sciences of the United States of America*, Vol. 107, Supplement 2 (May 2010), pp. 9007-9014; L. Cosmides, "The Logic of Social-Exchange: Has Natural-Selection Shaped How Humans Reason? Studies with the Wason Selection Task," *Cognition*, Vol. 31, No. 3 (May 1989), pp. 187-276.

＊64 D. Pietraszewski, L. Cosmides, and J. Tooby, "The Content of Our Cooperation, Not the Color of Our Skin: An Alliance Detection System Regulates Categorization by Coalition and Race, but Not Sex," *Plos One*, Vol. 9, No. 2 (February 2014), e88534.

＊65 David Buss et al., "International Preferences in Selecting Mates: a Study of 37 Cultures," *Journal of Cross-cultural Psychology*, Vol. 21, No. 1 (March 1990), pp. 5-47; David Buss, "Sex differences in human mate preferences: Evolutionary hypotheses tested in 37 cultures," *Behavioral and Brain Sciences*, Vol. 12, No. 1 (March 1989), pp. 1-49.

＊66 Andre Ariew, "Innateness and Canalization," *Philosophy of Science*, Vol. 63, Supplement (September 1996), pp. 519-527; J. A. McKenzie and K. O'farrell, "Modification of Developmental Instability and Fitness: Malathion-Resistance in the Australian Sheep Blowfly, Lucilia Cuprina," *Genetica*, Vol. 89, No. 1-3 (February 1993), pp. 67-76; Conrad Hal Waddington, *The Evolution of an Evolutionist* (Ithaca, NY: Cornell University Press, 1975), especially p. 99; Denise Dellarosa Cummins and Robert Cummins, "Biological Preparedness and Evolutionary Explanation," *Cognition*, Vol. 73, No. 3 (December 1999), pp. b37-b38.

＊67 ピンカー『人間の本性を考える（上）』142頁。

＊68 悪い還元主義（bad reductionism）、破壊的な還元主義（destructive reductionism）も同義である。Dennett, *Darwin's Dangerous Idea*, pp. 80-84, especially pp. 82-83.

＊69 ピンカー『人間の本性を考える（上）』143頁。

＊70 その代表例は、Konrad Lorenz, *On Aggression* (London: Methuen, 1966) を参照。

＊71 Shermer, *How We Believe;* Shermer, "Why People Believe Invisible Agents Control the World"; https://michaelshermer.com/sciam-columns/agenticity/

＊72 Pinker, *Rationality;* ピンカー『21世紀の啓蒙』; ピンカー『暴力の人類史』; ピンカー『人間の本性を考える』。

＊73 ポール・ブルーム（高橋洋訳）『反共感論——社会はいかに判断を誤るか』（白揚社、2018年）; ジョセフ・ヒース（栗原百代訳）『啓蒙思想2.0——政治・経済・生活を正気に戻すために』（NTT 出版、2014年）; Jordan B. Peterson, *Maps of Meaning: The Architecture of Belief* (New York: Routledge, 1999); Gad Saad, *The Parasitic Mind: How Infectious Ideas Are Killing Common Sense* (Washington, D.C.: Regnery Publishing, 2021). https://courrier.jp/news/archives/231953/?fbclid=IwAR0_FxtUaSk6f70EJm7g nAlWIgGzUsZMM7iv52QLDe3Y8W1V_JKNLDLxMaA; https://toyokeizai.net/articles/-/414929

＊74 Helen Pluckrose, James Lindsay, *Cynical Theories: How Activist*

Scholarship Made Everything about Race, Gender, and Identity - And Why this Harms Everybody (Durham: Pitchstone Publishing, 2020); Charles Pincourt and James Lindsay, *Counter Wokecraft: A Field Manual for Combatting the Woke in the University and Beyond* (Durham: Pitchstone Publishing, 2022).

＊75　プラトン『国家』下巻、第7巻。

＊76　Pinker, *Rationality*; Pluckrose, Lindsay, *Cynical Theories*; Pincourt and Lindsay, *Counter Wokecraf*, ピンカー『21世紀の啓蒙』

＊77　Joseph Heath, "Woke tactics are as important as woke beliefs: Woke language hides illiberal tactics in liberal aims," *The Line* (Jun 23, 2021). Available at https://theline.substack.com/p/joseph-heath-woke-tactics-are-as; キャンセル・カルチャーやポリティカル・コレクトネスに関しては、Greg Lukianoff and Jonathan Haidt, *The Coddling of the American Mind: How Good Intentions and Bad Ideas Are Setting Up a Generation for Failure* (London: Penguin Press, 2018); Pippa Norris, "Closed Minds? Is a 'Cancel Culture' Stifling Academic Freedom and Intellectual Debate in Political Science?" *HKS Working Paper* (August 3, 2020), no. RWP20-025; Gwen Bouvier, "Racist call-outs and cancel culture on Twitter: The limitations of the platform's ability to define issues of social justice," *Discourse, Context & Media*, Vol. 38 (December 2020), p. 100431; Meredith D. Clark, "DRAG THEM: A brief etymology of so-called 'cancel culture'," *Communication and the Public*, Vol. 5, No. 3-4 (2020), pp. 88-92 ; John McWhorter, *Woke Racism: How a New Religion Has Betrayed Black America* (New York: Portfolio, 2021) も参照。

＊78　Michael Shermer, *The Moral Arc: How Science Makes Us Better People* (New York: St. Martin's Griffin, 2016); Michael Shermer, *Giving the Devil his Due: Reflections of a Scientific Humanist* (Cambridge: Cambridge University Press, 2020); Pinker, *Rationality* ; ピンカー『21世紀の啓蒙』; ヒース『啓蒙思想2.0』; マット・リドレー（大田直子・鍛原多惠子・柴田裕之訳）『繁栄——明日を切り拓くための人類10万年史』（早川書房、2013年）。

あとがき

　本書を記すにあたっては以下の方々をはじめとして、貴重なご支援・ご指導を頂いた。一部ではあるが、ここにおいて、改めて深い御礼を述べたい。

　本書を執筆する上では、大学・大学院での指導教授であった慶應義塾大学の赤木完爾先生から教えていただいた学問的な誠実さについて、今一度深く考えながら筆を進めた。赤木先生のもとで学んだ十年以上の時が、今の私の学者としての土台になっている。慶應義塾大学の宮岡勲先生には、様々な局面でお力添えを頂き、励ましのお言葉をかけていただいた。大学院時代にこうした素晴らしい先生方に恵まれたことは、私にとって最大の幸運であった。

　シノドス編集長の芹沢一也先生、北海道大学の橋本努先生からは、本書で試論として提示した進化論に基づいたリベラリズム（進化的リベラリズム）について、初期の段階から様々な貴重なご助言を頂いた。本書で提示した理論的枠組みはまだ萌芽的なものだが、この研究プロジェクトを進めることを強く後押ししてくださったことに、改めて御礼を申し上げたい。

　同志社大学の吉田徹先生からはしばしば、激励のメッセージをかけていただいた。高崎経済大学の三牧聖子先生は、非常勤先が一緒だったということもあり、お会いした際、多くの貴重なご助言を頂いた。同じく、武蔵野美術大学の志田陽子先生からも、様々な貴重なアドバイスを頂いた。拓殖大学学事顧問の渡辺利夫先生とも引き続き、定期的にやり取りをさせていただいており、いつも叱咤激励のメッセージを頂いている。

　本書の出版元である芙蓉書房出版の平澤公裕代表取締役には、出版のみならず様々な相談にも乗っていただき、いつも深くお世話になっている。私のとって特別な思い入れのある芙蓉書房出版から、新たな研究書を出させていただけることは光栄の至りである。防衛研究所の小野圭司先生には、戦略研究学会の編集委員会・書評小員会にて大変お世話になっており、いつも温かい励ましのお言葉を頂いている。海上自衛隊の北川敬三先生から

は、公私共々お世話になり、いつも激励のメッセージを頂いている。株式会社オンザボード代表の和田憲治様、他関係者の方々には引き続き、筆者のメディア活動全般をサポートしていただいている。ここにおいて改めて、厚い御礼を申し上げたい。

国際地政学研究所上席研究員の奥山真司先生は、いつも気軽にお話をしてくださり、貴重なご支援を頂いている。金沢大学の永田伸吾先生には、兄のように慕わせていただいており、戦略研究学会のみならず、私が学会長を務めるコンシリエンス学会でも、多大なお力添えを頂いている。東京大学の深野祐也先生には、コンシリエンス学会でお世話になっており、進化心理学や生態学等について、いつも多くを学ばせていただいている。岐阜聖徳学園大学の蔵研也先生とは、進化論を社会科学に応用するという共通の志を抱いているということもあり、これまで幾度となくお話をし、多くを学ばせていただいている。立命館大学の和田悠佑先生からは、コンシリエンス学会の運営で、いつも多大なご支援を頂いている。

両親には幼少時から今にいたるまで、学問を行う上で支えてもらっており、感謝の念にたえない。前著を出したとき生まれたばかりだった娘も順調に育っており、研究を続ける大きなモチベーションになっている。妻の泉はいつもそばで応援してくれた。子育てが大変な中、本書の原稿にも目を通して、貴重なアドバイスをくれた。ここにおいて、改めて心から深い御礼を述べたい。

主要参考文献一覧

■社会科学関連

Abramitzky, R. "Lessons from the Kibbutz on the Equality-Incentives Trade-Off." *Journal of Economic Perspectives*, Vol. 25 (2011), pp. 185-207.

Allison, Graham., and Philip Zelikow. *Essence of Decision: Explaining the Cuban Missile Crisis.* New York: Longman, 1999.

Alstott, A. L. "Is the Family at Odds with Equality? The Legal Implications of Equality for Children." *Southern California Law Review*, Vol. 82, No. 1 (2008), pp. 1-43.

Altman, Daniel. "The Strategist's Curse: A Theory of False Optimism as a Cause of War." *Security Studies*, Vol. 24, No. 2 (June 2015), pp. 284-315.

Ashley K. Richard, "The Poverty of Neorealism" *International Organization*, Vol. 38, No. 2 (Spring 1984), pp. 225-286.

Atzili, Boaz. "When Good Fences Make Bad Neighbors: Fixed Borders, State Weakness, and International Conflict." *International Security*, Vol. 31, No. 3 (Winter 2006/07), pp. 139-173.

Barany, Zoltan "Superpresidentialism and the Military: The Russian Variant." *Presidential Studies Quarterly*, Vol. 38, No. 1 (2008), pp. 14-38.

Barkin, Samuel, and Bruce Cronin. "The State and the Nation: Changing Norms and the Rules of Sovereignty in International Relations." *International Organization*, Vol. 48, No. 1 (Winter 1994), pp. 107-130.

Bell, Duncan. "Beware of False Prophets: Biology, Human Nature and the Future of International Relations Theory." *International Affairs*, Vol. 82, No. 3 (May 2006), pp. 493-510.

Blainey, Geoffrey. *The Causes of War.* New York: Free Press, 1973.

Brown, Chris. "Structural Realism, Classical Realism and Human Nature." *International Relations*, Vol. 23, No. 2 (June 2009), pp. 257-270.

Bull, Hedley. *The Anarchical Society: A Study of World Order.* London: Macmillan, 1977.

Chong, Ja Ian and Todd H. Hall. "The Lessons of 1914 for East Asia Today: Missing the Trees for the Forest." *International Security,* Vol. 39, No. 1 (Summer 2014), pp. 27-30.

Christensen, Thomas J. "Perceptions and Alliances in Europe, 1860-1940."

International Organization, Vol. 51, No. 1 (Winter 1996/1997), pp. 65-98.

Christensen, Thomas J. and Jack Snyder. "Chain Gangs and Passed Bucks: Predicting Alliance Patterns in Multipolarity." *International Organization*, Vol. 44, No. 2 (Spring 1990), pp. 137-168.

Copeland, C. Dale. *Economic Interdependence and War.* Princeton: Princeton University Press, 2014.

———. "A Tragic Choice: Japanese Preventive Motivations and the Origins of the Pacific War." *International Interactions*, Vol. 37, No. 1 (March 2011), pp. 116-126.

———. "Neorealism and the myth of bipolar stability: Toward a new dynamic realist theory of major war." *Security Studies*, Vol. 5. No. 3 (1996), pp. 29-89.

Costalli, Stefano, and Andrea Ruggeri. "Indignation, Ideologies, and Armed Mobilization: Civil War in Italy, 1943-45." *International Security*, Vol. 40, No. 2 (Fall 2015), pp. 119-157.

Crawford, Neta C. "The Passion of World Politics: Propositions on Emotion and Emotional Relationships." *International Security*, Vol. 24, No. 4 (Spring 2000), pp. 116-156.

David, Steven R. "Explaining Third World Alignment." *World Politics*, Vol. 43, No. 2 (January 1991), pp. 233-256.

DiPrizio, Robert C. *Armed Humanitarians: U.S. Interventions from Northern Iraq to Kosovo.* Baltimore, Md.: Johns Hopkins University Press, 2002.

Doyle, Michael W. "Kant, Liberal Legacies and Foreign Affairs." Part I, *Philosophy and Public Affairs*, Vol. 12, No. 3 (summer and fall 1983), pp. 205-235.

———. "Liberalism and World Politics" *American Political Science Review*, Vol. 80, No. 4 (December 1986), pp. 1151-1169.

Elman, Colin. "Horses for Courses: Why Not Neorealist Theories of Foreign Policy?" *Security Studies*, Vol. 6, No. 1 (September 1996), pp. 7-53.

———. "Extending Offensive Realism: The Louisiana Purchase and America's Rise to Regional Hegemony." *American Political Science Review*, Vol. 98, No. 4 (November 2004), pp. 563-576.

Engel, J. H. "A Verification of Lanchester's Law." *Journal of the Operations Research Society of America*, Vol. 2, No. 2 (May 1954), pp. 163-171.

Evera, Stephen Van. "Hypotheses on Nationalism and War." *International Security*, Vol. 18, No. 4 (Spring 1994), pp. 5-39.

———. "Offense, Defense, and the Causes of War." *International Security*, Vol. 22, No. 4 (April 1998), pp. 5-43.

————. *Causes of War: Power and the Roots of Conflict*. Ithaca, N.Y.: Cornell University Press, 1999.

Fearon, James D. "Rationalist Explanations for War." *International Organization*, Vol. 49, No. 3 (Summer 1995), pp. 379-414.

Fischer, Markus. "Machiavelli's Theory of Foreign Politics." *Security Studies*, Vol. 5, No. 2 (Winter 1995–1996), pp. 248-279.

Freedman, Lawrence. "Stephen Pinker and the Long Peace: Alliance, Deterrence and Decline." *Cold War History*, Vol. 14, No. 4 (October2014), pp. 657-672.

Freyberg-Inan, Annette, Ewan Harrison, and Patrick James, ed. *Rethinking Realism in International Relations: Between Tradition and Innovation*. Baltimore, Md.: Johns Hopkins University Press, 2009.

Gaddis, John Lewis. "International Relations Theory and the End of the Cold War." *International Security*, Vol. 17, No. 3 (Winter 1992-1993), pp. 5-58.

Robert G. "No One Loves a Political Realist." *Security Studies*, Vol. 5, No. 3 (Spring 1996), pp. 3-26.

————. "The Richness of the Tradition of Political Realism." *International Organization*, Vol. 38, No. 2 (March 1984), pp. 287-304.

————. *War and Change in World Politics*. Cambridge: Cambridge University Press, 1981.

Glaser, Charles L. "Realists as Optimists: Cooperation as Self-Help." *International Security*, Vol. 19, No. 3 (Winter 1994/1995), pp. 50-90.

————. *Rational Theory of International Politics: The Logic of Competition and Cooperation*. Princeton, NJ: Princeton University Press, 20e10.

Gleditsch, Nils Petter et al., "The Forum: The Decline of War." *International Studies Review*, Vol. 15, No. 3 (September 2013), pp. 396-419.

Goddard, Stacie E. and Daniel H. Nexon, "Paradigm Lost?: Reassessing Theory of International Politics." *European Journal of International Relations*, Vol. 11, No. 1 (March 2005), pp. 9-61.

Grieco, Joseph M. "State Interests and Institutional Rule Trajectories: A Neorealist Interpretation of the Maastricht Treaty and European Economic and Monetary Union." *Security Studies*, Vol. 5, No. 3 (Spring 1996), pp. 261-306.

Gruffydd-Jones, Jamie. "Dangerous Days: The Impact of Nationalism on Interstate Conflict." *Security Studies*, Vol. 26, No. 4 (July 2017), pp. 698-728.

Hall, Todd H. "We Will Not Swallow This Bitter Fruit: Theorizing a Diplomacy of Anger." *Security Studies*, Vol. 20, No. 4 (October 2011), pp. 521-555.

Haidt, Jonathan. "When and why nationalism beats globalism." *Policy: A Journal of Public Policy and Ideas*, Vol. 32, No. 3 (Spring 2016), pp. 46-53.

Hamilton, Eric J. and Brian C. Rathbun, "Scarce Differences: Toward a Material and Systemic Foundation for Offensive and Defensive Realism." *Security Studies*, Vol. 22, No. 3 (July 2013), pp. 436-465.

Heginbotham, Eric., Richard J. Samuels, "Mercantile Realism and Japanese Foreign Policy." *International Security*, Vol. 22, No. 4 (April 1998), pp. 171-203.

He, Kai and Huiyun Feng, "'Why Is There No Nato in Asia?' Revisited: Prospect Theory, Balance of Threat, and Us Alliance Strategies." *European Journal of International Relations*, Vol. 18, No. 2 (June 2012), pp. 227-250.

————. *Prospect Theory and Foreign Policy Analysis in the Asia Pacific: Rational Leaders and Risky Behavior.* New York: Routledge, 2013.

Hibbing, John R. Kevin B. Smith, and John R. Alford, "Differences in Negativity Bias Underlie Variations in Political Ideology." *Behavioral and Brain Sciences*, Vol. 37, No. 3 (June 2014), pp. 297-307.

Horowitz, Michael C., *The Diffusion of Military Power: Causes and Consequences for International Politics.* Princeton, N.J.: Princeton University Press, 2010.

Hudson, Valerie M. and Andrea Den Boer, "A Surplus of Men, A Deficit of Peace: Security and Sex Ratios in Asia's Largest States." *International Security*, (Spring 2002), Vol. 26, No. 4, pp. 5-38.

Ishiyama, John T., and Ryan Kennedy, "Superpresidentialism and Political Party Development in Russia, Ukraine, Armenia and Kyrgyzstan." *Europe-Asia Studies*, Vol. 53, No. 8 (2001), pp. 1177-1191

Ito, Ryuta, "War and Human Mind: New Hypotheses of Evolutionary Political Science." paper presented at the 2021 Annual Meeting of American Political Science Association, fpp. 1-35.

————. "The Causes and Consequences of Nationalism in International Politics: A New Realist Theory Based on Psychological and Neuroscientific Research on Tribalism." paper presented at the 26th IPSA World Congress of Political Science, pp. 1-20.

———— "Anger and Aggression in International Politics: A New Realist Theory Based on Recalibrational Theory of Anger in Evolutionary Psychology." paper presented at the 2021 annual convention of the International Studies Association, International Studies Association, pp. 1-30.

————. "Why does Nationalism Cause war? A New Realist Theory Based on Evolutionary and Neuroscientific Research on Tribalism." paper presented at the 2021 annual convention of the International Studies Association, International Studies Association, pp. 1-31.

―――. "Why does Nationalism Cause war? A New Realist Theory Based on Evolutionary and Neuroscientific Research on Tribalism." paper presented at the 2021 annual convention of the International Studies Association, International Studies Association, pp. 1-31.

―――. "The Causes and Consequences of Hybrid Warfare in International Politics: A New Realist Theory of Hybrid Warfare Based on Classical Realism." paper presented at the 2020 annual conference of the International Studies Association (ISA-Midwest), pp. 1-25.

―――. "Overconfidence and War in International Politics: Toward a New Realist Theory Based on Optimism Bias in Neuroscience." paper presented at the 2020 annual conference of the International Studies Association (ISA-Midwest), pp. 1-20.

―――. "The Causes and Consequences of Anger in International Politics: A New Realist Theory Based on the Recalibrational Theory in Evolutionary Psychology." paper presented at the 2020 annual conference of the International Studies Association (ISA-Midwest), pp. 1-23.

―――. "Anger and Status Competition in International Politics: Application of the Recalibrational Theory of Anger to International Relations." paper presented at the 2020 annual conference of the International Studies Association (ISA-West), pp. 1-18.

―――. "Overconfidence and False Optimism in International Politics: A New Realist Theory Based on Evolutionary and Neuroscientific Findings on Optimism Bias." paper presented at the 2020 annual conference of the International Studies Association (ISA-West), pp. 1-21.

―――. "How the Human Mind Shapes International Politics: The Emergence of Evolutionary Political Science in International Relations." paper presented at the 2020 annual conference of the International Studies Association (ISA-West), pp. 1-28.

―――. "Toward a Theory of Hybrid Warfare: the Case of Chinese Maritime Expansion in the Indo-Pacific Region." paper presented at the 2019 Bridging the Straits conference held by Sasakawa Peace Foundation, Tokyo.

―――. "The Application of Evolutionary Political Science to International Relations: The Case of Realist Theory." paper presented at the 2019 annual conference of the American Political Science Association (ISA-ISSS and APSA-IS), Denver, Colorado, pp. 1-16.

————. "The Causes and Consequences of Overconfidence in International Politics: A New Realist Theory Based on Optimism Bias in Neuroscience." paper presented at the 2019 annual conference of the American Political Science Association (ISA-ISSS and APSA-IS), Denver, Colorado, pp. 1-11.

————— "Reconstructing Positivist Methodology in IR Through Scientific Realism: How to Defend Theoretical Pluralism Without Falling into the Trap of Relativism." paper presented at the 2019 annual convention of the International Studies Association, Toronto, pp. 1-19.

Izumikawa, Yasuhiro. "To Coerce or Reward? Theorizing Wedge Strategies in Alliance Politics." *Security Studies*, Vol. 22, No. 3 (August 2013), pp. 498-531.

Jackson, Patrick Thaddeus et al., "Bridging the Gap: Toward a Realist-Constructivist Dialogue." *International Studies Review*, Vol. 6, No. 2 (June 2004), pp. 337-352.

James, Patrick., *International Relations and Scientific Progress: Structural Realism Reconsidered.* Columbus: Ohio State University Press, 2002.

Jervis, Robert. "Cooperation under the Security Dilemma." *World Politics*, Vol. 30, No. 2 (January 1978), pp. 167-214.

————. "Hypotheses on Misperception." *World Politics*, Vol. 20, No. 3 (April 1968), pp. 454-479.

————. *Perception and Misperception in International Politics.* Princeton, N.J.: Princeton University Press, 1976.

————. "War and Misperception." *Journal of Interdisciplinary History*, Vol. 18, No. 4 (Spring 1988), pp. 675-700.

————. *How Statesmen Think: The Psychology of International Politics.* Princeton, N.J.: Princeton University Press, 2017.

Kovacs, Amos. "The Nonuse of Intelligence." *International Journal of Intelligence and CounterIntelligence*, Vol. 10, No. 4 (Winter 1997), pp. 383-417.

Katznelson, Ira, and Helen V. Milner, eds. *Political Science: State of the Discipline.* New York: W. W. Norton, 2002.

Khong, Yuen Foong. *Analogies at War: Korea, Munich, Dien Bien Phu, and the Vietnam Decisions of 1965.* Princeton, N.J.: Princeton University Press, 1992.

Koopman, B. O. *Quantitative Aspect of Combat,* Office of Scientific Research and Development. AMP Note No. 6 (August 1943).

Kuo, Raymond, D. D. P. Johnson and Monica Duffy Toft. "Correspondence: Evolution and Territorial Conflict." *International Security*, Vol. 39, No. 3 (Winter 2014/2015), pp. 190-201.

Kydd, Andrew H. *Trust and Mistrust in International Relations.* Princeton,

N.J.: Princeton University Press, 2005.

Labs, Eric J. "Beyond Victory: Offensive Realism and the Expansion of War Aims." *Security Studies*, Vol. 6, No. 4 (Summer 1997), pp. 1-49.

Lebow, Richard Ned. "The Long Peace, the End of the Cold War, and the Failure of Realism." *International Organization*, Vol. 48, No. 2 (Spring 1994), pp. 249-277.

———. "Contingency, Catalysts, and International System Change." *Political Science Quarterly*, Vol. 115, No. 4 (Winter 2000), pp. 591-616.

Legro, Jeffrey W., and Andrew Moravcsik. "Is Anybody Still a Realist?" *International Security*, Vol. 24, No. 2 (Fall 1999), pp. 5-55.

Lake, David A. "Why "Isms" Are Evil: Theory, Epistemology, and Academic Sects as Impediments to Understanding and Progress." *International Studies Quarterly*, Vol. 55, No. 2 (May 2011), pp. 465-480.

Lanchester, Frederick William. *Aircraft in Warfare: The Dawn of the Fourth Arm.* Charleston: BiblioLife, 2009.

Lanoszka, Alexander. "Russian hybrid warfare and extended deterrence in eastern Europe." *International Affairs,* Vol. 92, No. 1 (January 2016), pp. 175-195.

Layne, Christopher. "Kant or Cant: The Myth of the Democratic Peace." *International Security*, Vol. 19, No. 2 (Fall 1994), pp. 5-49.

———. "The Unipolar Illusion: Why New Great Powers Will Rise." *International Security*, Vol. 17, No. 4 (1993), pp. 5-51.

———. "The Unipolar Illusion Revisited: The Coming End of the United States' Unipolar Moment." *International Security*, Vol. 31, No. 2 (2006), pp. 7-41.

Lee, Dong Sun. *Power Shifts, Strategy, and War: Declining States and International Conflict.* New York: Routledge, 2008.

Levy, Jack S. "Prospect Theory, Rational Choice, and International Relations." *International Studies Quarterly*, Vol. 41, No. 1 (March 1997), pp. 87-112.

———. "Learning and Foreign Policy: Sweeping a Conceptual Minefield." *International Organization*, Vol. 48, No. 2 (Spring 1994), pp. 279-312.

Levy, Jack S. and William R. Thompson, *The Arc of War: Origins, Escalation, and Transformation.* Chicago: University of Chicago Press, 2011.

Lieber, Keir A. "The New History of World War I and What It Means for International Relations Theory." *International Security*, Vol. 32, No. 2 (Fall 2007), pp. 155-191.

Lind, Jennifer M. "Pacifism or Passing the Buck? Testing Theories of Japanese

Security Policy." *International Security*, Vol. 29, No. 1 (2004), pp. 92-121.

Lobell, Steven E., Norrin M. Ripsman, and Jeffrey W. Taliaferro. *Neoclassical Realism, the State, and Foreign Policy*. Cambridge: Cambridge University Press, 2009.

Löwenheim, Oded, and Gadi Heimann. "Revenge in International Politics." *Security Studies*, Vol. 17, No. 4 (December 2008), pp. 685-724.

Lupton, Danielle L. *Reputation for Resolve: How Leaders Signal Determination in International Politics*. Ithaca, N.Y.: Cornell University Press, 2020.

May, Ernest R. *Lessons of the Past: The Use and Misuse of History in American Foreign Policy*. Oxford: Oxford University Press, 1973.

Mearsheimer, John J. "Back to the Future: Instability in Europe after the Cold War." *International Security*, Vol. 15, No. 1 (Summer 1990), pp. 5-56.

———. "The False Promise of International Institutions." *International Security*, Vol. 19, No. 3 (Winter 1994/95), pp. 5-49.

———. *The Great Delusion: Liberal Dreams and International Realities*. New Heaven: Yale University Press, 2018.

Mitzen, Jennifer, and Randall L. Schweller. "Knowing the Unknown Unknowns: Misplaced Certainty and the Onset of War." *Security Studies*, Vol. 20, No. 1 (March 2011), pp. 2-35.

Moe, Terry M. *The Organization of Interests: Incentives and the Internal Dynamics of Political Interest Groups*. Chicago: University of Chicago Press, 1988.

Monteiro, Nuno P. "Unrest Assured: Why Unipolarity Is Not Peaceful." *International Security*, Vol. 36, No. 3 (2012), pp. 9-40.

———. *Theory of Unipolar Politics*. Cambridge: Cambridge University Press, 2014.

Narizny, Kevin. "On Systemic Paradigms and Domestic Politics: A Critique of the Newest Realism." *International Security*, Vol. 42, No. 2 (Fall 2017), pp. 155-190.

Nexon, Daniel H. "Review: The Balance of Power in the Balance." *World Politics*, Vol. 61, No. 2 (April 2009), pp. 330-359.

———. *The Struggle for Power in Early Modern Europe: Religious Conflict, Dynastic Empires, and International Change*. Princeton: Princeton University Press, 2009.

Neumann, Iver B. "Beware of Organicism: The Narrative Self of the State." *Review of International Studies*, Vol. 30, No. 2 (April 2004), pp. 259-267.

Posen, Barry R. *The Sources of Military Doctrine: France, Britain, and Germany between the World Wars.* Ithaca, N.Y.: Cornell University Press, 1984.

————. "Nationalism, the Mass Army, and Military Power." *International Security*, Vol. 18, No. 2 (Fall 1993), pp. 80-124.

Price, Richard., and Kathryn Sikkink. *International Norms, Moral Psychology, and Neuroscience, Elements in International Relations.* New York: Cambridge University Press, 2021.

Rathbun, B. "A Rose by Any Other Name: Neoclassical Realism as the Logical and Necessary Extension of Structural Realism." *Security Studies*, Vol. 17, No. 2 (May 2008), pp. 294-321.

Reiter, Dan. *Crucible of Beliefs: Learning, Alliances, and World Wars.* Ithaca, N.Y.: Cornell University Press, 1996.

Resende-Santos, João. "Anarchy and the Emulation of Military Systems: Military Organization and Technology in South America, 1870–1930." *Security Studies*, Vol. 5, No. 3 (March 1996), pp. 193-260.

Resende-Santos, João. *Neorealism, States, and the Modern Mass Army.* Cambridge: Cambridge University Press, 2007.

Richardson, L. F. *Arms and insecurity.* Pittsburgh: Boxwood, 1947.

————. *Statistics of deadly quarrels.* Chicago: Quadrangle Books, 1950.

Ripsman, Norrin M., and Jack S. Levy. "The Preventive War that Never Happened: Britain, France, and the Rise of Germany in the 1930s." *Security Studies*, Vol. 16, No. 1 (April 2007), pp. 32-67.

Ripsman, Norrin M., Jeffrey W. Taliaferro, and Steven E. Lobell. *Neoclassical Realist Theory of International Politics.* New York: Oxford University Press, 2016.

Rose, Gideon. "Review: Neoclassical Realism and Theories of Foreign Policy." *World Politics*, Vol. 51, No. 1 (October 1998), pp. 144-172.

Rosecrance, Richard N., and Steven E. Miller, eds. *The Next Great War? The Roots of World War I and the risk of U. S. – China Conflict.* Cambridge, Mass.: The MIT Press, 2003.

Rosenau, James N. *International Politics and Foreign Policy: a Reader in Research and Theory.* Rev. ed. New York: Free Press, 1969.

Roskin, Michael. "From Pearl Harbor to Vietnam: Shifting Generational Paradigms and Foreign Policy." *Political Science Quarterly*, Vol. 89, No. 3 (Fall 1974), pp. 563-588.

Ross, A. A. G. "Realism, Emotion, and Dynamic Allegiances in Global Politics."

International Theory, Vol. 5, No. 2 (July 2013), pp. 273-299.

Russett, Bruce M. "Can A Democratic Peace Be Built?" *International Interactions*, Vol. 18, No. 3 (February 1993), pp. 277-282.

Russett, Bruce M. and John R. Oneal, *Triangulating Peace: Democracy, Interdependence, and International Organizations*. New York: Norton, 2001.

Russett, Bruce M. and Zeev Maoz, "Normative and Structural Causes of Democratic Peace." *American Political Science Review*, Vol. 87, No. 3 (September 1993), pp. 624-638.

Sagarin, Rafe D., and Terence Taylor, eds. *Natural Security: A Darwinian Approach to a Dangerous World*. Berkeley: University of California Press, 2008.

Schuessler, John M. "The Deception Dividend: FDR's Undeclared War." *International Security*, Vol. 34, No. 4 (March 2010), pp. 133-165.

Schultz, Kenneth A. *Democracy and Coercive Diplomacy*. Cambridge: Cambridge University Press, 2001.

Schweller, Randall L. "Tripolarity and the Second World War." *International Studies Quarterly*, Vol. 37, No. 1 (March 1993), pp. 73-103.

———. "Neorealism's status - quo bias: What security dilemma?" *Security Studies*, Vol. 5, No. 3 (1996), pp. 90-121.

———. "Bandwagoning for Profit: Bringing the Revisionist State Back In." *International Security*, Vol. 19, No. 1 (Summer 1994), pp. 72-107.

———. *Deadly Imbalances: Tripolarity and Hitler's Strategy of World Conquest*. New York: Columbia University Press, 1998.

———. *Unanswered Threats: Political Constraints on the Balance of Power*. Princeton, N.J.: Princeton University, 2006.

———. "Entropy and the Trajectory of world Politics: Why Polarity Has Become Less Meaningful." *Cambridge Review of International Affairs*, Vol. 23, No. 1 (February 2010), pp. 145-163.

———. *Maxwell's Demon and the Golden Apple*. Baltimore, MD: Johns Hopkins University Press, 2014.

Schweller, Randall L., and David Priess. "A Tale of Two Realisms: Expanding the Institutions Debate." *Mershon International Studies Review*, Vol. 41, No. 1 (May 1997), pp. 1-32.

Scott, James C. *Seeing Like a State: How Certain Schemes to Improve the Human Condition Have Failed*. New Heaven: Yale University Press, 1998.

Seybolt, Taylor B. *Humanitarian Military Intervention: The Conditions for Success and Failure*. Oxford: Oxford University Press, 2007.

Sil, Rudra and Peter J. Katzenstein, *Beyond Paradigms: Analytic Eclecticism in the Study of World Politics.* Basingstoke: Palgrave Macmillan, 2010.

Singer, J. David. "The Level-of-Analysis Problem in International Relations." *World Politics*, Vol. 14, No. 1 (October 1961), pp. 77-92.

Smith, Steve, Ken Booth, and Marysia Zalewski. *International Theory: Positivism and Beyond.* Cambridge: Cambridge University Press, 1996.

Snyder, Jack. *Myths of Empire: Domestic Politics and International Ambition.* Ithaca, N.Y.: Cornell University Press, 1991.

————. "Civil-Military Relations and the Cult of the Offensive, 1914 and 1984." *International Security*, Vol. 9, No. 1 (Summer, 1984), pp. 108-146.

Snyder, Jack., and Karen Ballentine. "Nationalism and the Marketplace of Ideas." *International Security*, Vol. 21, No. 2 (Fall 1996), pp. 5-40.

Snyder, Jack., and Keir A. Lieber, "Defensive Realism and the "New" History of World War I." *International Security,* Vol. 33, No. 1 (Summer 2008), pp. 174-194.

Souleimanov, Emil Aslan, and Huseyn Aliyev. "Blood Revenge and Violent Mobilization: Evidence from the Chechen Wars." *International Security*, Vol. 40, No. 2 (Fall 2015), pp. 158-180.

Sterling-Folker, Jennifer. "Realist Environment, Liberal Process, and Domestic-Level Variables." *International Studies Quarterly*, Vol. 41, No. 1 (December 1997), pp. 1-25.

————. "Realism and the Constructivist Challenge: Rejecting, Reconstructing, or Rereading." *International Studies Review*, Vol. 4, No. 1 (Spring 2002), pp. 73-97.

————. *Theories of International Cooperation and the Primacy of Anarchy: Explaining Us International Monetary Policy-Making after Bretton Woods.* Albany: SUNY Press, 2002.

Smith, Steve. Ken Booth, and Marysia Zalewski, eds., *International Theory: Positivism and Beyond.* Cambridge; Cambridge University Press, 1996.

Taliaferro, Jeffrey W. *Balancing Risks: Great Power Intervention in the Periphery.* Ithaca, N.Y.: Cornell University Press, 2004.

————. "Quagmires in the Periphery: Foreign Wars and Escalating Commitment in International Conflict." *Security Studies*, Vol. 7, No. 3 (Spring 1998), pp. 94-144.

————. "Security Seeking under Anarchy: Defensive Realism Revisited." *International Security*, Vol. 25, No. 3 (Winter 2000/2001), pp. 128-161.

————. "State Building for Future Wars: Neoclassical Realism and the

Resource-Extractive State." *Security Studies*, Vol. 15, No. 3 (July–September 2006), pp. 464-495.

Tang, Shiping. "The Security Dilemma: A Conceptual Analysis." *Security Studies*, Vol. 18, No. 3 (October 2009), pp. 587-623.

————. *A Theory of Security Strategies for Our Time: rea Realism*. Basingstoke: Palgrave Macmillan, 2010.

————. "Social Evolution of International Politics: From Mearsheimer to Jervis." *European Journal of International Relations*, Vol. 16, No. 1(February 2010), pp. 31-55.

————. *The Social Evolution of International Politics*. New York: Oxford University Press, 2013.

Theiler, Tobias. "The Microfoundations of Diversionary Conflict," *Security Studies*, Vol. 27, No. 2 (October 2017), pp. 318-343.

Tierney, Dominic. "'Pearl Harbor in Reverse': Moral Analogies in the Cuban Missile Crisis." *Journal of Cold War Studies*, Vol. 9, No. 2 (Summer 2007), pp. 49-77.

Triandis, Harry C. *Fooling Ourselves: Self-Deception in Politics, Religion, and Terrorism: Self-Deception in Politics, Religion, and Terrorism*. Westport: Praeger Pub Text, 2008.

Vasquez, John A. "The Realist Paradigm and Degenerative Versus Progressive Research Programs: An Appraisal of Neotraditional Research on Waltz's Balancing Proposition." *American Political Science Review*, Vol. 91, No. 4 (December 1997), pp. 899-912.

Walt, Stephen M. *The Origins of Alliances*. Ithaca, N.Y.: Cornell University Press, 1987.

————. *Revolution and War*. Ithaca, N.Y.: Cornell University Press, 1995.

Waltz, Kenneth N. *Foreign Policy and Democratic Politics: The American and British Experience*, Boston: Little, Brown, 1967.

————. "Evaluating Theories." *The American Political Science Review*, Vol. 91, No. 4 (December 1997), pp. 913-917.

Wæver, Ole. "Waltz's Theory of Theory." *International Relations*, Vol. 23, No. 2 (June 2009), pp. 201-222.

Welch, David A. *Painful Choices: A Theory of Foreign Policy Change*. Princeton, N.J.: Princeton University Press, 2005.

Wendt, Alexander. "Anarchy Is What States Make of It: The Social Construction of Power Politics." *International Organization*, Vol. 46, No. 2 (Spring 1992), pp. 391-425.

———. "Constructing International Politics." *International Security*, Vol. 20, No. 1 (Summer 1995), pp. 71-81.

———. *Social Theory of International Politics*. Cambridge: Cambridge University Press, 1999.

———. "Why a World State Is Inevitable." *European Journal of International Relations*, Vol. 9, No. 4 (2003), pp. 491-542.

Williams, Michael C. *The Realist Tradition and the Limits of International Relations*. Cambridge: Cambridge University Press, 2005.

Wigell, Mikael. "Hybrid interference as a wedge strategy: a theory of external interference in liberal democracy." *International Affairs*, Vol. 95, No. 2 (March 2019), pp. 255–275.

Wohlforth, William Curti. *The Elusive Balance: Power and Perceptions During the Cold War*. Ithaca, N.Y.: Cornell University Press, 1993.

———. "The Stability of Unipolar World." *International Security*, Vol. 24, No. 1 (Summer 1999), pp. 5–41.

Wright, Robert. *Nonzero: The Logic of Human Destiny*. New York: Pantheon, 1999.

Zakaria, Fareed. *From Wealth to Power: The Unusual Origins of America's World Role*. Princeton, N.J.: Princeton University Press, 1998.

Zhao, Suisheng. "China's pragmatic nationalism: Is it manageable?" *The Washington Quarterly*, Vol. 29, No. 1, (December 2005), pp. 131-144.

———. "Foreign Policy Implications of Chinese Nationalism Revisited: the strident turn." *Journal of Contemporary China*, Vol. 22, No. 82, (March 2013), pp. 535-553.

伊藤隆太『進化政治学と国際政治理論――人間の心と戦争をめぐる新たな分析アプローチ』芙蓉書房出版、2020年。

———『進化政治学と戦争――自然科学と社会科学の統合に向けて』芙蓉書房出版、2021年。

———「理性と啓蒙を通じた平和と繁栄――進化的リベラリズム試論（4）」『α-SYNODOS』289号（2021年7月）。

———「科学と理性に基づいたリベラリズムにむけて――進化的リベラリズム試論（3）」『α-SYNODOS』287号（2021年6月）。

———「科学と理性に基づいたリベラリズムにむけて――進化的リベラリズム試論（2）」『α-SYNODOS』287号（2021年5月）。

———「科学と理性に基づいたリベラリズムにむけて――進化的リベラリズム試論（1）」『α-SYNODOS』286号（2021年4月）。

———「安全保障論再考――リアリズムと暴力の衰退」『戦略研究』第28号（2021

　年2月）121〜136頁。

―――「組織変革と政策の失敗――『歴史の教訓』の本質」『戦略研究』第27号
　（2020年10月）87〜100頁。

―――「トランプ政治再考――進化政治学と自己欺瞞の政治的リーダーシップ」
　『Journal of Consilience』Vol. 1, No. 3 (September 2020), pp. 1-13.

―――「『人間の心』をめぐる新たな安全保障――進化政治学の視点から」
　『Journal of Consilience』Vol. 1, No. 2 (May 2020), pp. 1-12.

―――「国際関係理論と事例研究――新たな方法論的枠組みの構築に向けて」『法
　学研究』第92巻1号（2019年1月）379〜404頁。

―――「日中戦争とナショナリズム――リアリスト理論の視点からの一考察」2018
　年度国際安全保障学会年次大会、1〜20頁。

―――「なぜナショナリズムは戦争を起こすのか――新たな理論的枠組みの構築に
　向けて」2018年度日本国際政治学会研究大会、1〜22頁。

―――「国際政治研究への進化政治学の適用――そのリアリスト理論への貢献を例
　として」2017年度日本国際政治学会研究大会、1〜24頁。

―――「リアリスト理論の科学的妥当性――進化政治学による部族主義と権力政治
　の再検証」2017年度国際安全保障学会第9回定例研究会、2017年4月22日。

―――「過信のリアリズム試論――日ソ中立条約を事例として」『国際安全保障』第
　44巻第4号（2017年3月）58〜73頁。

―――（博士学位論文）「人間の心と戦争――進化政治学に基づいたリアリズム」
　『慶應義塾大学大学院法学研究科』（2017年3月）1〜184頁。

―――「国際政治における情動とリアリズム――日独伊三国軍事同盟を事例として
　――」『法学政治学論究』第100号（2014年春季号）155〜185頁。

―――「国際政治研究におけるプロスペクト理論――方法論的問題と理論的含意―
　―」『法学政治学論究』第98号（2013年秋季号）103〜132頁。

―――「リアリスト存在論とネオクラシカル・リアリズム――ダーウィン、アナー
　キー、リアリスト理論の再解釈」『慶応義塾大学大学院法学研究科論文集』第50巻
　（2010年3月）147〜182頁。

泉川泰博「同盟の諸理論と北東アジアの国際関係――同盟分断戦略における政策選
　択の研究」2003年度日本国際政治学会年次大会、部会発表論文。

ウォルツ、ケネス（渡邉昭夫・岡垣知子訳）『人間・国家・戦争――国際政治の3つ
　のイメージ』 勁草書房、2013年。

―――（河野勝・岡垣知子訳）『国際政治の理論』 勁草書房、2010年。

エルマン、コリン／ミリアム・フェンディアス・エルマン編（渡辺昭夫監訳）『国際
　関係研究へのアプローチ――歴史学と政治学の対話』（東京大学出版会、2003年）
　198〜223頁。

小野直樹『日本の対外行動』ミネルヴァ書房、2011年。

オルソン、マンサー（依田博・森脇俊雅訳）『集合行為論——公共財と集団理論』新装版、ミネルヴァ書房、1996年。

カッツェンスタイン、ピーター・J（有賀誠訳）『文化と国防——戦後日本の警察と軍隊』日本経済評論社、2007年。

川崎剛『社会科学としての日本外交研究』ミネルヴァ書房、2015年。

シェリング、トーマス（河野勝・真淵勝監訳）『紛争の戦略——ゲーム理論のエッセンス』勁草書房、2008年。

田中明彦・中西寛・飯田敬輔編『日本の国際政治学 第1巻 学としての国際政治』有斐閣、2009年。

田中マリア「批判的・科学的実在論からみる国際秩序の形態生成——シルクロード経済ベルト（SREB）とアジアインフラ投資銀行（AIIB）の変革的インパクトを事例として」2017年度日本国際政治学会研究大会分科会B-3（2017年10月27日）。

土山實男『安全保障の国際政治学——焦りと傲り』第2版、有斐閣、2014年。

野口和彦『パワー・シフトと戦争——東アジアの安全保障』東海大学出版会、2010年。

長谷川将規「日本の同盟政策——パワーと脅威の視点から」『新防衛論集』第27巻2号（1999年9月）89〜108頁。

フリードバーグ、アーロン・L.，（八木甫・菊池理夫訳）『繁栄の限界——1895年〜1905年の大英帝国』新森書房、1989年。

ミアシャイマー、ジョン・J.（奥山真司訳）『大国政治の悲劇——米中は必ず衝突する』五月書房、2007年。

———（奥山真司訳）『なぜリーダーはウソをつくのか——国際政治で使われる5つの「戦略的なウソ」』五月書房、2012年。

ミアシャイマー、ジョン・J.／スティーヴン・M・ウォルト（副島隆彦訳）『イスラエル・ロビーとアメリカの外交政策』全2冊、講談社、2007年。

宮岡勲「軍事技術の同盟国への拡散—英国と日本による米軍の統合情報システムの模倣—」『国際政治』第179巻、69〜82頁。

モーゲンソー、ハンス・J.（現代平和研究会訳）『国際政治——権力と平和』新装版、福村出版、1998年。

ラセット、ブルース（鴨武彦）『パクス・デモクラティア—冷戦後世界への原理』（東京大学出版会、1996年）。

レイン、クリストファー『幻想の平和——1940年から現在までのアメリカの大戦略』五月書房、2011年。

■自然科学関連

Aktipis, C. Athena. "Is Cooperation Viable in Mobile Organisms? Simple Walk

Away Rule Favors the Evolution of Cooperation in Groups." *Evolution and Human Behavior*, Vol. 32, No. 4 (2011), pp. 263-276.

Alford, J. R., Funk, C. L., and John Hibbing. "Are Political Orientations Genetically Transmitted?". *American Political Science Review*, Vol. 99, No. 02 (May 2005), pp. 153-167.

Alford, J. R., and John Hibbing. "The Origin of Politics: An Evolutionary Theory of Political Behavior." *Perspectives on Politics*, Vol. 2, No. 4 (December 2004), pp. 707-723.

Archer, John. *The Behavioural Biology of Aggression.* New York: Cambridge University Press, 1988.

————. "Testosterone and Human Aggression: An Evaluation of the Challenge Hypothesis." *Neuroscience & Biobehavioral Reviews*, Vol. 30, No. 3 (2006), pp. 319-345

Ariew, Andre. "Innateness and Canalization." *Philosophy of Science*, Vol. 63, Supplement (September 1996), pp. 519-527.

Atran, Scott. Genesis of Suicide Terrorism, *Science*, Vol. 299, No. 5612 (March 2003), pp. 1534-1539.

Aviezer, O., M. H. Van IJzendoorn, A. Sagi, and C. Schuengel, "'Children of the Dream' Revisited: 70 Years of Collective Early Child Care in Israeli Kibbutzim." *Psychological Bulletin*, Vol. 116 (1994), pp. 99-116.

Axelrod, Robert M. *The Evolution of Cooperation.* New York: Basic Books, 1984.

Axelrod, Robert M., and William Donald Hamilton, "The Evolution of Cooperation." *Science*, Vol. 211, No. 4489 (March 1981), pp. 1390-1396.

Barkow, Jerome H., Leda Cosmides, and Tooby, John. *The Adapted Mind: Evolutionary Psychology and the Generation of Culture.* New York: Oxford University Press, 1992.

Barlow. George W., and James Silverberg, eds., *Sociobiology: Beyond Nature/Nurture?* Boulder, CO: Westview Press, 1980.

Baumeister, Roy F. *Evil: Inside Human Violence and Cruelty.* New York: Holt, 1997.

Baumeister, Roy F. et al., "Bad Is Stronger Than Good." *Review of General Psychology*, Vol. 5, No. 4 (December 2001), pp. 323-370.

Bell, Duncan S. A., Paul K. MacDonald, and Bradley A. Thayer, "Start the Evolution without Us." *International Security*, Vol. 26, No. 1 (Summer 2001), pp. 187-198.

Beit-Hallahmi B., and A. I. Rabin, "The Kibbutz as a Social Experiment and as a Child-Rearing Laboratory." *American Psychologist*, Vol. 32 (1977), pp. 532-

541.

Billig, Michael, and Henri Tajfel. "Social Categorization and Similarity in Intergroup Behaviour." *European Journal of Social Psychology*, Vol. 3, No. 1 (January/March 1973), pp. 27-52.

Bloom Mia, Bradley A. Thayer, Valerie M. Hudson, "Life Sciences and Islamic Suicide Terrorism." *International Security*, Vol. 35, No. 3 (December 2010), pp. 185-192.

Bloom, Paul. "Religion is natural." *Developmental Science*, Vol. 10, No. 1 (January 2007), pp. 147-151.

Boehm, Christopher. "Conflict and the Evolution of Social Control." *Journal of Consciousness Studies,* Vol. 7, Nos. 1–2 (2000), pp. 79-101.

———. "Egalitarian Behavior and Reverse Dominance Hierarchy," *Current Anthropology*, Vol. 34, No. 3 (June 1993), pp. 227-254.

———. *Hierarchy in the Forest: The Evolution of Egalitarian Behavior.* Cambridge: Harvard University Press, 1999.

———. "Ancestral Hierarchy and Conflict." *Science*, Vol. 336, No. 6083 (2012), pp. 844-847.

Bowles, Samuel. "Being Human: Conflict: Altruism's Midwife." *Nature*, Vol. 456, No. 7220 (November 2008), pp. 326-327.

———. "Did Warfare among Ancestral Hunter-Gatherers Affect the Evolution of Human Social Behaviors?" *Science*, Vol. 324, No. 5932 (July 2009), pp. 636-640.

———. "Warriors, Levelers, and the Role of Conflict in Human Social Evolution." *Science*, Vol. 336, No. 6083 (May 2012), pp. 876-879.

Boyd, R. "Is the Repeated Prisoners-Dilemma a Good Model of Reciprocal Altruism." *Ethology and Sociobiology*, Vol. 9, No. 2-4 (July 1988), pp. 211-222.

Boyd, Robert., and Peter J. Richerson, "Culture and the Evolution of Human Cooperation." *Philosophical Transactions of the Royal Society B: Biological Sciences*, Vol. 364, No. 1533 (2009), pp. 3281-3288.

Baron, A. S., and M. R. Banaji, "The Development of Implicit Attitudes. Evidence of Race Evaluations from Ages 6 and 10 and Adulthood." *Psychological Science*, Vol. 17, No. 1 (February 2006), pp. 53-58.

Boyer, Pascal. *Religion Explained: The Evolutionary Origins of Religious Thought.* New York, NY: Basic Books, 2002.

Boyer, Pascal., and Michael B. Petersen, "The Naturalness of (Many) Social Institutions: Evolved Cognition as Their Foundation." *Journal of Institutional Economics*, Vol. 8, No. 1 (2011), pp. 1-25.

Brickman, Philip., Dan Coates, and Ronnie Janoff-Bulman, "Lottery Winners and Accident Victims: Is Happiness Relative?" *Journal of Personality and Social Psychology*, Vol. 36, No. 8 (August 1978), pp. 917-927.

Brodie, Richard Reeves. *Virus of the Mind: The New Science of the Meme.* Carlsbad: Hay House, 2004.

Brown, Donald. *Human Universals.* New York, NY: McGraw-Hill, 1991.

Brown, Roger., and James Kulik, "Flashbulb Memories." *Cognition*, Vol. 5, No. 1 (1977), pp. 73-99.

Buehler, Roger., Dale Griffin, and Heather MacDonald, "The Role of Motivated Reasoning in Optimistic Time Predictions." *Personality and Social Psychology Bulletin*, Vol. 23, No. 3 (March 1997), pp. 238-247.

Burton-Chellew, Maxwell N., Adin Ross-Gillespie, and Stuart A. West, "Cooperation in Humans: Competition Between Groups and Proximate Emotions." *Evolution and Human Behavior*, Vol. 31, No. 2 (2010), pp. 104-108

Buss, D. M. *Evolutionary Psychology: The New Science of the Mind*, Fifth edition. Boston: Pearson, 2015.

———. "Sex differences in human mate preferences: Evolutionary hypotheses tested in 37 cultures." *Behavioral and Brain Sciences*, Vol. 12, No. 1 (March 1989), pp. 1-49.

Buss, D. M., ed. *The Handbook of Evolutionary Psychology, Vol. 1, Foundation.* John Wiley & Sons, 2015.

———. *The Handbook of Evolutionary Psychology, Vol, 2, Integrations.* John Wiley & Sons, 2015.

Buss, D. M. et al., "International Preferences in Selecting Mates: a Study of 37 Cultures." *Journal of Cross-cultural Psychology*, Vol. 21, No. 1 (March 1990), pp. 5-47.

Buss, David M., and Heidi Greiling, "Adaptive Individual Differences." *Journal of Personality*, Vol. 67, No. 2 (1999), pp. 209-243.

Buss, David M., and Todd Shackelford, "Human Aggression in Evolutionary Psychological Perspective." *Clinical Psychology Review*, Vol. 17, No. 6 (1997), pp. 605-619.

Campbell, Anne. "Staying Alive: Evolution, Culture, and Women's Intrasexual Aggression." *Behavioral and Brain Sciences*, Vol. 22, No. 2 (April 1999), pp. 203-214

Campbell, Bernard Grant. *Sexual Selection and the Descent of Man, 1871-1971.* Chicago: Aldine de Gruyter, 1972.

Chang, Lei., Hui Jing Lu, Hongli Li, and Tong Li, "The Face That Launched a Thousand Ships: The Mating–Warring Association in Men." *Personality and Social Psychology Bulletin*, Vol. 37, No. 7 (2011), pp. 976-984.

Cheng, Joey T., Jessica L. Tracy, and Joseph Henrich, "Pride, Personality, and the Evolutionary Foundations of Human Social Status." *Evolution and Human Behavior,* Vol. 31, No. 5 (September 2010), pp. 334-347.

Chiappe, Dan., Adam Brown, and Brian Dow, "Cheaters Are Looked at Longer and Remembered Better Than Cooperators in Social Exchange Situations." *Evolutionary Psychology*, Vol. 2, No. 1 (January 2004), pp. 108-120.

Choi, Jung-Kyoo., and Samuel Bowles, "The Coevolution of Parochial Altruism and War." *Science*, Vol. 318, No. 5850 (November 2007), pp. 636-640.

Chowdhury, R., T. Sharot, T. Wolfe, E. Düzel, and R. J. Dolan. "Optimistic Update Bias Increases in older Age." *Psychological Medicine*, Vol. 44, No. 09 (July 2014), pp. 2003-2012.

Chudek, Maciej., Rita McNamara, Susan Birch, Paul Bloom, Joseph Henrich, "Developmental and Cross-cultural Evidence for Intuitive Dualism." *Psychological Science*, Vol. 20 (2013), pp. 1-19.

Confer, Jaime C., Judith A. Easton, Diana S. Fleischman, Cari D. Goetz, David M. G. Lewis, Carin Perilloux, and David M. Buss, "Evolutionary Psychology: Controversies, Questions, Prospects, and Limitations." *American Psychologist*, Vol. 65, No. 2 (2010), pp. 110-126.

Coser, Lewis A. *The Functions of Social Conflict*. New York: Free Press, 1956.

Cosmides, L., "The Logic of Social-Exchange: Has Natural-Selection Shaped How Humans Reason? Studies with the Wason Selection Task." *Cognition*, Vol. 31, No. 3 (May 1989), pp. 187-276.

Cosmides, L., and J. Tooby. "The Evolution of War and Its Cognitive Foundations." *Institute for Evolutionary Studies Technical Report*, Vol. 88, No. 1 (April 1988), pp. 1-15.

———. "Beyond Intuition and Instinct Blindness: toward an Evolutionarily Rigorous Cognitive Science." *Cognition*, Vol. 50, No. 1-3 (April–June 1994), pp. 41-77.

———. "Evolutionary Psychology, Ecological Rationality, and the Unification of the Behavioral Sciences." *Behavioral and Brain Sciences*, Vol. 30, No. 1 (February 2007), pp. 42-43.

———. "Than Rational: Evolutionary Psychology and the Invisible Hand." *American Economic Review*, Vol. 84, No. 2 (May 1994), pp. 327-332.

Cosmides, L., H. C. Barrett, and J. Tooby, "Adaptive Specializations, Social

Exchange, and the Evolution of Human Intelligence." *Proceedings of the National Academy of Sciences of the United States of America*, Vol. 107, Supplement 2 (May 2010), pp. 9007-9014.

Cummins, D. D. "Evidence for the Innateness of Deontic Reasoning." *Mind & Language*, Vol. 11, No. 2 (June 1996), pp. 160-190.

———. "Deontic Reasoning as a Target of Selection: Reply to Astington and Dack." *Journal of Experimental Child Psychology*, Vol. 116, No. 4 (December 2013), pp. 970-974.

Daly, Martin, and Margo Wilson. *Sex, Evolution, and Behavior.* 2d ed. Boston: Willard Grant, 1983.

Dawkins, Richard. *The Blind Watchmaker.* London: Pearson Education Limited, 1986.

Darwin, Charles. *The Origin of the Species and the Descent of Man.* New York: The Modern Library, 1871/1977.

Dellarosa Cummins, Denise, and Robert Cummins. "Biological Preparedness and Evolutionary Explanation." *Cognition*, Vol. 73, No. 3 (December 1999), pp. B37-B53.

Delton, Andrew W., Max M. Krasnow, Leda Cosmides, and John Tooby, "Evolution of Direct Reciprocity Under Uncertainty Can Explain Human Generosity in One-Shot Encounters." *Proceedings of the National Academy of Sciences*, Vol. 108, No. 32 (2011), pp. 13335-13340.

Dreu, C. K. W. De, Lindred L. Greer, Michel J. J. Handgraaf, Shaul Shalvi, Gerben A. Van Kleef, Matthijs Baas, Femke S. Ten Velden, Eric Van Dijk, Sander W. W. Feith. "The Neuropeptide Oxytocin Regulates Parochial Altruism in Intergroup Conflict Among Humans." *Science*, Vol. 328, No. 5984 (11 June 2010), pp. 1408-1411.

Dugatkin, Lee A., *Cooperation Among Animals: An Evolutionary Perspective.* New York, NY: Oxford University Press, 1997.

Dunbar, R. I. M. "Neocortex Size as a Constraint on Group Size in Primates." *Journal of Human Evolution*, Vol. 22, No. 6 (June 1992), pp. 469-493

Dupre, John ed., *The Latest on the Best: Essays on Evolution and Optimality.* Cambridge, Mass.: MIT Press, 1987.

Eibl-Eibesfeldt, Irenäus., *The Biology of Peace and War: Men, Animals, and Aggression.* New York, NY: Viking Press, 1979.

Ellison, Peter T., and Peter B. Gray, eds., *Endocrinology of Social Relationships.* Cambridge, Mass.: Harvard University Press, 2009.

Ember, C. R., "Myths About Hunter-Gatherers." *Ethnology*, Vol. 17, No. 4

(1978), pp. 439-448.

Ermer, E., L. Cosmides, and J. Tooby, "Relative Status Regulates Risky Decision Making About Resources in Men: Evidence for the Co-Evolution of Motivation and Cognition." *Evolution and Human Behavior*, Vol. 29, No. 2 (March 2008), pp. 106-118.

Elster, John. *Explaining Technical Change: A Case Study in the Philosophy of Science.* Cambridge: Cambridge University Press, 1983.

Epley, Nicholas and Erin Whitchurch, "Mirror, Mirror on the Wall: Enhancement in Self-Recognition." *Personality and Social Psychology Bulletin*, Vol. 34, No. 9 (September 2008), pp. 1159-1170.

Ermer, E., L. Cosmides, and J. Tooby, "Relative Status Regulates Risky Decision Making About Resources in Men: Evidence for the Co-Evolution of Motivation and Cognition." *Evolution and Human Behavior*, Vol. 29, No. 2 (March 2008), pp. 106-118.

Fletcher, J. A., and M. Zwick, "Strong altruism can evolve in randomly formed groups." *Journal of Theoretical Biology*, Vo. 228, No. 3 (2004), pp. 303-313.

Flinn, Mark V., Davide Ponzi, and Michael P. Muehlenbein, "Hormonal Mechanisms for Regulation of Aggression in Human Coalitions." *Human Nature*, Vol. 23, No. 1 (2012), pp. 68-88.

Forgas, Joseph P., Martie G. Haselton, and William von Hippel, eds., *Evolution and the Social Mind: Evolutionary Psychology and Social Cognition.* New York: Psychology Press, 2007.

Gat, Azar. "So Why Do People Fight? Evolutionary Theory and the Causes of War." *European Journal of International Relations*, Vol. 15, No. 4 (November 2009), pp. 571-599.

―――. *The Causes of War and the Spread of Peace: But Will War Rebound?* New York: Oxford University Press, 2017.

―――. "The Human Motivational Complex: Evolutionary Theory and the Causes of Hunter-Gatherer Fighting, Pt. 1: Primary Somatic and Reproductive Causes." *Anthropological Quarterly,* Vol. 73, No. 1 (January 2000), pp. 20-34.

Gazzaniga, Michael S. *The Cognitive Neurosciences.* Cambridge, MA: MIT Press, 2009.

Gilovich, Thomas. "Biased Evaluation and Persistence in Gambling." *Journal of Personality and Social Psychology*, Vol. 44, No. 6 (June 1983), pp. 1110-1126.

Ginges, Jeremy and Scott Atran, "War as a Moral Imperative (Not Just Practical Politics by Other Means)." *Proceedings of the Royal Society B:*

Biological Sciences, Vol. 278, No. 1720 (2011), pp. 2930-2938.

Gneezy, Ayelet., and Daniel M. T. Fessler, "Conflict, Sticks and Carrots: War Increases Prosocial Punishments and Rewards." *Proceedings of the Royal Society B: Biological Sciences*, Vol. 279, No. 1727 (2011), pp. 219-232.

Gottschall, Jonathan *The Storytelling Animal: How Stories Make Us Human*. New York, NY: Houghton Mifflin Harcourt, 2012.

Greene, J. D. "Dual-Process Morality and the Personal/Impersonal Distinction: A Reply to McGuire, Langdon, Coltheart, and Mackenzie." *Journal of Experimental Social Psychology*, Vol. 45, No. 3, (May 2009), pp. 581-584.

Greene, J. D. et al, "An fMRI Investigation of Emotional Engagement in Moral Judgment." *Science*, Vol. 293, No. 5537 (September 2001), pp. 2105-2108.

Greene, J. D., R. Brian Sommerville, Leigh E. Nystrom, John M. Darley, Jonathan D. Cohen. "An fMRI Investigation of Emotional Engagement in Moral Judgment." *Science*, Vol. 293, No. 5537 (September 2001), pp. 2105-2108.

Haidt, J. "The Emotional Dog and its Rational Tail: A Social Intuitionist Approach to Moral Judgment." *Psychological Review*, Vol. 108, No. 4 (2001), pp. 814-834

Hamilton, W. D. "The Genetical E v olution of Social Behaviour. I." *Journal of Theoretical Biology*, Vol. 7, No. 1 (July 1964), pp. 1-16.

———. "The Genetical Evolution of Social Behaviour. II ." *Journal of Theoretical Biology*, Vol. 7, No. 1 (July 1964), pp. 17-52.

Hammond, Ross A., and Robert Axelrod, "The Evolution of Ethnocentrism." *Journal of Conflict Resolution*, Vol. 50, No. 6 (December 2006), pp. 926-936.

Hamlin, J. Kiley., Karen Wynn, and Paul Bloom, "Three - month - olds show a negativity bias in their social evaluations." *Developmental Science*, Vol. 13, No. 6 (November 2010), pp. 923-929.

Hertler, Steven C., Aurelio José Figueredo, and Mateo Peñaherrera-Aguirre, *Multilevel Selection: Theoretical Foundations, Historical Examples, and Empirical Evidence* (Basingstoke: Palgrave Macmillan, 2020)

Hogg, Michael A., and Dominic Abrams. *Social Identifications: A Social Psychology of Intergroup Relations and Group processes*. New York: Routledge, 1988.

Ito, Tiffany A. et al., "Negative Information Weighs More Heavily on the Brain: The Negativity Bias in Evaluative Categorizations." *Journal of Personality and Social Psychology*, Vol. 75, No. 4 (October 1998), pp. 887-900.

Johnson, D. D. P. *Overconfidence and War: The Havoc and Glory of Positive*

Illusions. Cambridge, Mass.: Harvard University Press, 2004.

———. *Strategic Instincts: The Adaptive Advantages of Cognitive Biases in International Politics*. Princeton, NJ: Princeton University Press, 2020.

———. "Survival of the Disciplines: Is International Relations Fit for the New Millennium?" *Millennium*, Vol. 43, No. 2 (January 2015), pp. 749-763.

———. "The Evolution of Error: Error Management, Cognitive Constraints, and Adaptive Decision-Making Biases." *Trends in Ecology & Evolution*, Vol. 28, No. 8 (August 2013), pp. 474-481.

Johnson, D. D. P., and James H. Folwer. "The Evolution of Overconfidence." *Nature*, Vol. 477, No. 7364 (September 2011), pp. 317-320.

Johnson, D. D. P., Rose McDermott, Emily S Barrett, Jonathan Cowden, Richard Wrangham. "Overconfidence in Wargames: Experimental Evidence on Expectations, Aggression, Gender and Testosterone." *Proceedings of the Royal Society B-Biological Sciences*, Vol. 273, No. 1600 (October 2006), pp. 2513-2520.

Johnson, D. D. P., Rose McDermott and Jon Cowden and Dustin Tingley. "Dead Certain Confidence and Conservatism Predict Aggression in Simulated International Crisis Decision-Making." *Human Nature-an Interdisciplinary Biosocial Perspective*, Vol. 23, No. 1 (March 2012), pp. 98-126.

Johnson, D. D. P., and Niall J. MacKay. "Fight the Power: Lanchester's Laws of Combat in Human Evolution." *Evolution and Human Behavior*, Vol. 36, No. 2 (2015), pp. 152-163.

Johnson, D. D. P., Nils B. Weidmann, Lars-Erik Cederman. "Fortune Favours the Bold: An Agent-Based Model Reveals Adaptive Advantages of Overconfidence in War." *Plos One*, Vol. 6, No. 6 (June 2011), e20851.

Johnson, D. D. P. and Bradley A. Thayer, "Crucible of Anarchy: Human Nature and the Origins of Offensive Realism." paper presented at the 2013 annual convention of the International Studies Association, San Francisco, CA.

———. "The Evolution of Offensive Realism." *Politics and the Life Sciences*, Vol. 35, No. 1 (Spring 2016), pp. 1-26.

Johnson, D. D. P., and Monica Duffy Toft. "daGrounds for War: The Evolution of Territorial Conflict." *International Security*, Vol. 38, No. 3 (Winter 2013/2014), pp. 7-38.

Johnson, D. D. P., and Dominic Tierney. "The Rubicon Theory of War: How the Path to Conflict Reaches the Point of No Return." *International Security*, Vol.

36, No. 1 (Summer 2011), pp. 7-40.

────. "Bad World: The Negativity Bias in International Politics." *International Security,* Vol. 43, No. 3 (Winter 2018/19), pp. 96-140.

Johnson, D. D. P., Richard W. Wrangham, and Steven P. Rosen, "Is Military Incompetence Adaptive? An Empirical Test with Risk-Taking Behaviour in Modem Warfare." *Evolution and Human Behavior,* Vol. 23, No. 4 (2002), pp. 245-264.

Kahneman, Daniel., and Jonathan Renshon, "Why Hawks Win." *Foreign Policy,* No. 158 (January/February 2007), pp. 34-38.

Kenrick, Douglas T. *Sex, Murder, and the Meaning of Life: A Psychologist Investigates How Evolution, Cognition, and Complexity Are Revolutionizing Our View of Human Nature.* New York: Basic Books, 2011.

Lieberman, D., and T. Lobel, "Kinship on the Kibbutz: Co-Residence Duration Predicts Altruism, Personal Sexual Aversions and Moral Attitudes Among Communally Reared Peers." *Evolution and Human Behavior,* Vol. 33 (2012), pp. 26-34.

Lumsden, Charles J., and Edward O. Wilson, "Translation of epigenetic rules of individual behavior into ethnographic patterns." *PNAS,* Vol. 77, No. 7 (July 1980), pp. 4382-4386.

────. *Genes, Mind, and Culture: The Coevolutionary Process.* Cambridge: Harvard University Press, 1983.

Foster, Kevin R., and Hanna Kokko, "The evolution of superstitious and superstition-like behaviour." *Proceedings of the Royal Society B,* Vol. 276, No. 1654 (September 2008), pp. 31-37.

Smith, Kevin., John R. Alford, Peter K. Hatemi, Lindon J. Eaves, Carolyn Funk, and John R. Hibbing, "Biology, Ideology, and Epistemology: How Do We Know Political Attitudes are Inherited and Why Should We Care?" *American Journal of Political Science,* Vol. 56, No. 1 (2012), pp. 17-33.

Kinzler Katherine D., Emmanuel Dupoux, and Elizabeth S. Spelke. "The native language of social cognition." *Proceedings of the National Academy of Sciences,* Vol. 104, No. 30, (July 2007), pp. 12577-12580.

Kosfeld, Michael, Markus Heinrichs, Paul J. Zak, Urs Fischbacher, Ernst Fehr, "Oxytocin increases trust in humans." *Nature,* Vol. 435, No. 7042, 2 (June 2005), pp. 673–676.

Krasnow, Max M., Andrew W. Delton, John Tooby, and Leda Cosmides, "Meeting Now Suggests We Will Meet Again: Implications for Debates on the Evolution of Cooperation." *Scientific Reports,* Vol. 3, No. 1747 (2013), pp.

1-8.

Kuo, Raymond, Dominic D. P. Johnson, and Monica Duffy Toft. "Correspondence: Evolution and Territorial Conflict." *International Security*, Vol. 39, No. 3 (Winter 2014/2015), pp. 190-201.

Liddle, James R., and Todd K. Shackelford, eds., *The Oxford Handbook of Evolutionary Psychology and Religion*. New York: Oxford University Press, 2021.

LeBlanc, Steven A., and Katherine E. Register, *Constant Battles: The Myth of the Peaceful, Noble Savage*. New York: St. Martin's, 2003.

Lehmann, Laurent., and Marcus W. Feldman, "War and the Evolution of Belligerence and Bravery." *Proceedings of the Royal Society B: Biological Sciences*, Vol. 275, No. 1653 (2008): 2877-2885.

Liddle, James R., and Todd K. Shackelford, eds., *The Oxford Handbook of Evolutionary Psychology and Religion*. New York: Oxford University Press, 2021.

Liddle, James R., Todd K. Shackelford, and Viviana A. Weekes–Shackelford, "Why Can't We All Just Get Along? Evolutionary Perspectives on Violence, Homicide, and War." *Review of General Psychology*, Vol. 16, No. 1 (2012), pp. 24-36.

Li1, Norman P., Mark Van Vugt, Stephen M. Colarelli, "The Evolutionary Mismatch Hypothesis: Implications for Psychological Science." *Current Directions in Psychological Science*, Vol. 27, No. 1, pp. 38-44.

Lloyd, Elisabeth, David Sloan Wilson, and Elliott Sober. "Evolutionary mismatch and what to do about it: A basic tutorial." *Evolutionary Applications* (2011), pp. 2-4.

Long, William J., and Peter Brecke, *War and Reconciliation: Reason and Emotion in Conflict Resolution*. Cambridge, Mass.: The MIT Press, 2003.

Lopez, Anthony C. "The Evolution of War: Theory and Controversy." *International Theory*, Vol. 8, No. 1 (October 2016), pp. 97-139.

———. "The Hawkish Dove: Evolution and the Logic of Political Behaviour." *Millennium –Journal of International Studies*, Vol. 43, No. 1 (2014), pp. 66-91.

Lopez, Anthony C., and Rose McDermott, "Adaptation, Heritability, and the Emergence of Evolutionary Political Science." *Political Psychology*, Vol. 33, No. 3 (June 2012), pp. 343-362.

Lopez, Anthony C., Rose McDermott, and Michael Bang Petersen, "States in Mind: Evolution, Coalitional Psychology, and International Politics."

International Security, Vol. 36, No. 2 (Fall 2011), pp. 48–83.

McDonald, Melissa M., Carlos D. Navarrete, and Mark Van Vugt, "Evolution and the Psychology of Intergroup Conflict: The Male Warrior Hypothesis." *Philosophical Transactions of the Royal Society B: Biological Sciences*, Vol. 367, No. 1589 (2012), pp. 670-679.

Mahajan, Neha., Karen Wynn, "Origins of 'Us' versus 'Them': Prelinguistic infants prefer similar others." *Cognition*, Vol. 124, No. 2 (August 2012), pp. 227-233.

Mahajan, Neha, Margaret A. Martinez, Natashya L. Gutierrez, Gil Diesendruck, Mahzarin Banaji, Laurie R. Santos, "The Evolution of Intergroup Bias: Perceptions and Attitudes in Rhesus Macaques." *Journal of Personality and Social Psychology*, Vol. 100, No. 3 (March 2011), pp. 387-405.

Manson, Joseph H., and Richard W. Wrangham, "Intergroup Aggression in Chimpanzees and Humans." *Current Anthropology*, Vol. 32, No. 4 (August–October 1991), pp. 369-390.

Marr, D. *Vision: A Computational Investigation into the Human Representation and Processing of Visual Information.* San Francisco, CA: Freeman, 1982.

Mathew, Sarah., and Robert Boyd, "Punishment Sustains Large-Scale Cooperation in Prestate Warfare." *Proceedings of the National Academy of Sciences*, Vol. 108, No. 28 (2011), pp. 11375-11380.

McCullough, Michael E., Robert Kurzban, and Benjamin A. Tabak. "Cognitive Systems for Revenge and Forgiveness." *The Behavioral and Brain Sciences*, Vol. 36, No. 1 (2013), pp. 1-15.

McCullough, Michael E., Steven J. Sandage, Everett L. Worthington. *To Forgive Is Human: How to Put Your Past in the Past.* Westmont: InterVarsity Press, 1997.

McDermott, Rose. "The Feeling of Rationality: The Meaning of Neuroscientiac Advances for Political Science." *Perspectives on Politics*, Vol. 2, No. 4 (December 2004), pp. 691-706, esp. pp. 692-693.

McDermott, R., D. Johnson, J. Cowden, and S. Rosen. "Testosterone and Aggression in a Simulated Crisis Game." *Annals of the American Academy of Political and Social Science*, Vol. 614 (November 2007), pp. 15-33.

McDermott, R., Dustin Tingley, Jonathan Cowden, Giovanni Frazetto, and Dominic D. P. Johnson. "Monoamine Oxidase A Gene (MAOA) Predicts Behavioral Aggression Following Provocation." *Proceedings of the National Academy of Sciences*, Vol. 106, No. 7 (2009), pp. 2118-2123.

McDermott, R., J. H. Fowler, and O. Smirnov, "On the Evolutionary Origin of

Prospect Theory Preferences." *Journal of Politics*, Vol. 70, No. 2 (April 2008), pp. 335-350.

McKenzie, J. A., and K. O'farrell. "Modification of Developmental Instability and Fitness: Malathion-Resistance in the Australian Sheep Blowfly, Lucilia Cuprina." *Genetica*, Vol. 89, No. 1-3 (February 1993), pp. 67-76.

Merton, Robert K. "The Self-Fulfilling Prophecy." *The Antioch Review*, Vol. 8, No. 2 (Summer 1948), pp. 193-210.

Mitani, John C., David P. Watts, and Amsler J. Sylvia, "Lethal Intergroup Aggression Leads to Territorial Expansion in Wild Chimpanzees." *Current Biology*, No. 20, No. 12 (2010), pp. R507-508.

Morewedge, Carey K. "Negativity Bias in Attribution of External Agency." *Journal of Experimental Psychology*, Vol. 138, No. 4 (November 2009), pp. 535-545.

Moutsiana, Christina, Neil Garrett, Richard C. Clarke, R. Beau Lotto, Sarah-Jayne Blakemore and Tali Sharot "Human Development of the Ability to Learn from Bad News." *Proceedings of the National Academy of Sciences*, Vol. 110, No. 41 (October 2013), pp. 16396-16401.

Nakao, Hisashi., Kohei Tamura, Yui Arimatsu, Tomomi Nakagawa, Naoko Matsumoto, and Takehiko Matsugi, "Violence in the prehistoric period of Japan: the spatio-temporal pattern of skeletal evidence for violence in the Jomon period." *Biology Letters*, Vol. 12, No. 3 (March 2016), pp. 1-4.

Neve, Jan-Emmanuel De, Nicholas A. Christakis, James H. Fowler and Bruno S. Frey, "Genes, Economics, and Happiness." *Journal of Neuroscience, Psychology, and Economics*, Vol. 5, No. 4 (November 2012), pp. 193-211.

Nowak, Martin A. "Five Rules for the Evolution of Cooperation." *Science*, Vol. 314, No. 5805 (2006), pp. 1560-1563.

————. "Generosity: A Winner's Advice." *Nature*, Vol. 456 (2008), p. 579.

Nucci, Larry P., Elliot Turiel, and Gloria Encarnacion-Gawrych, "Children's Social Interactions and Social Concepts: Analyses of Morality and Convention in the Virgin Islands." *Journal of Cross-Cultural Psychology*, Vol. 14, No. 4 (December 1983), pp. 469-487.

Fehr, Ernst., and Klaus M. Schmidt. "A Theory of Fairness, Competition, and Cooperation." *The Quarterly Journal of Economics*, Vol. 114, No. 3 (1999), pp. 817-868.

Foley, Robert. "The Adaptive Legacy of Human Evolution: A Search for the Environment of Evolutionary Adaptedness." *Evolutionary Anthropology: Issues, News, and Reviews*, Vol. 4, No. 6 (1995), pp. 194-203.

Foster, Kevin R. and Hanna Kokko, "The evolution of superstitious and superstition-like behaviour." *Proceedings of the Royal Society B*, Vol. 276, No. 1654 (September 2008), pp. 31-37.

Fox, Elaine. et al., "Facial Expressions of Emotion: Are Angry Faces Detected More Efficiently?" *Cognition & Emotion*, Vol. 14, No. 1 (January 2000), pp. 61-92.

Fry, Douglas P. *Beyond War: The Human Potential for Peace*, 1st ed. New York: Oxford University Press, 2007.

———. *The Human Potential for Peace: An Anthropological Challenge to Assumptions About War and Violence*. New York: Oxford University Press, 2005.

Gallistel, Charles R. *The Organization of Learning*. Cambridge, Mass.: MIT Press, 1990.

Garcia, Johnl, Walter G. Hankins, and Kenneth W. Rusiniak, "Behavioral Regulation of the Milieu Interne in Man and Rat." *Science*, Vol. 185, No. 4154 (September 1974), pp. 824-831.

Gould, Stephen J., and Richard C. Lewontin. "The Spandrels of San Marco and the Panglossian Paradigm: A Critique of the Adaptationist Programme." *Proceedings of the Royal Society of London Series B-Biological Sciences*, Vol. 205, No. 1161 (1979), pp. 581-598.

Gray, Jeffrey A. *The Psychology of Fear and Stress*. Cambridge: Cambridge University Press, 1987.

Greenwald, A. G., Debbie E. McGhee, and Jordan L. K. Schwartz, "Measuring individual differences in implicit cognition: the implicit association test." *Journal of Personality and Social Psychology*, Vol. 74, No. 6, (June 1998), pp. 1464-1480.

Haidt, Jonathan. "When and why nationalism beats globalism." *Policy: A Journal of Public Policy and Ideas*, Vol. 32, No. 3 (Spring 2016), pp. 46-53.

Hammerstein, Peter., ed. *Genetic and Cultural Evolution of Cooperation*. Cambridge: The MIT press, 2003.

Hammond, Ross A. and Robert Axelrod. "The Evolution of Ethnocentrism." *Journal of Conflict Resolution*, Vol. 50, No. 6 (December 2006), pp. 926-936.

Haselhuhn, Michael P., and Elaine M. Wong. "Bad to the Bone: Facial Structure Predicts Unethical Behaviour." *Proceedings of the Royal Society B: Biological Sciences*, Vol. 282, No. 1817 (2011), pp. 571-576.

Haselton, Martie G., and Daniel Nettle. "The Paranoid Optimist: An Integrative Evolutionary Model of Cognitive Biases." *Personality and Social Psychology*

Review, Vol. 10, No. 1 (February 2006), pp. 47-66.

Hatemi, Peter K. and Rose Mcdermott, *Man Is by Nature a Political Animal: Evolution, Biology, and Politics*. Chicago: University of Chicago Press, 2011.

Hauser, Marc. *Moral Minds: How Nature Designed Our Universal Sense of Right and Wrong*. New York: Ecco Press, 2006.

Henrik Hogh-Olesen, ed., *Human Morality and sociality: Evolutionary and comparative perspectives*. Basingstoke: Palgrave Macmillan, 2010.

Hippel, William von., and Robert Trivers, "The evolution and psychology of self-deception." *Behavioral and Brain Sciences*, Vol. 34, No. 1 (February 2011), pp. 1-16.

Iredale, W., M. Vugt, and R. Dunbar. "Showing Off in Humans: Male Generosity as Mating Signal." *Evolutionary Psychology*, Vol. 6, No. 3 (2008), pp. 386-392.

Orbell, John et al. ""Machiavellian" Intelligence as a Basis for the Evolution of Cooperative Dispositions." *American Political Science Review*, Vol. 98, No. 1 (February 2004), pp. 1-15.

Orbell, John, and Tomonori Morikawa. "An Evolutionary Account of Suicide Attacks: The Kamikaze Case." *Political Psychology*, Vol. 32, No. 2 (April 2011), pp. 297-322.

Otterbein, Keith F. "The Origins of War." *Critical Review*, Vol. 11, No. 2 (Spring 1997), pp. 251-277.

―――. *How War Began, 1st ed.* College Station: TAMU Press, 2004.

Paivio, Allan. "Mental Imagery in Associative Learning and Memory." *Psychological Review*, Vol. 76, No. 3 (1969) pp. 241-263.

Palmer, Craig. "The Peacemaking Primate?" *Evolutionary Psychology*, Vol. 4 (2006), pp. 138-141.

Parker, Geoff A. "Assessment Strategy and Evolution of Fighting Behavior." *Journal of Theoretical Biology*, Vol. 47, No. 1 (September 1974), pp. 223-243.

Payne, K. *The Psychology of Modern Conflict: Evolutionary Theory, Human Nature and a Liberal Approach to War*. Basingstoke: Palgrave Macmillan, 2015.

―――. *The Psychology of Strategy: Exploring Rationality in the Vietnam War*. New York: Oxford University Press, 2015.

―――. *Strategy, Evolution, and War: From Apes to Artificial Intelligence*. Washington, DC: Georgetown University Press, 2018.

Pierce, W. David., and Carl D. Cheney. *Behavior Analysis and Learning: A Biobehavioral Approach, Sixth Edition*. New York: Routledge, 2017.

Pinker, Steven. *Rationality: What It Is, Why It Seems Scarce, Why It Matters.* London: Allen Lane, 2021.

Petersen, M. B., D. Sznycer, A. Sell, L. Cosmides, and J. Tooby. "The Ancestral Logic of Politics: Upper-Body Strength Regulates Men's Assertion of Self-Interest over Economic Redistribution." *Psychological Science*, Vol. 24, No. 7 (May 2013), pp. 1098-1103.

Petersen, Michael Bang. "Evolutionary Political Psychology: On the Origin and Structure of Heuristics and Biases in Politics." *Political Psychology*, Vol. 36, Issue Supplement S1 (February 2015), pp. 45-78.

———. "Public Opinion and Evolved Heuristics: The Role of Category-Based Inference," *Journal of Cognition and Culture,* Vol. 9, No. 3 (2009), pp. 367-389.

Pettman, Ralph., "Psychopathology and world politics." *Cambridge Review of International Affairs*, Vol. 23, No. 3 (September 2010), pp. 475-492.

———. *Psychopathology and World Politics.* London: World Scientific, 2011.

Pietraszewski, D., L. Cosmides, and J. Tooby. "The Content of Our Cooperation, Not the Color of Our Skin: An Alliance Detection System Regulates Categorization by Coalition and Race, but Not Sex." *Plos One*, Vol. 9, No. 2 (February 2014), e88534.

Prüfer, Kay., Kasper Munch, Ines Hellmann, Keiko Akagi, Jason R. Miller, Brian Walenz, Sergey Koren, et al, "The Bonobo Genome Compared with the Chimpanzee and Human Genomes." *Nature*, Vol. 486, No. 7404 (2012), pp. 527-531.

Puts, David A., Coren L. Apicella and Rodrigo A. Cárdenas, "Masculine Voices Signal Men's Threat Potential in Forager and Industrial Societies." *Proceedings of the Royal Society B: Biological Sciences*, Vol. 279, No. 1728(2012), pp. 601-609.

Puurtinen, Mikael., and Tapio Mappes. "Between-Group Competition and Human Cooperation." *Proceedings of the Royal Society B: Biological Sciences*, Vol. 276, No. 1655 (2009), pp. 355-360.

Rilling, James K., Jan Scholz, Todd M. Preuss, Matthew F. Glasser, Bhargav K. Errangi, and Timothy E. Behrens. "Differences Between Chimpanzees and Bonobos in Neural Systems Supporting Social Cognition." *Social Cognitive and Affective Neuroscience*, Vol. 7, No. 4 (2011), pp. 369-379.

Rozin, Paul and Edward B. Royzman. "Negativity Bias, Negativity Dominance, and Contagion." *Personality and Social Psychology Review*, Vol. 5, No. 4 (November 2001), pp. 296-320.

Marean, Curtis W., Miryam Bar-Matthews, Jocelyn Bernatchez, Erich Fisher, Paul Goldberg, Andy I. R. Herries, Zenobia Jacobs, Antonieta Jerardino, Panagiotis Karkanas, Tom Minichillo, Peter J. Nilssen, Erin Thompson, Ian Watts & Hope M. Williams, "Early Human Use of Marine Resources and Pigment in South Africa during the Middle Pleistocene." *Nature*, Vol. 449 (2007), pp. 905-908.

Mayr, Ernst. "How to Carry Out the Adaptationist Program?" *American Naturalist,* Vol. 121, No. 3 (March 1983), pp. 324-334.

McAndrew, Francis T., and Carin Perilloux. "Is Self-Sacrificial Competitive Altruism Primarily a Male Activity?" *Evolutionary Psychology*, Vol. 10, No. 1 (2012), pp. 50-65.

McDermott, Rose. "Prospect Theory in Political Science: Gains and Losses from the First Decade." *Political Psychology*, Vol. 25, No. 2 (April 2004), pp. 289-312.

McDermott, Rose et al., "Testosterone and Aggression in a Simulated Crisis Game." *Annals of the American Academy of Political and Social Science*, Vol. 614, No. 1 (November 2007), pp. 15-33.

Miller, Dale T., and Michael Ross. "Self-serving Biases in the Attribution of Causality: Fact or Fiction?" *Psychological Bulletin*, Vo. 82, No. 2 (1975), pp. 213-225.

Miller, Geoffrey. *The Mating Mind: How Sexual Choice Shaped the Evolution of Human Nature.* New York: Vintage Books, 2000.

―――. "Sexual selection for moral virtues." *Quarterly Review of Biology*, Vol. 82 (2007), pp. 97-125.

Morgan, T. J. H., L. E. Rendell, M. Ehn, W. Hoppitt, and K. N. Laland, "The Evolutionary Basis of Human Social Learning." *Proceedings of the Royal Society B: Biological Sciences*, Vol. 282, No. 1817 (2011), pp. 653-662.

Navarrete, David C., Robert Kurzban, Daniel M. T. Fessler, and L. A. Kirkpatrick, "Anxiety and Intergroup Bias: Terror Management or Coalitional Psychology?" *Group Processes & Intergroup Relations*, Vol. 7, No. 4 (2004), pp. 370-397.

Neve, Jan-Emmanuel De. et al., "Genes, Economics, and Happiness." *Journal of Neuroscience, Psychology, and Economics*, Vol. 5, No. 4 (November 2012), pp. 193-211.

Neuman, W. Russell, George E. Marcus, Ann N. Crigler, and Michael Mackuen, eds. *The Affect Effect: Dynamics of Emotion in Political Thinking and Behavior.* Chicago: University of Chicago Press, 2007.

Nowak, Martin A. "Five Rules for the Evolution of Cooperation." *Science*, Vol. 314, No. 5805 (2006), pp. 1560-1563.

Ruffle, B. J., and R. Sosis. "Cooperation and the In-Group–Out-Group Bias: A Field Test on Israeli Kibbutz Members and City Residents." *Journal of Economic Behavior and Organization*, Vol. 60 (2006), pp. 147-163.

Richerson, Peter J., and Robert Boyd. *Not by Genes Alone: How Culture Transformed Human Evolution*. Chicago: University of Chicago Press, 2004.

Ridley, Matt. *The Origins of Virtue: Human Instincts and The Evolution of Cooperation*. New York: Viking Adult, 1997.

Roberts, S. Craig. ed. *Applied Evolutionary Psychology*. New York: Oxford University Press, 2012.

Rosen, Stephen Peter. *War and Human Nature*. Princeton: Princeton University Press, 2007.

Rubin, Paul Harold. *Darwinian Politics: The Evolutionary Origin of Freedom*. New Brunswick: Rutgers University Press, 2002.

Sagi, A., M. E. Lamb, R. Shoham, R. Dvir, and K. S. Lewkowicz, "Parent-Infant Interaction in Families on Israeli Kibbutzim." *International Journal of Behavioral Development*, Vol. 8 (1985), pp. 273-284.

Sarkar, S., and A. Plutynski, eds. *A Companion to the Philosophy of Biology*. Oxford: Blackwell, 2008, pp. 186-202.

Schacter, Daniel L. *Searching for Memory: The Brain, the Mind, and the Past*. New York: Basic Books, 1996, pp. 192-217.

Schaller, Mark., Jeffry A. Simpson, and Douglas T. Kenrick. *Evolution and Social Psychology*. New York, NY: Psychology Press, 2006.

Schaller, Mark., Justin H. Park, and Annette Mueller. "Fear of the Dark: Interactive Effects of Beliefs About Danger and Ambient Darkness on Ethnic Stereotypes." *Personality & Social Psychology Bulletin*, Vol. 29, No.5 (2003), pp. 637-649.

Schwartz, Tony. "Overcoming Your Negativity Bias." *New York Times*, June 14, 2013.

Sell, A., et al. "The Grammar of Anger: Mapping the Computational Architecture of a Recalibrational Emotion." *Cognition*, Vol. 168 (November 2017), pp. 110-128.

Sell, A. J. Tooby, and L. Cosmides. "Formidability and the Logic of Human Anger." *Proceedings of the National Academy of Sciences of the United States of America*, Vol. 106, No. 35 (September 2009), pp. 15073-15078.

Sell, A., Leda Cosmides, John Tooby, Daniel Sznycer, Christopher von Rueden, and Michael Gurven, "Human Adaptations for the Visual Assessment of Strength and Fighting Ability from the Body and Face." *Proceedings of the Royal Society of London Series B-Biological Sciences*, Vol. 276, No. 1656(2009), pp. 575-584.

Sell, A., Liana S. E. Hone, and Nicholas Pound, "The Importance of Physical Strength to Human Males." *Human Nature*, Vol. 23, No. 1 (March 2012), pp. 30-44.

Sharot, Tali, Tamara Shiner, and Raymond J. Dolan, "Experience and Choice Shape Expected Aversive Outcomes." *The Journal of Neuroscience*, Vol. 30, No. 27 (July 2010), pp. 9209-9215.

Sharot, Tali, Cristina M. Velasquez, and Raymond J. Dolan, "Do Decisions Shape Preference? Evidence from Blind Choice." *Psychological Science*, Vol. 21, No. 9 (September 2010), pp. 1231-1235.

Sharot, Tali et al. "Is Choice-Induced Preference Change Long Lasting?" *Psychological Science*, Vol. 23, No. 10 (October 2012), pp. 1123-1129.

Sharot, Tali, Benedetto De Martino, and Raymond J. Dolan, "How Choice Reveals and Shapes Expected Hedonic Outcome." *The Journal of Neuroscience*, Vol. 29, No. 12 (March 2009), pp. 3760-3765.

Sharot, Tali, Ryota Kanai, David Marston, Christoph W. Korn, Geraint Rees, and Raymond J. Dolan. "Selectively Altering Belief Formation in the Human Brain." *Proceedings of the National Academy of Sciences*, Vol. 109, No. 42 (October 2012), pp. 17058-17062.

Sharot, Tali, Christoph W. Korn, and Raymond J. Dolan. "How Unrealistic Optimism Is Maintained in the Face of Reality." *Nature neuroscience*, Vol. 14, No. 11 (November 2011), pp. 1475-1479.

Sherif, Muzafer, and Carolyn W. Sherif. *Groups in Harmony and Tension*. New York: Harper, 1953.

Shepher, J. "Mate Selection Among Second Generation Kibbutz Adolescents and Adults: Incest Avoidance and Negative Imprinting." *Archives of Sexual Behavior*, Vol. 1 (1971), pp. 293- 307.

Shor, E. "The Westermarck Hypothesis and the Israeli Kibbutzim: Reconciling Contrasting Evidence." *Archives of Sexual Behavior*, Vol. 44 (2015), pp. 1-12.

Short, Lindsey A., Catherine J. Mondloch, Cheryl M. McCormick, Justin M. Carré, Ruqian Ma, Genyue Fu, and Kang Lee. "Detection of Propensity for Aggression Based on Facial Structure Irrespective of Face Race." *Evolution and Human Behavior*, Vol. 33, No. 2 (2012), pp. 121-129.

Silverberg, James., and J. Patrick Gray. *Aggression and Peacefulness in*

Humans and Other Primates. New York, NY: Oxford University Press, 1992.

Sinnott-Armstrong, W. ed., *Moral Psychology: The Evolution of Morality, vol. 1.* Cambridge, Mass.: MIT Press, 2008.

Smith, John Maynard. *Evolution and the Theory of Games.* Cambridge: Cambridge University Press, 1982.

Smith, N. Kyle et al. "May I Have Your Attention, Please: Electrocortical Responses to Positive and Negative Stimuli." *Neuropsychologia,* Vol. 41, No. 2 (2003), pp. 171-183

Sober, E., and D. S. Wilson. *Unto Others, The Evolution and Psychology of Unselfish Behavior.* Cambridge, Mass.: Harvard University Press, 1998.

Solomon, Richard L., and Lyman C. Wynne, "Traumatic Avoidance Learning: The Principles of Anxiety Conservation and Partial Irreversibility." *Psychological Review,* Vol. 61, No. 6 (November 1954), pp. 353-385.

Sperber, Dan. *Explaining Culture: A Naturalistic Approach.* Oxford: Blackwell, 1996.

Spisak, Brian R. "The General Age of Leadership: Older-Looking Presidential Candidates Win Elections during War." *PLoS ONE,* Vol. 7, No. 5 (2012), e36945.

Sapolsky, Robert M., "A Natural History of Peace." *Foreign Affairs,* Vol. 85, No. 1 (2006), pp. 104-120.

Spisak, Brian R., Peter H. Dekker, Max Krüger, and Mark Van Vugt, "Warriors and Peacekeepers: Testing a Biosocial Implicit Leadership Hypothesis of Intergroup Relations Using Masculine and Feminine Faces." *PLoS ONE,* Vol. 7, No. 1 (2012), e30399.

Statman, Daniel. "Hypocrisy and self-deception." *Philosophical Psychology,* Vol. 10, No. 1 (1997), pp. 57-75.

Stavridis, J. "The Dawning of the Age of Biology." *Financial Times,* 19, January 2014.

Stewart-Williams, Steve. *The Ape that Understood the Universe: How the Mind and Culture Evolve.* New York: Cambridge University Press, 2019, pp. 42-43.

Symons, Donald. *The Evolution of Human Sexuality.* New York, NY: Oxford University Press, 1979.

Tajfel, Henri. "Experiments in Intergroup Discrimination." *Scientific American,* Vol. 223 (November 1970), pp. 96-102.

Thayer, Bradley A. "Bringing in Darwin: Evolutionary Theory, Realism, and International Politics." *International Security,* Vol. 25, No. 2 (Fall 2000), pp.

124-151.

———. "Thinking About Nuclear Deterrence Theory: Why Evolutionary Psychology Undermines Its Rational Actor Assumptions." *Comparative Strategy*, Vol. 26, No. 4 (October 2007), pp. 311-323.

———. *Darwin and International Relations: On the Evolutionary Origins of War and Ethnic Conflict.* Lexington: University Press of Kentucky, 2004.

Thayer, Bradley A., and Valerie M. Hudson. "Sex and the Shaheed: Insights from the Life Sciences on Islamic Suicide Terrorism." *International Security*, Vol. 34, No. 4(March 2010), pp. 37-62.

Tiihonen, J., M.-R. Rautiainen, H. M. Ollila, E. Repo-Tiihonen, M. Virkkunen, A. Palotie, O. Pietiläinen, et al. "Genetic Background of Extreme Violent Behavior." *Molecular Psychiatry*, Vol. 20 (October 2014) pp. 786-792.

Tomasello, Michael., Alicia P. Melis, Claudio Tennie, Emily Wyman, and Esther Herrmann, "Two Key Steps in the Evolution of Human Cooperation: The Interdependence Hypothesis." *Current Anthropology*, Vol. 53, No. 6 (December 2012), pp. 673-692.

Tomasello, Michael., Malinda Carpenter, Josep Call, Tanya Behne, and Henrike Moll. "Understanding and sharing intentions: The origins of cultural cognition." *Behavioral and Brain Sciences*, Vol. 28 (2005), pp. 675-735.

Tooby, John., Leda Cosmides, and Michael E. Price. "Cognitive Adaptations for n-Person Exchange: The Evolutionary Roots of Organizational Behavior." *Managerial and Decision Economics*, Vol. 27, No. 2-3 (March-May 2006), pp. 103-129.

Tooby, John., and Leda Cosmides, "On the Universality of Human Nature and the Uniqueness of the Individual: The Role of Genetics and Adaptation." *Journal of Personality*, Vol. 58, No. 1 (1990), pp. 17-67.

Turney-High, Harry H. *Primitive War: Its Practice and Concepts.* Columbia, SC: University of South Carolina Press, 1949.

Tversky, Amos., and Daniel Kahneman. "Availability: A heuristic for judging frequency and probability." *Cognitive Psychology*, Vol. 5, No. 2 (September 1973), pp. 207-232.

Yamagishi, Toshio., Shigehito Tanida, Rie Mashima, Eri Shimoma, and Satoshi Kanazawa. "You Can Judge a Book by its Cover: Evidence That Cheaters May Look Different from Cooperators," *Evolution and Human Behavior*, Vol. 24, No. 4 (2003), pp. 290-301.

Trivers, Robert L. "The Evolution of Reciprocal Altruism." *The Quarterly*

Review of Biology, Vol. 46, No. 1 (March 1971), pp. 35-57.

———. *Deceit and Self-Deception: Fooling Yourself the Better to Fool Others*, London: Allen Lane, 2011.

———. "The Elements of a Scientific Theory of Self-Deception." *Annals of the New York Academy of Sciences*, Vol. 907, No. 1 (April 2000), pp. 114-131.

Varki, Ajit., and Danny Brower. *Denial: Self-Deception, False Beliefs, and the Origins of the Human Mind.* New York: Twelve, 2013.

Verweij, Karin J. H., Jian Yang, Jari Lahti, Juha Veijola, Mirka Hintsanen, Laura Pulkki-Råback, Kati Heinonen, et al, "Maintenance of Genetic Variation in Human Personality: Testing Evolutionary Models by Estimating Heritability Due to Common Causal Variants and Investigating the Effect of Distant Inbreeding." *Evolution*, Vol. 66, No. 10 (2012), pp. 3238-3251.

W. David Pierce and Carl D. Cheney, *Behavior Analysis and Learning: A Biobehavioral Approach, Sixth Edition.* New York: Routledge, 2017.

Waddington, C. H. *The Evolution of an Evolutionist.* Ithaca, NY: Cornell University Press, 1975.

Wagner, John D., Mark V. Flinn, and Barry G. England, "Hormonal Response to Competition among Male Coalitions." *Evolution and Human Behavior,* Vol. 23, No. 6 (November 2002), pp. 437-442.

Wason, Peter C. "Reasoning About a Rule." *The Quarterly journal of experimental psychology*, Vol. 20, No. 3 (September 1968), pp. 273-281.

Weinstein, Neil D. "Unrealistic Optimism About Susceptibility to Health Problems: Conclusions from a Community-Wide Sample." *Journal of behavioral medicine*, Vol. 10, No. 5 (October 1987), pp. 481-500.

Whalen, Paul J. et al. "Human Amygdala Responsivity to Masked Fearful Eye Whites." *Science*, Vol. 306, No. 5704 (December 2004), p. 2061.

Williams, D. G. "Dispositional Optimism, Neuroticism, and Extraversion." Personality and individual differences, Vol. 13, No. 4 (April 1992), pp. 475-477.

Williams, George C. *Adaptation and Natural Selection: A Critique of Some Current Evolutionary Thought.* Princeton, N.J.: Princeton University Press, 1966.

Wilson, David S. "Human Groups as Units of Selection." *Science*, Vol. 276, No. 5320 (1997), pp. 1816-1817.

———. *Sociobiology: The New Synthesis.* Cambridge: Harvard University Press, 1975.

Wilson, David Sloan and E. O. Wilson. "Rethinking the theoretical foundation of sociobiology." *The Quarterly Review of Biology*, Vol. 82, No. 4 (December

2007), pp. 327-348.

―――. "Evolution 'for the Good of the Group'." *American Scientist*, Vol. 96, No. 5 (September 2008), pp. 380-389.

Wilson, Michael L., Christophe Boesch, Barbara Fruth, Takeshi Furuichi, Ian C. Gilby, Chie Hashimoto, Catherine L. Hobaiter, et al, "Lethal Aggression in Pan is Better Explained by Adaptive Strategies than Human Impacts." *Nature*, Vol. 513, No. 7518 (2014), pp. 414-417.

Wilson, Michael L., Sonya M. Kahlenberg, Michael Wells, and Richard W. Wrangham. "Ecological and Social Factors Affect the Occurrence and Outcomes of Intergroup Encounters in Chimpanzees." *Animal Behaviour*, Vol. 83, No. 1 (2012), pp. 277-291.

Worchel, Stephen, and William G. Austin. *Psychology of Intergroup Relations*. 2nd ed. Chicago: Nelson-Hall Publishers, 1985.

Wrangham, Richard W. "Is Military Incompetence Adaptive?" *Evolution and Human Behavior*, Vol. 20, No. 1 (January 1999), pp. 3-17.

―――. "Two Types of Aggression in Human Evolution." *Proceedings of the National Academy of Sciences*, Vol. 115, No. 2 (January 2018), pp. 245-253.

―――. "Evolution of Coalitionary Killing." *Yearbook of Physical Anthropology*, Vol. 42 (1999), pp. 1-30.

―――. "Hypotheses for the Evolution of Reduced Reactive Aggression in the Context of Human Self-Domestication." *Frontier in Psychology*, Vol. 10 (August 2019).

Wrangham, Richard., and Dale Peterson, *Demonic Males: Apes and the Origins of Human Violence*. Boston: Houghton Mifoin, 1996.

Wrangham, Richard W., and Luke Glowacki. "Intergroup Aggression in Chimpanzees and War in Nomadic Hunter-Gatherers: Evaluating the Chimpanzee Model." *Human Nature*, Vol. 23, No. 1 (2012), pp. 5-29.

Wright, Quincy. *A Study of War*, 2nd ed. Chicago: University of Chicago Press, 1983.

Wynne-Edwards, V. C. *Animal Dispersion in Relation to Social Behaviour*. London: Oliver and Boyd, 1962.

Zahavi, Amotz. "Mate Selection――a Selection for a Handicap." *Journal of theoretical Biology*, Vol. 53, No. 1 (September 1975), pp. 205-214.

Zak, Paul J. "The Physiology of Moral Sentiments." *Journal of Economic Behavior & Organization*, Vol. 71, No. 1 (June 2009), pp. 53-65.

―――. "Neuroactive Hormones and Interpersonal Trust: International Evidence." *Economics and Human Biology*, Vol. 4, No. 3 (2006), pp. 412-429.

Zak, Paul J., and Jacek Kugler, "Neuroeconomics and International Studies: A New Understanding of Trust." *International Studies Perspectives*, Vol. 12, No. 2 (2011), pp. 136-152.

アクセルロッド、R（松田裕之訳）『つきあい方の科学——バクテリアから国際関係まで』ミネルヴァ書房、1998年。

アンジェ、ロバート／ダニエル・デネット（佐倉統・巌谷薫・鈴木崇史・坪井りん訳）『ダーウィン文化論—科学としてのミーム』産業図書、2004年。

五百部裕・小田亮編『心と行動の進化を探る』朝倉書店、2013年。

井出弘子『ニューロポリティクス——脳神経科学の方法を用いた政治行動研究』木鐸社、2012年。

伊藤光利「政治学における進化論的アプローチ」『リヴァイアサン』第46号（2010年4月）7〜31頁。

伊藤隆太「書評『シリーズ群集生物学2——進化生物学からせまる』（大串隆之・近藤倫生・吉田丈人編）」『日本生態学会ニュースレター』第21号（2010年5月）12〜14頁。

ウィルソン、エドワード. O.（山下篤子訳）『知の挑戦——科学的知性と文化的知性の統合』角川書店、2002年。

ウィルソン、デイヴィッド・スローン（中尾ゆかり訳）『みんなの進化論』日本放送出版協会、2009年。

王暁田・蘇彦蘇捷（平石界・長谷川寿一・的場知之監訳）『進化心理学を学びたいあなたへ——パイオニアからのメッセージ』東京大学出版会、2018年。

カーネマン、ダニエル（村井章子訳）『ファスト＆スロー——あなたの意思はどのように決まるか？』全2巻、早川書房、2014年。

川越敏司編『経済学に脳と心は必要か？』河出書房新社、2013年。

北村秀哉・大坪庸介『進化と感情から解き明かす社会心理学』有斐閣、2012年。

久保田徳仁「プロスペクト理論の国際政治分析への適用——理論および方法論の観点からみた現状と課題」『防衛大学校紀要』社会科学分冊、第92号（2006年3月）1〜24頁。

クルツバン、ロバート（高橋洋訳）『だれもが偽善者になる本当の理由』柏書房、2014年。

ケンリック、ダグラス（山形浩生・森本正史訳）『野蛮な進化心理学——殺人とセックスが解き明かす人間行動の謎』白揚社、2014年。

西條辰義・清水和巳『実験が切り開く21世紀の社会科学』勁草書房、2014年。

サテル、サリー／スコット・O・リリエンフェルド（柴田裕之訳）『その〈脳科学〉にご用心——脳画像で心はわかるのか』紀伊國屋書店、2015年。

シムラー、ケヴィン/ロビン・ハンソン（大槻敦子訳）『人が自分をだます理由——自己欺瞞の進化心理学』原書房、2019年。

シャーロット、ターリ（斉藤隆央訳）『脳は楽観的に考える』柏書房、2013年。

スノー、**C・P**（松井巻之助訳）『二つの文化と科学革命』みすず書房、1967年。

ダーウィン、チャールズ（渡辺政隆訳）『種の起源』全2冊、光文社、2009年。

―――（浜中浜太郎訳）『人及び動物の表情について』岩波書店、1991年。

ダマシオ、アントニオ・R（田中三彦訳）『デカルトの誤り――情動、理性、人間の脳』筑摩書房、2010年。

ダンバー、ロビン（藤井留美訳）『友達の数は何人？―ダンバー数とつながりの進化心理学』インターシフト、2011年。

チャーチランド、パトリシア・S.（信原幸弘・樫則章・植原亮訳）『脳がつくる倫理――科学と哲学から道徳の起源にせまる』化学同人、2013年。

テイラー、シェリー・E.（宮崎茂子訳）『それでも人は、楽天的な方がいい―ポジティブ・マインドと自己説得の心理学』日本教文社、1998年。

デイリー、マーティン/マーゴ・ウィルソン（長谷川眞理子・長谷川寿一訳）『人が人を殺すとき――進化でその謎をとく』新思索社、1999年。

―――（竹内久美子訳）『シンデレラがいじめられるほんとうの理由』新潮社、2002年。

デネット、ダニエル・C（山口泰司訳）『解明される意識』青土社、1997年。

―――（阿部文彦訳）『解明される宗教――進化論的アプローチ』青土社、2010年。

ドーキンス、リチャード（日高敏隆・岸由二・羽田節子・垂水雄二訳）『利己的な遺伝子』増補新装版、紀伊國屋書店、2006年。

―――（垂水雄二訳）『神は妄想である――宗教との決別』早川書房、2007年。

―――（大田直子訳）『魂に息づく科学――ドーキンスの反ポピュリズム宣言』早川書房、2018年。

―――（大田直子訳）『さらば、神よ――科学こそが道を作る』早川書房、2020年。

トマセロ、マイケル（中尾央訳）『道徳の自然誌』勁草書房、2020年。

―――（橋彌和秀訳）『思考の自然誌』勁草書房、2021年。

中尾央「進化心理学の擁護――批判の論駁を通じて」『科学哲学』第46号1巻（2013年）1〜16頁。

ニュートン、アイザック（中野猿人訳）『プリンシピア――自然哲学の数学的原理』講談社、1977年。

ネシー、ランドルフ・M./ジョージ・C・ウィリアムズ（長谷川真理子・青木千里・長谷川寿一訳）『病気はなぜ、あるのか――進化医学による新しい理解』新曜社、2001年。

ハイト、ジョナサン（高橋洋訳）『社会はなぜ左と右にわかれるのか』紀伊國屋書店、2014年。

ブラックモア、スーザン（垂水雄二訳）『ミーム・マシーンとしての私』全2巻、草思社、2000年。

ヘンリック、ジョセフ（今西康子訳）『文化がヒトを進化させた――人類の繁栄と〈文化-遺伝子革命〉』白揚社、2019年。

長谷川寿一・長谷川眞理子「政治の進化生物学的基礎――進化政治学の可能性」『リヴァイアサン』第44号（2009年4月）71～91頁。

長谷川眞理子『生き物をめぐる4つの「なぜ」』集英社、2002年。

肥前洋一『実験政治学』勁草書房、2016年。

平石界「進化心理学――理論と実証研究の紹介」『認知科学』第7号第4巻（2000年12月）341～356頁。

ピンカー、スティーブン（椋田直子訳）『心の仕組み』全2冊、筑摩書房、2013年。

―――（山下篤子訳）『人間の本性を考える――心は「空」白の石版」か』全3冊、NHK出版、2004年。

―――（幾島幸子・塩原通緒訳）『暴力の人類史』全2冊、青土社、2015年。

ポール・ブルーム（春日井晶子訳）『赤ちゃんはどこまで人間なのか――心の理解の起源』ランダムハウス講談社、2006年。

―――（高橋洋訳）『反共感論――社会はいかに判断を誤るか』白揚社、2018年。

森川友義「進化政治学とは何か」『年報政治学』第59号第2巻（2008年）217～236頁。

ランガム、リチャード（依田卓巳訳）『善と悪のパラドックス――ヒトの進化と〈自己家畜化〉の歴史』NTT出版、2020年。

リドレー、マッド（大田直子・鍛原多惠子・柴田裕之訳）『繁栄――明日を切り拓くための人類10万年史』早川書房、2013年。

ルドゥー、ジョセフ（松本元・川村光毅ほか訳）『エモーショナル・ブレイン――情動の脳科学』東京大学出版会、2003年。

ロスリング、ハンス/オーラ・ロスリング/アンナ・ロスリング・ロンランド（上杉周作・関美和訳）『FACTFULLNESS――10の思い込みを乗り越え、データを基に世界を正しく見る習慣』日経BP社、2019年。

山岸俊夫「集団内の協力と集団間攻撃――最小条件集団実験が意味するもの」『リヴァイアサン』第44号（2009年4月）22～46頁。

■哲学・思想・方法論関連

Aristotle. *The Nicomachean Ethics*, trans. D. Ross, ed. J.L. Ackrill and J.O. Urmson. New York: Oxford University Press, 1988/350 BCE.

Bennett, Andrew. "The Mother of All Isms: Causal Mechanisms and Structured Pluralism in International Relations Theory." *European Journal of International Relations*, Vol. 19, No. 3 (September 2013), pp. 459-481.

Bouvier, Gwen. "Racist call-outs and cancel culture on Twitter: The limitations of the platform's ability to define issues of social justice." *Discourse, Context*

& *Media*, Vol. 38 (December 2020), p. 100431

Brante, Thomas. "Review Essay: Perspectival Realism, Representational Models, and the Social Sciences." *Philosophy of the Social Sciences*, Vol. 40, No. 1 (December 2010), pp. 107-117.

Büthe, Tim. "Taking Temporality Seriously: Modeling History and the Use of Narratives as Evidence." *American Political Science Review*, Vol. 96, No. 3 (October 2002), pp. 481-493.

Casebeer, William. *Natural Ethical Facts: Evolution, Connectionism, and Moral Cognition*. Cambridge, MA: MIT Press, 2003.

Cartwright, Nancy. *How the Laws of Physics Lie*. New York: Oxford University Press, 1983.

Chakravartty, Anjan. *A Metaphysics for Scientific Realism: Knowing the Unobservable*. Cambridge: Cambridge University Press, 2007.

————. "Perspectivism, Inconsistent Models, and Contrastive Explanation." *Studies in History and Philosophy of Science*, Vol. 41, No. 4 (December 2010), pp. 405-412.

Chernoff, Fred. "Scientific Realism as a Meta-Theory of International Politics." *International Studies Quarterly*, Vol. 46, No. 2 (June 2002), pp. 189-207.

Chiappe. Dan., and Kevin MacDonald, "The Evolution of Domain-General Mechanisms in Intelligence and Learning." *Journal of General Psychology*, Vol. 132, No. 1 (January 2005), pp. 5-40.

Clark, Meredith D. "DRAG THEM: A brief etymology of so-called 'cancel culture'," *Communication and the Public*, Vol. 5, No. 3-4 (2020), pp. 88-92

Cohen, Robert S. ed., *Inquiries and Provocations: Selected Writings 1929–1974, Volume 14 of the series Vienna Circle Collection*. New York: Springer, 1981.

D. Copp, ed., *The Oxford Handbook of Ethics*. New York: Oxford University Press, 2005.

Dennett, Daniel. "Darwin's "Strange Inversion of Reasoning"." *Proceedings of the National Academy of Sciences*, Vol. 106. Supplement 1 (2009), pp. 10061-10065

Dudley, Edward., and Maximillian E. Novak eds., *The Wild Man Within: An Image in Western Thought from the Renaissance to Romanticism*. Pittsburgh: University of Pittsburgh Press, 1972.

Ellis, Lee. "A Discipline in Peril: Sociology's Future Hinges on Curing its Biophobia." *The American Sociologist*, Vol. 27, No. 2 (Summer 1996), pp. 21-41

Elman, Colin and Miriam Fendius Elman eds. *Progress in International*

Relations Theory: Appraising the Field. Cambridge, Mass.: The MIT Press, 2003.

Elster, John. *Explaining Technical Change: A Case Study in the Philosophy of Science*. Cambridge: Cambridge University Press, 1983.

Epstein, Charlotte. "Minding the Brain: IR as a Science?" *Millennium*, Vol. 43, No. 2 (January 2015), pp. 743-748.

Feigl, Herbert. "On the Vindication of Induction." *Philosophy of Science*, Vol. 28, No. 2 (April 1961), pp. 212-216.

Frayer, David W., and Debra L. Martin, eds. *Troubled Times: Violence and Warfare in the Past*. Amsterdam: Gordon and Breach Publishers, 1997.

Friedman, Milton. *Essays in Positive Economics*. Chicago: University of Chicago Press, 1953.

Gangstead, Steven W., and Jeffry A. Simpson, eds. *The Evolution of Mind: Fundamental Questions and Controversies*. New York: Guilford, 2007.

Geertz, Clifford. *The Interpretation of Cultures: Selected Essays*. New York: Basic Books, 1973.

George, Alexander L., and Andrew Bennett, *Case studies and Theory Development in the Social Sciences*. Cambridge, Mass.: The MIT Press, 2005.

Giere, Ronald N. *Scientific Perspectivism*. Chicago: University of Chicago Press, 2006.

———. "Scientific perspectivism: Behind the stage door," *Studies in History and Philosophy of Science*, Vol. 40, No. 2 (June 2009), pp. 221-223.

Gomm, Roger, Martyn Hammersley, Peter Foster, eds., *Case Study Method: Key Issues, Key Texts*. Lodon: SAGE Publications Ltd, 2000.

Godfrey-Smith, Peter. "A Modern History Theory of Functions." *Nous*, Vol. 28 (1994), pp. 344-362.

Gutting, G. et al., eds., *Science and Reality*. Notre Dame: Notre Dame Press, 1984.

Hales, Steven D. and Rex Welson, *Nietzsche's Perspectivism*. Urbana: University of Illinois Press, 2000.

Harris, Sam. *The Moral Landscape: How Science Can Determine Human Values*. New York: Simon and Schuster, 2011.

———. *The End of Faith: Religion, Terror, and the Future of Reason*. New York: W. W. Norton & Company, 2004.

———. *Making Sense: Conversations on Consciousness, Morality and the Future of Humanity*. London: Bantam Press, 2020.

Hausman, Daniel M. *The Philosophy of Economics: An Anthology*. Cambridge:

Cambridge University Press, 1984.

Heath, Joseph. "Woke tactics are as important as woke beliefs: Woke language hides illiberal tactics in liberal aims," *The Line* (Jun 23, 2021). Available at https://theline.substack.com/p/joseph-heath-woke-tactics-are-as

Hirshfeld, Lawrence A., and Susan A. Gelman, eds., *Mapping the Mind: Domain Specificity in Cognition and Culture,* New York: Cambridge University Press, 1994.

Hobbes, Thomas. *Leviathan.* New York: Oxford University Press, 1651/1957.

Jackson, Patrick Thaddeus. "'Hegel's House, or 'People Are States Too'." *Review of International Studies*, Vol. 30, No. 2 (April 2004), pp. 281-287.

———. "Must International Studies Be a Science?" *Millennium*, Vol. 43, No. 3 (June 2015), pp. 942-965.

———. *The Conduct of Inquiry in International Relations: Philosophy of Science and Its Implications for the Study of World Politics*, 2nd ed. New York: Routledge, 2016.

James, Scott M. *An Introduction to Evolutionary Ethics.* Hoboken, New Jersey: Wiley-Blackwell, 2010.

Joyce, Richard. *The Evolution of Morality.* Cambridge, Mass.: MIT Press, 2006.

———. "Replies." *Philosophy and Phenomenological Research*, Vol. 77, No. 1, pp. 245-267.

Jones, Martin R., and Nancy Cartwright, eds., *Idealization XII: correcting the model: idealization and abstraction in the sciences.* New York: Rodopi, 2005.

Joseph, Jonathan. "Forum: Scientific and Critical Realism in International Relations: Editors' Introduction Philosophy in International Relations: A Scientific Realist Approach." *Millennium*, Vol. 35, No. 2 (March 2007), pp. 343-344.

Joseph, Jonathan, and Colin Wight. *Scientific Realism and International Relations.* Basingstoke: Palgrave Macmillan, 2010.

Kahneman, D., and A. Tversky. "Prospect Theory: Analysis of Decision under Risk." *Econometrica*, Vol.47, No. 2 (1979), pp. 263-291.

Daniel Kahneman, Paul Slovic, and Amos Tversky, *Judgment under Uncertainty: Heuristics and Biases.* Cambridge: Cambridge University Press, 1982.

Kinzey, Warren G., ed. *The Evolution of Human Behavior: Primate Models.* Albany: State University of New York Press, 1987.

Kitcher, Philip. "Explanation, Conjunction, and Unification." *The Journal of*

Philosophy, Vol. 73, No. 8 (April 1976), pp. 207-212.

———. "Explanatory Unification." *Philosophy of Science*, Vol. 48, No. 4 (December 1981), pp. 507-531.

———."Unification as a Regulative Ideal." *Perspectives on Science*, Vol. 7, No. 3 (Fall 1999), pp. 337-348.

———. *The Advancement of Science: Science without Legend, Objectivity without Illusions*. New York: Oxford University Press, 1993.

———. *Vaulting Ambition: Sociobiology and the Quest for Human Nature*. Cambridge, Mass.: The MIT Press, 1985.

Kitcher, Philip. and Wesley Salmon eds. *Scientific Explanation, in Minnesota Studies in the Philosophy of Science*, Vol. Xlll. Minneapolis: University of Minnesota Press, 1989.

Laudan, Larry. "A Confutation of Convergent Realism." *Philosophy of Science*, Vol. 48, No. 1 (March 1981), pp. 19-49.

———. "Realism without the Real." Vol. 51, No. 1 (March 1984), pp. 156-162.

Lapid, Yosef. "The Third Debate: On the Prospects of International Theory in a Post-Positivist Era." *International Studies Quarterly*, Vol. 33, No. 3 (September), pp. 235-254.

Lewis, Michael., and Jeanette M. Haviland-Jones, eds., *Handbook of the Emotions,* 2d ed. New York: Guilford, 2000.

Lipton, Peter. "The World of Science." *Science*, Vol. 316, No. 5826 (May 2007), p. 834.

Lukianoff, Greg., and Jonathan Haidt, *The Coddling of the American Mind: How Good Intentions and Bad Ideas Are Setting Up a Generation for Failure.* London: Penguin Press, 2018.

Marx, Karl. "Comment on James Mill." *Economic and Philosophical Manuscripts of 1844.* Moscow: Progress Publishers, 1959.

Massimi, Michela. "Scientific Perspectivism and Its Foes." *Philosophica*, Vol. 84 (2012), pp. 25-52.

John McWhorter, *Woke Racism: How a New Religion Has Betrayed Black America.* New York: Portfolio, 2021.

Mead, Margaret. *Sex and Temperament: In Three Primitive Societies.* New York: William Morrow, 1935/1963.

Mearsheimer, John J., and Stephen M. Walt. "Leaving Theory Behind: Why Simplistic Hypothesis Testing Is Bad for International Relations." *European Journal of International Relations*, Vol. 19, No. 3 (September 2013), pp. 427-457.

Mercer, Jonathan. "Anarchy and Identity." *International Organization*, Vol. 49, No. 2 (March 1995), pp. 229-252.

―――. "Rationality and Psychology in International Politics." *International Organization*, Vol. 59, No. 1 (Winter 2005), pp. 77-106.

―――. "Human Nature and the First Image: Emotion in International Politics." *Journal of International Relations and Development*, Vol. 9, No. 3 (September 2006), pp. 288-303.

―――. "Emotional Beliefs." *International Organization*, Vol. 64, No. 1 (January 2010), pp. 1-31.

―――. "Emotion and Strategy in the Korean War." *International Organization*, Vol. 67, No. 2 (April 2013), pp. 221-252.

―――. *Reputation and International Politics.* Ithaca, N.Y.: Cornell University Press, 2020.

Merton, Robert K. "The Self-Fulfilling Prophecy." *The Antioch Review*, Vol. 8, No. 2 (Summer 1948), pp. 193-210.

Mill, J. S. *Utilitarianism.* London: Parker, 1861/1863.

Montagu, Ashley. *Man and Aggression*, 2nd ed. New York: Oxford University Press, 1973.

Morrison, Margaret. "One Phenomenon, Many Models: Inconsistency and Complementarity." *Studies in History and Philosophy of Science*, Vol. 42, No. 2 (June 2011), pp. 342-351.

Nesse, Randolph M. "Evolutionary Explanations of Emotions." *Human Nature*, Vol. 1, No. 3 (1990), pp. 261-289.

Neumann, Iver B. "Beware of Organicism: The Narrative Self of the State." *Review of International Studies*, Vol. 30, No. 2 (April 2004), pp. 259-267.

Neumann, Iver B., and Ole Wæver. eds. *The Future of International Relations: Masters in the Making?* London: Routledge, 1997.

Nichols, Shaun. *Sentimental Rules: On the Natural Foundations of Moral Judgment.* New York: Oxford University Press, 2004.

Niebuhr, Reinhold., *The Nature and Destiny of Man: A Christian Interpretation,* 2 vols. New York: Charles Scribner's Sons, 1941, 1943.

―――. *Faith and History: A Comparison of Christian and Modern Views of History.* London: Nisbet, 1938.

―――. *The Children of Light and the Children of Darkness: A Vindication of Democracy and a Critique of Its Traditional Defense.* New York: Charles Scribner's Sons, 1944.

―――. *Christianity and Power Politics.* New York: Charles Scribner's Sons,

1940.

Norris, Pippa. "Closed Minds? Is a 'Cancel Culture' Stifling Academic Freedom and Intellectual Debate in Political Science?" *HKS Working Paper* (August 3, 2020), no. RWP20-025.

Nozick, Robert. *Philosophical Explanations.* Cambridge, Mass.: Harvard University Press, 1981.

Peterson, Jordan B. *Maps of Meaning: The Architecture of Belief.* New York: Routledge, 1999.

Pincourt, Charles., and James Lindsay. *Counter Wokecraft: A Field Manual for Combatting the Woke in the University and Beyond.* Durham: Pitchstone Publishing, 2022.

Pluckrose, Helen., and James Lindsay. *Cynical Theories: How Activist Scholarship Made Everything about Race, Gender, and Identity - And Why this Harms Everybody.* Durham: Pitchstone Publishing, 2020.

Pojman, L. ed., *Ethical Theory: Classical and Contemporary Readings.* Missouri: Wadsworth, 1998.

Powell, Robert. "The Modeling Enterprise and Security Studies." *International Security*, Vol. 24, No. 2 (Fall 1999), pp. 97-106.

Prinz, Jesse J. *The Emotional Construction of Morals.* New York: Oxford University Press, 2007.

———. "Acquired Moral Truths." *Philosophy and Phenomenological Research*, Vol. 77, No. 1 (2008), pp. 219-227.

Psillos, Stathis. *Scientific Realism: How Science Tracks Truth.* London: Routledge, 1999.

Rachels, James. *Created from Animals: The Moral Implications of Darwinism.* New York: Oxford University Press, 1990.

Radnitzky, Gerard. and Gunnar Andersson, eds. *Progress and Rationality in Science.* Dordrechat: D. Reidel, 1978.

Rawls, J. *A Theory of Justice.* Cambridge, MA: Harvard University Press, 1971.

Reus-Smit, Christian. "Beyond Metatheory?" *European Journal of International Relations*, Vol. 19, No. 3 (September 2013), pp. 589-608.

Rousseau, Jean-Jacques. *Discourse upon the Origin and Foundation of Inequality among Mankind.* New York: Oxford University Press, 1755/1994.

Ryle, Gilbert. *The Concept of Mind.* London: Penguin, 1949.

Rueger, Alexander. "Perspectival Models and Theory Unification." *The British Journal for the Philosophy of Science*, Vol. 56, No. 3 (July 2005), pp. 579-594.

Ruse, Michael., and E. O. Wilson, "Moral Philosophy as Applied Science."

Philosophy, Vol. 61 (1986), pp. 173-192.

Saad, Gad. *The Parasitic Mind: How Infectious Ideas Are Killing Common Sense*. Washington, D.C.: Regnery Publishing, 2021.

Sakaki, Alexandra., Hanns W. Maull, Kerstin Lukner, Ellis S. Krauss, and Thomas U. Berger, *Reluctant Warriors: Germany, Japan, and Their U.S. Alliance Dilemma*. Washington, D.C.: Brookings Institution Press, 2020.

Salmon, W. *Scientific Explanation and the Causal Structure of the World*. Princeton: Princeton University Press, 1984.

Searle, John R. "How to derive 'ought' from 'is'." *Philosophical Review*, Vol. 73, pp. 43-58.

Shermer, Michael. *Giving the Devil his Due: Reflections of a Scientific Humanist*. Cambridge: Cambridge University Press, 2020.

———. *The Moral Arc: How Science Makes Us Better People*. New York: St. Martin's Griffin, 2016.

———. *How We Believe: The Search for God in an Age of Science*, revised. Basingstoke: W H Freeman & Co, 1999.

———. "Patternicity: Finding Meaningful Patterns in Meaningless Noise." *Scientific American* (December 2008).

———. "Why People Believe Invisible Agents Control the World." *Scientific American* (June 2009).

Sil, Rudra and Peter J. Katzenstein. *Beyond Paradigms: Analytic Eclecticism in the Study of World Politics*. Basingstoke: Palgrave Macmillan, 2010.

Singer, Peter. *The Expanding Circle: Ethics and Sociobiology*, new ed. New York: Oxford University Press, 1983.

Sowell, Thomas. *A Conflict of Visions: The Ideological Origins of Political Struggles*. New York: Basic Books, 2002.

Spencer, Herbert. *The Principles of Ethics*. Oregon: University Press of the Pacific, 2004/1879.

Street, Sharon. "A Darwinian Dilemma for Realist Theories of Value." *Philosophical Studies*, Vol. 127 (2006), pp. 109-166.

Tinbergen, Niko. "On Aims and Methods of Ethology." *Animal Biology*, Vol. 55, No. 4 (December 2005), pp. 297-321.

Tversky, A., and D. Kahneman, "Judgment under Uncertainty: Heuristics and Biases." *Science*, Vol. 185, No. 4157 (1974), pp. 1124-31

Trachtenberg, Marc. *The Craft of International History: A Guide to Method*. Princeton, N.J.: Princeton University Press, 2006.

Vickers, Peter. "Scientific Theory Eliminativism." *Erkenntnis*, Vol. 79, No. 1

(February 2014), pp. 111-126.

Weisberg, M. "Three Kinds of Idealization." *Journal of Philosophy*, Vol. 104, No. 12 (December 2007), pp. 639-659.

Westman, Robert S. ed., *The Copernican Achievement*. Berkeley: University of California Press, 1975.

Wight, Colin. "A Manifesto for Scientific Realism in IR: Assuming the Can-Opener Won't Work!" *Millennium*, Vol. 35, No. 2 (March 2007), pp. 379-398.

———. *Agents, Structures and International Relations: Politics as Ontology*. Cambridge: Cambridge University Press, 2006.

Williams, Michael C. "Hobbes and International Relations: A Reconsideration." *International Organization*, Vol. 50, No. 2 (Spring 1996), pp. 213-236.

Wright, Larry. "Functions." *Philosophical Review*, Vol. 82 (1973), pp. 139-168.

Zahar, Elie. "Why Did Einstein's Programme Supersede Lorentz's?(I)." *The British Journal for the Philosophy of Science*, Vol. 24, No. 2 (June 1973), p. 95-123.

伊勢田哲治「科学的実在論はどこへいくのか」『Nagoya Journal of Philosophy』7巻、pp. 54-84.

———『疑似科学と科学の哲学』名古屋大学出版会、2003年。

クワイン、W. V. O.（飯田隆訳）『論理的観点から——論理と哲学をめぐる九章』勁草書房、1992年。

グッドマン、N（雨宮民雄訳）『事実・虚構・予言』勁草書房、1987年。

サール・ジョン・R（坂本百大・土屋俊訳）『言語行為—言語哲学への試論』勁草書房、1986年。

ジョージ、アレクサンダー/アンドリュー・ベネット（泉川泰博訳）『社会科学のケース・スタディ——理論形成のための定性的手法』勁草書房、2013年。

シンガー、ピーター（戸田清訳）『動物の解放』改訂版、人文書院、2011年。

スキナー、クエンティン（半澤孝麿・加藤節編訳）『思想史とは何か』岩波書店、1990年。

スノー、C・P.（松井巻之助訳）『二つの文化と科学革命』みすず書房、1967年。

デュエム、ピエール（小林道夫・熊谷陽一・安孫子信訳）『物理理論の目的と構造』勁草書房、1991年。

デカルト、ルネ（山田弘明訳）『省察』ちくま学芸文庫、2006年。

———（山田弘明訳）『方法序説』ちくま学芸文庫、2010年。

戸田山和久『知識の哲学』産業図書、2002年。

———『科学哲学の冒険——サイエンスの目的と方法をさぐる』NHKブックス、2005年。

―――『科学的実在論を擁護する』名古屋大学出版会、2015年。

―――「哲学的自然主義の可能性」『思想』948巻4号、63〜92頁。

野家啓一「実証主義」の興亡――科学哲学の視点から――」『理論と方法』第16巻1号（2001年）3〜17頁。

橋本努『自由原理――来るべき福祉国家の理念』岩波書店、2021年。

ハッキング、イーアン（渡辺博訳）『表現と介入――ベルヘス的幻想と新ベーコン主義』産業図書、1983年。

バーリン、アイザィア（小川晃一・小池銈・福田歓一・生松敬三）『自由論』新装版、みすず書房、2018年。

ヒース、ジョセフ（栗原百代訳）『啓蒙思想2.0―政治・経済・生活を正気に戻すために』NTT出版、2014年。

ヒューム、デイヴィッド（伊勢俊彦・石川徹・中釜浩一訳）『人間本性論（第3巻）道徳について』法政大学出版局、2012年。

ファイヤアーベント、P. K.（村上陽一郎・村上公子訳）『自由人のための知―科学論の解体へ』新曜社、1982年。

―――（村上陽一郎・渡辺博訳）『方法への挑戦――科学的創造と知のアナーキズム』新曜社、1981年。

ファン・フラーセン、B. C.（丹治信春訳）『科学的世界像』紀伊國屋書店、1986年。

フリーマン、テレク（木村洋二訳）『マーガレット・ミードとサモア』（みすず書房、1995年）。

プラトン（藤沢令夫訳）『国家』改訂版、全二巻、岩波書店、1979年。

―――（納富信留訳）『ソクラテスの弁明』光文社、2012年。

保城広至『歴史から理論を創造する方法――社会科学と歴史学を統合する』勁草書房、2015年。

ポパー、カール・R（大内義一・森博訳）『科学的発見の論理』全2巻（恒星社厚生閣、1971年）。

ミード、マーガレット（畑中幸子・山本真鳥訳）『サモアの思春期』（蒼樹書房、1976年）。

ミル、J. S.（関口正司訳）『自由論』岩波書店、2020年。

宮下明聡「事例の解釈と理論の検証――安全保障分野の研究を中心として」『国際安全保障』第38巻3号（2010年12月）77〜91頁。

ムア、G. E.（泉谷周三郎・寺中平治・星野勉訳）『倫理学原理』三和書籍、2010年。

ラカトシュ、I. ／ A・マスグレーヴ編（森博監訳）『批判と知識の成長』木鐸社、1985年。

ロック、ジョン（大槻春彦訳）『人間知性論1』岩波書店、1972年。

ローダン、L. （村上陽一郎・井山弘幸訳）『科学は合理的に進歩する―脱パラダイム論へ向けて』サイエンス社、1986年。
米盛裕二『アブダクション――仮説と発見の論理』勁草書房、2007年。

■歴史・現状分析関連

"Address by President [sic] of the Russian Federation," President of Russia Official Website, 18 March 2014, http://en.kremlin.ru/events/president/news/20603.

Auer, Stefan. "Carl Schmitt in the Kremlin: The Ukraine Crisis and the Return of Geopolitics." *International Affairs*, Vol. 91, No. 5 (September 2015), pp. 953-968.

Bellamy, Chris. *Absolute War: Soviet Russia in the Second World War*. New York: Vintage, 2007.

Ben-Rafael, E. *Crisis and Transformation: The Kibbutz at Century's End*. Albany: State University of New York Press, 1997.

Berghahn, Volker R. *Germany and the Approach of War in 1914*, 2nd edition. Basingstoke: Palgrave Macmillan, 1993.

Boemeke, Manfred F., Roger Chickering, and Forster, eds. *Anticipating Total War: The German and American Experiences, 1871–1914*. Washington, D.C.: German Historical Institute, 1999.

Bullock, Alan. *Hitler: A Study in Tyranny*. New York: Harper & Row, 1964.

———. *Hitler and Stalin: Parallel Lives*. New York: Knopf, 2004.

Coalson, Robert. "Putin Pledges to Protect All Ethnic Russians Anywhere. So, Where Are They?" *Radio Free Europe/Radio Liberty*, 10 April 2014, https://www.rferl.org/a/russia-ethnic-russification-baltics-kazakhstan-soviet/25328281.html.

Dixon, Norman F. *On the Psychology of Military Incompetence, illustrated edition*. New York: Basic Books, 2016.

Dreyfuss, Bob. "Full Text and Analysis of Putin's Crimea Speech." *Nation* (online ed.), 19 March 2014, https://www.thenation.com/article/full-text-and-analysis-putins-crimea-speech/.

Eley, Geoff. "Reshaping the Right: Radical Nationalism and the German Navy League, 1898–1908." *Historical Journal*, Vol. 21, No. 2 (June 1978), pp. 327-354.

Ericson, Edward E. *Feeding the German Eagle: Soviet Economic Aid to Nazi Germany, 1933–1941*. Westport, CT: Greenwood, 1999.

Erickson, John. "Double Deception: Stalin, Hitler and the Invasion of Russia." *The English Historical Review*, Vol. 113, No. 454 (1998), pp. 1380-1381.

Fischer, Fritz. *Germany's Aims in the First World War*. New York: W.W. Norton, 1967. (The original version in German appeared in 1961).

Fischer, Markus. "Machiavelli's Theory of Foreign Politics." *Security Studies*, Vol. 5, No. 2 (Winter 1995–1996), pp. 248-279.

Forde, Steven. "International Realism and the Science of Politics: Thucydides, Machiavelli, and Neorealism." *International Studies Quarterly*, Vol. 39, No. 2 (June 1995), pp. 141-160.

Gaddis, John Lewis. *The Long Peace: Inquiries into the History of the Cold War*. New York: Oxford University Press, 1989.

Gelb, Leslie H., and Richard K. Betts, *The Irony of Vietnam: The System Worked*. Washington: Brookings, 1979.

Goble, Paul. "Russian National Identity and the Ukrainian Crisis." in Taras Kuzio, "Between Nationalism, Authoritarianism, and Fascism in Russia." special issue, *Communist and Post-Communist Studies*, Vol. 49, No. 1 (March 2016), pp. 37-41.

Gordon, Michael R. "Domestic Conflict and the Origins of the First World War: The British and German Cases." *Journal of Modern History*, Vol. 46, No. 2 (June 1974), pp. 191-226.

Herwig, Holger H. "Germany and the 'Short-War' Illusion: Toward a New Interpretation?" *The Journal of Military History*, Vol. 66, No. 3 (July 2002), pp. 681-693.

Kennedy, David M. *The American People in World War II: Freedom from Fear*, pt. 2. New York: Oxford University Press, 1999.

Kennedy, Paul M. *The Rise of the Anglo-German Antagonism, 1860–1914*. London: Allen and Unwin, 1980.

Keeley, Lawrence H. *War before Civilization: The Myth of the Peaceful Savage*. New York: Oxford University Press, 1996.

Kershaw, Ian. *Hitler, 1936–45: Nemesis*. London: Penguin, 2000.

Levada Center. "Indices of National Welfare." http://www.levada.ru/en/.

———. "Approval of President Putin's Conduct."http://www.levada.ru/en/.

Lieber, Keir A. "The New History of World War I and What it Means for IR Theory." *International Security*, Vol. 32, No. 2 (Fall 2007), pp. 155–191.

Logevall, Fredrik. *Choosing War: The Lost Chance for Peace and the Escalation of War in Vietnam*. Berkeley: University of California Press, 1999.

Mombauer, Annika. "Of War Plans and War Guilt: The Debate Surrounding the Schlieffen Plan." *Journal of Strategic Studies*, Vol. 28, No. 5 (October 2005), pp. 857-885.

Mommsen, Wolfgang J. "Domestic Factors in German Foreign Policy before 1914." *Central European History*, Vol. 6, No. 1 (March 1973), pp. 3-43.

Morgenthau, Hans. *Scientific Man vs. Power Politics*. Chicago: University of Chicago Press, 1946.

———. *Politics among Nations: The Struggle for Power and Peace*. New York: Knopf, 1949.

Palgi M., and S. Reinharz, eds. *One Hundred Years of Kibbutz Life: A Century of Crises and Reinvention*. New Brunswick, NJ: Transaction, 2014.

Pew Research Center. "Despite Concerns about Governance, Ukrainians Want to Remain One Country." 8 May 2014, p. 31. http://www.pewresearch.org/wp-content/uploads/sites/2/2014/05/Pew-Global-A ttitudes-Ukraine-Russia-Report-FINAL-May-8-2014.pdf.

———. "NATO Publics Blame Russia for Ukrainian Crisis, but Reluctant to Provide Military Aid." 10 June 2015, p. 55. http://www.pewresearch.org/wp-content/uploads/sites/2/2015/06/Pew-Researc h-Center-Russia-Ukraine-Report-FINAL-June-10-2015.pdf.

Ray, Julie and Neli Esipova, "Russian Approval of Putin Soars to Highest Level in Years." Gallup, 18 July 2014, http://www.gallup.com/poll/173597/russian-approval-putin-soars-highest-level -years.aspx.

Reynolds, David. *From Munich to Pearl Harbor: Roosevelt's America and the Origins of the Second World War*. Chicago: Ivan R. Dee, 2001.

Sagan, Scott D. "The Origins of the Pacific War." *The Journal of Interdisciplinary History*, Vol. 18, No. 4 (Spring 1988), pp. 893-922.

Sperling, Valerie. "Putin's Macho Personality Cult." in Taras Kuzio, "Between Nationalism, Authoritarianism, and Fascism in Russia." special issue, *Communist and Post-Communist Studies*, Vol. 49, No. 1 (March 2016), pp. 13-23.

———. *Sex, Politics, and Putin: Political Legitimacy in Russia*. New York: Oxford University Press, 2015.

Spiro, M. E. *Gender and Culture: Kibbutz Women Revisited*. New York: Transaction, 1979.

Tansill, Charles Callan. *Back Door to War: the Roosevelt Foreign Policy, 1933-1941*. Chicago: Regnery, 1952.

Tiger, L., and R. Fox. *The Imperial Animal*. New York: Transaction, 1971.

Tiger, Lionel and Joseph Shepher. *Women in the Kibbutz*. New York: Harcourt Brace Jovanovich, 1975.

United States Congress Joint Committee, *Pearl Harbor Attack: Hearings Before the Joint Committee on the Investigation of the Pearl Harbor Attack*, Part 2. Washington: U. S. Government Printing Office, 1946.

Wohlstetter, Roberta. *Pearl Harbor: Warning and Decision*. Stanford, Calif.: Stanford University Press, 1962.

Westermarck, Edvard A. *The history of human marriage*, 5th ed. London: Macmillan, 1921.

Woodward, Llewellyn. *British Foreign Policy in the Second World War*. London: Her Majestry's Stationery Office, 1971.

麻田貞雄『両大戦間の日米関係――海軍と政策決定過程』東京大学出版会、1993年。

池田清『海軍と日本』中央公論新社、1981年。

石射猪太郎『外交官の一生』改版、中央公論新社、2015年。

石川準吉『国家総動員史　資料編　第4』国家総動員史刊行会、1976年。

稲葉正夫ほか編『太平洋戦争への道（別巻）資料編』新装版、朝日新聞社、1988年。

入江昭（篠原初枝訳）『太平洋戦争の起源』東京大学出版会、1991年。

岩谷將「日中戦争拡大過程の再検証――盧溝橋事件から第二次上海事変を中心に」『軍事史学』第53巻第2号（2017年9月）4～27頁。

臼井勝美『新版　日中戦争』中央公論新社、2000年。

外務省外交史料館所蔵史料

「日、米外交関係雑纂／太平洋ノ平和並東亜問題ニ関スル日米交渉関係（近衛首相「メッセージ」ヲ含ム）第十六巻」（A-1-3-1-1_3_016）。

「日、米外交関係雑纂／太平洋ノ平和並東亜問題ニ関スル日米交渉関係（近衛首相「メッセージ」ヲ含ム）第六巻」（A-1-3-1-1_3_006）。

風見章『近衛内閣』中央公論新社、1982年。

外務省編『日本外交年表竝主要文書』全2冊（オンデマンド版）原書房、2007年。

川田稔『昭和陸軍全史　3　太平洋戦争』講談社、2015年。

北河賢三・望月雅士・鬼嶋淳編『風見章日記・関係資料　1936—1947』みすず書房、2008年。

木戸幸一『木戸幸一日記――東京裁判期』東京大学出版会、1980年。

クラーク、クリストファー（小原淳訳）『夢遊病者たち――第一次世界大戦はいかにして始まったのか』全2冊、みすず書房、2017年。

小泉悠「ウクライナ危機にみるロシアの介入戦略――ハイブリッド戦略とは何か」『国際問題』No. 658、2017年1・2月、38～49頁。

小谷賢『日本軍のインテリジェンス――なぜ情報が活かされないのか』講談社、

2007年。

近衛文麿『平和への努力──近衛文麿手記』日本電報通信社、1946年。

ジョル、ジェームズ（池田清訳）『第一次世界大戦の起源』改訂新版、みすず書房、2007年。

須藤眞志『日米開戦外交の研究──日米交渉の発端からハル・ノートまで』慶應通信、1986年。

タックマン、バーバラ・Ｗ（大社淑子訳）『愚行の世界史──トロイアからベトナムまで』全2冊、中央公論新社、2009年。

筒井清忠『戦前日本のポピュリズム──日米戦争への道』中央公論新社、2018年。

筒井清忠編『昭和史講義──最新研究で見る戦争への道──』筑摩書房、2016年。

───『昭和史講義2：専門研究者が見る戦争への道』筑摩書房、2016年。

───『昭和史講義3：リーダーを通して見る戦争への道』筑摩書房、2017年。

───『昭和史講義【軍人篇】』筑摩書房、2018年。

『東京朝日新聞』

「1937年7月29日号外1面」。

「1937年9月12日朝刊3面」。

「1937年12月14日号外1面」。

『東京日日新聞』

「1937年12月15日朝刊2面」。

東郷茂徳『時代の一面』原書房、1989年。

戸部良一『ピース・フィーラー──支那事変和平工作の群像』論創社、1991年。

トレッペル、レオポルド（堀内一郎訳）『ヒトラーが恐れた男』三笠書房、1978年。

豊田穣『松岡洋右──悲劇の外交官』全2冊、新潮社、1979年。

ナイ、ジョセフ・Ｓ・ジュニア/デイヴィッド・Ａ・ウェルチ（田中明彦・村田晃嗣訳）『国際紛争──理論と歴史』原書第9版、有斐閣、2013年。

ニッシュ、イアン（関静雄訳）『戦間期の日本外交』ミネルヴァ書房、2004年。

───（宮本盛太郎訳）『日本の外交政策　1869-1942──霞が関から三宅坂へ──』ミネルヴァ書房、1994年。

日本国際政治学会・太平洋戦争原因研究部編『太平洋戦争への道』全7巻、新装版、朝日新聞社、1987年。

波多野澄雄『幕僚たちの真珠湾』吉川弘文館、2013年。

波多野澄雄・波多野澄雄・戸部良一・松元崇・庄司潤一郎・川島真『決定版　日中戦争』新潮社、2018年。

秦郁彦『日中戦争史』復刻新版、河出書房新社、2011年。

服部聡『松岡外交──日米開戦をめぐる国内要因と国際関係』千倉書房、2012年。

服部龍二『NHKさかのぼり日本史　外交篇〔2〕昭和"外交敗戦"の教訓──なぜ、

日米開戦は避けられなかったのか』NHK出版、2012年。

ヒトラー、アドルフ（平野一郎・将積茂訳）『わが闘争—民族主義的世界観』改版、全2巻、角川文庫、1973年。

防衛省防衛研究所所蔵史料
「機密戦争日誌 其3 昭和16年4月18日〜16年12月7日」
「大日記甲輯昭和12年」

堀田江理『1941 決意なき開戦——現代日本の起源』人文書院、2016年。

細谷千博『両大戦間期の日本外交』岩波書店、1988年。

細谷千博著作選集刊行委員会『国際政治のなかの日本外交——細谷千博著作選集 第2巻——』龍溪書舎、2012年。

ホッブズ、T（水田洋訳）『リヴァイアサン』全4冊、岩波文庫、1992年。

マキァヴェッリ、ニッコロ（永井三明訳）『ディスコルシ——ローマ史論』筑摩書房 2011年。

———（河島英昭訳）『君主論』岩波書店、1998年。

松岡洋右伝記刊行会編『松岡洋右——その人と生涯』講談社、1974年。

マリガン、ウィリアム（赤木完爾・今野茂充訳）『第一次世界大戦への道——破局は避けられなかったのか』慶應義塾大学出版会、2017年。

三宅正樹・庄司潤一郎・石津朋之・山本文史編『戦争と外交・同盟戦略——検証 太平洋戦争とその戦略 2』中央公論新社、2013年。

三輪公忠編『再考・太平洋戦争前夜』創世記、1981年。

三輪公忠『松岡洋右——その人間と外交』第9版、中央公論社、1997年。

森山優『日本はなぜ開戦に踏み切ったか——「両論併記」と「非決定」』新潮社、2012年。

劉傑「日中戦争史研究の新段階」『軍事史学』第53巻第2号（通巻210号）1頁。

ルー、デービッド・J（長谷川進一訳）『松岡洋右とその時代』新装版、TBSブリタニカ、1981年。

義井博『増補 日独伊三国同盟と日米関係』南窓社、1987年。

著　者

伊藤　隆太（いとう　りゅうた）
広島大学大学院人間社会科学研究科助教、博士（法学）
2009年、慶應義塾大学法学部政治学科卒業。同大学大学院法学研究科前
期および後期博士課程修了。同大学大学院研究員および助教、日本国際
問題研究所研究員を経て今に至る。戦略研究学会編集委員・書評小委員
会副委員長・大会委員、国際安全保障学会総務委員、コンシリエンス学
会学会長。政治学、国際関係論、進化学、歴史学、哲学、社会科学方法
論など学際的研究に従事。主な研究業績には、『進化政治学と国際政治
理論――人間の心と戦争をめぐる新たな分析アプローチ（芙蓉書房出版、
2020年)、『進化政治学と戦争――自然科学と社会科学の統合に向けて
（芙蓉書房出版、2021年）がある。

しん か せい じ がく　　へい わ
進化政治学と平和
―科学と理性に基づいた繁栄―

2022年4月15日　第1刷発行
2023年5月10日　第2刷発行

著　者
いとう　りゅうた
伊藤　隆太

発行所
㈱芙蓉書房出版
（代表　平澤公裕）
〒113-0033東京都文京区本郷3-3-13
TEL 03-3813-4466　FAX 03-3813-4615
http://www.fuyoshobo.co.jp

印刷・製本／モリモト印刷

© ITO Ryuta 2022　Printed in Japan
ISBN978-4-8295-0832-9

進化政治学と国際政治理論
人間の心と戦争をめぐる新たな分析アプローチ
伊藤隆太著　本体 3,600円

気鋭の若手研究者が既存の政治学に進化論的なパラダイムシフト
を迫る壮大かつ野心的な試み。

進化政治学（evolutionary political science）とは、1980年代の米
国政治学界で生まれた概念。進化心理学を中心とする進化論的視
点から政治現象を分析する手法で、欧米では最先端だが、外交史研究が主流な日
本ではほぼ皆無ともいえる状況。科学哲学の科学的実在論、進化心理学、脳科学、
歴史学といった諸分野の知見を総動員し、新たな進化政治学に基づいたリアリス
ト理論を構築する。

　　"戦争と平和の問題に関心を寄せる国際政治学者にとっては、個々の進化政
　治学的知見を国際政治研究に組み入れるだけでなく、進化政治学という革新
　的なアプローチ自体がいかなる意義や論争をはらんでいるのか、こうした点
　を科学哲学の議論を踏まえつつ方法論に自覚的な形で再考することが必要と
　されている"（「まえがき」より）

進化政治学と戦争
自然科学と社会科学の統合に向けて
伊藤隆太著 本体 2,800円

気鋭の若手研究者が政治学に新たな切り口を提示した
『進化政治学と国際政治理論』に続く第2弾
　　※ なぜ指導者はしばしば過信に陥り、非合理的な戦争を始め
　　　るのか？
　　※ なぜ人間は自己の命を犠牲にして、自爆テロを試みるのか？
　　※ なぜ第三世界の独裁者は瀬戸際外交の一環としてリスクを負ってでも核武
　　　装を目指すのか？
　──こうした合理的アプローチでは説明できない逸脱事象の原因を「進化政治
　　　学」の視点で科学的に分析。既存の安全保障研究では見逃されていた興味
　　　深い知見を提供する。
人間行動に関する新たな進化論的なモデル「進化行動モデル」を構築する。
人間には戦争をする本性が備わっている。これを体系的に明らかにする「戦争適
応仮説」を提示する。

インド太平洋戦略の地政学
中国はなぜ覇権をとれないのか

ローリー・メドカーフ著　奥山真司・平山茂敏監訳　本体 2,800円

"自由で開かれたインド太平洋"の未来像は…強大な経済力を背景に影響力を拡大する中国にどう向き合うのか。コロナウィルスが世界中に蔓延し始めた2020年初頭刊行の *INDO-PACIFIC EMPIRE: China, America and the Contest for the World Pivotal Region* の全訳版

米国を巡る地政学と戦略
スパイクマンの勢力均衡論

ニコラス・スパイクマン著　小野圭司訳　本体 3,600円

地政学の始祖として有名なスパイクマンの主著 *America's Strategy in World Politics: The United States and the balance of power*、初めての日本語完訳版！現代の国際政治への優れた先見性が随所に見られる名著。「地政学」が百家争鳴状態のいまこそ、必読の書。

米中の経済安全保障戦略
新興技術をめぐる新たな競争

本体 2,500円

村山裕三編著　鈴木一人・小野純子・中野雅之・土屋貴裕著

次世代通信技術（5G）、ロボット、人工知能（AI）、ビッグデータ、クラウドコンピューティング…。新たなハイテク科学技術、戦略的新興産業分野でしのぎを削る国際競争の行方と、米中のはざまで日本がとるべき道を提言

米国の国内危機管理システム
NIMSの全容と解説

伊藤　潤編著　本体 2,700円

9.11同時多発テロを契機に米国で導入された国家インシデント・マネジメント・システム（NIMS）第3版の全訳と、関連する緊急事態管理制度に関する解説で構成。ハザードの種類を限定しないAll-hazards 型の危機管理の仕組みは日本の災害対策・安全保障（外交・防衛）の両面から参考になる情報が満載。

論究日本の危機管理体制
国民保護と防災をめぐる葛藤

武田康裕編著　本体 2,800円

テロ、サイバー攻撃、武力攻撃、自然災害、感染リスク……。研究者、行政経験者、リスクコンサルタントなど13人の専門家が現実的な選択肢を模索する。